개교 70주년 기념 전북대신문방송사 문학상 당선작 전집 ❶

학술문학상 I (1957~1969)

일러두기

1. 제1회 문예상은 전북대신문 축쇄판1권 제9호에 당선작 없이 심사평만 기재되어 있었습니다.
2. 1957~1966년까지 문예상은 횟수 지정되지 않아서 연도별로 끊어 임의로 횟수를 정했습니다.
3. 유실된 부분은 □:한글 ■:한자 이렇게 표기하였습니다.

학술문학상 I

전북대신문방송사 문학상 당선작 전집 ❶

1957~1969

전북대학교 개교 70주년 기념

전북대학교
출판문화원

발간사

명실상부한
문학인
등용문
자리매김

이남호
/총장·신문방송사 사장

올해는 우리 전북대학교가 개교 70주년을 맞이하는 해입니다. 이를 기념하고 축하하기 위해 우리 대학은 지난해부터 '개교 70주년 기념사업 추진단'을 꾸려 다양한 사업들을 준비해왔습니다. 그 중 하나가 『전북대신문방송사 문학상 당선작 전집』 발간입니다.

1954년 창간된 전북대신문은 우리 대학본교 최초의 부속기관으로 우리 전북대학교와 지역사회의 희로애락을 살아 있는 언어로 담아냈습니다. 우리 대학 수많은 역사적 기록 상당수가 전북대신문에 담겨 있으니 전북대신눈의 역사가 곧 우리 대학 역사라고 해도 과언이 아닙니다.

전북대신문은 1955년부터 고교생과 대학생을 대상으로 '전북대신문 학술문학상'이라는 명칭으로 작품을 공모하여 우리나라 문학계를 이끌어갈 동량을 발굴하고 육성해 왔습니다. 그것을 2001년부터는 '최명희

청년문학상', 2009년부터는 '가람이병기청년시문학상 · 최명희청년소설문학상'으로 계승하여 운영해 오고 있습니다.

'가람이병기청년시문학상 · 최명희청년소설문학상'은 대학에서 공모하는 문학상 가운데 전국 최대 규모로 명실상부한 문학인 등용문으로 자리 잡았습니다. 그에 걸맞게 많은 신예들을 배출하며 우리나라 문학 인재 발굴과 육성에 기여하고 있습니다.

지난해부터 전북대신문방송사에서는 1955년부터 현재까지의 전북대신문에 게재된 당선작을 수집하고 정리했습니다. 작품 수 총 3백여 편, 200자 원고지 9,000여 장에 이르는 방대한 양이었습니다. 1년이 넘는 시간 동안 이를 정리하고 분류하여 마침내 총 5권의 『전북대신문방송사 문학상 당선작 전집』을 발간하게 되었습니다.

그 역사적인 자리에 총장으로 함께 할 수 있어 기쁘게 생각합니다. 어려운 일임에도 적극적으로 관련 사업을 추진해주신 대학신문방송사 박준호 주간께 감사의 말씀 드립니다. '최명희청년소설문학상'을 함께 주관하고 계시는 최명희문학관 장성수 관장님께서도 발간에 뜻을 모아 주셨습니다. 진심으로 감사드립니다.

우리 대학은 개교 70주년을 맞아 성장을 넘어 성숙의 대학으로 나아가기 위하여 본교의 특성과 장점을 살릴 수 있는 '브랜드'를 만들어 Name Value를 높이기 위해 노력하고 있습니다. 특히 모험 인재와 월드 클래스 학문 분야, 가장 한국적인 캠퍼스와 명품 둘레길을 4대 브랜드로 조성하여 'CBNU Premium'시대를 열고자 합니다. 우리 대학만의 문화적 자산인 '가람이병기 선생'과 '최명희 작가'의 이름으로 발굴되고 육

성되는 많은 문재(文才)들도 우리 대학의 Name Value 향상에 더욱 힘이 될 것입니다.

다시 한 번 우리 대학 개교 70주년을 빛내줄 『전북대신문방송사 문학상 당선작 전집』 발간을 진심으로 축하드리며, 신문방송사의 무궁한 발전을 기원합니다. 감사합니다.

목차

1957

1958

1960

1966

1967

1969

1970

제2회

문예상

•

1957~1969

1등

제34~35호 1957년 1월 31일~1957년 2월 18일

현상당선작품(懸賞當選作品)

안터고개

· 임선기(林宣基) ·

가을이라고 하면 온갖 단풍의 세상이요. 누렇게 익은 벼 이삭들이 철렁이는 계절이요. 하늘은 높고 말은 살이 찐다는 절이기도 하고 농가는 바쁘기 시작하는 계절이기도 하지만 원체 해가 짧기도 하고 땅거미가 지기만 하면 바싹 어두워지는 철이기도 하다.

해가 뒷산 너머로 기울어지기가 무섭게 논바닥에 종횡으로 내리깔린 벼 묘기들은 일제히 거뭇거뭇하고도 긴 그림자를 띄우고 있었다.

이따금 들쥐를 찾는 솔개미 두어 마리가 저공으로 빙글빙글 맴을 그리는 그림자가 숙숙 지나간다.

처음부터 흉년이 돼 버리든지 그렇잖으면 추수까지 풍년이라든지 할 것이지 풍년이라도 들썩대다가 결실에 와서는 흉년으로 되는 해치고는 오다가다 가도 처음이었다.

종두는 반절은 다 죽어 거무스름한 볏단을 그나마 한 짐도 고리로 지게에 얹어놓고는 논두렁에 널려있는 볏단들을 일렬로 늘어세우기 시작했다.

엊그저께만 해도 점심 후에 서너나 잘은 꼽박하든게 이젠 두어나 잘

밖엔 더는 못하는 터이니 알고 해가 한나절은 바짝 줄어든 셈이었다.

새빨간 불덩이가 뒷산 등성이 저쪽으로 쑥쑥 빠져버리자 조금 전까지도 노랗고 새파랗든 흙들이 아주 검은 빛을 띄우고 있었다.

볏단을 치켜세울 때마다 가픈가픈한 볏단들이 솔찬히도 부스럭 거리며 논바닥의 허수아비처럼 멋쩍없이 스는 것이 신기하게도 보였다.

「한나절만 더 있어도 치워버릴걸…」

종두는 햇살이 아주 쪽 들어간 후에야 나락 집을 지고는 동네 안으로 터벅거리기 시작했다.

논두렁을 하나 건널 때마다 볏 잠은 덩실덩실하며 그럴 때마다 잎사귀의 검불이 부슬부슬 떨어져 나온다.

몇십 년을 흙과 친해 온 종두로써는 모든 이러한 것이 나락이 죽어버린 후에 오는 필연적인 진상이라는 것을 너무나도 잘 알고 있었다.

「작년같이 풍년이든 해도 있었으련만」 종두는 자기네 것이 유독 더 그런 것만 같았다. 예년보다 반타작밖엔 되면 어깨가 늘어지는 것 같았다. 이듬해 농사를 지었다느니 삼 년 농사지을 걸 한꺼번에 지었다느니 하고 떠들어대든 작년 같은 해도 그저 끼니 거르지 않고 지냈다는 것만도 풍년든 덕택이었는데 올 같은 해를 생각하면 앞으로 엄동은 건너고 봄을 지낼 것이 여간 걱정되는 것이 아니었다.

동구로 통하는 샛길로 들어서자 소를 앞장을 세우고 소발자욱을 밟듯이 달래 말래 뒤 따라오는 학수를 만났다.

(저 녀석은 올해에 논도 산다지…)

종두는 자기의 처지를 바라보며 어느 정도 마음이 언짢았다. 제 딴에도 남처럼 살아보겠다고 여간 웅크리기도 해보았건만 당초에 그놈의 일이 그리 떡덧듯이 되어주질 않는 것만이 원망스러웠다.

(그놈의 소는 연시리 팔아먹고…)

학수네 그 큰놈의 소를 보니 종두는 몇 해 전에 팔아버린 자기네 소가 그리워졌다.

(이러니저러니 해도 그동안은 소란 놈이 농살 지어줬는데…)

사실 소만 있다면 걱정 없이 살아나갈 것만 같았다. 옆을 스치고 지나가는 학수네 소에선 살이 덜렁거리며 두엄 냄새와 여물 냄새가 풍기어 나왔다. 그리곤 또박거릴 때마다 쩔렁대는 풍경소리가 더 좋았다.

「학수야 올 농산 어쩌냐. 잘됐냐.」

종두는 쳐다보지도 않고 그쪽에다대곤 학수를 부른다. 농사 잘 됐냐고 물어보는 것이었으나 거기에 대한 대답의 여부가 아니었다. 그저 이쪽의 말만 들었다는 응시만 있으며 그만인 것이다.

「잘 되긴 뭐가 잘 돼. 모조리 억만인데.」

학수는 소고삐를 잡고는 몹시도 아그작거리며 땅거미에 휩싸여 어두컴컴한 제집 골목 속으로 사라져 버렸다.

(그만큼 됐으믄 잘 됐지. 더 바래보믄 뭘 하나 올 같은 해에…)

온 동네를 치고서도 제일 낫게 되었다는 걸 차지하고서도 죽는 소릴 하구 다니는걸 보면 꼴이 우습기도 했다.

(흥 살아 보겠다구 한 참 지랄이구나.)

종두는 학수와 함께 범나무 집을 한창 드나들 때를 생각하곤 그때와는 판연히 알아보게 달라진 학수에 놀랍기도 했다 그리곤 웃음도 비웃음도 아닌 것을 입 밖으로 흘려보내는 것이었다.

또 하나 논두렁을 넘어서고 그리곤 껑충 넘었을 때 부슬부슬 떨어진 검불들이 뒷목을 사정없이 긁히는 것이었다. 그리곤 등줄기를 타고 스르르 내려가 바지 고랭이 속에서 첩첩이 모여지는 것이었다.

×

종두는 노상 어두컴컴한 자기집 마당 구석에 있는 볏눌가리에다 나락 짐을 뿌려 놓았다. 그리곤 나락 짐 위에다가 지게를 곤두박질 시켜 놓았다.

내 팔자에 웬 놈의 잘된 나락이냐 싶었기 때문이리라…

잘못되려거든 내 것이니 네 것이니 할 것 없이 그렇든지 할 노릇이자 어떤 놈에 것은 잘되고 어떤 놈의 것은 잘못되고 하는 데에 더욱 화가 치밀었다.

(별 수 있나 하늘탓이지.)

속심 이렇게 외어보는 것이었으나 그렇게 생각하면 할수록 하늘탓이라는데 불만이 갔다. 종두가 생각기에도 자기 나락 잘못된 게 하늘탓 만은 아닌 상도 싶었다. 화풀이를 할냥으로 하늘탓이지 원 전체가 하늘탓만은 아닌 것이 분명했다. 그러니 이젠 별 수 없이 자기잘못이요. 자기 게을렀기 때문이려니 이렇게 체념하는 수밖엔 없었으나 그러면 그럴수록 이상야릇한 화가 더 …나올 듯도 하였다.

(내가 게을러서?……생각할수록 머리가 쪼개지는 듯이 무거움을 억제할 수 없는 종두이었다.

나락 붓는 소리를 듣고 부엌에서 종두계집이 뽀르르 나왔다.

행주치마를 허리에다 둘둘 말아 붙이고 엉덩이에다는 금년 들어 두 살 난 놈을 걸치고 그리곤 금방 아궁이에다 불이라도 밀어넣다. 나왔는지 손바닥엔 불에 그슬려 새까매해진 부지깽이 마저 쥐고선 종두쪽을 넋 없이 쳐다보는 것이었다.

「이젠 없수.」

이것밖엔 없다면 먹고살기에 큰일이라고 걱정이나 하는 듯 아주 걱정스레 물어보는 것이었으나 종두는 듣기조차도 싫었다. 말소리보다도 그 허고 섰는 품이 꼴사나웠다.

(어째 하필이면 부지깽이까지 들고 감독하시나…)

쳐다보면 밉살스럽기가 한이 없었다.

(꼴에 꼴값하느라고 욕봤단 말 한마디 하는 법 없구.)

나오자마자 한다는 말에 기가 질렸다. 얼른 다시 부엌 속으로나 들어가서 보이 지나 안했음 하였다.

종두는 몸에 붙은 부스러기를 투덜투덜 터는 둥 마는 둥 마루로 올라섰다.

「밥이나 주구려. 얼른 응.」

종두안해는 뾰로롱 해져서 부엌으로 살래살래 들어가 버렸다.

(홍 얼마 남았다구 고해바쳤음 좋을 상이지.)

종두는 지금쯤 부엌 속에서 두시렁거릴 자기계집을 생각해본다. 그리곤 그 큰놈의 주둥아리가 불룩불룩할 것을 생각해보면 자기 자신도 얼굴이 붉어지는 것 같았다.

(원 좀 보통여자 같이나 생겼으믄…)

입이며 코며 눈구멍이며 그 듬직 스런 몸짓마저 꼭 독을 품고 노려보는 구렁이와도 흡사한 데가 꼭 있는 것 만 같았다. 어째 하필이면 구렁이에 비하는지를 종두 지신도 알 길이 없었다. 그저 무의식 한 가운데에 우연히 어떤 다른 사람이 그렇게 가르쳐 주는 것만 같았다.

부엌 쪽에선 연신 소당깨 여닫는 소리가 드르릉 거리고 그럴 때마다 어린놈 보채는 소리가 가냘프게 들려왔다.

어린놈은 줄곧 해만 지고 어둠 발만 들어서면 칭얼대는 것이었으나 늘 궁둥이에다 다뤄 메고는 어린 것을 울려대는 애미가 더 꼴 보기 싫었다.

「얼른 밥 가져 오라니까.」

대답 대신 문지방만 쿵쿵 울리며 안해가 밥상을 들고 들어왔다. 밥상만 덜컥 내밀곤 뾰르르 나가려는 계집을 불러서 억지로라도 앉혀놓고선 계집의 눈치만 살피는 것이었다. 물론 윗방에 있는 서울댁의 저녁 소식이 궁금하였기 때문이었다. 당초 말수가 적은 안해라 놔서 그리 쉽사리 입이 열려지 않을 상이었다. 손님이라고 와서는 푸대접만 받는가 생각하면 몹시 초조해지는 종두기도 했다.

「그래 윗방은 어떻게 했소?」

종두는 안해의 귀 가까이 소곤거리며 계집의 눈망울만 응시하는 것이었다.

안해의 낯꼴이 어찌 되려 나를 보기 위함이었다. 안해는 한참을 뾰로롱해 있드니만

「우방일랑 걱정도 말아요. 누가 밥도 먹여 주질 않을까 봐서……」

아주 독살을 머금고 쳐다보는 안해였으나 좌우간 그 말이 믿었다 했다. 밥은 먹여줬구나 하고 생각하니 말이었다.

「거 우리 집에 오신 손님이니깐…」

다음 말을 기다릴 것도 없이 안해는 발끈 일어서서 방문을 박차고선

「그러니 어쩌란 말이요 내 머리를 끊어서 고기를 사 오란 말이요. 집을 팔아서 대접을 하란 말이요. 체 꼴불견이……」

종두 보구 하는 말인지 서울댁 보구 하는 말인지 종두안해는 방문을 박차고 밖으로 나가버렸다. 밥상머리에 달싹 옹크리고 앉아있는 자기 남편이 꼴 보기 싫었든 게다.

「시끄러워 왜 이래 지금 손님을 두고서두.」

밖에까지 나아가서도 악성스럽게 쏘아붙이는 안해가 퍽 괴변스럽게

도 보였다. 그런 걸 다리고 그래도 안해라고 평생을 희망을 가지고 살아간다는 게 어찌 보면 퍽 어처광스럽고도 희한한 일 같이만 여겨졌다. 그저 죽지 못해서 살아간다고 하는 어떤 부류 속에서 헤매는 것 같은 느낌이 자꾸만 엄습해 오는 것이다.

×

서울댁이 종두네 집을 드나들게 된 지도 어언 삼년 종두가 서울댁을 알게 된지도 근 삼 년이 지났다. 종두가 서울장사를 해보겠다구 법석을 부리든 바로 그해였다. 쓰러져가는 가대를 좀 일으켜 보겠다구 제 딴에도 있는 돈 없는 돈 할 것 없이 주워 모아 시작한 장사였으나 얼마 동안은 거기서 뜯어먹는 구석이라도 보이드구먼 그만 남대문시장의 불 속에 물건이라곤 쥐꼬리까지라도 잃어버렸고 그나마 붙어있는 돈치고는 어느 코가 물어가 버린지도 모르게 없어져 버려서 아주 형편이 말이 아닌 종두이었다.

서울댁을 알게 되기는 바로 이 무렵이었다. 용돈 한 푼 가지고 있지 않은 종두를 친절히도 여러모로 이끌어 주었으며 어느 때에는 자기가 하는 일에 착수하자고 제안까지도 한 서울댁이었다.

서울댁이 바싹 다가 앉으며

「우리 서로 힘을 합쳐서 이 일이나 하십시다.」하고 은근히도 권할라치면 으레 종두는 넋 잃은 놈 모양 우두커니가 되어서 한참 후야

「글쎄……」

하고 매우 애매한 답변을 던지곤 한 것이었다.

(그나마 그게라도 했다면 지금보담 좀 낳을지도 모를 건데……)

모든 일이 악착같이도 엉클어질 때면 종두는 늘 이런 생각을 되풀이

하곤 하는 것이다. 물론 서울댁이 착수하자고 제의했던 때엔 도무지 또 다시 그런 일에 발을 들여놔볼 용기가 도대체 일어나질 안 했든 것만도 사실이었다. 그러길래 그렇게 친절스레 굴던 서울댁을 버리고 고향 땅을 찾은 종두이기도 했다.

서울댁은 그 후에도 몇 번이나 종두를 찾아와 다정스레 이야기도 나누고 하였다

올 때마다 고기니 과실이니를 한 무꾸리씩을 가져오는데에도 고맙기도 했지만, 돈을 물 쓰듯 하는 년이 여관 잠자리를 하지 않고 오빠오빠하며 꼭꼭 종두를 찾어주는 것에 진정 감사스럽기도 했다. 어제저녁에도 종두가 윗방엘 들어서기가 무섭게 눈웃음을 치며

「농사일에 얼마나 부대끼시우. 농사일보담 우리 일이 어땔까. 오빠웅.」하고 눈망울을 곧추세우고 싱글거리며 바라다보는 서울댁이었다.

그럴 때마다 종두는 어찌나 감사한 말인지 몰랐다. 누가 내가 일하고 오면 저렇게도 알뜰히 위로해줄까? 하고 생각하니 말이었다.

「그런 얘긴 나중에 하고 우선 우리 화투 때기나 하지.」

화제를 돌릴라치면 서울댁은 으레 거기에 순종하면서도 이상스럽게 되쐬는 것이 여간 사람을 고는 것이 아니었다.

「그래 내가 뭐 오빠허구 밤마다 화투 때기나 하려구 온 걸로 아세요.」

화툿목을 턱턱 대면서도 앙칼지게 말할 때면 그저 속심 우습기만 한 것이었다.

「그러문……」

「뭐가 그러문 애요……오빨 내 사람으로만 들자는 것이지. 그렇잖으면 쓸데없이 욕만 언어먹구 있을께 뭐애요.」

「아니 누가 서울댁 보구 욕을 합디까?……」

「오빤 그만두구 화투나 때세요.」

민망스러운 듯이 얼굴을 붉히며 치마 밑을 도사리는 서울댁이었으나 종두는 바로 알아차릴 수가 있었다.

자기 안해에게서 욕을 먹은 게 분명하리라 하였다.

(흥 제 딴에 무순 놈의 강짜는 강짜야 되지 못하게 그 얼굴 뻰 세로……)

종두는 자기 안해가 했다는 짓에 몹시도 구역질이 갔다. 그리곤 자기 때문에 그러구 않아서 부질없이 욕을 먹는 서울댁이 어떻게 보면 처량하기도 했다.

무슨 말로 그런 미안함을 푸를까를 주저했다. 그저 모든 일이 다 미안할 따름이었다.

「거 우리 집이 좀 불편하드라도 꾹 참고 쉬어요.」

「아유 오빠도 별 말씀을 다하시네요. 그런 걱정일랑 아예 마시고 오빠 생각이나 해보세요.」 화툿목을 붙은 체 갸웃이 싱글거리는 서울댁이 밉업다 했다. 그러곤 그렇게 고맙게도 하는 데에 종두 자신도 약간 생각한 바가 있었다.

(서울댁을 따라가 버릴까……)

오늘 논에서도 몇 번이나 되뇌이고 되뇌이고 한 문제이었다.

서울댁이 찾아오면 올수록 그리고 자기 계집이 주둥이를 내밀고 딱정을 부리면 그럴수록 종두의 마음은 그길로 쏠리는 것이었다. 비할 데 없이 다정스레 구는 서울댁을 좀 정답게 대해주질 않는 안해가 원망스럽기도 했다. 서로 은근하고도 폭이 있게 놀아줬으면 하는 것이 서울댁이 오고 가고 하는 때면 으레 생각나는 일이었다.

노상 독사와 같이도 눈을 밝히며 두런두런 때면 통 영문을 몰라 했다.

도대체 왜 그렇게 발광을 하는지를 알 길이 없었다.

(혹시 제 딴에 큰아씨 격이 되서 그런지도 모르지……)

이렇게 마음먹을라치면 종두 자신도 광대뼈가 불그스름해지는 것이었다.

그리곤 아무도 모를 웃음이 입 가장자리에 빙그르르 맴을 도는 것이었다.

머리도 매무새 질도 하지 않고 터벌거리며 옷매무새에서도 어느 구석에서 금방 지독한 냄새라도 쏟아져 나올 것같이 하구 다니는 자기 안해에게 이젠 진저리가 난 지 오래다. 아니 온몸에서 지린내가 풍기어 나오는 것인지도 몰랐다.

(서울댁같이 좀 하구 다녔으믄……)

하구 념도 해보았으나 그래도 어느 때의 서울댁처럼 오만하면서도 앙큼스럽게끔 청초하고도 눈물겹도록 처량한 그런 짓은 도저히 따라가지 못할 것만 같았다.

뒤도 돌아보질 않고 고개만 숙인 체 말로만 사근사근 던실대면 서울댁의 가느스름하고도 얄픈한 뒤 허리가 껴안아주고 싶도록 정답게도 보였다. 그런 짓을 그 조그마한 대가리가 해내는 걸 보면 엎드려 절이라도 하고 싶은 종두이었다.

(에이 오늘밤도 서울댁하구 화투나 하구……)

종두는 밥상머리에서 벌떡 일어났다.

「여보 밥상 가져가구료.」

듣거나 말거나 부엌 쪽에다 던지곤 그길로 윗방으로 통하는 셋마루에 넌지시 올라섰다.

×

란영은 밤나무 집에서 술을 파는 계집년이었다. 온 동네를 치고 술집이라곤 둘 간 데가 있지마는 그 하나는 늘그막에 슬하에 자식이라곤 하픈 어치도 없는 사람들이 하고 앉은 술집이 돼서 늙스름하고도 점잔을 빼는 노인들만이 출입을 하고 있었다. 그러니 동네의 젊은 사람들은 자연 밤나무 집을 아니 드나들 수도 없게 되었다. 게다가 란영이 관계 있으므로해서 젊은 친구들은 너나 할 것이 없이 란영이한테로 드나들었다. 란영은 아직 나이도 젊었을 뿐 아니라 그게 또 밉상도 아니었다.

언제든지 빨간 치마에 노란 저고릴 입고 허리에 단 하얀 명주 앞치말 두르고……아마 몇 벌을 두고 적당히 갈아입는지 언제나 보아도 청신하니 깔픔스러웠다.

게다가 집이 아주 외지고 하여 동네 남편 있는 각시들의 눈에도 잘 띄지 않아 좋았다. 그러니 젊은 측들이 자연 마음을 놓고 드나들기에는 아주 안성맞춤이었다.

종두가 이런 댈 빠질 리가 없었다. 동네 온 젊은 놈들 가운데에서도 학수와 종두는 아주 란영이를 말어놓고 나□니다시피 한 사람들이었다. 학수가 아니면 종구가 밤이면 서로 물□ □ □밤나무 집으로 향하고 하였던 것이다.

어느 날 밤 그날도 저녁 참 후에 종두가 나아가려고 하는 것을 보고 종두 안해가

「여보 오늘도 또 가슈. 그년이 대체 뭐 길래. 그렇게 오장을 뒤집게 환장했구.」

하자 남편은 어이없는 듯 한참을 노려 보드니만 방문을 박차고 나아가버리는 것이었다.

「조용히나 하구 있지. 주둥아릴 놀리지 말고……」

아주 태연스레 구ㅁ남편이 징글맞게도 하였다. 요즈음 와선 또 하나의 커다란 걱정거리가 생긴 것이었다.

남편이 밤나무 집을 드나드는 것이 보다도 란영이란 년하고 밤마다 놀아 치는 것보다도 더 걱정 되는 것이 있었다.

해마다 그걸 논도 사고 잔일로 만만히 처리해 나아가든 그 숱한 무우 배추 판 돈을 밤나무 집에 앉아서 마구 까뭉개고 있는 것이었다. 얼마만이라도 가져다줬으면 하는 종두안해 ㅁ도했다. 그런데도 아는 체 모르는 체 들려주기는커녕 요절미 한 뒤 박 값도 남편 손에서 배어본 일이라곤 눈을 가고 생각해본대도 나지 않았다.

「텃밭 배추판은 다 어쨋소. 요절미 한갱이 남김없이 모조래 가져와요. 안가져오면 그땐 살상 될줄 알어요. 배추 농사를 자기혼자 지은겐줄 알고 홍…」 화가 목구멍까지 차올라서 견딜 수가 없었다. 말로만이라도 좀 더 퍼부었으면 하였다.

자기 말을 듣고 남편이 방문을 열고 다시 들어왔다. 남편은 아랫목에 도사리고 있는 차기를 보드니만 숨 돌릴 새도 없이 그 묵직스런 발길로 가슴팍이니 허리통이니 할 것 없이 마구 발길질을 하는 것이었다.

「그래 이년아 배추 농살 너도 거달었으니까 삯품을 돌란 말이냐 뭐를 돌랄 말이냐. 이 쳐죽일 년이.」

남편은 몹시도 씨근덕거리며 밖으로 나갈 생각을 좀체 하지 않았다.

「그러고 뭐. 어째 살상나?? 개 같은 년. 음 그래 네가 죽나 내가 죽나 해보자 이년이 당최 어른 애를 몰라보니.」

하구선 방구석을 두루 살피는 것이었다. 아마도 계집을 때릴 막대기로 막이라도 찾음이 분명하였다. 마침 학수가 그러자 들어와서 달래는 서슬에 남편은 못 이긴 체 학수와 같이 또다시 밖으로 나가는 것이었으나 학수가 뭐 그리 대수로운 일을 했다고 생각이 들지 않는 종두 안해기도 했다. 그저 그 자리에서 매 맞아 죽어나버리련 했든 것이었다…

지금… 거무잡잡하게 퇴색이 된 천정지엔 그때의 일이 자꾸만 그려지는 종두네 이기도 했다. 종두네는 몸서리를 쳤다 생각을 하지 않으려도 자꾸만 생각이 떠오르는 것에 머리가 왁지근 아픈 것만 같았다. 그리곤 그때 발길로 채인 것이 돼서 그 후에도 어찌나 뜨금뜨금 한 게 아니었다.

(뭐. 내가 잘못한 게 있었든가) 생각도 해본다. 허나 별소리 잘못인 것은 없었음이 분명하였다 온통 지긋지긋하였다 그뿐만 아니다…

학수 안해와 같이 밤나무 집 툇마루에서 밤을 세이든 일을 생각하면 정말 눈에서 불똥이라도 터져 나올 것 같았다.

학수 안해가 헐레벌떡 달려와서 그길로 밤나무 집으로 가자는 것이었다.

「오늘 저녁 우리가 그놈의 집구석에 가서 지켜봤다가 그것들이 지랄할라치면 우리 아주 양판 내버립시다. 그까짓것.」

종두 안해는 아길 포대기에 싸서 들러업고는 그길로 학수 안해를 따라나섰다.

찬바람 깃이 얼굴을 스친다. 선뜻했다.

(내가 그넌 놈들 좋아하는 꼴을 보러 가나…) 생각하면 깍지 낀 손과 두 발이 쥐가 난 듯 후들후들 떨었다. 그러면서도 어둠이 짙어 컴컴해버린 동구를 빠져 밤나무 집서 란영이한테로 달려가는 것이었다. 마치 걸음걸이라기보다는 헤엄을 쳐가는 것처럼…

○○○

밤나무 집 싸릿대문은 어둠 속에서도 벙긋이 열려있었고 방으로부터는 희미고름한 불빛이 새어 나와 손바닥만 한 온 뜰을 새하얗게 비치고 있었다. 둘은 발돋음을 하여 소리를 죽여 가며 뒷문이 있는 툇마루로 올라섰다.

한 발자욱씩 옮겨 놓을 때마다 땅에 너저분하게 널려있는 지푸라기니 수숫대에선 바스락거리는 소리가 연신 들려왔다.

톡 탁 톡 톡……

방석 위에 화루목 떨어지는 소리가 간혹가다 란영이의 간드러진 웃음소리도 새어 나온다. 둘은 서로 발을 곧추세우고 방 속의 얘기에 여념이 없었다.

호호호호……

갑작스레 란영이의 호들갑스러운 웃음소리…다음 이어서 누군가가 벌떡 일어서더니

「자. 란영이 어메이만하면 오늘 밤은.」하고 아주 의미심장한 말을 던지니까 웃기만 하든 란영이가 뒤로 벌떡 자지러지면서 손만 내저으며

「안돼요. 안돼요. 또 한판이 있잖어요. 호호호호……」

「응 그랬든가? 그럼 자 얼른 일어나 앉어요. 란영이……」

또 다시 화루목 떨어지는 소리…… 톡 톡탁 탁탁……

종두 안해는 두 눈에 쌍심지가 났다.

(저런 것들을 보려고 내가 여기까지 왔나?…)

생각하면 어떤 후회가 가슴을 깨물었다. 저것들이 이다음엔 어찌 되려나 생각하면 몹시도 가슴에서 무방망이질 하는 것을 느끼곤 했다.

톡 톡 탁 톡 톡…

다음 순간 묵직한 남자의 소리가 들려왔다

「이건 본 살이야. 나는 미끄러져야겠군.」

그리곤 지극히도 재미난 것처럼 란영의 깔깔대는 소리가 들려왔다. 그리곤 누군가가 웃어 대는 란영이한테로 쓰러지듯 엎어지는 소리도 들렸다.

「아이고. 호호호호 이건 놓세요. 치마말기타저요. 호호호하하하핫」

아마 웃는 입에 덮치기라도 하는 모양이었다. 방안은 물간 듯이 조용했다.

(저것들 대담하고나 등잔불도 끄지 않고)

종두 안해가 이렇게 외이는 순간 뒷문이 벌컥 열리고 찢지는 듯한 소리가 조용한 밤공기를 울렸다.

학수 안해가 방으로 뛰어든 것이었다.

「이런 놈아. 이게 갈은년놈아. 이갈보년 같으니……응응」

종두 안해도 머리칼이 떨림을 느꼈다.

몹시도 분하였다.

학수 안해는 기가 차버려서 말도 제대로 못 하고 허우둥 거리며

「이놈아 저녁 먹고 놀러 간다고 하드니 여길 왔구나. 여기. 잘 다닌단 말 벌너써 들었다. 이놈아 이년놈들아.」

서로 엉클어져 있던 것들이 토끼처럼 놀라서 발딱 옴츠린다.

그리곤 다음 순간 사내 녀석이 벌떡 일어서 드니만 소리를 고래고래 지르는 학수 안해를 때려눕히는 것이었다.

「여편네 년이 지금 어디라고 함부로 와서는 개지랄 하는 거여.」

사내는 다시 방구석으로 학수네를 밀어 처넣었다.

「응 아이고 아이고 이 년놈아.」

학수네는 목을 놓고 주저앉아서 퍽퍽 울기 시작하는 것이었다.

「아니 이년아 무얼 하겠다구 여길 와. 주전없게끔……」

학수네는 깨어지라 하고 주먹으로 방바닥을 치며 통곡하는 것이었다. 종두는 큰방에서 엉거주춤 나오드니만 그 꼴에 정말 놀란 모양이었다.

「참 내. 별꼴을 다 보겠네 별것들이.」

종두가 들어오는 것을 보자 란영이란 년이 기가 난 듯 치맛말길 바로 잡으며 입 가장자리로 비웃음을 흘리는 것이었다.

종두안해는 온몸은 물론 고개까지가 후들거림을 맛보았다.

「저년……」

방으로 뛰어들어 란영이란것의 흐트러진 머리칼을 부둥켜 쥐었다.

「무엇이 어째 이년아. 조적년 같으니 별것이라니. 어디 비틀어진 말이냐. 고약한 년.」

종두는 뜻밖의 사람에 주춤하면서도 야무지게 안해의 뺨을 갈기는 것이었다.

「이건 또 왜 이래 건방지게 당장 안 나가. 지금.」

「당신은 염치도 참 좋구려. 이따위 년 하구 놀면서두.」

종두네도 기가 질렸다. 눈에선 눈물마저 어른거렸다. 목이 콱 메었다.

학수는 어데로 갔는지 자취를 감추어버리고 학수네는 그래도 방바닥만 치기만 하고… 머리칼을 붙들리고 있던 란영이가 발딱발딱 일어서더니 종두네에게로 찰떡같이도 달려붙는 것이었다.

「아니. 당신네 냄편을 내가 고집어왔서 업어왔서. 왜 지금 뭉탱이로 와서 그래 한 방탕 일을 할랴는 거지」……

○○○

종두 안해는 머리를 살래살래 내저었다. 천정엔 그 야무지게 방파메기를 하던 란영의 모습이 열도 스물도 자꾸만 어른거렸다.

열도 스물 넘는 란영이가 자기를 에워싸고 찍어 누르는 것만 같았다.

가슴이 답답했다. 손을 내저었다.

옆에서 쌔근거리는 어린놈이 놀라 홍얼거린다.

(내가 이런 생각을 안는다면서도)

아기를 끌어안아다 다독거렸다. 다록거리는 소리가 가슴에까지 파동의 퍽퍽 거린다. 머릿속은 더욱 피로를 불러 깨어 울 듯이 아팠다.

윇방에선 정답게 도시란 거리는 소리가 이따금 들려왔다. 아마 자정 한시 그렇잖으면 그 중간인지도 몰랐다.

밤이깨 이슥한 것만은 사실이었다. 먼저번께도 그랬지만 요즈음 서울댁이 오면서부터는 정말 새벽까지 영영 눈을 붙어보지 못하는 밤이 예사였다. 등잔 심지가 깨질락 말락 까물거리고 방안은 더욱 흑방이 되었다.

(윇방 년놈들은 지금쯤 무얼 하고 있을까?…)

종두 안해는 넋을 잃고 까물거리는 등잔불을 쳐다봤다. 마치 신의 계시와도 같이 등잔이 꺼질락 말락 하는 것이 윇방에서도 참아 입에 담을 수 없는 짓이 지금 막 일어나려고 하는 것만 같았다. 종두네 눈에는 자지러지듯 웃어 쌌던 서울댁의 모양과 음란한 눈짓을 던지는 남편의 얼굴이 나타나곤 했다.

입속의 혓바닥처럼 눈치가 빠른 서울댁이 지금쯤 어떤 짓을 하고 있을까가 참으로 궁금했다. 그리고 또다시 아랫목에 깔린 이부자리 속에서 계집의 가는 허리를 아기 보듬듯이 하고 계집의 긴 속눈썹을 들여다보는 남편이 보였다. 아주 선명치 못한 맥락 없는 상연들이었다.

(정말로 저것들이 그럴까?…)

뼈가 저리게 아팠다. 종두네는 윗방 쪽에다 귀를 기울이곤 본능적으로 숨을 죽였다. 윗방은 숨소리 하나 들리는 법 없고 물간 듯이 고요했다.

(정말로 저것들이 지금쯤 음) 불현듯 양미간의 핏줄이 발끈 솟아났다. (내가 이게 웬 팔짜냐. 내가 나가버리면 고만일껄! 아니 저것들도 죽여라도 버리고.)

눈에선 갑자기 번갯불이 번쩍하며 살강워 도마에 놓였던 식도가 보였다.

그리고 칼에 맞아 피를 흘리는 년놈들을 생각했다. 무서운 생각이 머리를 싸고 엄습해오는 것이었다.

사방은 쥐 잡은 듯 고요하고 깜빡이던 등잔마저 깜빡 죽었다. 방안은 먹물 같고 신경은 머리끝까지도 전달되었다.

(음 저것들이 지금 막……) 뿌드득뿌드득… 입발이 와들와들 떨리고 있었다. 드디어 윗방쪽에서 이부자리 걷는 소리가 가냘프게 새어 나왔다.

(음 음 음…) 종두 안해는 부엌에서 말을 쥐든 솜씨로 주먹을 발끈 쥐는 것이었다.

어둠 속에서도 손이 바르르 떨렸다. 몸은 무서운 경련을 일으키며 신장이 나린 듯 마구 떨렸다…… 윗문을 열어 재치고 총알처럼 년놈에게 달려들기는 바로 다음 순간이었다. 밤나무 집 란영이한테 하든 것 보담은 더 힘이 들었다. 죽륵 악을 썼다. 미상불에 미쳐 옷도 걸치질 못하고 맨 깽깽이 몸으로 이불을 휘어잡고 있었다.

(제 낯짝을 팔아먹는…) 종두네는 말이 통째 나오질 안 했다. 무슨 말

을 꼭 하고는 싶었으나 당최 입이 열리질 않았다. 이상스러웠다. 입술만 이 부르르 떨리는 것이었다. 그저 서울댁이란 것의 얼굴에 두어 번 손을 휘어져 섰다. 그것만이라도 마음이 좀 풀린 것 같았다. 자기 남편이 어데 있는지도 몰랐다. 그저 그러고 서울댁만을 쥐어박았음 뿐이었다. 종두 안해는 이미 마음이 차분하여졌다. 좌우간 이놈의 집에서 완전히 떠나버리리라 했다.

○○○

시집올 때 가지고 온 장롱문을 열고 여기까지 아껴두었든 옷가지며 버선이며를 주섬주섬하며 몸수습을 마치었다.

그 선듯하게 다려서 넣어놓은 옷가지를 보니 시집오기 전날 밤 어머니가 손수 밤을 새워가며 다려 넣어준 옷가지에선 다리미 냄새가 그윽하게 풍기어 나왔다. 그 자비스럽든 어머니가 몹시도 그리워지는 것이었다 .

(어머니한테로 가자…가선 싫건 좀 울자…)

막다른 골목에선 자기의 육친이 가장 그리운 것인 상도 싶었다. 종두네는 아무것도 모르고 쌔근거리는 어린 것을 둘러업고는 대문을 나섰다.

(년놈들 편안히 잘 살어봐라…) 자기에게서 얻지 못했든 재미를 서울댁한테서라도 얻으며 잘 살었음 하였다. 학수네 대문 거리도 지났고 란영이의 밤나무 집도 이젠 먼빛으로 넘겨다보였다.

(잘들 자밀 보는구나……) 눈앞에 생각나는 이웃하며 필경에 서울댁마저 세상재미를 보고 사는 것만 같았다.

(어서 이놈의 동네를 눈앞에 보질 말어야지…) 종두 안해는 숨이 목에

까지 턱턱 막히는 안터고개 막바지를 휘어 오르고 있었다.

(안터고개만 넘어서면 이젠 이놈의 동네하곤 멀어 지렸다…) 생각하면 그지없이 황망한 길을 가는 종두네였지만 가슴이 후련함을 느끼었다.

사방은 먹물을 머금은 듯 침울하였고 개울 건너 마음에선 수탉이 홰를 치고 있었다. (끝)

3등

제34호 1957년 1월 31일

현상당선작품(懸賞當選作品)

새벽

· 황길현(黃吉顯) 국문학과 2년 ·

한 떨기 피랭이꽃이래도 고운 가슴이 피어나 아름다움도 짐즛 사랑이었어도 노여움과 역겨움 속 꿀벌과 나비의 지친 날개를 담쑥 안아 삼켜버리고 사뭇 찬 질곡만이 가슴을 누리어 밤을 기다랗게 숨 쉬는데 어둠이 찾아오면 어둠을 따라 촟불이 꺼지고 아一크등(燈)마저 구부러진 지평(地平) 너머 사라지면 뜨거운 심장(心臟) 선혈(鮮血)의 몸짓 둘레를 안고 어둠을 통과하는 그림자를 밟으며 허둥지둥 팔을 펼쳐 보드라운 하늘을 흐르나리는 광명(光明)한 자욱이 이처럼 환하여지기 위하여 발을 벗고 헤쳐 온 것은 시방 대양(大洋)과 육지(陸地)를 가슴에 골어안고 밀어(密語)를 속삭이는 길이련

알맞게 마련되니 한 벌의 옷이나마 빨간 한 몸을 가리고 가뿐한 마음을 나는 것이어 툭 튀어오는 길 위에 마음을 열어놓고 손을 붓 잡으려는 따스한 입김의 보람에서 밤을 태우고 (소(燒)) 그 불빛이 사라지기 전에 어린 태양(太陽)을 마중 가는 것 다만 늠름하고 비슷한 얼굴 위에 맺어진 웃음 태양이 쏟아져 파도 건너 땅을 넘어 아리잠직하게 열매 짓는 새벽의 노래 속에 아리따운 세계(世界)는 태어나는 것이다.

선외 가작

제34호 1957년 1월 31일

현상당선작품(懸賞當選作品)

연화(蓮花)

· 김성복(金成福) 문리과대학 ·

연(蓮)하면 못이 연상 된다. 그들은 서로 떨어져 있을 수가 없나 보다. 그래서인지 연못 하면 연(蓮)이 있고 없음을 개의(介意)치 않는다. 내 발길은 어느새 연못가를 거닐고 있다. 못의 반은 연잎으로 덮였고 꽃봉오리는 맺었으나 계속되는 가뭄로 뿌리에서 흡수(吸收)되는 수분(水分)만으로는 꽃을 피우지 못한 모양이다. 여기에 하룻밤 이슬비만 내려주면 모두 다 활짝 피어날 것만 같다. 연(蓮)은 그 성격(性格)이 고답적(高踏的)이다.

나는 오히려 카네숀의 쾌활(快活)이나 장미의 연연(戀戀)한 정(情)보다도 연꽃의 은은한 정서(情緖)가 좋다. 옛날 귀족(貴族)들은 궁궐 같은 화려한 집 뒤 깊숙한 후단(後壇)에 연못을 파고 못 가 연당(蓮堂)에는 규중처녀(閨中處女)가 글을 읽거나 또한 달 밝은 밤에는 월색(月色)에 함빡 젖은 연화(蓮花)를 바라보며 수줍은 정회(情懷)를 하소도하였다. 이와같이 아름다운 비사(秘史)를 간직한 연당(蓮堂)을 그려보며 무심히 앞을 쳐다보았을 땐 떠들어대며 이쪽으로 걸어오는 아이들의 한패를 볼 수가 있었고 그들의 손에는 연꽃 봉오리가 한줌씩 잡혀 있었다. 그들의 모진 손에 끊기어 버린 연(蓮)—기구(崎嶇)한 운명을 지닌 연(蓮)을 나는 애석(哀惜)하게 생각(生角)하면서도 그들로부터 봉오리 하나를 얻어 가질 수 있는 잔인성(殘忍性)을 가졌나보다. 아니 얻지를 못한다면 내 자신(自身) 꺾지 않고는 못 견디었으리라.

왜냐하면 이유(理由)는 지극히 간단(簡單)하다. 융성한 연잎 사이로 연분홍 꽃봉오리가 교태(嬌態)를 부리는 연못가를 떠나면 나를 기다리고 있을 꽃 한포기 없는 쓸쓸한 밤이 생각(生角) 기워져서다. 그래서 나는 아이들로부터 꽃봉오리를 얻지 못했던들 자신(自身)이 꺾지 않고는 연못을 떠나서 발걸음을 돌리지 못했을 것이다.

아이들 중에는 봉오리를 억지로 젖혀 피우고 만족한 웃음을 지우는 애가 있었다. 핀 것이 아니라 축 늘어져 버린 것이었다. 나중에는 보기 싫다고 땅바닥에 내버렸다. 얼마 전까지는 고요한 수향(水鄕)에서 내일(來日)의 희망(希望)과 어느 날 아침엔 아름다운 자태(姿態)를 나태내어 방긋방긋 웃음을 머금은 봉오리가 그러게도 비참(悲慘)한 최후(最後)를 지우는 것은 비단 피어 나지 못한 연(蓮)봉오리만의 슬픔이겠는가?

2등

제35호 1957월 2월 18일

현상당선작품(懸賞當選作品)

새

· 박영륜(朴永輪) ·

그렇게 텅 비인 가슴은
거장(巨匠)의 단순(單純)한
장난이 아니란다

정녕 담어야 할 보람이 있어
숨 막히는 밤마다
몸부림쳐 신음(呻吟)하는
아으——
성(聖)스런 목숨이거니
궹하니 울리는 가슴
새벽마다 울어 오든
기인 역사(歷史)를 지녔단다

이제
향(香) 맑은 이슬과 별빛 사이사이

휘황(輝煌)히 트이는 새벽이기로
텅 비인 가슴을
못 견디게 울렁이며
죄악(罪惡)의 고향(故鄕)을
습(濕)한 골목을
서른 세 번 몸부림쳐
몸부림쳐 울리는
차라리 초조한 여운(餘韻)——

제35호 1957월 2월 18일

현상당선작품(懸賞當選作品)

누구를 위(爲)한 청춘(靑春)입니까

· 김상숙(金相淑) 법학과 ·

삼라만상(森羅萬象)은 춘양(春陽)과 더부러 소생(蘇生)하고 근친갔던 강남(江南) 제비는 임 찾아 또다시 시집엘 왔습니다. 천지만물(天地萬物)이 이같이 신생(新生)을 구환(謳歡)하 것만 나는 홀로 외로워야만 합니다. 독수공방(獨守空房) 차거운 책상(册床)머리 향수(鄕愁)에 젖고 사랑에 여위어 몸부림치 것만 이 세상(世上) 어느 뉘라서 나의 고독(孤獨)에 동정(同情)하려듭니까? 홍정만성(鴻程萬星) 고원(高遠)한 장래의 꿈을 그리며 오직 괴로움도 감수(甘受)하고 극복(克服)해야만 됩니까? 너무나 차거운 명령(命令)이외다. 누구를 위(爲)한 청춘(靑春)입니까?

미풍(微風)이 살결을 간조러히 스쳐가는 고요한 밤 중천(中天)에 뚜렷한 저달을 우러러 보고 그아지못하는 그리움에 장탄식(長嘆息)하고 눈물이 매치도록 쌘티멘탈 해지는 것은 역시(亦是) 청춘(靑春)만이 가지는 순정(純情)의 고독(孤獨)인가하고 가만히 생각(生覺)해보기도 합니다. 남성(男性)이 이러하거든 하물며 감수성(感受性)이 예민(銳敏)한 여성(女性)도 역시(亦是) 이러려니…아니 어쩌면 나보다 몇 갑절 몸부림 치려니…

어제밤 일이외다. 자정이 가까워 인적(人跡)도 고요한 골목길을 으스름 달에 그림자를 밟으며 이런 사색(思索) 저런 색념(索念)에 소리 없이 거리노라니 누구집 담밑에 은은히 흐느끼는 여인(女人)의 애련(哀憐)이 나의 가슴을 처(凄)참히 울려주더이다. 무심(無心)히 달빛에 나타난 스물 열일곱 되어보이는 하얀 살결 하얀 침의(寢衣)의 여인(女人)이 담밑 은행(銀杏)나무에 기대인채 소리없이 우는 것이였다.

옛날 시인(詩人) 백락천(白樂天)은 그의 장한가(長恨歌)속에 양귀비(楊貴妃)의 우는 양을 「이화일교(梨花一校) 대춘우(帶春雨)」라 견주었거니와 은은한 달빛에 비추이는 그의 으스러질듯한 고운 뺨을 스치는 수정(水晶)같은 이슬이 정이 애처러웠습니다.

적어도 초저녁이 아닌 이 밤중이어든 부모님(父母任)의 꾸지람에 우는 것은 아니었겠지요. 달빛은 사창(窓)에 비끼고 다잎 두잎 낙화(洛花)하는 밤 그가 부인(婦人)이라면 이미 북방에간 젊은 남편(男便)의 옛품이 그리워 오(嗚)열하는 것이겠지요. 부인(婦人)아닌 처녀(處女)라면 가슴속 깊이 간직 해온 연인(戀人)이 그리워 혹(或)은 꽃잎마냥 지는 청춘(青春)의 낙(落)조가 서러워 전전불(轉不) 침타가 미친 듯 뛰어나온게 아니었을가? 담을 안고라도 달려가 애무(愛撫)해줄 수 없는 나의 위선(僞善)을 심히 조소(笑)합니다. 진리(眞理)아닌 윤리(倫理)가 나의 청춘(青春)을 앗아 가고 고(固)류한 이 나라 도덕(道德)이 나의 피눈물을 자아 냅니다. 좀더 남녀(男女)의 교제(交際)가 자유(自由)로웠으면…

동양적(東洋的)인 우아를 가미(加味)한 상록(常綠)의 청춘(青春)교제(交際)가 진전(進展)되었으면… 아! 누구를 위(爲)한 청춘(青春)입니까? 때때로 이런일이 상기(想起)된다는 것은 하나의 불행(不幸)이 아닐 수 없습니다. 인생(人生)은 언제 어떠한 환난(患難)이 닥쳐올른지도 모른다. 더구나 청춘(青春)이 이를테면 숙명적(宿命的)인 폐렴(肺炎)으로 인(因)해 쓰러진다던가 하는… 나는 이따금 이런 부질없는 생각에 부닥쳐 고(苦)민하는 수도 있습니다. 가끔 잡지(雜誌)나 신문(新聞)에 그려지는 소록도(小鹿島) 악마 같이 노도와 같이 아우성 치는 인적(人迹) 끊어진 절해고도(絶海孤島)를 상상(想像)하고 하염없는 눈물을 흘린적도 있습니다.

어제 장자(長者)의 자녀(子女)로 수재(秀才)의 몸으로 세인(世人)의 총애(寵愛)에 아름다운 장래를 꿈꾸던 청춘(青春)이 오늘은 무인고독(無人孤獨) 망망대해(大海) 흰 갈매기 그림자만을 추억(追憶)하고 터지는 울분을 쌓은채 오늘도 수평선(水平線) 저 넘어로 머언 과거(過去)를 더듬는 철조망 속에서 신(神)을 저주(咀呪)하여 삶을 저바리는 것이 도무지 남의 일 같지 않고 그의 울분이 나의 울분이요 그의 고적(孤寂)이 나의 고적(孤寂)인 그리고 그의 저주(咀呪)의 소리가 뼈에 사무치도록 이해(理解)되고 함께 울 수 있는 심경(深境)은 어쩌면 우리들도 어느때 어느 신(神)의 노여움을 사서 그러한 생지옥(生地獄)에 축출(逐出)될 운명이 다분(多分)한 가능(可能)성도 있으려니 하는 서글픈 환상(幻想)에서 이리까?

진정(眞正) 무서운 공상(空想)이외다. 청춘(青春)의 충동(衝動)을 너무 억제할 것은 아닐까 보외다. 도리어 인간(人間)의 비극(悲劇)은 본능(本能)의 부당(不當)한 억제에서 오는 것이 아닐까요?

되도록이면 유한(有限)한 청춘(青春)을 좀더 「엔죠이」하고픈 심정(心情)입니다. 그런 줄 번여히 알면서도 여인(女人)의 일별(一瞥)의 여지(餘地)가 없는 인생(人生) 심한 염세(世)에 미치기라도 할 것 같은 나를 이해(理解)해주는 반(伴)려자(者)를 의외(意外)에도 발견(發見)할 수 있다면 이 천애고아(天涯孤兒) 여분(餘分)의 행복(幸福)이련만…

그러나 나는 영원(永遠)히 고독을 반(反)추하는 족속(族屬)입니다. 춘풍추우(春風秋雨) 연륜(年輪)이 더해 갈수록 나의 청춘(青春)은 속절없이 시드러갑니다. 누구를 위한 청춘(青春)입니까 88 · 425 ㅡ달 뜨는 밤ㅡ

3등

제36~42호 1957년 3월 3일~1957년 5월 30일

현상당선작품(懸賞當選作品)

영시(零時)

· 허소라 ·

몸둥아리를 팽이 돌리듯 방향(方向)도 없이 싫건 골려 먹은 뒤에야만 잠자리 날개처럼 투명한 상념(想念)들이 연에 연단다.

오늘의 내 머릿속엔「리힐리즘」이 승리(勝利)할 것 같으나 아직 결정적(決定的)은 아니오.

「파라독쓰」라는 응원가가 하늘 높이 계양되오.

이단자(異端者)라는 말을 제일(第一) 먼저 들은 이가 누구인지 그저 무척 알고 싶으오.

× ×

오늘은 유독 나가고만 싶다.

점심(点心)은 배가 고프지 않은 걸 보니 먹었나 보다. (하루에 네 번씩 복용(服用)하는 죽지 않는 밥약(藥)!) 이같이 중얼거리며 어슬렁어슬렁 들로 나갔다.

벗어지려는 골마리를 연신 부추겨 올리면서 무엇이 그리 재미있는지 꼬마둥이들이 시시덕거리며 날뛴다.

서울 사람들과는 아예 종족(種族)부터가 다를 것만 같은 이 고장의 아이들……그들에게는 널따란 운동장(運動場)이 소용(所用)없다. 밭이나 강변(江邊)이나 언덕이나 아무 곳에서든지 그저 풀쩍 풀쩍 뛰기만 하면 되는 그것이 가장 천연적(天然的)인 운동장(運動場)이다.

어젯밤은 또 어느 놈이 바지에다 오줌을 쌌을까? 이같이 생각해보다가 흘깃흘깃 그들의 눈치를 살피며 저고리가 있는 대로 주머니 속을 뒤져보기 여작(如作)했다.

참으로 가슴이 떨린다. 들키기만 하면 어른이 아들의 물건(物件)을 훔친다고 욕을 퍼붓는 그런 관대한 처분을 받는 게 아니고 마구 두들겨 맞기 때문이다.

주머니 속에는 잘 돌지 않게 생긴 팽이 있는 기술(技術)을 다 내어 만든 갈대 안경 세기 녹슨 주머니칼 야구(野球)공처럼 뭉친 보리 누룽지……그러나 한 놈에게선 이상한 것을 발견(發見)했다. 담배가 들어있는 쌈지다. 아마 저의 할아버지가 낮잠을 자는 틈에 몰래 빼 온 것인가 보다. 그렇다면 한 대씩은 벌써 시연(試煙) 했을 것이 아닌가?

나는 모든 물건을 제자리에 넣어 주었다. 동시(同時)에 그 장난감의 통계표(統計表)를 짜아 머리에 외어 두었다가 집에 가서 우리 집 막둥이란 놈의 소유물(所有物)과 대체로 같지 않으면 무섭게 호들갑을 떨어주어야겠다고 마음먹었다.

저렇게 무엇에 탐닉만 되면 정신(精神)이 없으니 이 시골 사람들이 소매치기의 가장 좋은 대상(對象)이 되지 않을 수 없다. 그러나 저들은 천사(天使)가 업고 고니는 천치다.

여하간 들키지 않은 게 퍽 다행(多幸)이었다.

언젠가 한 번은 강변(江邊)에서 발가숭이인 채 싸우고 있는 것을 무은 활극(活劇)이나 보는것처럼 한참 신나게 훔쳐보다가 모래와 자갈로 몹시 맞았다. 그때 분풀이를 나에게 하려고 그랬는지 어쨌는지 전세(戰勢)가 대단(大端)히 불리(不利)한 변(便)에게 맞았었다.

××

왜 이렇게 자연(自然)은 색(色)이 희미할까? 도시(都是) 실감(實感)이 없다.

집으로 오는 길에 주막(酒幕)이 시끌시끌하기에 들어가 보았더니 전제(戰題)를 「계(契)돈」으로 하는 아낙네들의 싸움이다. 둘 중의 하나가 자선사업(慈善事業)을 하면 그만 아닌가?

―제신(諸神)들이여 그렇지 않소?

이수주의적(里粹主義的)인 이 마을에어 그래도 제일개방(第一開放)된 것이 이 「계(契)」이다. 이 싸움이 또한 이들의 게으름을 가끔은 재촉하기도 한다.

「빼빼 마른 생쥐가 지폐(紙弊)띠를 물고 가는데 말 탄 계집애가 그 뒤를 쫓는다.

―우리는 싱거운 응원가를 불러주었다」라는 어느 시(詩)가 머리에 떠오르기도 한다.

안에서 울려 나오는 말소리는 그게 그 소리다. 흥미가 없다고 중얼거리다가 문득 그림은 멀리서 보아야 좋다는 생각이 들어 주막(酒幕)이 등진 고원에 올라갔다. 과연 머리끝을 잡고 대롱거리는 모습이 손뼉을 쳐주고 싶도록 한껏 멋지게 보인다.

한동안 신나게 보고 있는데 갑자기 머리가 무거워 손을 얹어보니 꼭지가 떨어져 나간 낡은 밀짚모자를 누가 감사하게 씌워주었다. 이때 갑자기 내 뒤에서 연 아무 살쯤 먹어 보이는 소녀(少女)들이 손뼉을 치고 깔깔대며 웃는다.

내가 주막(酒幕)집을 바라다보고 웃는 것이나 그들이 또 나를 바라보고 웃는 것이나 서로 쌤쌤일까?

나는 그들과는 구면(舊面)이므로 그저 벙글벙글 웃어주었다. 그러나 누가 또 방금 내 뒤로 와서 찢어진 주머니 속에다 흙을 퍼 넣는다. 킬킬거리며……

이쯤 되면 내가 불리(不利)할 것 같아서 언덕을 묵묵히 내려오는데 「아저씨 아저씨! 인제 앙 그럴게 우리랑 놀자 웅웅」 하면서들 쫓아온다. 발을 멈추고 고개를 획 돌리니 (얘들아 인제 놀려먹지 말자……)하는 소리가 들린다.ㅡ 아마 나를 두고 하는 말인 것 같다. 참 나는 이런 때에 쓸데없이 눈치 채기가 비상하다.

먼 산을 전망(展望)하며 스르르 눈을 감고 생각했다. 이 소녀(少女)들이 진실로 나를 놀리지 않을 심상인지 그렇지 않으면 내가 성을 내면 과자를 못 먹고 그들이 예쁘다는 토끼 새끼들 못 얻을까 봐 갑자기 즐거운 위선을 부리러 오는 것인지? 그렇다면 나는 홍분해서 동정(同情)할 바가 있다.

× ×

내가 이 소녀(少女)들을 알기는 며칠 전(前)…아니 기억(記憶)에 어둔 것이 몇 달 전(前)일게다.

심심하기가 짝이 없어 혹 이런 날에 가치(價値) 여하를 막론하고 좀 재미있는 일이 없을까? 하고 어슬렁어슬렁 걸어 나온 것이 마침 이 소녀(少女)들이 늙은 소나무 그늘에서 괴상한 돌과 흙으로 무엇을 골똘히 만들고 있을 때였다. 나는 허리를 굽히고 고양이 걸음으로 조심조심 소나무 뒤에까지 왔다가 좀 더 안정성(安定性) 있게 바라볼 양으로 진땀을 흘리며 살금살금 소나무 위로 기어 올라갔다. 가만히 내려다보니 흙과 돌로 이층(二層) 토지카를 열심히 쌓았다. 나도 집에 가서 저렇게 한번 쌓아볼 양으로 (뭐 원료(原料)가 그렇지 귀(貴)한 것이 아니니까…) 그 설계요령(設計要領)을 낱낱이 훔쳐보고 있을 때에 저쪽에서 마을 꼬마들이 학교(學校)에서 오는 길인지 허리에 띈 책보의 필통 속에서 연필소리를 울리며 뛰어온다.

이윽고 그들은 이 유희장(遊戲場)에 전고(戰告)도 없이 불법침입(不法侵入)으로 거진 다 쌓아 올린 이 작은 성(城)을 여지없이 발로 걷어차고 달아나기에 나는 약간의 적개심(敵愾心)이 나서 주위에 있는 청솔방울 몇 개를 재빨리 훑어내어 뒤통수를 향(向)해 힘껏 던졌더니 그 중 용케 두 놈의 머리통에 명중되었다.

녹수가 오를 대로 오른 퍽 단단한 햇솔방울을 맞고도 뒤로 돌아보지 않은 채 용감히 달아나는 모양이 퍽 가관(可觀)이었다.

껄껄거리며 소나무를 내려 보니 소녀(少女)들이 훌쩍거리고 있다. 나는 바로 아까 머릿속에다 외어 두었던 설계(設計)대로 다시 쌓아주었더니 그들은 언제 울었느냐는 듯이 저희끼리 눈짓을 하며 웃어댄다.

이 유희품(遊戲品)이 다시 복구된 기쁨보다도 자기(自己)들을 원조(援助)해주는 사람이 있다는 미더움에서 더 기뻐 하는 것인지도 모른다. (어느 보람과 정성이 서운케 무너졌다고 울게 뭐야? 마음껏 웃어 줘버리지.—) 나 혼자만 중얼거리며 너털웃음을 웃었더니 그들은 뭐라고 수군거리며 가해자(加害者)이니 조심해야겠다는 듯이 흘끔흘끔 피(避)한다.

해쓱하고 초조한 나의 행색(行色)에 그러함이리라………

재빨리 근처(近處)에 있는 손바닥 가게에 과자봉지를 한 봉씩 사다가 주었더니 이윽고 그들은 사양도 없이 잘 들도 받았다.

「니들 몇 학년(學年)들이지?」

「전부 육학년.ㅡ」

지도상(地圖上)에 의(依)하여 우리 집을 자세히 가르쳐 준 다음 내일(來日)이라도 오면 토끼 새끼라도 한 마리씩은 나누어줄수 있다고 아량(雅量)을 보이며 집에 온 것이다.

× ×

그날 나는 어찌도 고단했던지 맛있는 잠을 그날 밤과 이튿날 낮까지 자고 있는데 누가 방(房)문을 막대로 두드리며 고함을 지르기에 일어나 보니 어제의 그 소녀(少女)들이 순전히 토끼만을 가지러 찾아왔던 것이다. 등허리가 몹시 아파죽겠다 잠시 후에 그들은 제각기 예쁘다는 놈으로 골라서 한 마리씩들고 사립문을 나섰다.

『얼레.ㅡ 이렁 걸 막 공짜로 준다웅?』『그렇게 등신이지.ㅡ』이런 말을 주고받으며 멀리 사라져가는 그들에게 나는 두 손을 입에다 놓고 (다음에 오면 또 줄게.ㅡ)

하고 소리 질렀다.

평재(財)라면 거침없이 좋아하는 상(上)의 습관을 그대로 이어받은 전형적(典型的)인 저들과 무이상(無理想)한 극도(極度)의 감상(傷)에 무조건(無條件) 호기였게 숨을 주며 웃고 있는 나와 단번 교■(交■) 해보는 것도 그리 싱거운 일은 아닐 것 같았다. 나는 다시『내가 너희들 행복(福)을 빼앗으려고 과자나 토끼를 주는 것이 아니고 내게 소위 인생

(人生)의 유열이다는 것이 손톱만치라도 있다면 너희들에게 서슴지 않고 줄 터이니 너희들은 잠자코 받아만 달라기 위(爲)하여』하고 있는 힘을 다 내어 외쳤으나 바로 저기 가는 사람도 고개를 돌리지 않는 걸 보니 나의 함성은 너무도 작았나보다 그 뒤에도 소녀(女)들은 가끔 와서 나를 유희품(遊戲品)으로 실컷 놀리다 가곤 했다.

아직 이들은 어림이다는 특관(罐)으로서 즐거운 위(僞)선을 행(行)하고 있다고 단정(斷定)하면서 희미한 기억을 펼쳐 눈을 뜨니 소녀(女)들은 그때까지도 조용히 아무말 없이 서서들 있었다.

『아저찌! 이제 앙그 렇게 우리 숨바꼭질하고 놀자웅?』 얼굴이 약간 붉은 편인 소녀(女)A—점순이가 제안을 하자 셋 중에 키가 제일 크고 수다스럽게 생긴 소녀(女)B—분이가 날겨 들 듯이 동의(同意)를 구(求)하는 것이었다. 그러나 소녀(女)C—수자만은 도무표정(表情)이었다. 얼굴이 둥글고 양 볼에 보조개가 있으며 유달리 눈이 검어 전통적(傳統的)인 시골 아이들과는 좀 다르다. (참 면장(面長)에 딸이다지?)

그리고 나는 깜박 잊어버릴 뻔했다.

이들이 나를 가장 따르는 이전(理田)의 대부분은 숨바꼭질이 아닌가 싶다.

그도 그럴 것이 내가 술래가 되어 만하면 이들이 숨을 곳을 뻔히 알면서도 참아 찾아내지 못하고 자신(自身)도 모르는 얼레 덜레 하는 순간에 이들 재빨리 뛰어나와 진(陳)을 찍은 다음 웃어 죽겠다 듯이 다시 나를 술래로 만들고야만다.

나는 또 나대로 덤불 속 같은 곳에서 납작 묻힌 채 방금 낚은 물고기같이 발닥발닥 숨을 도으로 있는 그 모습이 좀 보고 싶었으나 번번이 실패하고야 만다.

한 장소에 둘이 숨었을 때면 그들은 무슨 말을 주고받을까?

만일 내가 그 말을 듣게 된다면 그때 그 말을 해석(解釋)할 수 있는 내 정신(精神)의 기능은 아무 고장(故障) 없이 온전할까? 그렇다면 짤막한 생큐다.

(1회(回))

오늘은 유달리 숨이 가프고 열(熱)이 오르기에 서로 못 본 듯이 헤어지고 사흘 후(後)면 다시 만날 수 있다는 그 일(日)요일(日)에는 물방앗간을 싸고돌아 올라가면 나오는 그곳으로 낚시질을 가기로 합의(合意)가 되고 말았다.

몇 시가 되었는지 배가 고파 밥을 먹을 양으로 집에 달려왔다. 우리 집 바로 앞에는 큰 대밭이 있어 몇 해를 지붕도 못 해인 우리 집을 통째로 감구워준다. 대밭 주인(主人)을 만나 변변치 못한 인사(人事)라도 하고 싶으나 웬일인지 단번도 만나지 못했다 내가 게을러서인지 그자(者)가 게을러서인지 아마 연분이 없나 봐…

참으로 우리 집은 골(骨)통품(品)이다. 나의 아버지의 아버지 그 아버지의 아버지 또 그 아버지의 아버지 아버지… 쩍부터 아무 불평(不平) 없이 살아왔었다. 어느 이국(異國)의 박물학자(博物學者)가 본디면 팔라고 할지도 모른다는 엉뚱한 생각도 든다. 그러나 나는 안심(安心)해도 좋다. 뒤에는 산(山)이 흉상을 한 채 가려주고 앞에는 역시 사절 푸ㅁ 내밭이 가려주고 있지 않은가? 목이 툭 터진 우리집 수탉이 몇 새벽을 울어 샌 뒤.ㅡ

일(日)전의 그 소녀(少女)들이 긴 낚싯대들은 구(求)해들고 찾아왔다.

오늘이 일요일(日曜日)이라는 것이다. 굴속같은 골방에서 나오기는 나왔으나 다리가 후들거려서 거기까지 걸어갈 자신(自信)이 서지 않는다.

막대로 등을 미는 바람에 하는 수 없이 걷기 시작했다. 등이 좀 아프다가 개 앞을 지날 때는 역시 전례(例)대로 과자봉지 하나씩을 나누어주었다.

얼마를 걸은 후(後) 못 가에 다다랐을 때는 그만 전신(身)이 땅에 들어박히는 듯 도시 가늠을 못하였다.

머리가 빙빙 돈다. 나는 아무 곳에고 주저앉았다. 아니 쓰러졌다.

이 꼴을 본 소녀(少女)들이 깔깔대고 웃지 않는 게 이상하다. 이런 곳에서 떠들면 안 된다는 것을 알고 있는 것이 분명(分明)하다.

이들의 재촉에 팟소리를 내며 낚싯줄을 던졌다. 나는 무덤덤하였다.

못(지(池)) 주변에는 대여섯 명이 거의 같은 행색(行色)과 역시 거의 같은 자세(姿勢)로서 긴장을 한 채 떠들노리고 있다. 비록 눈은 다 같이 띠를 노리고 있으나 모두가 천(千)갈래 만(萬)갈래의 경지(地)를 헤매고 있을 것이다.

간부(夫)놈은 간부(婦)면을 생각해보는 수도 있을 것이요. 또 불행(不幸)에 처해있는 놈은 또 행복(幸福)의 맴을 한번 잡어 오려고 궁상도 해볼 것이다. 그렇지도 않으면 어떻게 기(技)술을 부리면 이 못 속의 고기들 모조리 잡아낼까? 하는 욕심도 생각해볼 것이다. 한번 전부(部) 모아놓고 조금 전(前)에 낚시 띠를 노리면서 무슨 생각을 했었는지 좀 낱낱이 말해주십소사 하고 애걸을 하고 싶다. 그러면 저들은 나를 못 속에 다 잡아넣으려고 할 것인가? 으하하하.

띠가 물속으로 들어가기만 하면 가장 빠른 속도(速度) 낚싯대를 채 앗아야 한다.

그렇다고 다 잡힌다는 법(法)은 없으렷다.

지금 인(人)류는 곧지 못한 여행을 간다. 이 여행이 계속되는 한 결국은 낭떠러지에서 떨어지고 말 것이다. 그렇다고 갔던 여행을 돌아설 수는 없는 것이다. 이제 어떻게 하면 그 낭떠러지에 도착(到着)하는 시간(時間)을 조금이라도 더 연장(延長)할 수 있는가? 어떻게 하면 지낼 동안을 더 유익(有益)하게 할 것인가? 우리들은 낭떠러지고 난 다음 무(無)와 영(零)에서 출발(出發)하는 생물(生物)은 우리와 전연(然) 다른 상태(狀態)로 나타날지도 모른다.

극도로 취(趣)미를 상실한 나는 어떻게 하던 이 지질한 여행이 빨리 끝날 수 있을 것인가?

그 방법(方法)을 좀 알고 싶기도 하다.

이때 다 갑자기 낚싯대를 쥐고 있는 나의 손목을 잡은 채 공중(空中)으로 채 앗는다.

나는 깜짝 놀라 눈알만 두리번거리고 있으니 소녀(少女)들이 낚싯줄에서 퍼덕이는 고기를 조심스럽게 빼고 있다 아! 나는 잠시 꿈을 꾸었나 보다.

고기를 놓쳤으면 모르되 잡았으니까는 나는 별(別)로 미안(未安)에 할 필요(必要)가 없다.

고기는 어떻게 하던 사람에게 잡히지 않고 저의 밥을 다 따먹고 사람은 어떻게 하던 저놈의 고기를 감쪽같이 낚아낼까? 하는 기술투쟁(術鬪爭)이다.

띠가 움직인다고 A소녀(少女)가 눈짓을 해주기에 낚싯대를 채갔더니 빈 낚시만 대롱거린다. 그렇다 이 고기도 사람을 조롱하고 있는 것이다.

나는 약간 흥분했다 고기를 잡은 수(數)가 밥을 빼앗긴 수(數)보다 훨씬 적었음은 말 할 것없다. 얼마가 지났는지?

몇 마리나 낚았는지? 너무도 고정적(固定的)이며 조용한 지금의 환(環)경에 실증이나 그만 행장을 거두고 둑 위의 포뿌라 밑으로 올라갔다. 소녀(少女)들도 말없이 내 곁에 와서들 앉는다. 나는 숨이 가쁘기 시작(始作)했다. 포뿌라 잎새들 시끄럽게 흔들리는 샛바람을 느껴 그리고는 나의 시각과 그와 ■■(■■)되는 이상야릇한 감흥(感興)에 나는 몹시도 황홀해져 버렸다.

왼 세상(世上)의 동물원(動物園)을 철폐시켰으면… 아아 낚시질을 하면서도 무심(無心)이 잡은 들파리들 도로 몇 마리나 놓아 주었는지도 모른다. 그렇다고 무슨 의식(意識)을 가(加)미해서 마지못해 한 행동(行動)은 아니었다.

생(生)각하면 나는 세상(世上)과 안협(安協)할 일이 너무도 많다. 너무 없는지도 모른다.

본능(能) 이외(以外)의 것이 너무도 많이 요(要)구된다는 현명(賢命)이 선뜻 나를 옹호의 호수(湖水)로 이끌고 가지 못 하는 데에 그만 반발적(反撥的)으로 거부하는 배짱을 내밀다가 내가 호되게 매를 맞는 버릇이 가끔 있다. 문득 소녀(少女)들의 표정(表情)을 보니 또 과자생각이 잔뜩나 나보기에

『너희들 과자 먹구 싶지? 조금 놀다 내가 가게에 가서 사주지.—』

『아냐 아저씨 이젠 돈 없어.—』

『있대두.』

『어디 어디.』 하며 그들은 일제히 조개 같은 손들을 펴고서 나를 수색하기 시작했다. 그들의 웃음 참는 소리가 참 우습게들 들려왔다. 나는

누운 채 눈을 지그시 감았다. 이대로 오 분(五分)만 있으면 그대로 말 없는 자장가 속에서 슬며시 눈을 감을 것만 같았다.

『야—요기 있다.』하고 외치자

『백원이다. 야.』

흡족(足)하다는 뜻인지 부족(不足)하다는 뜻인지…… 그러나 나는 아랑곳을 안 했다. 만일(萬一) 그들의 표정(表情)을 살핀 뒤에 불만(不滿)이라는 결론(結論)이 내린다면 내가 그들의 만족(滿足)을 채워줄 만한 아량(雅量)이 없었기 때문이 아니다. 모처럼 얻은 이 정관(靜觀)을 그런 사소한 계산(計算)으로 깨트릴 필요(必要)가 없다고 생각했기 때문이다.

『수자야! 이거 시집간 너 그 언니 사진 아니야?』

돌연 웃옷의 새끼주머니에 손을 넣었던 한 소녀(少女)의 입에서 이런 엉뚱한 소리가 나왔다. 이때 나는 나도 모르게 벌떡! 일어나『뭐야!』하며 재빨리 그 사진을 낚아채어 입속에 꾸겨 넣었다.

그리고『이건 아무것도 아니야!』하며 무섭게 뵈라고 눈을 부릅떴으나 그들이 킥킥며 웃음 거리 것을 보니 무섭게 뵐려구 한 내가 오히려 놀란 토끼처럼 가련하게 보였는지도 모른다.

나는 생각해보았다.

어떻게 이 자리를 아무 일도 없었다는 듯이가 아니라 어떻게 이들과 이 짤막한 오(誤)해를 안협(安協)할것인가에.—

이 이상(以上) 어떤 표현(表現)을 해야만 내가 변명(辨明) 될지 사뭇 곤란(困難)했다. 이젠 그들보다 거침없이 부풀기 시작(始作)하는 나의 감정(感情)을 몰리ㅁ철해야 한다는 의미(意味)에서 이런 때엔 누가 수학숙제(數學宿題)나 한 다발 가지고 왔으면 좋겠다.

짤막한 옛날이야기로 분위기를 캄풀시키던서도 입속의 것은 잘금잘금 씹었다.

이젠 그만 가자고 자리를 차고 일어섰다. 등에는 식은땀이 함초롬히 배었다. 머리가 약간 어지러웠다. 언덕바지를 내려올 때 웬일인지 처음으로 그들이 나에게 매달리며 차례로 창가를 하는 것이었다.

하구(河口)에 이르러서는 고기를 털어 똑같이 나누어 주었다. 이젠 그들도 사양하는 법(法)을 어디서 배워왔다.

그리고 참! 아까 입속에 넣었던 것은 어찌 되었는데? 눈을 똘방거리고 생각해봐도 삼켰는지 뱉었는지 도시(都是) 알 길이 없다.

또 밤에는 그것의 행방(行方)을 생각하드라고 잠을 못 잘 것을 생각하니 좀 따분해진다. 그로부터 몇 주일후(週日後) 그저께부터 방학(放學)했노라고 이마에 땀을 노이며 풀쩍 뛰어들어왔다

고개를 깍듯이 내린다.

『그런데 어째 오늘은 둘이만 올까?』

셋 가운데에 하필(何必) 빠진 게 수자라는 데서가 아니라 그저 수(數)자적(的)으로 허전함을 느꼈기 때문이다.

『그럼 꼭 셋이 뭉쳐 댕기다는 법이 어디있어.』 그들은 눈을 흘기는 척하다가 이윽고 웃어댄다.

이 때 금방 울고 난 얼굴을 한 수자가 뛰어 들어왔다.

왜 울었느냐고 물은즉 『내가 언제 울어』 하고 방긋이 웃으며 돌아서 버린다.

잠시 후 늙을 대로 늙어 걸어 다닌다기보다 차라기 기어 다니는 우리 어머니가 문을 열고 고개를 내민다.

우연한 기회(機會)에 어머니를 소개(紹介)할 수 있다는데 나는 무척

기뻤다.

『에이구 강아지들…쯔쯔』 어머니의 이 말에 모두 고개를 조아리며 돌아선 채 따가운 햇볕을 용하게 이기고들 있었다.

나는 『헤헤…』 하며 입을 벌렸다 우리 어머니의 손톱과 발톱이 저렇게 건화(健花)하고 있으니 이제부턴 나를 무섭게 보아달라는 미소가 아니고 나도 어머니 앞에서는 언제나 강아지가 되고 마니 나를 조금이라도 어리게 보아달라는 하나의 『제스추어』 였다.

이런다고 누가 나에게 『예끼! 미친 자석!』하고 욕한다면 나는 『예! 안녕하십니까?』 하고 머리나 긁적거리고 섰을 도리밖에 없다.

우리는 목적(目的)도 없이 사립을 나서 천천히 개울을 따라가기 시작했다. 갈수록 개울이 커져 이윽고는 냇물로 변(變)해 갔다 빙글빙글 씻겨 내려가는 하얀 모래를 보니 이가 시릴 것만 같아서인지 더위가 좀 가시는 듯하였다. 그러나 역시 냇가에서만이 맞을 수 있는 살바람의 힘이 크다.

열마를 걷다 피로를 느껴 아카샤 그늘서 쉬었다. 나는 퍽 좋다고 느껴졌다. 나무뿌리를 싸고 있는 자갈과 떼 속에는 가재 굴이 더러는 있을 것도 했다.

틀에다 짜면 그대로 검은 기름이 뚝뚝 흘러나올 것만 같은 아카샤잎과 그 그늘은 차라리 섣달그믐의 눈발처럼 해통대며 떨어지는 아카샤 꽃잎보다도 나의 피로를 더 많이 덜어주었다.

오늘은 일제히 물속으로 뛰어들었다.

『아저씨 거기 있어 응? 우리가 많이 잡아 드릴게!』

몹시 피로하여 가빠지는 숨결을 진정시켰다. 저 오늘은 벌써 열심히 해졌다. 또 잠시간 나와는 이방인이 되어야 하나?

이때 나의 시선(視線)은 언덕 위에 나란히 벗어놓은 고무신들에게 쏠렸다(수자의 신만은 운동화이지만) 그리하여 고무신 콧날의 탄력을 이용(利用)하여 멋들어진 작(作)의를 세워보았다. 역시 성공(成功)이었다.

알맞은 돌을 코에 대고 꼬옥! 눌렀다가 얼른 때고 나면 벌써 돌은 한 실이나 높이 올라가는 것이다. 잠시 후 에는 그대로 누워서 하도록 익숙해졌다.

돌을 또한 숨 주어왔다.

그러나 두 주먹 채를 다 소비 시켰을 때는 지금 나도 이 소녀(少女)들 이상(以上)으로 즐거움을 누리고 있다 하는 흐뭇한 자(自)부심(心)이 이미 사라지고 말았던 것이다.

잎새를 타고 오는 실바람에 지쳐서(확실(確實)이 지쳤다) 그만 스르르 눈이 감겼다.

얼마가 지났는지

눈을 떴을 때는 얼굴의 흙물을 씻지도 않은 채 소녀(少女)들이 내 곁에 앉아서 근방의 오동잎을 주어다 부채질을 하고 있지 않는가? 그들의 침묵(沈黙)에 나는 당황했다. 그 침묵(沈黙)이 해쓱해진 내 얼굴 때문이 아니기를 바랬다. 왜? 이들은 고기나 가재를 나에게 보이며 자랑을 하지 못하는 것일까? 나는 돌연 불뚝 일어나앉았다.

『아저씨 인제 집에 가 응?』 분이의 제안이다

『저리들 비켜!』 하고 고함을 지르며 눈을 부릅떴다. 수자는 깜짝 놀라 저만치 비켜서더니 이윽고 훌쩍거린다.

나는 더욱 놀랐다.

왜? 이들은 옛날처럼 웃지를 않는가? 생각하면 나는 이들에게 너무도

잔인했었다

그리고 내가 가장 무서워하는 건 역시 나였다. 내가 더 이상(以上) 나를 학대 시킬 수 없는 이 싱거움…

약 빠는 지구(地球)의 생리(生理)…

나는 안 포켓 속에 오래 간직해오든 키니네 병을 서서히 꺼내어 이윽고 바위를 향(向)하여 힘껏 던져 버렸다.

아.ㅡ 살아야겠다. 살아야겠다.

나는 손톱이 너무 자랐다고 생각했다.

이(理)발도 해야겠다고 중얼거렸다.

내가 이 소녀(少女)들과 손목을 나란히 잡고 개울을 따라 집으로 올 때 하늘은 멋없이 넓었었다.

그리고 느른한 수송기 한 대가 우리의 머리를 스쳐 갔을 뿐… (미(尾))

(만경(萬頃)에서) 1956년11월

제3회

문예상

•

1957~1969

2등

제51~53호 1958년 3월 20일~1958년 4월 30일

현상당선작품(懸賞當選作品)

실험실(實驗室)

· 이파웅(李巴熊) ·

눈을 떠 보니 아내는 부엌에서 소리가 난다. 사람 소리를 알아들을 정도면 잠은 분명(分明) 깬 것이다. 잠이 깨었을 바엔 일어나야 한다. 사람은 잠을 자기 위해 눕는 것이니까.

훈(勳)은 얼른 일어나야 한다고 생각하면서도 생각은 게으른 논리(論理)로 삼을 뿐 좀처럼 박력(迫力) 있는 명령을 내리지 못한다. 훈은 근질거린 사타구니를 긁으려다가 땀으로 후줄근히 젖은 잠옷에 이맛살을 찌푸리고 만다.

폐열(肺熱)로 학교를 그만둔 이래 거의 회복 되어가던 몸이 얼마 전 사랑채에 「댁시」운·전수가 와 있게 되면서부터는 바짝 기침이 잦고 미열(微熱)이 내리지를 않는다. 기후 관계인지도 몰랐다. 애초 그 때문에 약을 넉넉히 준비해야겠다는 구실로 아내를 취직시킨 것이고 사랑채도 셋방으로 내놓은 것인데 이놈의 폐균(肺菌)은 염치도 없는 모양이다. 몸에 식은땀이 배고 보면 뱃속에 들었던 기침이 우역우역 기어 나온다. 안면에 나타난 기분을 뱃속의 기침이 어떻게 먼저 알아채는지 모를 일이다. 하기야 땀이 나기 때문에 기침이 나는지 기침이 나오려면 땀이 솟

기 마련이는지 모르지마는…

훈은 반쯤 일으킨 몸을 더 가누지 못하고 넘어지는 대로 몸을 눕힌다. 차마 눕던 자리에는 미안했는지 머리가 아내의 경대 있는 쪽으로 돌려져서 화장품 냄새가 코를 찌른다. 왜 이렇게 육신이 나른하고 가벼워지지를 않는지? 차라리 팔이나 다리를 하나씩 떼어 달라면 서슴지 않고 내어 주겠지만, 이놈의 끈질 끈질한 폐균에게는 성질마저 잡힐 것 같아 질색이다.

훈은 머리가 서쪽으로 향한 것이 꺼림하여 달리 옮아 누우려다 이것도 귀찮아서 그만두어버린다 머리를 서쪽으로 두르고 누우면 쉽게 죽는다는 옛말이 생각 키운 때문이다.

(흥 어떤 놈이 지껄인 얼빠진 소리야 서쪽에는 귀신이 붙었단 말인가 왜 하필 서쪽뿐이야 귀신이 타면 동 · 남 · 북 다 있어야 할 것이 아닌가)

귀신은 세상일을 다 안다니까 많아지려면 수도 없이 많던지 적으려면 해나 달 만큼이라도 올라앉아서 내려다보고 있어야 할 게 아닌가 왜 하필 서쪽뿐이랴? 훈은 자기 머릿속에 그런 터무니 없는 관념의 제약이 있기 때문에 몸이 이러는 것이나 아닌가 싶어 아까 그 옛말을 지껄인 놈을 만날 수만 있다면 죽여버리고 싶다.

들리는 말이니까 설혹 전에는 그런 일이 있었는지도 모른다. 그러나 예전에 그랬다고 오늘도 꼭 그러라는 법칙이 있는가? 전과 지금과는 다르다.

어제는 죽은 사람의 것이거나 어제 든 잠이 아직 덜 깬 사람의 것일 따름이다.

어제는 오늘을 간섭하지 못한다. 나를 지금 좀 막아 들어가는 것을 어제나 그 먼저에 있었지 어떤 존재의 소행은 아니다. 균이다 균… 이 균에게 바짝 심하게 앓게 된 것은 아내의 운전수이다.

운전수가 몰고 다니는 자동차일 수도 있다.

훈은 땀을 보면 기침이 나고 기침이 나오면 아내가 미워지는 자신을 억제하지 못한다. 아내 다음에는 응당 운전수 이다.

운전수가 온 후로 이내는 갑자기 행복에 들뜬 사람 같다.

특히 아침 출근할 때 운전수가 몰고 오는 자동차를 타는 시간, 그때 아내의 어찌할 줄 모르는 표정, 그리고 저녁때 퇴근하여 오면서 역시 운전수에게 고맙다는 뜻이겠으나 필요 이상으로 웃는 아내의 얼굴은 차마 눈허리가 시어서 못 보겠다. 운전수가 자청하여 회사에까지 태워다 드리겠다던 그날부터 확실히 병이 악화하였다고 훈은 기억한다. 어젯밤 아내 가슴을 받아 안을 때 어지간히 뜸 해졌던 환각이 자꾸 떠오른다.

오늘도 잠시 후면 아내—숙은 즐거운 차를 탈 것이다. 차속의 아늑한 대화… 이것이 훈의 환상의 시초다.

훈은 숙이 도대체 회사를 출근하는 것인지 문간채 운전수 놈팽이와 놀러 가는 것인지 알 도리가 없다.

새벽에 나간 운전수가 조반을 먹으러 들어 와서는 꼬박꼬박 기다렸다가 제 물건처럼 숙을 데리고 가는데 어데서 무슨 짓을 하다가 들어오는 것인지 훈은 차가 돌아오면 그때까지의 「스케줄」이 알고 싶어 못 견딘다. 이 알고 싶어 하는 욕망, 회의… 운전수가 줄 수 있는 만족과 행복을 남편인 나는 그래 줄 수 없다는 데에 대한 고민과 열등감 이러다간 숙이 영 놈팽이를 끼고 달아나지나 않을까? 하는 불만! 훈은 숙이회사에 있는 시간을 거의 이런 것들과 초조히 씨름하다가 벽에 머리를 다 박고 나가 쓰러진다. 이러다간 열흘도 채 못 가 피라도 쏟지 않을까? 피를 쏟기 시작하면 얼마 못 산다는데… 훈은 그럴수록 숙의 태도가 달라진다고 느껴지는 자신을 어쩔 수 없다.

숙의 정성에는 어딘가 허구와 가식이 내재하고 있는 건만 같다.

바야□□ □□ □□□은 절정에 □□□ □□ 오면 당장 회사를 그만 두라던지 사랑채를 비우라던지 하고 싶으나 문간채의 ■■(■■)는 이미 약값으로 써버리고 아내의 수입이 없으면 굶는 수밖에 없다.

「여보 세수해요」 부엌에서 벽에 대고 하는 숙의 소리다. 훈은 이것도 얼른 나가고 싶어 서두르는 소리라는 생각이 든다.

「웬? 세수를 벌써 하라는 거야!」 뜸직한 숙은 남편의 어떤 기분을 아는지 모르는지 태도는 으레 한길이다. 공연이 게으름을 부려보는 것으로 아는 모양이다.

「아이참! 다― 식어요」

「식으면 다시 좀 못 데나?」

「시간이 없잖아요? 지금 몇신데…」

「몇 신 몇 시야 새벽이지」 훈은 무엇에 미쳐서 저 앙탈이냐고 발길로 내지르며 고함이라도 지르고 싶으나 문간채 놈팽이가 들을까 봐 꿀꺽 참고 만다. 아내에게도 자기의 요즈음 일어나는 번민을 되도록 눈치 채이지 않기에 무진 애를 쓰는 훈이다. 남의 귀에 들어간다면 이보다 못나빠진 창피가 없을 것 같다.

여편네의 강짜도 추잡스런 것인데 사내가 되가지고서 더군다나 기껏 아침저녁 한집에 산다는 정의로 댓 마장이나 태워다 준다는데 그에게 감사는커녕 그 사람을 의심하고 아내를 성가시게 군다면 젖먹이라고 폭소를 하고 말 것이다.

훈은 생각한다 학무를 갓 나오고 깐에는 책도 꽤 읽은 편이다.

시(詩)도 잘은 못쓴다지만 세 번이나 추천을 완료했다. 현대인으로서의 교양과 취미를 인정하지 않을 수 없다. 소위 현대의 험난을 걷고 있는 최고 인테리라는 사람이 아내가 남의 자동차 타는 꼴을 보지 못해 남모를 앙탈을 쓰고 꽁꽁이 노릇을 하다니…

훈은 전신의 피부가 불 앞에 나선 것처럼 화끈거려 온다. 이대로 늘 망나니 생각만 할 양이면 일찌감치 딴 길을 걸어야지— 훈이 그 길을 어떤 길이라고 알아서 하는 소리는 아니다. 현재의 상태(態)에 불안이 있고 타협되지 않는다면 딴 방면의 길을 개척해야 된다는 것이 지금까지의 생리처럼 타당하다고 자부해온「이데아」다.

「무슨 새벽이라고 그러세요 해가 마당 가운데까지 비쳤어요」아내는 칫솔에 으름 속 같은 치약을 묻혀서 들어서 훈의 누운 입에 구벼 넣으며 물 묻은 손을 훈의 뒤숙이께로 바짝 들이댔다.

「아 차차차—」

「어서 일어나요」

훈은 실상 아내에겐 아무런 잘못도 없는데 공연한 망상으로 병까지 더쳐놓고 아내를 의심했다는 체념 때문에 순간적으로 기가 죽는다. 아내는 대하기가 부끄럽고 ㅁㅁ녕스러워 진다. 아내는 어느덧 이불을 접어놓고 훈이 앉아있는 요를 힘차게 잡아채는 바람에 훈의 허전한 몸이 양짝을 든채 모로 등 후라 나자빠진다. 입에서 약 묻은 침이 칫솔을 타고 시 하게 흘러내린다.

「웬 버르장머리가 이레!」

조금 전까지의 아내에게 대한 겸연쩍은 생각은 어데로 갔는지 훈은 눈앞에서 득해서 아내를 노려본다. 요것이 정말로 반해버린 셈인가?

아내는 잠자코 저 할 일만 하고 있다. 요를 갠다 요강을 내간다 그리고 걸레를 빨아온다.

「그 병에는 일찍 일어나 맑은 바람을 쪼이는 게 제일 좋다지 않아요?」

「흐으 박사 같은 소리는 곧잘 까놓지만, 사람은 속이 차야 격인 거야」

아내는 요행 훈의 말을 깊이 따지러 들 줄 모른다.

훈의 말이라면 팥으로 메주를 쑨대도 의심할 줄을 모른다.

아내는 훈의 가치를 짐작하는 것이다.

남편은 학교의 국어 선생에 무방한 청년 시인이라고 칭찬하던 사람이 아닌가? 아내는 시(詩)의 세계가 무언지 암담하고 궁금한 만치 시인을 존경하는 여인이다.

훈은 보통 사람이 미치지 못할 뛰어난 세계를 지닌 시인이다.

시인의 마음은 정인의 도량보다 참되고 아름답다고 한다.

아내는 따라서 훈의 내적 생활에의 관여될까 신경을 쓰지 않는 것이 자기 따위의 속된 여인의 도리요. 또 아주 당연히 몰라야 한다고 생각하는 것이다.

시인은 몸이 약하고 돈 벌 줄도 모르고 게으른 법이라고 그렇지 않으면 대개 시인 될 재능이 있는 사람이라는 관념이 아내의 뇌리에는 박혀 있었다.

결혼 생활이 오 년째 되어오지만, 아내는 한 번도 남편과 흉허물없이 넘겨보지를 못했다. 하지만 아내도 요즈음의 남편은 퍽 달라졌다고 생각해본다. 어째 자주 비꼬는 말만 하는 것일까 그러는 아내는 몸이 더 나빠지니까 신경질이 나나 보다고 생각하나 도리어 가슴이 쓰렸다.

「당신은 너무 집에만 계시는 것이 해로운가 봐요 병원 숙부님도 그렇다지 않아요」

「나야 나가고 싶어도 태워다 주는 사람이 있어야지」

「저 갈 때 같이 타고 나가면 되잖아요」

훈은 얼핏 지껄인 말을 후회하다가 아내가 너무나도 무반응인 데는 도리어 어이없어 서글펴진다.

사랑채 바로 끝에 운전수의 검정 구두가 보이지 않는 것이 운전수는 진즉 나간 모양이다. 내일모레가 사십이라는 사람이 홀몸으로 와서 잠깐 자고 나가는 것도 어쩐지 꺼림하고 몸이 오싹해진다. 운전수는 나이보다는 사십 안팎의 장년보다 듬직하게 보였다 핏기 좋은 얼굴과 굵직한 팔다리가 훈 자기 따위는 한 손으로 집어 던질 것 같다. 그래서 그런지 꿈에서도 가끔 만날 때가 있다. 떡 벌어진 어깨를 열어젖히고는 눈을 부라리고 안방에 들어와서는 아내를 제 것처럼 끼고 나가는 꿈이다. 자기는 한번 발길로 채이거나 그렇지 않으면 한쪽 귀퉁이에 오금을 박고 앉아 숨만 헐떡이고 있다.

가증한 건 역시 자기의 무력이다. 이런 때일수록 유달리 땀을 많이 쏟고 잠이 깨어도 공포와 불안은 가시지 않는다.

훈은 앞집 골목께로 자동차 지나가는 소리에 세수도 하는 둥 마는 둥 물 뿌릴 겨를도 없이 방으로 들어와 버렸다.

아내가 설거지를 마치고 경대 앞에 앉을 때부터 대문 밖에서 아내를 태운 차가 골목 밖으로 사라져 버릴 때까지의 시간이 훈에게는 하루의 가장 참을 수 없는 시간이다.

이 순간이 피로 우면 피로 울수록 아내는 그만큼 이 시간을 향락하는 것 같다.

『회사까진 몇 분이나 걸리우?』

『오 분도 못 걸릴 거예요, 차가 얼마나 잘 달린다구요.』

『허 그래?』

훈은 짐짓 놀라 보였으나 눈물을 빠트리지 않은 것만이 다행이랄까

(몰라요 누가 시간까지 재 보나요? 그깐놈의 차 죽지 못해 타는거—)

훈이 기대한 것은 정녕 이런 대답이다. 보통아내가 나갈 시간이 되면 훈은 마렵지도 않은 소변을 보러 가거나 담배를 피워 물고 깊은 명상을 하고 있기가 일수였다. 행주치마에 물기를 씻고 난 아내는 율동적으로 경대 앞에 주저앉는다. 가볍고 연한 미닫이 소리가 나고 상긋한 분내가 훈의 코를 향긋하게 한다.

(밤낮 또닥거리는 화장은 누굴 보라고 하는 것인고……)

이때 밖에서 자동차의 경적이 가볍게 울렸다.

『차가 왔나 보죠?』

『좋겠군!』

아내는 기가 죽어서 조심스레 방문을 연다. 마루에서 손바닥으로 구두 끝 때리는 소리가 난다.

「뿡뿡」—

(아까 했으면 그만이지 또 울릴 건 뭐야 아내가 나가니까 반갑다는 인사겠지 흥! 요것들 잘 논다)

훈은 이 이상 역정을 참을 수 없다고 소리 없는 포효(咆哮)를 한다. 습관적으로 몸은 어느새 영창 앞에 바짝 쭈그려 앉아 있다. 훈은 상기된 눈으로 뚫어지게 밖의 장면을 응시한다. 아내는 구두를 신고 뜰 방에 내려서다가 힐끔! 뒤를 돌아보며

「다녀올게요」 은근한 소리다 훈의 입에서 차마 대답이 나오지 않는다. 「오냐 지키고 있다 멋대로 놀아봐라!」 훈의 가슴에서 목구멍까지 치밀었다가 뒷걸음친 소리다.

대문 깐에서 아내의 침울하던 표정은 거의 정반대로 바뀐다. 웃는 낯이다 훈은 아내의 살포시 숙이는 고갯짓과 턱 깨의 근육으로 그것이 웃

으면서 하는 인사라고 쉽게 알아낸다.

아내가 대문을 나스는 건 동시에 차를 타는 것이다. 훈은 아내의 웃는 얼굴이 대문을 나선다는 기분 때문인지 차나 운전수에 반갑다는 표시인지 혼자 구별 지어본다 두 가지가 다 유쾌한 것이 못 된다. 집을 즉 나를 싫어하는 것이나 남을 좋아하는 것이나 나에게 돌아올 반향은 같지 않은가.

「뿡뿡」

도대체 엔진을 걸 때 경적 울리는 택시는 이 차뿐일 거라고 훈은 운전수를 비웃어본다.

아침마다 비켜설 사람은 없을 텐데— 통화가 끝난 전화의 벨? 우리는 간다. 잘 있거라?

훈은 주먹을 발끈 쥐고 영창을 열어젖혔으나 이미 때는 늦었다. 차는 사랑채의 담을 끼고 골목으로 사라져 버린 뒤이다. 차가 뜨면서 뿜는 깨소린 연기가 훈을 조소라도 하는 것처럼 하늘거리다가 바람에 흩어져버린다. 훈의 굳게 다져진 주먹을 할 일 없이 간질거리는 가슴을 내리치고 만다.

「쿨룩쿨룩」

훈은 열병에 걸렸을 때마냥 빈방에서 안간힘을 쓰고 있다.

허무, 고독, 환멸, 의혹, 저주, 불안, 절망, 모든 불행이 한꺼번에 육박해오는 것보다 더 숨 막히고 더 발버둥 쳐진다.

아내는 정말 회사에 간 것일까? 수긍이 되지 않는다. 틀림없이 아내는 운전수의 마수에 넘어갔기 쉽다. 건강한 남자가 그립기도 하겠지! 기분 좋게 차를 운전하는 팔뚝이 얼마나 믿음직스러울까? 운전수들이 음흉한 법이라는데 무슨 수작을 꾸미는지 알 수 있나 하루종일 어느 조용한 절에 가서 놀다 오는 것은 아닐까? 있을법한 일이다. 아내의 월급이 운전수의 주머니에서 나오지 않았다고 누가 보장하랴? 그 길로 둘이 영 달아난 것이나 아닌지도 모른다. 아내가 저녁에 돌아오리라고 믿는 것도 우습다. 훈은 결코 아내가 그럴 리는 없다고 믿으려 해 보다가도 번번이 실패하고 만다. 아내를 의심하는 것은 안 됐지만 이런 상태에 처하면 태평할 수 있다는 것도 말이 아닐 것 같다. 아내는 묶인 몸이 아니다. 아내는 자유이다. 자유일 뿐만 아니라 아주 듬직한 보호자가 있다. 천 리던지 만 리던지 달아날 자동차가 있다. 아내는 조금도 행동의 제약을 받지 않는다. 도대체 아내에게 집으로 돌아와야 한다는 이유가 무언지 나 때문에! 나는 오히려 아내의 피를 빨아먹는 흡혈귀다. 잘 곳이 없어서라면 돈벌이 잘하는 사람이 얼마든지 환영하고 모셔갈 것이다. 운전수가 그렇게까지 지성스러울 때엔 필시 곡절이 있는 일이다. 운전수에게 곡절이 없으면 아내에게 무엇이 있기 쉽다. 남의 친절을 무턱대고 받기만 할 아내는 아니다. 아내에게서도 그만한 응수와 보수는 있었을 것이다. 아내는 무엇으로 답례하는 것일까? 흥! 더러운 어디 두고 보자. 훈은 부랴부랴 옷을 주어 입고 집을 나갔다. 오랜만에 나와 보는 거리는 변한 것도 없이 새로웠다. 길 양옆으로 늘어선 코스모스 꽃잎도 몇 날 남지 않았다. 남은 것도 생기가 적고 가뜩이나 가냘픈 키에 도리어 어설프고 한심하다. 햇볕은 따가운데 바람이 제법 쌀랑하다. 훈은 처음 와보는 거리를 구경하듯 사면을 두리번거리며 미처 채우지 못한 양복의 단추를 끼웠다. 아내는 큰 처남이 과장으로 있는 회계과 이 층 사무실에서 일을 본다고 한다. 전화를 걸어볼까? 아래층에 있다면 창 너머로 슬쩍 넘겨다보면 그만인데 이 층은 어렵다.

훈은 걸으면서도 이 길이 무슨 길인지 알지 못한다. 떳떳한 길일 수도 있고 희극배우들이나 할 수 있는 우스운 짓거리도 같다. T시로 가고 오는 차와 차들이 먼지를 길에 가득 뿌려놓고 지나간다. 아내가 타고 다니는 승합 택시도 많다. 훈은 본능적으로 지나가는 차마다 놓치지 않고 탄 사람을 살핀다 차가 비슷해서 보면 사람이 아니고 사람이 길듯하면 차 아니고 사람이 길듯하면 차가 다르다. 둘이 미심쩍은 것도 한둘이 아니다.

어데서 밀회라도 하고 있다가 나를 보고 앞질러 가지나 않았을까? 완전한 단서를 잡기에는 우적우적 찾아간다고 될 것도 같지 않다.

훈은 회사를 반마정쯤 앞에 놓고 기침을 하기 시작했다. 어데던지 우선 눕고만 싶었다.

주식회사 삼남 화학 공업사라는 간판을 붙인 건물 안에는 뒷문께서 일꾼들이 짐차에 궤짝을 싣고 있을 뿐 사무실은 인기척도 별로 없다. 훈은 기침을 참아가며 회사 앞의 낮으마한 빵집으로 급히 들어갔다. 아내가 딴사람의 눈에 뜨일 것이 겸연쩍고 창피했다. 어찌 왔느냐고 쫓아 나오면 어떻거나?

「선생님 웬일이세요」 천만의외다 여학교 제자의 집인 줄을 어찌 뜻하였으랴.

아내는 정말로 회사에 간 것 일가? 수긍이 되지 않는다. 틀림없이 아내는 운전수의 마수에 넘어갔기 쉽다. 건강한 남자가 그럽기도 하겠지. 기분 좋게 차를 운전하는 팔뚝이 얼마나 믿음직스러우랴, 운전수들이 대개는 의뭉한 법이라는데 무슨 수작을 걸었는지 알 수 있나 하루 종일 어느 조용한 절에 가서 놀다 오는 것은 아닐까? 아내의 월급이 운전수의 주머니에서 나오지 않는다고 보장할 수도 없지 않나, 그길로 영 달아난 것이나 아닐까? 아내는 과연 저녁에 돌아올 것인가 훈은 이따금 아내를 믿어보려던 노력도 번번이 실패하고 만다. 아내를 의심하기는 안 됐지만 이런 형편에 태평할 수 있다는 것도 말이 아닐 것 같다. 아내는 묶인 몸이 아니다. 아내의 몸은 얼마든지 자유이다. 자유일 뿐만 아니라 천 리든지 만 리든지 달아날 자동차가 있다. 믿음직한 보호자, 도대체 아내가 집이라고 돌아올 이유가 무엇이냐 말이다. 운전수의 성의가 그만할 때에는 필시 곡절이 있는 일이다. 운전수에 곡절이 없다면 아내에게라도 있었기가 쉽다. 남의 호의를 무턱대고 받기만 할 사람이 있을까, 아내에게서도 그만한 응수는 있었을 것이다. 그럼 아내는 무엇으로 답례하는 것 일가 흥! 더러운…… 겉으로는 나를 위하네 하면서 쾌속으로 시가지를 질주하고 있을 차 안의 광경이 떠오를수록 훈은 가슴에서 수류탄이 터지는 것만 같다.

훈은 자기도 모를 사이에 웃옷을 주워입고 휘청휘청 우체국 집 화실 문을 열고 있었다. 사무에 서툰 훈은 전화에도 익숙지를 못했다. 빵모자 시절부터 간혹 받아보기도 하고 걸어보기도 한 전화였지만 그때마다 더듬어지고 자신이 생기지 않았다. 수천 명 청중 앞에 나섰을 때처럼 공연한 가슴이 떨리고 마음만 다급해진다.

『어 여보십쇼 거기 ○○회삽니까 네 나훈이라는 사람인데요』

아내를 부를까, 처남을 부를까 망설이다가 상대편이 무어라고 반문하는 바람에 자기 이름이 불쑥 나오고 만 것이었다.

『네? 뭐요?』

상대편은 반 호명 조로 똑 부러지게 말하고 다짐이었다.

『저 강 숙(姜 淑)이라는 사람 나왔습니까』

『왜 그러시오 거긴 누구요』 아까부터 거만스럽던 말투와 귀에 익은 듯한 음성이 처남인 모양이다. 훈은 나쁜 짓을 하다가 들킨 것처럼 가슴이 덜컹하며 얼핏 할 말이 떠오르지 않는다. 대체 있는 거냐 없는 거냐 망할 녀석이 대답이나 하잖구 묻긴 왜 묻는 기야. 그러나 훈은 생각보다 공손하게 한풀 꺾인 소리가 나오고 만다.

『저 난데요 있으면 잠깐……』

그켠에서도 짐작이 갔던지 훈의 말이 끝나지도 않아서 동정이 달라지며

『숙이 전화 받아라』

처남의 훨씬 가늘어지고 멀어진 소리가 난 후 여인의 가벼운 기침 소리가 받는다.

『여보세요 누구세요』

분명한 아내의 목소리다. 그것이 틀림없는 아내의 목소리라고 확인될 때 훈은 일종의 실망 비슷한 것을 느끼며 수화기를 걸어 버리었다. 훈이 도망하다시피 바쁜 걸음으로 전화실을 나오는데 뒤에서 아내의 재촉이 성화같다.

(누군 누구야 나지)

훈은 어지간히 복수가 된 듯한 쾌감을 느끼며 우체국을 나왔다. 아내가 회사에 있는 것은 사실이다.

그러나 아내가 있었다는 것만으로 아내의 출근을 믿을 수는 없다. 정작 출근보다도 차 속에서의 일이 실은 더 급하고 더 중하지 않나, 어데서 만나자는 약속이라도 있는 것은 아닐까? 그 때문에 반가워하고 자꾸 누구냐고 캐묻는 것이 아닐까? 내가 자기의 목소리를 알아들었을 바엔 자기도 내 음성을 들었을 게 아닌가 훈은 처남이 그 사람(남편)이라고 했을 때 아내의 표정이 어땠을지 궁금하다. 실망하였겠지, 때에 따라서는 어떤 공포가 느껴지기도 했겠지.

『어마?』

시청 앞을 지나올 무렵 돌연한 여인의 가벼운 비명이 훈의 이런 환성을 깨뜨리고 만다.

『어데 가요』

· 뒷내용 없음 ·

1등

제60호 1958년 11월 1일

현상당선작품(懸賞當選作品)

봉선화

· 강일부 (전주고등학교 1학년) ·

지루한 장마는 이제껏 끝을 모르는 체 이 밤도 여전히 행인들의 발뒤축을 적셔주며 부슬부슬 내리고 있다.

현란한 형광등으로 온통 밝기만 한 거리에 화려한 부유층의 군상들이 물길 치고 있는 그즈음 이도희의 한편 귀퉁이에 자리 잡은 으슥한 선술집들만이 모인 자그마한 골목길 어구의 어느 주점 좁은 술청에 앉아 순파는 연방 술사발을 기울이면서 이따금 캄캄한 흙탕 속을 질척거리며 비틀비틀 지나가는 주정 문들을 물끄러미 바라보며 닟에 일이났던 일을 다시 한번 되살려 생각해본다.

『아니 글쎄 어찌 사는 거요. 응? 내 돈을 기어코 떼먹을 작정이요?』

『떼먹기야 하려구요. 곧 갚아드릴 게 조금만 더 참아 주세요. 내 어떻게 해서든지 챙겨 드릴 테니깐』

『흥 조금만 더 조금만 더 하던 것이 벌써 몇 쪼금 더 인줄이나 아우? 도대체 뻔뻔스럽기는… 그리구두 또 그따위 소릴 한 단말이요?』

『정말 미안해요 허지만 아무리 앨 써도 안 나오니 어떻헌단 말씀예요 그저 참는 김에 이번 한 번만 더 참아보세요』

『안되우 안돼. 오늘은 어떻게 해서든지 돈을 받아 가지구 가겠소. 그런 줄 아슈.』

이렇게 아내와 몸을 온통 나이론으로 휘감은 뚱뚱한 중년 부인이 주고받는 소리가 건넌방에서 할 일 없이 헌 잡지를 뒤적거리던 순파의 귓속으로 귀찮스레 스며들어 가 놀리던 손을 멈추고서 묵묵히 귀를 기울인다.

안방에서 한참 동안 옥신각신하던 아내 오 씨와 중년 부인의 말투가 차츰 거칠어만 간다.

『아니 응 뭣이 어떻다고? 임자가 달라믄 줘야 하는 거지. 잔말은 웬 잔말이냔 말야 내가 애당초 빌려준 거지 아주 준댔나?』

『여보세요 누가 안 준다고 했더랬오? 글쎄 곧 챙겨준다면 그런 줄 알 일이지. 야단은 왜 이렇게 야단이에요. 그러면 없는 놈의 돈을 도둑질해서 갚아주란 말이세요? 이분이 좋은 말 많이 두고서 왜 이 모양인지 모르겠어…』

『뭐? 뭐라구? 내사 당신이 도둑질을 하건 화냥질을 하건 알게뭐유. 내 받을 것만 받으면 됐지.』

『뭐라구요? 아아니 이분이… 당신 지금 뭐라고 그랬소? 뭐 화냥질이라구?』

화냥질을 해서라도 돈을 마련해야 된다는 뜻을 알아듣고 그만 오 씨는 온몸을 푸들푸들 떨면서 못 새겨 애를 쓴다.

『여보세요! 아주머니! 어서 가세요 어서나가달란 말예요. 당신 같은 사람은 우리 집에 들어오지 마세요. 어서나가 달라니까요.』

『뭐! 뭣이 어째? 그래 갚으면 가겠소. 갈 테니까 어서 돈을 빨리 내놔! 돈만 준다면 가라고 하지 않아도 갈 테니까…빨리 내놔.』

아직 분이 채 가시지 않은 오 씨는 숨을 쨱쨱 내쉬다가는 용을 쓴다.

『못 주겠소. 못 주겠어 없는 놈의 돈을 어떻게 하란 말이야 없으니까 못 주겠소. 백날을 지켜 앉아 보라지. 어디서 돈이 나오는가…』

『뭣이 어째? 이런 손도둑놈의 심뽈 좀 봐! 그래 네가 뭐 때미시 내 돈을 떼먹으려 허는 거냐?』

『뭐요? 말 좀 삼가해! 어디서 그따위 쌍말을 내뱉는 거야. 흥, 내가 오늘 그 돈을 주게 생겼는가 보라지.』

『아니 원 저런 도둑년 좀 봐! 아니 저런!』

『뭐? 도둑년? 그래, 내사 도둑년이니까 그 돈 좀 떼먹기로 이때!』

『뭐가 어쩌고 어째? 이런 능구랭이 같은걸 봤나.』

『뭐가 어째? 저런 무지헌 것 봤!』

『뭐라고? 예익!』

중년부인의 날카로운 언성과 함께 나약한 오 씨는 넵다 떠다 밀려져 벽에 쿵 하는 반향을 남기고 나가떨어졌다.

『응? 이젠 손짓을 다 하고 어디 한번 더해보지!』

『그래 하라믄 못할성 싶은가?』

이렇게 대꾸를 하고서 마루 위로 뛰어 올라가 오 씨의 저고리를 세차게 휘어잡고서 마구 흔들어댔다. 꼼짝을 못하구서 그가 하는 대로 몸을 내 맞긴 채 맥을 못 쓰던 오 씨는 저고리가 부욱 찢어지는 서슬에 마룻바닥에 털썩 나둥그라졌다.

그래도 오 씨는 이를 악물고 다시 일어나 여전히 마음을 독하게 다구쳐먹고서 어디 하고 싶은 대로 하라는 듯 부인 앞에 달려들었다. 그러나 너무나도 몸이 약하고 힘이 없는 그는 단번에 또다시 그 부인의 손아귀에 머리카락을 몽탕 휘어 잡히어 몸부림치다가 마치 탱크처럼 줄줄 밀어 제치는 통에 쿵 하니 벽에 부딪혀 몸을 밀린 채 가쁜 숨을 몰아쉬며 몸부림친다.

순파는 가만히 앉아있다가 사태가 심상치 않은 상 싶어 건넌방에서 나와 보니 이런 광경이 눈앞에 벌어져 있다. 순간 유달리도 나약한 아내를 위하는 정이 두터운 순파는 소스라치게 놀라 슬리퍼도 내던져버리고 맨발로 뛰어서 마루 위로 올라가 머리끄덩이를 잡아 흔들면서 욕설을 퍼붓고 있는 그 부인의 손목을 힘차게 뿌리쳐 한쪽으로 밀쳐 버리고 두 여인의 사이에 가로 막아섰다.

『홍 인제는 내외간이 달려드는군. 잘헌다. 잘해. 어째서 남자답게 할 노릇이지. 왜 여자한테 손짓을 하는 게여 응? 이 개 같은 놈아 이놈아!』

한쪽에 엉거주춤히 서 있는 불쌍한 몰골을 한 아내의 모습에 가뜩이나 분이 차올라 씨근거리며 두 주먹을 부르르 떨던 순파는 돌연히 돌아서 욕설을 퍼부어대는 그 부인의 따귀를 돌아가게 내갈기고는 아내의 꼴을 머엉하니 들여다본다.

『아이구 이놈이 사람 치네. 사람 쳐. 응? 내외간이 나서서 사람을 잡으려꼬? 홍 이놈아! 네가 뭣때미시 남의 뺨을 치는 거냐. 응? 아니 어째서 사람을 쳐 이놈아! 네가 아직 콩밥 맛을 모르는구나.』

남편 잘못 맞아 이런 변을 다 당하는 불쌍한 아내 못난 남편 덕분에 이다지도 쓰라린 고통을 받아야 하는 가여운 아내를 머엉하니 바라보고만 서 있는 순파에게 그 여인은 사정없이 달려들어 멱살을 훔켜쥐고 왁살스럽게 흔들며 사뭇 욕설을 퍼부어댄다. 물끄러미 아내를 바라보고 있던 순파는 정신이 퍼뜩 들어서 그 부인의 손을 뿌리치려고 하다가 여자에게 손짓을 한 졸렬한 놈이라는 생각이 들자 그만 맥이 탁 풀리고 아내에게 대한 그 푼수로는 죽여버려도 시원찮게 여기던 그에게 고개를 떨구고 말았었다. 이 모양을 본 아내가 소스라쳐 놀라 있는 힘을 다하여 순파의 멱살을 겨우겨우 풀어 한편으로 밀쳐 보냈던 일이 아주 머언 옛일이나 되는 듯이 까아마득히 달아나다가는 다시 스크린처럼 생생하게 되살려지는 것이었다.

벌써 얼마나 마셨는지 모를 만치 잠자코 술을 부어 넣기만 하는데도 왜 그런지 이상하리만큼 취해오지 않고 오히려 더욱더 정신이 상쾌해가는 기분이었다. 이제 계속했던 술사발도 제풀에 지친 듯 슬그머니 내려놓고 머엉하니 캄캄한 골목길을 내다보면서 서글픈 사념에 잠겨있을 때 불현듯 그리워지는 것은 슬하를 떠난 지 벌써 오랜 늙으신 어머니뿐이었다.

뭐니 뭐니 해도 이런 쓰라린 고통을 알아줄 사람은 이 세상에 단 한 사람인 어머님뿐일 것 같았다.

이런 생각이 들자 한시 빨리 그리운 모습을 뵙고 싶었다. 더구나 어제 저녁 아내가 사랑하는 누이동생 순이가 방학으로 돌아왔다고 말하지 않았던가! 그 어렵다고 소문난 서울사대 부속 고등학교에 당당히 합격하여 훌륭한 교육가가 되어보겠다던 커다란 야망을 가슴속 가득 안고 떠났던 귀여운 고것이…. 지금은 얼마나 컸을까?

오랫동안 정말 너무나도 오랫동안 찾아뵈옵지 못한 어머니 그리운 어머님 앞에서 실컷 울어라도 보고 싶었다. 어린 날의 그 모습 그대로 지니고 실컷 울어야만 가슴속이 후련해질 것만 같았다. 또 하나밖에 없는 누이인 순의 그 훌륭한 모습을 보고서라도 괴로운 마음을 위안받고 싶었다. 이런 생각을 하다가 한시바삐 뵈옵겠다는 일념으로 허둥지둥 덤벼 인사도 하는 둥 마는 둥 억수로 쏟아지는 빗발 속으로 우산도 없이 단숨에 뛰어들었다. 벌써 다 젖은 구두였건만 새삼스러이 흙탕물에 잠겨 온통 꼴이 아닌 주재를 하고서 인적도 별로이 드믄 밤길을 차츰 취기가 쏟아져 눈앞이 몽롱한 몸을 간신히 지탱하여 정신없이 걸어가고 있을 때 어떤 외딴길 가로등 아래로 봉선화 몇 나무를 꺾어 쥐고 서 걸어가는 몇몇 여학생들이 눈에 띄었다. 아마도 작은 그 손에 예쁜 꽃물을 드리려고 꺾어가는 것이리라. 그 봉선화를 본 순파는 취중에도 문득 봉선화 노래가 생각났다. 그 유명한 봉선화 어딘지 모르게 처량한 정이 넘처 흐르는 노래었다. 그 흐느적거리는 곡조는 봉선화 자체를 더할 수 없는 처량 속에 이끌어가기만 했다. 이러한 봉선화를 생각할 때 자신의 그 너무나도 서러운 운명이 봉선화 노래처럼 처량하게 느껴져 자신도 모르게 순파는 봉선화를 노래 불렀다.

『울 밑에선 봉선화야 네 모양이 처량하다 길고 긴 날 여름철에 아름답게 꽃필 적에 어여쁘신 아가씨를 너를 반겨 놀았도다 으흐흐흑으흑 으흐흑 아 불쌍한 내 신세여! 혹, 어머님! 정말 난 어째서 이다지도 고통을 흐흑 받아야 할까요 으흐흐ㅎ 봉선화 같은 내 신세 정말 너무나도 봉선화같이 가련한 내 신세… 세상은 이토록 날 학대하누나』

아무도 다니지 않는 외딴길 가로등마저 숨어버린 골목길을 몇 번씩이나 흙탕물 속에 넘어져 가며 쓸어 질 듯 인간세계에서 무참히도 학대받는 이 젊은 순파에게 하늘만은 그를 가엽게 여기셨는지 어느새 빗발은 자취조차 아련하고 다만 달님이 시커먼 구름장을 빠끔히 밀어뜨려 그 둥글둥글한 얼굴을 내밀어 순파의 앞길을 환히 밝혀줄 뿐 사방은 무섭도록 고요하기만 했다 흐르는 눈물 주먹으로 씻어가면서 복잡한 골목길을 용케도 빠져 겨우 정든 문 앞에 다달아 잠깐 멈춰 그리웠던 집을 휘이 둘러보고 벅찬 가슴을 가라앉혀 고인 눈물을 쓰윽 문질러 가까스로 마음을 진정시켰다.

『으음 순아! 순이 자는 거냐? 문 좀 열어라.』

안에서 조용히 고무신 고는 소리가 나는가 싶더니 문이 사르르 열리면서 어둠 속에서도 곧 알아볼 수 있는 그리운 동생 순이 얼굴을 내어본다.

『나다. 나야.』

『아유 오빠 아니세요? 어머니! 오빠 오셨에요. 오빠! 어쩐 일이세요? 어서 들어오세요.』

『으응』

막상 동생 순이를 대하고 보니 왠지 모르게 눈물부터 앞장을 선다. 정말 순파 자신도 모르게 눈물이 자꾸 흘러내렸다.

『아니 오빠! 왜 그러세요? 아이 머니나 저 옷이 저게 뭐야? 응? 오빠 왜 그러세요? 어서 들어오시잖구서…….』

『……………』

묵묵히 한발 한발 옮겨 마루에 안장서 곰방대를 빠시는 늙으신 어머님의 앙상한 모습이 눈에 뜨이자 가까스로 겨우 눌러 덮였던 설움이 복받쳐 올라 그만 왁하니 울음보를 터뜨리면서 어머님 면전에 나섰다.

『어머님! 못난 이 자식이 왔습니다. 으흑, 어머님! 용서하세요. 으흐흐흐』

빗물에 온통 후줄근히 젖은 옷을 그대로 입은 채 마룻바닥에 털썩 걸터앉아 주먹으로 눈물을 씻으며 천진한 어린아이처럼 소리 내어 엉엉 울어버린다.

『아, 아니 네가 어쩐 일이냐 응? 이 비를 다 맞고서 대체 웬일이냐? 얘야 정말 왜 그러니?』

『어머님 제가 오늘 여어자에게 멱살을 다 잡혔어요. 으으으흑』

『뭐? 뭐라구? 아이 머니나! 글쎄 별 베라 먹을 것도 다 있구나. 그래 어째시 그랬냐?』

『다른 게 아니구…』

이렇게 하여 순파는 어머님 앞에서 오늘까지 지내온 일들을 눈물과 뒤범벅을 하여 띄엄띄엄 말씀드렸다. 순은 옆에 앉아서 고개를 갸웃이하고서 잠자코 눈을 반짝이며 귀를 기우릴뿐, 아무 말 없이 다소곳이 앉아있다.

『휘유우 그게 다 돈 없는 탓이란다. 아니 원 세상에 그렇게 악독한 것도 있을까? 내원 참』

『……』

때마침 또다시 내리기 시작한 비가 울 밑 자그마한 화단의 꽃들을 힘껏 내려치고는 자취 없이 부스러진다.

코스모스 백일홍 앉은뱅이 맨드라미 해바라기 순파가 이름도 모르는 꽃들이 이루 헤일 수없이 꽉 들어차 있다. 이작은 화단의 조약돌 울타리 옆에 오순도순 정답게 자리 잡고 있는 봉선화의 일가족이 쏟아지는 빗발에 유난히도 시달려 꽂 이파리를 다 뜯기 운 모습이 퍽 안쓰러웠다. 봉선화를 물끄러미 바라보던 순파는 이제야 겨우 취기가 풀려 가는지 잠자코 다소곳이 앉아있는 순을 향하여 입을 열었다.

『순아! 너는 정말 고등학교 학생이 되었구나. 더구나 서울학생이… 으으음 이 못난 오래비는 병신처럼 이렇게 살아가지만 너만은 제에발 잘 되어라. 못난 이 오래비를 생각해서라도 부디 공부 열심히 해라 응? 으윽 돈 없는 탓이란다. 부디부디 명심해서 너만은 이런 수모를 받지 말 도록 해라. 이 세상은 돈 뿐이더라. 아무리 못났어도 돈만 가지며 뭐든지 죄다 이겨먹는 세상이더라.』

『……』

『저어기 비를 맞고 괴로워 몸부림치는 봉선화 꽂 있지? 내 신세도 봉선화와 다를 게 없다고 나는 생각했다. 너는 봉선화가 된다 손치더라도 제에발 저렇게 괴롬에 몸부림치는 가련한 못난일랑 되지 말어라. 차라리 비를 맞지 않든지 그렇잖으면 저런 봉선화와는 달리 요따위 하찮은 좀비를 가지고 몸부림치지 않는 굳굳한 나무가 되란 말이야 알겠냐?』

『네에』

『……』

『……』

한동안 침묵이 흘렀다. 사랑하는 눈이 순을 물끄러미 건너다 볼뿐 이제 순파는 눈물을 흘리지는 않는다.

마당에는 조금씩 부슬부슬 내리는 가랑비 소리뿐 귀뜨라미 소리도 멀어갔다.

『얘야! 인제 그만 들어와서 형님 옷이라도 갈아입고 어서 가려무나 벌써 통행금지 시간도 다 되는가 보니까 네집에 갈생각은 아예 말어라. 형님도 출장을 나가시구 아주머니도 친정엘 가고 없단다.』

자리를 하구서 나란히 누웠을 때 옆집의 라디오에서 고요히 흐르는 멜로디와 함께 봉선화 노랫소리가 처량하게 흐늘거리며 이들 가엾은 세 식구의 귓속에 조용히 잦아들었다.

울 밑에 선 봉선화야 네 모양이 처량하다 길고 긴 날 여름철에 아름답게 꽃 필적에 어여쁘신 아가씨들 너를 반겨 놀았도다.

요란한 박수소리와 더불어 노래는 끝을 맺었다. 이들 세 식구의 가족은 저 말없이 누워있다. 때때로 어머님의 기인한 숨소리만이 적막을 깨쳐줄 뿐 뜰앞의 울 밑에 선 봉선화도 가랑비에 함초롬히 젖어 이슬을 담뿍 머금고서 있다. (끝)

2등

제60호 1958년 11월 1일

현상당선작품(懸賞當選作品)

가을의 정서(情緖)

· 김석철(金錫喆) 전주고등학교(全州高等學校) 3년 ·

유리알처럼 파랗게 갠 하늘은 가을이 주는 매력인지도 모른다.

나는 가을이 오면 곧잘 서글퍼진다. 처량히 비 내리는 밤에 방에서 혼자 앉아있을 때며 짝을 잃고 울어 예는 한 마리의 창로(蒼鷺)의 울움 소리를 들을 때 또 아무도 없는 빈 뜰에의 따로 서 있는 국화를 볼 때면 밤새도록 울어 쌓는 귀뚜라미의 소리를 들을 때 내가 서글퍼지는 것이다. 그러나 나는 이 서글픈 가을철을 결코 버리기가 싫다. 그러기에 나에게는 화려한 봄이며 무성한 여름철이 좋을 리가 없다. 또한 그것은 내가 인간(人間)의 혹독한 죄악(罪惡)과 치욕(恥辱)을 시인(是認)하면서도 공소(空疎)한 생활철학(生活哲學)으로 생활(生活)을 영위(營爲)하려는 나의 순정을 오직 이 서글픈 계절(季節)에서만이 맛볼 수 있기 때문이기도 하다. 만물이 찌는듯한 삼복(三伏)더위를 지나 새로운 계절(季節)에 맞는 옷으로 갈아입을 때 나도 역시 인간속세(人間俗世)의 어지러운 사념(思念)을 버리고 이 계절에 휩쓸려 보는 것이다. 가을은 독서(讀書)의 계절(季節)이라고 우리는 흔히 말한다.

아침저녁의 산산 함이 좋고 유목이 높은 하늘도 좋지만 마련된 「벤

취」만 있으면 그저 책을 읽기엔 알맞은 계절이라고 본다. 어쩌면 나는 이 계절 속에서 은연중 고독을 사랑하는 사람이 되었는지도 모른다.

내가 낭만(浪漫)을 느낀다면 오직 이 서글픈 가을철에서인 것 같다. 흐릿한 안개에 가려져 옛 전설이라도 스미어 있을 것 같은 막막(漠漠)한 산(山)들을 바라볼 때 나는 가끔 석정선생(夕汀先生)님의 「산으로 가는 마음」이란 시구(詩句)를 외우면서 한(恨)없는 명상(瞑想)의 애기새를 날려 보내곤 한다. 나는 이렇게 외롭고 서글픈 계절(季節) 속에서만이 순수한 비애(悲哀)를 느끼고 또한 내 마음이 착해(선(善))해 진다는 것을 알았다. 이 착함이 나의 인생(人生)의 전부(全部)이라고 할 수 있으니 말이다. 가을에는 빨간 한 단풍잎이 지는가 하면 노랗고 붉은 꽃을 피우는 것들도 있다. 국화가 그렇고 코스모스가 그렇다.

그들은 모두 「델리케이트」한 사연을 지녔다. 이렇게 찬 이슬이 내리는 가을에 피는 꽃들은 어딘가 처량한 아름다움이 있음을 우리는 본다.

해마다 가을이 되면 나는 설레는 마음을 안고 의로이 서 있는 들국화를 찾아 향기(香氣) 맞이를 간다. 색깔은 흰빛이 약간의 연분홍 색채로 물들여있고 싱싱하고도 조촐한 화변(花辨)이 보기 좋게 원형(圓型)으로 나열(羅列)되어 있어 심금(心琴)을 뜯는 듯한 뼈저린 추억(追憶)의 미련이 이 들국화를 찾을 때마다 솟아오름을 주체할 수 없는 것이다.

이것들은 가을이 아니면 맛볼 수 없는 묘미(妙味)한 정서(情緖)인 것이다.

가작

제60호 1958년 11월 1일

현상당선작품(懸賞當選作品) : 시

바위

· 김종호 (이리원광고교(裡里圓光高校)3년) ·

해의「사정」으로
뜨겁게 이룩하여 온
가슴이었다.

모진 빗 바람에
인제는
더
굳어질 수 없는
그 어진「자세」一.

흰「시집」의
물결이
언제나 소용돌이
치는
누리

바위는 스스로 잠겨 들었다가

이윽고

그

화끈한

육신을 수습하고 있는 것이다.

가작

제60호 1958년 11월 1일

현상당선작품(懸賞當選作品) : 시

산(山)

· 정숙자 (전주성심여자고등학교(全州聖心女子高等學校)) ·

무엇이 그리워
푸른 하늘에
손을 뻗치고 있는
산(山).

너의 허리에
예대로
사슴을 기르고
이야기를 기르고
마음을 기르는
푸른 구름이 감돈다.

너의 나라는 푸른 대로
오―랜
기다림에 침묵하고

달빛이 쉬어가고
사슴이 쉬어가고

이젠
이끼도 푸르렀을
산(山) 산(山)
나는 너를 가까이
천년을 ■같이
기다리마.

가작

제60호 1958년 11월 1일

현상당선작품(懸賞當選作品)

여름밤의 환상

· 홍석중 (순창농림고교(淳昌農林高校)) ·

여름밤은 왜 이렇게도 후덥지근한지 모른다. 마당에다 멍석을 깔고 앉아 찢어져라 하고 얇은 부채를 휘내둘러도 역시 궂은 땀방울들은 연이어 쏟아져 나온다. 일망무제(一望無際)로 탁 트인 여름의 하늘은 유난히도 높다. 더군다나 하늘의 별꽃 잎들이 하늘을 가리울 만치 쏟아져 나온 사이사이로 바라 보는 푸른 하늘ㅡ 들이 무한히 높아 보인다 어떤 시인은 저 하늘의 별을 보고『하늘의 금단추』라고 했다지!

아름다운 금단추의 꽃잎들이여! 갈수만 있다면 지금 당장에라도 좇아가 가장 꽃이 많이 달린 봉오리로 한아름 꼭 안아 꺾어오고 싶은 마음이 불같이 일어난다. 허지만 우주를 요리할 수 있는 인간은 못된 것이다 제 아무리 인공위성이 하늘을 날고 달나라 정복이 눈앞에 있다 하여도 저 아름다운 금단추로 수놓아진 한아름의 꽃봉오리를 어찌 인간의 마음으로 따올 수 가 있느냐? 마음대로 인간이 요리하고 불가능이 없는 과학이라 할지라도 대자연의 한 조각을 주어 오기는 천만년 억만년 아니 무진장하게 기하급수로 발달하는 과학이라 할지라도 절대 불가능할 것이다. 어리석은 인간들 앞에 기묘한 과학의 재주는 다부리며 호통치고 뻐

게보는 과학자들이라 할지라도 극히 적은 손재주에 불과한 것이기에 대자연의 앞에서는 제발 무릎을 꿇어야 올을 것이다.

그러기 때문에 저 하늘의 아름다움을 사랑하는 나로서는 어리석은 과학자가 원망스럽기만 하는 것이다.

○

밤은 점점 깊어만 간다. 깊어가는 하늘에 구름 가지마다 별꽃 잎 서리서리 조심스럽게 열린 사이로 푸른 잎사귀들의 아름다움은 한층 더 하여간다. 그러나 결코 여름밤을 장식하는 것은 비단 그것만이 아니다. 고요한 적막을 깨뜨리고 다루어 울어대는 벌레들의 행복한 노랫소리로도 여름밤을 즐기는 데는 그만 만점인 것이다.

빈부의 차가 없고 구속이 없고 시비가 없고 삶에 대한 조그마한 고통이라는 것도 느끼지 않고 제각기 아름다운 멜로디로 행복을 노래하는 기쁨으로 한 세상을 보내버리는 벌레들의 인생관이야말로 얼마나 아름답고 고귀한 세계냐 말이다.

살기 위하여 또는 먹기 위하여 쓰디쓴 세상에서 발버둥 치며 허덕이는 인간 세계보다 얼마나 동 떨어진 낙원의 천지이냐?

이렇게 말하면 동물학자들은 웃어버리겠지만 하여튼 세상의 풍조(風潮) 속에서 속(俗)된 생물의 권태만을 느끼고 비통(悲痛) 하는 것보다는 차라리 벌레의 낙천지가 얼마나 그리웁게 동경해지느냐? 또한 구속 없는 그들의 세계! 한번 세상에 나오기만 하면 마음대로 돌아다니며 둘레에 수 없이 쌓인 먹이를 손쉽게 얻고 고요한 밤이면 신성한 나뭇가지나 또는 풀잎에 앉아 깨끗한 목소리로 아낌없이 노래를 불러주어 우리의 심정을 아무렇게나 조롱해버리고 일평생 근심 없이 행복하게 살아 버리는 명랑한 세계의 주인공들 벌레의 세계는 고매(高邁)하고 이상한 세계가 아닐 수 없다. 날카로운 세태(世態) 속에서나마 살기 위하여 먹고 먹기 위하여 사는지 조차 모르는 무식한 인간들이라 할지라도 남보다 그래도 잘살고 잘 먹고 잘 입고 잘되기 위해서는 이마의 상처가 무섭지 않게 투쟁하려는 것이 인간인 것이기 때문에 이 더러운 속세(俗世)를 떠나 쾌락 속에서 뛰노는 유열(愉悅)한 벌레들의 「센치멘탈」한 세계가 한층 그립다. 항상 생활권 내(生活圈內)의 탐탐한 테두리 안을 벗어나지 못한 채 삶에 대한 권태를 느끼며 투지에 지쳐버리고 폐허 된 행길에 의로운 손님이 되어버린 불쌍한 사람으로서는 마땅히 있음 직한 공상인 것 같다.

어느 비 오는 장 날 나는 행길에서 비를 피해 앉아서 참외를 깎고 앉아 있는 거지를 보았다. 그 사람이야 물론 이 인간 세계에서 영원히 버림받은 인간인지라 한 술 두 술 얻어먹는 사람이 무엇이 그리 더러워서 참외를 깎고 앉았는지 모른다. 하여튼 그 사람에게도 무슨 희망이 있고 낙이 있는 모양이다 하고 생각을 하니 그 사람보다는 몇 배나 호화로운 내가 왜 희망을 잃고 낙을 모르며 살아간다는지 나도 모시 모를 일이다.

○ ○

허지만 여름 밤하늘에 주름 가지마다 별꽃 잎 핀 사이로 푸른 잎사귀들의 풍경에 그런 도취되어 꺾을 수 없음을 한탄하고 죄 없는 과학자나 천문학자를 비웃어 버리며 또 자기가 생활고에 시달린다고 해서 상상할 수도 없는 벌레의 세계가 풍경하여진다는 것은 비단 나만이 생각하고 있는 것 일가?

이러저럭 생각하는 사이에 짓궂은 땀들은 온몸을 적셔놓았다.

밤은 점점 깊어만 가는데 벌레들의 노랫소리는 더욱 심장을 끓게 하지만 장장하일의 노고로 말미암아 오늘 밤도 역시 피로를 쉬지 않으면 안 되기 때문에 아까운 풍경들을 그대로 버린 채 방으로 들어와 무더움과 모기에 시달릴 것을 생각하니 몹시 서운하다. (끝)

가작

제60호 1958년 11월 1일

현상당선작품(懸賞當選作品)

슬픔의 아침

· 강일부 (전주고등학교(全州高等學校) 1년) ·

새벽녘에 친한 친구한테 몹시 얻어맞아 너무나도 분하여 엉엉 울면서 어머님이 흔들어 깨우는 서슬에 정신을 가다듬어 보니 다행히도 꿈이었다.

오랫동안의 장마가 그치고 처음으로 바아란 하늘이 새털과 같은 구름 사이에 얼굴을 파어 미는 찬란한 아침이었는데도 마음 한구석에는 어쩐지 석연치 못한 그 무엇이 있었다. 아마 간밤의 꿈 때문이었는지도 모른다.

일어나던 길로 곧 문을 활짝 열어젖히고 장마 통에 습기를 담뿍 머금은 방안에 밝은 햇빛을 양껏 몰아넣었다.

그 찬란한 광선이 방안으로 좌악 콱 소리라도 낼 듯이 쏟아져 들어갈 때 이제까지의 장마 통에 생겨난 모든 우울감과 어두운 마음이 일시에 화안 해지는 듯하였다.

방문을 활짝 열어놓은 채 털개를 손에 들고 묵은 먼지를 떨어내다가 책상 위에 놓아둔 어항 속의 금붕어를 여느 때와 같이 귀여운 마음으로 들여다 봤다. 아—니 그런데 어찌 된 일일까? 금붕어 한 마리가 어항 속의 바위 옆에서 움직이지 않고 꼿꼿이 멈춰있지 않은가!

슬그머니 겁이 나서 어항을 이리저리 흔들어봤다. 그랬더니 금붕어는 출렁이는 물결에 따라 배를 위로했다가 살아있는 것처럼 그 자세대로 멈춰 있다가 한다 깜짝 놀라 황급히 어항을 안고서 펌푸 앞으로 달려가 물을 갈아준다, 보리가루를 넣어준다하고 야단법석을 피웠으나 투정하게도 영원히 가버린 그 작은 금붕어는 끝내 움직일 줄 몰랐다. 생각할수록 원통하기 짝이 없다. 그렇게도 저를 귀애해주었는데도 모르는 체 가버린 어린 금붕어 공부할 때나 잠잘 때나 항상 한 가시로 기거한 지도 어느덧 반년이라는 짧지 않은 세월이 흘렀는데 나도 모르게끔 슬그머니 말없이 가버린 그 어린 금붕어가 한없이 원망스러울 뿐이었다.

내가 그 어린 금붕어와 같이 있기는 지금부터 꼭 반년 전 중학교를 졸업한 날이었다. 졸업식이 끝나고 집으로 돌아왔을 때 올해 중학교에 입학한 사촌 여동생이 여늬 어항보다는 약간 작은 어항을 품 안에 꼬옥 껴안고 앉아있었다. 어린 여동생은 제가 이제까지 지르던 여러 마리의 새끼 금붕어 중에서 유독 팔팔하고 크다는 놈으로 이 두 마리를 나에게 선물로 줬던 것인데 하기야 제일 크다는 이놈들이 그때는 완두콩알을 면치 못할 정도로 작은 존재였다. 그러했기에 왈칵 마음이 내키지도 않았었다 그래서 처음에는 집 안 식구들의 동냥 손 모음으로 겨우 이 어린 금붕어가 간신히 연명해 나갔으나 차츰 세월이 흘러감에 따라 나도 이들에게 정이 붇기 시작하여 이제 이들 금붕어와는 떼려야 뗄 수 없는 관계가 되었건만 이렇게 말없이 몰래 가버릴 줄이야 그 누가 알았겠는가! 반년이라는 짧은 세월을 하루같이 정답게 지내온 이제 이들 금붕어는 콩알의 몇 곱절을 헤아릴만치 자라서 빠알갛게 물든 품이 제법 금붕어다운 체모를 갖춰갔는데.

간다는 말도 없이 자는 틈에 슬그머니 가버리고서 오직 남은 한 마리만이 외로이 어항 속의 다리 밑을 맥없이 꼬리 치며 돌아가는 모양이 더 한층 안쓰럽기만 하다. 저 말없는 어린 금붕어도 제 동무가 머언 세계로 다시 못 올 길을 영원히 떠나 버린 것이 못내 슬프기에 저다지도 맥이 없을까? 대관절 그는 어째서 그렇게 아무도 모르게 남 다 사는 밤사이에 슬그머니 떠나갔을까?

배가 고파서 그랬는가? 그러면 그렇다고 말이나 할 수 있었다면 좋으련만. 그렇지 않으면 내가 싫어서 갔단 말인가? 아무리 그렇다 할지라도 나한테만은 알려주고 갔어야만 옳을 것 같았다. 가버린 금붕어가 말을 할 줄 알았다면 오죽이나 좋으랴만 아마도 속된 내 몸은 그들 귀엽고 깨끗한 금붕어와 벗할 자격이 없는지도 모르겠다.

책상 위의 어항 속에 언제나 둘이서 정답게 활개 치며 다니던 바로 그 다리 밑으로 남은 한 놈이 찬란한 아침 햇빛을 받으면서 홀로 외로이 꼬리질 치며 넘어가고 있다.

어린 금붕어가 지루한 장마와 함께 사라져 간 찬란한 슬픔의 아침이다.

2등

제61~64회 1958년 11월 25일~1958년 12월 10일
고등학교학생문예현상작품

샛별

· 최세형(崔世馨) (이리남성고등학교(裡里南星高等學校) 2학년) ·

날이 밝아온다.

창문이 환해진다.

순택(淳澤)이는 두 팔을 벌리어 기지개를 한번 늘어지게 키고 일어났다. 벌써 여섯 시 아침통학차가 오려면 한 시간 채 못 남았다.

자리를 걷어치우고 가게 문을 열었다. 점포라고 해야 과자 몇 종류와 학생들을 상대로 하는 학용품 몇 가지 그리고 막걸리 등 주류까지 겸한 것이다.

아직도 한 시간이나 남았건만 정거장에는 벌써 사람들이 서너 명이나 와있었다. 그리고 들판에는 이 마을 저 마을에서 모여드는 통학생들이 마치 개미처럼 까뭇까뭇 움직이고 있다.

순택이는 제법 싸늘한 사월의 아침 공기를 호흡하며 여기저기서 정거장으로 모여드는 통학생들을 본다.

제법 정거장에 사람들이 많아져 간다. 으레 이때가 되면 마치 장 속처럼 정거장 앞은 사람들이 우글댄다.

색기를 둘러업고 보퉁이를 머리에 인 촌부인 날씬하게 차려입은 건달

대학생 가죽가방을 손에든 싸라리맨 교복을 단정히 입은 중고등학생 등등………

『애 순택아 노트 있냐』하고 누가 뒤에서 어깨를 친다.

깜짝 놀라 뒤를 돌아보니 같은 동네 사는 준석(俊錫)이 놈이다.

『응 있어 자 골라봐』하고 순택이는 노트 몇 종류를 집어주었다.

고등학교 들어갔답시고 양복이며 모자며 모두 새것으로 쪽 빼었다.

그중에도 새 가방과 윤이 반짝이는 구두를 보고 순택이의 눈은 둥그레졌다.

가방 산지가 얼마 안 되는데 또 가방을 샀고 작년 겨울에 이 동네에서는 쌀되나 무고 먹는다는 셈인지 처음으로 구두를 사 신었는데 채 다섯 달이지 지나지도 않아서 구두를 또 맞추어 신었기 때문이다.

『이거 얼마짜리냐』

백 환짜리 노–트두툼한 거 다섯 권을 골라 들고 물어본다.

『그거 백 환씩인데 무슨 노–트를 다섯 권이나 사니』 하고 너무 많다는 듯이 의아스럽게 물어본다.

『벌써 새 학년이 시작했는걸…』 하고 빈정거리듯 말을 뱉고는 백 환짜리 다섯 장을 아무렇게나 내던지고 총총히 정거장으로 걸어간다.

순택이는 돈을 넣을 생각도 하지 않고 정거장을 향해서 걸어가는 준석이를 한참 동안 쳐다본다.

순택이는 자기와는 비교도 할 수 없는 처지를 생각했음인지 긴한 숨을 한번 쉰다.

『애 순택아 뭘 그렇게 바라보고 섰니』

하고 경선(景善)이가 가방을 들고 정거장으로 가며 말한다.

경선이와는 국민학교 시절부터 꽤 친한 사이였다. 놀 때도 언제나 같이 놀고 학교 갈 때도 같이 가곤했다. 그러던 사이에 불행히도 순택이만 학교에 들어가지 못하고 그냥 집에서 처진 것이다.

순택이는 그의 소리에 정신을 차리고 학용품 위에 아무렇게나 던지고 간 돈을 집어 들었다. 그리고 돈궤에서 오십 환을 저금통에 넣었다. 돈이 잘 들어가지 않는 것을 보면 꽤 모인 듯도 싶다. 이 년 전 돈이 없어 고등학교에 들어가지 못한 때부터 어떻게라도 돈을 모아 학교에 가보려고 날마다 조금씩 저금했다. 기차 시간이 거의 되었는지 정거장 안은 사람들로 가득 찼다. 들판에는 뱀같이 기다란 통학생들의 행렬이 뜰 길을 따라 꿈틀거리며 모여든다.

얼마 안 되어서「뚜뚯」기적을 울리며 기차는 정거장에 닿았다. 들판에서는 달려오는 통학생들의 행렬이 바빴다. 타려는 사람 내리려는 사람 거무스레 한 얼굴에 머리에는 산더미 같은 보퉁이를 이고 기차를 타려고 애쓰는 장사 아주머니… 정말 이때만 되면 정거장은 장 속보다도 더 혼잡하고 시끄러운 것이다.

그러나 거무틱틱한 기차가 연기를 뿜으며 떠나가버리면 정거장은 산속같이 한적해지는 것이다 .

순택이는 학생들을 싣고 달아나는 기차를 점방에 서서 물끄러미 쳐다본다. 이렇게 우두커니 서서 기차를 바라보는 습관은 고등학교를 들어가지 못하고 여기 나와 가게를 보기 시작한 때부터였다. 달아나는 기차를 보니 자연 순택이의 마음은 설레는 것이다.

공부? 학교? 순택이는 중학교를 졸업한 지가 벌써 이년이나 되니 고등학교만 들어갔으면 올해 삼(三)학년이 될 텐데! 올해는 어떻게 해서든지 들어가야겠는데 하고 생각한다.

나도 학교를 다니게 된다. 돈 잘 쓰는 준석이를 부러워할 게 없다. 그 녀석은 순택이를 학교에 안 다닌다고 무시해버린다. 그 녀석 준수(俊洙)가 동창이니까 아무렇게 해도 제형으로 보아서 그렇지 못 할 터인데 꼭 깎듯이 너라고 해라를 하는 것이다.

이 년 전 순택이는 중학교 삼학년이었고 그 녀석은 갓 일학년이었다.

잘못하여 기차 속에서 발을 밟은 일이 있었다. 물론 양말에 흙이 묻었다.

어떻게 앙탈을 부리든지 정거장에 내리자 뒤 따라오는 놈을 산 고개에서 홧김에 따귀 볼 한번 갈기었다.

그것이 말썽이 되어 형님이 그 녀석 아버지한테 가서 빌다시피 사정사정하여 어떻게 겨우 해결되었던 일이었다.

가서 빌기는 했지만 좀 때려준 것이 지금도 시원한 것이다.

그때 경선이의 여동생 경순(景順)이는 내던지고 싸우는 순택이의 책보를 들고 와서 싸우지 말라고 말리지 않았든가? 학교 다닐 때는 경순은 언제나 순택이를 따랐다. 그러던 것이 올해 고등학교에 입학한 뒤부터는 경순과도 멀어져 가고 더구나 준석이 놈이 경순에게 꼬리를 치는 것을 언젠가 본 후부터는 아주 기분이 나빴다.

그런 일을 생각하니 대학교 다니다가 군문에 입대한 작은형이 생각났다. 지금은 강원도 춘천에서 총자루를 잡고 있지만 올 구월 일일이면 제대가 된다지. 그때가 빨리 왔으면 하는 생각이 간절했다.

방으로 들어오니 낡아 빠진 탁상시계가 일곱 시 삼십 분이 조금 지났다.

『이제 오니』

아침을 먹고 순택이보고 아침 식사 하라고 가게를 보러오는 순근이었다.

순택이는 아무 말 없이 작업복을 주워입고 가게를 나섰다.

아침 이슬에 고무신이 젖었다. 고개 위에 오르니 형님댁이 환이 보였다.

어머니가 돌아가신 그 이듬해 모든 것을 큰형님에게 맡겨버리고 제 금해나간 아버지, 작은형 학비조달을 위해서 가진 애를 쓰고 있는 순구형님, 시집온 지가 팔, 구 년이 지나도록 아이 하나 없다고 혼자 슬퍼하는 형수, 이 모든 사실이 순택이의 앞에 놓인 운명적인 것인지도 모른다.

『인제 오유 방안에 밥상 차려 놓았우』하고 형수는 기분이 덜 좋은지 한마디만 퉁명스럽게 말한다. 순택이는 식사를 마치고 나가려는 형을 부를까 말까 하다가 불렀다.

형은 대답 대신 순택이의 얼굴을 흘긋이 쳐다본다.

『형님 저 잠깐 사뢸 말씀이 있는데요』

『…………』

순택이는 먹든 밥 수저를 치워버리고 형님 쪽으로 공손히 앉았다.

보통 때는 농도 가끔 걸 수 있던 형님이지만 이제 어려운 부탁을 하게 되니 자연히 행동도 지켜지지 않을 수 없었다.

『저 좀…… 어려운 일인데』

순택이는 말이 잘 나오지 않았다.

『무슨 일이냐』

형님은 좀 이상한 감이 드는지 엄숙한 말씨였다.

『저 들어 주실는지 몰라서』

『아 글쎄 얘기 하려 보나 들어줄 만 하면 어련히 알아서 할라구』

『사실은 제가 학굘 좀 다니고 싶어서 그래서』

이 말을 들은 형은 좀 안색을 달리했다.

『그래서 어쨌단 말이냐』

형님의 목소리는 엄숙하기보다도 신경질적인 듯싶었다.

『그래서 제가 전부터 저금한 게 있어요…그래서…그 돈과 형님이 다소 얼마만 장만해 주신다면 학교에 갈 것 같기에』

순택이는 말끝을 이어 맺지 못했다. 순택이가 곤란한 집안 사정을 이해치 못 하는 것도 아니다. 그러나 이제 배워야겠다는 그 정열은 집안이 구차한 것이 문제가 아니었다. 집안 사정을 잘 알면서도 부탁을 한 것이 일변으로는 미안한 감도 있지만, 일변으로는 떳떳한 감도 있었다.

형님은 그 말을 듣고 한참 동안 말없이 앉아만 있었다.

매우 못마땅한 모양이다.

두 형제 사이에는 어쩐지 흐리터분한 침묵이 흘렀다.

얼마나 계속되었는지 모른다.

순택이 머릿속에는 형님이 어떻게 대답하실까라는 질문으로 머리가 꽤 복잡해졌다.

어떻게 생각하면 승낙할 것도 같고 어떻게 생각하면 도저히 불가능이라고도 생각되었다. 그러나 그러한 생각을 한 다음 순택이는 고개를 좌우로 무겁게 흔드는 것이다.

형님이 승낙하지 않더라도 어떻게 해서든지 기어코 다니고 싶었다. 학교에 못 다니는 설움 순택에게는 뼈가 저리도록 아팠다.

그래도 형님은 말이 없다.

『당신은 면사무소에 볼 일이 있다드니 왜 그러고 앉아있우』

하고 형수가 방에 들어오며 무거운 침묵을 깨어 버린다.

『응』

형님은 무안한지 어리둥절하게 대답하여버린다.

『면청에 가거던 약방에 좀 들여요 응 예보!』

『……』

형은 못들은 체 한다.

형수는 태기가 없다고 언제부터 형님이 면에 가는 날이면 늘 입버릇처럼 앙탈을 부린다. 그럴 때면 형님은

『우리같은 살림에 약은 무슨 약이야 아픈데 가 있어야 말이지. 복 없어 애기 못 낳는데 약이 무슨 필요야 날 때 되면 다 낳을 게지』

하고 퉁명스럽게 대답하는 것이다.

『아따 당신은 약 지어 달래면 꼭 아픈데 찾습니다』

형의 말 못지않은 형수의 말이다.

『……』

『당신은 나 아니래두 다른 년 얻어 살면 자식새끼 열이구 스물이구 낳겠지 좋아요. 좋아』

울음이 반절 섞인 말이다. 시집올 적에는 미인이고 얌전하다고 동리에서 칭찬이 자자했지만, 자연 자식 없는 여자의 마음이라 히스테리증을 일으키고 그것이 울음으로 끝나는 것이 일수다. 형님은 그래도 다 받을뿐더러 손에서는 보기 드물게 옷치장을 말끔하게 시켜 놓았다.

그것이 순택이는 못마땅했다.

형이 작은형 순절에게 일 년에도 두 차례씩이나 돈을 대어 학교에 보내는 것이 형수가 못마땅하게 여기는 것과 같은 것인지도 모른다.

『네 애기는 나중에 좀 생각해보자. 아버지와도 상의를 해봐야겠구』

하며 옷을 주어 입고 형님은 나가 버린다.

사실 요사이 신학년도를 놓치게 되면 올해도 삼류고등학교 하나도 못다니게 되는 것을 생각하면 순택이의 마음은 더욱 급하기만 했다.

순택이는 말없이 집을 나섰다.

형님댁에서 가게까지는 멀지는 않았으나 산을 가운데 끼어서 가게에 오가려면 반드시 고개를 넘어야만 했다.

그러려면 아침마다 한 번씩 산 위에까지 올라가는 습성이었다.

오늘 아침도 순택이는 터벅터벅 올라와서 혼자 말없이 바위 위에 걸터앉았다. 그리고는 부근 일대를 유심히 쳐다보는 것이다.

중학교 시절에는 경순이와도 가끔 올라와서 시간 가는 줄 모르고 이야기도 했지만, 지금은 옛 추억에 불과했다.

사월의 아침 싸늘한 기운을 싣고 바람이 솔솔 불어왔다.

아무도 없는 이 산에 이렇게 혼자서 올라오면 순택이는 마음의 여분을 얻을 수가 있었다.

울고, 웃고, 물고, 찢는 세상과는 별천지 같은 느낌이 났다.

기차를 놓친 학생인지 두서 넛이 연로 변을 바쁘게 걸어간다. 중학교 때 꼭 한번 기차를 놓쳐서 지각했다고 담임선생님한테 훈계를 받던 일이 생각났다. 늦잠을 잤기 때문에 변명할 여지가 없었다.

가게에 오니 순근이는 마루에서 동네 아이들과 같이 공기를 하고 있다.

『그새 아무도 안 왔던』

『응 아무도 안 왔어』

순근이는 공기에 여념이 없는지 계속하며 대답한다.

순근이와 동네 아이들은 밖으로 내보내고 중학교 삼학년 영어책을 꺼냈다 펼쳐 몇 장을 보니 그새 쉬었다고 모르는 단어들이 많아졌다.

중학교 영어책을 들으니 경순이 생각이 났다. 순택이가 학교를 어죽 다니고 싶은 것은 경순이 때문인지도 모른다.

경순이가 Y여고 일학년에 입학한 후부터는 제법 어른티가 나고 얼굴도 중학교 시절보다 훨씬 예뻐 보였다.

입학식 하러 가던 날 순택이 가게를 찾아와서 빌려 갔던 삼학년 영어 책을 주고 가며 순택이가 고등학교에 가지 못함을 섭섭하다고 얘기할 때 얼마나 속이 얹잖았는지 모른다.

열두 시가 채 못되어서 경순이의 어머니가 가게로 들어온다.

『어서 오십시오』

순택이의 말이었다.

『순택 냉수 한 그릇만 줘』

경순이 어머니는 마루에 걸터앉았다.

순택이는 부엌에 들어가서 냉수 한 그릇을 조심 있게 떠다 드렸다.

물을 먹고 난 경순이의 어머니는 땀을 씻으며

『순택인 학교 안 다녀?』

하고 방에 펼쳐있는 영어책을 쳐다본다.

순택이는 그 말을 듣는 순간 얼굴이 화끈 달아 오며 부끄러워 고개를 힘없이 숙였다. 경순이 어머니는 눈치챘는지 화제를 바꾼다.

『완행이 오려면 얼마나 있어야지』

『지금이 열한 시 사십오 분이니까 십오 분 남았어요』

순택이는 쓸쓸히 대답했다.

경순이 어머니는 잠시 후에 캬라멜 두 갑을 사서 나가버린다.

고등학교에 다니는 줄 알았던 게지. 순택이는 피식이 웃었다. 얼마 안 있어 기차가 왔다. 아침 통학차에 비하면 타는 사람도 적었고 차체도 훨씬 좋았다.

기차는 다시 검은 연기를 힘차게 뿜으며 멀리 사라졌다.

저녁때 경선이가 오면 말을 해봐야지, 경선이 큰형님이 Y고등학교 선생이니까, 잘 부탁만 하면 될 수 있을 것 같았다. 그런 걸 생각하면 학교에 다니는 학생 같은 착각도 가끔 일어나곤 했다. 그러나 형님이 어떻게 대답하실까를 생각하면 그런 착각은 금방 달아 나버리고 괜히 가슴이 설렌다.

순구에게는 오늘 아침 걱정이 하나 더 늘었다. 순택이의 학교 문제는 짐작 생각 못 했던 것은 아니지만, 그놈이 저금까지 해가며 결국에는 자기 돈이지만, 학교를 보내 달라고 하는 데는 정말 형으로서 난처하였다. 어지간만 하면 순택이 하나쯤은 보내줄 수도 있건만 워낙 쪼들리는 살림이 아닌가?

아무리 생각해보아도 지금 이 살림으론 도저히 불가능한 것이지만 그렇다고 박성하게 못 보내주겠다고 딱 잘라 버릴 수도 없지 않은가?

아이 못 낳는다고 약 써 달라고 졸라대는 아내, 학교 보내 달라는 순택이, 일기문 등록금을 빨리 치루어야 제대가 쉽다고 하는 순철이…모든 것이 순구앞에는 복잡하게만 나타난다.

순철이 대학은 자기가 서둘러서 장담하고 보낸 것이니 어떻게 되었든 대주어야 되겠고, 또 생각지 않는 것은 아니지만 장가든 지가 십여 년이 가까운데 아이 하나 없는 자기 자신…

순택이의 문제는 도시 이야깃거리가 되질 않았다.

순구는 자기가 걱정 속에서 나고 그 속에서 파묻혀 죽을 것만 같았다.

그래도 의망이던 살림이 이 정도라도 유지되어 가는 것이 온 집안 식구가 손발을 다 걷어붙이고 협력하는 탓도 있겠지만, 순구의 수단 있는 살림에도 있었다.

이런 생각 저런 생각을 하며 점심대가 갸웃해서 면사무소에서 돌아오니 아내는 외출하고 없었다.

차려놓은 밥상을 막 물리고 나니 아내는 이웃에 갔다 오는지 좋지 못한 기색으로 들어온다.

순구는 아랑곳없다는 듯이 낮잠이라도 한잠 자보려고 베개를 벴다.

『약은 또 안 지었구려』

방에 들어오기가 무섭게 아내는 또 야단을 부린다.

사실 그럴 만도 했다.

준석이 녀석의 숙모도 아이 없기는 순구 아내와 마찬가지였지만 읍내에 용한 한의에게 약을 써서 다행히 효과를 봤다는 것이다. 그러니 분별없고 질투 많은 여자의 소견으로 당연한지도 모른다. 졸리다 못해 순구는 아내와 같이 한의에게 간 일이 있지만 약도 한두 첩이 아니고 서너 제 먹어야 한다고 하니 얌전히 칠팔만 환이 들어갈 판이니 어쩌는 수가 없었다.

『아 글쎄 여보 어떡하실 작정이요 올가을에는 쌀 몇 짝이라도 사서 약 좀 먹어 봐야겠어 순자(준석이누이동생) 아주머니도 약을 써서 태기가 있다는데……나 같은 년은 죽어야해 죽어야해…… 당신 동생들 학비 대주는 것 반만 내게 한다면 그렇질 않을거유』

형수의 짜증은 기어코 눈물이 된다.

잠을 자려고 누웠던 순구는 버럭 소리를 질렀다.

『아 글쎄, 시끄러워 다 천지이치 대로 살아가 못 낳는걸 날 보고 어떡하란 말이야』

한두 번은 받았지만, 너무 많이 들어서 역정이 났던 게다.

남편이 화를 내니 아내는 풀이 죽어 부엌으로 소리 없이 나가버렸다. 순구도 아들 생각은 간절하지만 다른 일 때문에 거의 잊어버리는 것이다. 잠을 청해 보았자 잘 오질 않았다. 부엌에선 아내의 흐느끼는 소리가 들린다. 아내가 불쌍하게 여겨졌다. 여자가 삼십을 넘으면 아이 낳기가 어렵다는 것을 순구도 잘 알고 있다. 아내가 올해 스물여덟 시집온 지 벌써 팔년째—아내는 준석이 아주머니댁에 갔다 온 모양이었다. 보통 땐 상냥하고 유순하던 아내가 그 집만 갔다 오면 꼭 히스테리증을 일으키는 것이다. 아내는 돈 없는 설움 아이 없는 설움을 남편에게 두는 것인지도 모른다. 순택이 문제도 좀 막연했다. 아내의 포악을 듣고 나니 더욱 문제가 되질 않았다. 뒤를 댈 자신이 없었다 순택인 자기 말보다 아버지 말을 더 잘 들으니 아버지한테 순택일 좀 진정시켜 달라고 상의해야겠다고 생각했다.

· 뒷내용 없음 ·

2등

제61회 1958년 11월 25일

현상당선작품(懸賞當選作品)

없을 층계(層階)의 기폭(旗幅)을 위한 노래

· 나제흠(羅渧欽) (국문과(國文科)3년) ·

(1)

사랑 같은 독(毒)나방을 삼키우든 거미줄
그 위에는
어느 날
태양(太陽)이 지쳐 곤드라진 모습

텅 빈 비둘기집만이 설려있는 건물(建物)
벽(壁)
선거(選擧)를 알리는포스타위엔
에고이스트의 허상(虛像)이
생소한 미소(微笑)를 짓고

저리도 푸른 하늘과 바다의
〈금문(金門)〉엔
비둘기와 포탄이 울부짖는 아우성

푸름을 잊은 하늘을
뚫고
로켙「파이어니어」는 달을 찔렀다.

(2)
자기 것마저 잃어가는 카―인의
후예는
가슴을 앓은 지 기천년(幾千年).
심장(心腸)은 수인(囚人). 종신징역(終身懲役)의 선고(宣告)를 받은
모던이스트의 노트.

목메 울부짖어도
하늘은 멀어서 메아리도
녹슨 메아리도 없는데

고독(孤獨)은 섬처럼 남고
섬은 사랑을 잃어버린 외로운 여백(餘白).

(3)
파리하게 굳은 땅은
향기(香氣)를 잃고
바람마저 길을 잃어도

그리움.

그리운 이는 죽음 속에 그립기만 하고

맑고 푸른 달밤에 백목련(白木蓮)을 꺾어 소녀(小女)에게
바치든 순색(純色)의
층계(層階)와—.
지폐(紙幣)같이 때 묻은 하룻밤의 여신(女神)을
남구든 노란
층계(層階)와.

없는 내일(來日)을 염원(念願)하는 하나의 기폭(旗幅)이
마구 소용돌이치는
내 마음이여.

(4)
흡사 태양(太陽)처럼 거미줄 위에 몸부림하는
나 같은 사람과
너 같은 사람과.

짓이기며 걸어가는 목발과 앗아가고
할 키운
심장(心臟)을 안고
아—!
미치게 울부짖는 우리.

나도 가고

너도 가고

나 같은 여러 사람도 너같은 여러 사람도

이내 자꾸만 떠나가고 떠나가야 한다.

발길에 채이는 돌과 같이

아니면

볼우물 소녀의 순정(純情)처럼—.

2등

제61회 1958년 11월 25일

현상당선작품(懸賞當選作品)

창변(窓邊)에 격(隔)한 웅봉(熊蜂)의 편력

· 송하선(宋河璇) (국문과(國文科) 2년) ·

숱한 지난 날을 바라보며
숨 막히는 오열(嗚咽)로 장식(裝飾)된 운명(運命)을 지닌 애달픈
삶이 있습니다.

고오온
보조개 소녀(少女)의 밀어(密語)만을 간직한
자줏빛으로 물들어 가는 잔학(殘虐)한 투명체(透明體).
〈마카오〉〈오오사까〉 제품(製品)의 그라스가 오천년(五天年)
조국(祖國)의 이름자보다 새참 하게 아름답다고
오래 생각(生角)다 한숨짓는 귀로(歸路)

뒤우웅—
뒤우웅—
너무도 피로한 행로(行路)
여사(旅舍) 아닌 십자로(十字路)의 수용소에서

심장(心腸)의 고동(鼓動)이 무량(無量)한 생명체(生命體).

태양(太陽)의 자태(姿態)를 잃은 채
생명(生命)은 시간(時間)의 척도(尺度)와 가로놓인
소송(訴訟)도 할 수 없는 죄수(罪囚)아닌 죄수(罪囚)여!

언젠가는 가야 될 포근한 옛날은 고오운 전설
로만 간직해야 하는가.
끝내는 꽃이 지고 또 수액(樹液)을 잃을 때까지……
지난날의 회고(回顧)에만 기울여야 하는가.

값지지 않은 삶이었기에

봉(蜂)! 웅봉(熊蜂)
마지막 운명(運命)이라면 차라리 나르자
빤히 뵈는
호박꽃의 짙은 미소가 파도(波濤)치는 체온(體溫)
그리고
생애(生涯)의 반려(伴侶)
이런 것들을 간직했기에…
과거(過去)ㄹ랑은 잊지를 말자 그리고 나르자.
유원(悠遠)한 하늘가에 별들의 엷은 미소라도
보일듯한 곳을
힘있게 나르자.

그러나…
날을 수록 가로막히는 실의(失意)의 창변(窓邊)에서 부딪고
부딪고 찾을 수 없는 운명(運命)의 기로(岐路)에서
방(房)은 한낱 인종(隣終)의 연예장(演藝場)이어야만 되는가
봉(蜂)이여!
넌 기필 우주(宇宙)의 생리(生理)를 닮아야만 되는가

초롱초롱한 눈매를 굴리며 주고 간 밀어(密語)가
따스한 인정(人情)처럼 되살아오는
순(順)이의 영상(影像)어린 한 폭의 창변(窓邊).
그리고
뇌이며 뇌이며 고스란히 평생(平生)을 지새우는
웅봉(熊蜂)의 편력(遍歷)

1등

제61회 1958년 11월 25일

현상당선작품(懸賞當選作品)

모정(慕庭)

· 이병재(李丙在) (국문과(國文科) 3년) ·

해설 풋 기운 뜰에
물그림자 뻗어 길고

잠자리 나래마다
돌아오는 피리 소리

제비를 쫓던 병아린
고개를 어이 의오 두는고

2등

제61회 1958년 11월 25일

현상당선작품(懸賞當選作品)

만추(晩秋)

· 김세중(金世重) (국문과(國文科) 3년) ·

목화 따던 손을 쉰 채
한숨지어 옷깃에 접고

아롱진 눈망울엔
그리움이 어린 색시

어느덧 흰 송이마다
저녁놀이 피었다

3등

제61회 1958년 11월 25일

현상당선작품(懸賞當選作品)

석류(石榴)

· 유기영(柳基英) (국문과(國文科) 3년) ·

푸른
하늘 고운 넋이
그 안에 가득 고여

오가는 흰 구름과
푸른
꿈을 맺는 사이

남몰래
저리도 앳된
가을들은 익었는가

3등

제61회 1958년 11월 25일

현상당선작품(懸賞當選作品)

맘보스타일

· 라재□ (국문과 3년) ·

육 · 이오 붉은 난리 후 물밀 듯 밀려들어 와 유행을 넘어 우리나를 휩쓰는 양풍은 이루다 헤아릴 수없이 많다. 그중에 끼워주지 않으면 서운타고 할 한 가지에 「맘보」一. 「맘보스타일」이란 게 있다.

내가 과문 천박한 탓으로 「맘보스타일」의 창시한 자와 처음 입은 사람 그리고 최초의 유행지에 대해서는 한 가지도 알지 못한다. 다만 다른 나라에서는 어쩐지 모르지라 이게 우리나라 사람 것을 ㅁ는 좀 어색하다 주워내 그 끼고 있다. 굳이 지적해 볼 필요실례를 너무나 많이 우리도 없다 왔기 때문이며 또 늘 보았기 때문이다. 보고나 유행의 물질은 막을 수 없 허ㅁ것인가?

는 방전까지도 한복만 입해ㅁ하시든 「스파르타」식의 엄한 아버님을 모시고 있는 아주 보수적이요 좋게 말해서 「배달의미」를 간직하고 있는 우리 가정에도 「맘보스타일」은 흡사 사랑스러운 이의 손길같이 살며시 찾아 들어 왔다.

거의 한 달 전 일이다 평소에는 말씀도 잘하시지 않는 어머님의 큰소리에 무엇인지도 모르는 사색의 세계에 푹 빠져 있든 나는 급히 일어나 웬일일까 하고 안방으로 가보았다. 고등학교에 다니는 동생이 양복바지를 베고 있고 어머님은 그걸 말리시고 계셨다 어머님의 말씀에 의하면 동생이 「맘보」바지를 해달라기에 좀 참으랬더니 동생놈이 「해 주기 싫으면 마시요」하고는 입고 다니는 양복바지를 가위로 베고 있다는 것이었다.

나는 동생을 꾸짖었더니 동생은 친구들이 다 「맘보」바지를 입고 다니기 때문에 입지 않으면 누구나 「클럽」에서 빼어버리게 되었으므로 그랬노라고 말하는 것이었다. 동생의 말이 언짢기도 했지만 어떻게 생각해보면 그것도 현세에서는 언즉시야(言則是也)라! 동생을 타이르고 난 나는 어머님의 마음이 가라앉으시기를 기다려 동생을 변호해주었다. 양복바지가 이미베어져 있는지라 어머님께서도 할 수 없으셨는지 「그놈 참」하시고는 웃으시고 마시는 것이었다. 이튿날 동생이 「맘보」바지를 입고 간 건 물론이다. 다음날부터 길거리를 걸으면서 유심히 양복바지를 쳐다보면 「맘보스타일」이란 게 제법 많다. 아무래도 그 「스타일」이 점잖지 못하다. 총쟁이 바지같이 「일본」놈의 병정들 바지같이 생긴 것이 학생들에겐 더욱 맞지 않게 보인다.

남자거나 여자거나 키가 늘씬한 사람 같으면 어느 정도 짜임새가 있게 보이는데 키가 작고 뚱뚱한 사자 지게는 영 꼴불견이다. 닌가로제 유행인가아 □ □ □ □ □ □따를 일이 것 덮어놓고 유행이라 하다 따르고 마는 습성을 가□ 국민성도 아닐 텐데 왜 자기 개성을 찾지 못할까 생각하면 슬퍼지기까지 한다.

얼마 전으로 생각한다. 교내 다방에서 「맘보」바지를 잘 입고 다니는 B양을 만났다. 그는 내 상급반인데도 나와는 농을 할 수 있는 처지다. 내가 「맘보」바지의 덕(德)을 물을 때 그녀는 「럭키 · 세분」하면서 다음과 같이 대답하는 것이다. 첫째 활동적이다. 둘째 간편하다. 셋째 육체미를 그대로 나타내 준다. 넷째 옷을 껴입기에 좋다. 다섯째 잠옷으로도 사용한다. 여섯째 지나친 사치를 피할 수 있다. 일곱째 천이 덜 든다.

그녀와 나는 찻잔을 들고 조용히 웃었다. 그리고 나는 나의 바지를 쳐다보았다. 「맘보스타일」과는 너무나도 거리가 먼 양복바지.

「맘보스타일」과 내 생리는 너무 멀다. 아무리 덕(德)이 많기로 소니 「맘보」바지는 해 입을 것 같지 않다. 내 키가 작은 편이여서 그런 것만은 아니다 훌쩍한 그 모양이 싫거니와 궁둥이를 흔드는 「맘보」라는 어감이 싫고 따라서 「맘보스타일」이라는 그 이름조차 싫기 때문이다. 그런데도 의복 「스타일」이 자꾸 나와는 먼 「맘보스타일」로 변해 갈 때 쓸쓸한 것 같기도 하고 조금은 마음이 움직여짐을 어찌할 수 없다. 요즈음 나는 내가 다시 옷을 해 입을 때는 중용지도(中庸之道)를 취해서 폭넓은 바지도 아니요 「맘보스타일」의 바지도 아닌 절충식의 바지를 해 입을까 하고 나에게만이 맞는 바지의 「스타일」을 구상 연구하는 때가 있다. 지금 이 글을 쓰는데 국민학교 이학년에 다니는 누이동생이 내 방에 왔다.

「오빠! 뭣해?」

—「맘보」바지 이야길 쓴다.

—나도 「맘보」바지해줘어어응

—입고 싶으니?

—앞집 영이도 입었는데 뭐어.

하 벌써 어린애들도 이렇고나! 나는 B양과 「맘보」바지의 칠덕(七德)을 생각하고 피식 웃으며 누이동생의 볼을 만져 주었다.

가작

제61회 1958년 11월 25일
현상당선작품(懸賞當選作品)

초막(草幕)안의 수상(隨想)

· 정두일(鄭斗一) (법학과 2년) ·

그러니까 작년 봄의 일이다. K시에 사는 동생B가 놀러 와서 손수 울타리 안에서「코스모스」를 심어놓았다.「코스모스」는 이상하게도 흰색뿐이었다.

나는 원래 흰색을 좋아한다 결백한 척 하려는 허탕한 심적 발로인가? 어쨌든 흰색을 좋아하기는 거짓이 없다.

B가 알았다손 치더라도 순전히 흰색만이 피는 것은 희한한 일이 아닐 수 없다. 나는 이들을 소복(素服)한 아가씨라 부르기를 곧잘 즐겨했다. 무엇과도 누구와도 바꾸고 싶지 않은 나의 소복한 아가씨였다.

×

나는 나의 초막에서 작업을 계속한다. 아니 지금도 계속해야만 한다.

작업이라도 손발을 움직이며 피땀을 흘리는 것은 아니다. 온통 집중된 시선(視線)과 깨알 같이 박힌 활자(活字)와의 소리 없는 투쟁(鬪爭)! 회색의 천지! 나의 작업엔 노동법(勞動法)도 적용되지 못한다. 아무런 대가(代價)도 받지 못함은 물론이다. 다만 결실(結實)만을 믿는 내일을 위한 기약 없는 작업이다. 동업자(同業者)가 많기는 하나 협업(協業)도 존재할 수가 없다. 서로가 「에고이스트」인 것이다. 여기에도 생존경쟁(生存競爭)의 원칙은 여지없이 적용된다. 일(一) 년이(二) 년아니 전 생애를 기약 없는 작업에만 경주한다.

『진리를 「사색」에서 구하자 썩은 책에서 구하지 말자』는 「페르샤」의 속담을 나도 알고 있다. 유명한 상대성원리(相對性原理)도 「아인슈타인」의 진지한 사색의 대가이었음을 또한 알고 있다. 진리를 사색에서 구함이 타당한 것이라면 이것도 무시치 않으면 안 될 기구한 운명의 소유자인 것이다. 우주(宇宙)의 원리를 너무 잘 알고도 이행할 때야 이행할 수 없는 이율 배반(二律背反)의 현상! 내가 처음 이 작업을 시작한 동기는 퍽 아름다웠다. 농촌은 피폐하고 윤리는 타락하는 데 따른 사나이로서의 대의명분을 위해 바치려는 투지의 소산이었기 때문이다. 작업을 계속한다는 것도 그리 쉬운 일은 아니다.

무미건조(無味乾燥)한 점은 물론이거니와 화려한 옷차림의 교활한 아가씨를 축출한다는 것, 순간의 「엔조이」를 꾀하는 본성을 억제한다는 점 말이다.

× × ×

언제부터인가 나는 소복한 아가씨에 추파(秋波)를 보내곤 하는 습성이 생겼다.

어떤 이는 몹시 씁쓸하다 하며 자기의 고독(孤獨)에 비유하겠고 어떤 이는 굳건히 남아있는 그 모습을 어느 위대한 지조 있는 인간에 비유하겠고 어떤 이는 조촐하고 담백(淡白)한 점을 자기 사숙(私淑)의 과녁으로 간주하겠고 허구 많은 생각들이 인간의 두뇌를 어지럼이리라.

내가 이 작업을 한 지도 어언 일(一) 년이 지났다.

그동안 나의 심신(心身)은 「코스모스」군(群)과 함께 무럭무럭 자랐다.

요사이 나는 나의 초막주위엔 제법 많은 연분홍색의 꽃이 피기에 여념(餘念)이 없는 걸 본다.

이씨조선(李氏朝鮮)의 팔조법금(八條法禁) 이 오늘같이 는 것은 비록 인간성의 퇴폐라고만 주장하는 것은 아니지만 순박한 풍속과 인간성이 타락했음을 보인다는데 이의를 강경히 제출하고 싶다. 「코스모스」와 사회상과 자신이 일맥상통(一脈相通)하는 경지에 놓여있음을 느끼면서 자신이 알 수 없는 미소를 지어도 보는 것이다.

그렇다 나의 초막주위의 흰색 이외의 「코스모스」를 제거하듯이 마음의 딴 색깔도 제거해야만 한다. 나는 오늘도 나의 초막에서 작업을 계속한다. 이단과 아가씨를 축출하는 부업도 계속한다.

제4회

문예상

•

1957~1969

1등

제70호 1959년 10월 10일

교내문예당선작품 : 수필

손수건

· 강실(姜實) (목포(木浦)고등학교 2학년) ·

황혼길을 숨을 헐떡이며 달려온 기차가 숨도 채 몰아쉬기도 전에 꽥액.— 악을 한번 지르고는 스름스름 아카시아 나무들이 둘러서 있는 이 조그만 촌정거장을 뒤로 밀며 떠나기 시작했다.

『선생니—임』

방학인데도 어떻게 알았는지 아카시아 나무 밑에서 옹기종기 모여 목을 합하여 자기를 부르고 있는 아이들에게 숙희는 손수건을 꺼내 흔들어 보였다.

플랫홈 안에는 들어올 줄도 모르고 자기들의 자리는 정거장 옆의 아카시아 나무 밑 그곳이라는 듯 옹기종기 모여 있는 그들이 어쩌면 가긍히 여겨지기도 했다.

그 까무잡잡한 얼굴들을 앞으론 영보지 못 할른지 모른다고 생각이 들자 가슴 밑에서 무엇이 뭉클했다.

그러나 숙희는 그들에게 웃어 보이려고 애썼다.

아이들은 속력을 점점 가해가는 기차를 향하여 창에 내민 숙희를 향하여 마구 달려오고 있었다.

출입구에나 나가서 자기의 전신이나 보여줄 것을 그랬다고 숙희는 될 수 있는대로 창밖으로 내밀었다.

숙희는 그 까무잡잡한 얼굴들을 하나하나 더듬어 보고 있었다.

그러고는 출석부를 호명하듯이 맨 앞에 달려오는 아이부터 차례로 이름을 입속에 가만히 담아 보았다. — 마치 그 이름이라도 안 잊고 외우려는 듯이.

『임삼돌 강지춘 서재경 이순이 김영이』

숙희의 눈은 다시 삼돌이에게로 돌아왔다.

석양빛을 온몸에 받으며 힘을 다하여 달려오고 있는 산돌이의 일들을 다시 한번 생각 키워 보고 싶었다.

금년에 졸업을 해서 학생티를 벗어나지 못한 애송이로 숙희가 이 조그만 C읍의 국민학교로 왔을 때다.

사(四)학년 담임선생들끼리 산돌이를 서로 맡지 않으려고 했다.

그러든 산돌이를 숙희가 자진해서 자기반에 넣었다.

첫 시간이었다. 출석부를 들고 호명하기 시작했다.

『이연자』

『네』

『서춘옥』

『네』

『이순이』

『네』

출석부 맨 끝 번호인 삼돌이 차례가 되었다.

『임삼돌』

『……』

대답이 없었다.

『임 삼 돌』

다시 삼돌이의 이름을 똑똑히 불렀다. 그때 아이들의 눈이 교실 뒷 구석으로 쏠렸다.

거기에는 숙희를 보고 있는 두 눈이 있었다.

『임삼돌』

숙희는 그 두 눈을 향하여 다시금 악을 썼다. 그러나 그 굳어져 버린 입은 열리지를 안했다.

『임삼돌이 안 왔어요?』

숙희는 다시 이렇게 물었으나 그 얼굴에는 굳어져 버린 표정 외에는 아무런 반응도 없었다.

숙희를 바라보고 있던 눈이 주위의 시선들을 한번 휙.— 둘러보았다. 이 눈에 부딪힌 시선들은 섬뜩 놀라며 고개를 돌려 버렸다.

그 뒤 삼돌이는 그 눈빛을 잃지 않았다.

학교만 오면 삼돌이는 그 자리에 언제나 그렇게 그린 듯이 앉아있기만 했다. 쉬는 시간에도 아이들의 난장판이 되어도 삼돌이는 그 눈빛으로 그렇게 앉아있기만 했다.

그 눈이 그 눈빛이 숙희는 점점 무서워졌다

어느 날 쉬는 시간이었다. 아이들은 운동장에 나가고 교실에는 몇몇이 없었다. 숙희는 가만히 교실로 들어가서 삼돌이의 옆자리에 걸터앉았다.

삼돌이는 창밖을 바라보고 있었다.

『삼돌아』

숙희는 조심스레 불렀다

삼돌이는 잠깐 바라보더니 다시 창밖으로 얼굴을 돌려버렸다.

『삼돌이는 왜 이렇게 앉아 있기만 할까? 아마 삼돌 창밖 운동장에서 아이들의 뛰어노는 웃음은 구경할 줄 알아도 그 웃음을 삼돌이는 웃을 줄을 모르는가봐.ㅡ 웃음을 그 웃음을 가져봐 그러면 삼돌이는 좋은 사람이 될 꺼야!』

삼돌이는 창밖을 주시한 채 반응이 없었다.

삼돌이의 옆모습을 더듬어 내려가든 숙희의 눈이 가슴에 달린 이름표를 보고는 놀랐다. 「임」자가 쓰여 있어야할 자리가 새카맣게 지워지고 연필로 「이」자가 쓰여 있었다.

『그런데 너 왜 이름표가 그렇지?』

삼돌이는 자기 이름표를 내려다보았다. 다음 순간 코웃음도 아닌 야비한 웃음이 입술로 새여 나왔다.

『울(우리) 아버지는 「이」갑니다.』

그리고는 삼돌이는 다시 고개를 창밖으로 돌려버렸다

아 참! 그래서 호명할 적마다 그 「임」자가 마음에 걸려서 대답을 머뭇거린 모양이라고 숙희는 생각했다.

더 물어보려고 했으나 그 굳어져 버린 삼돌이의 입은 도저히 열리지 않을 것 같아서 그대로 일어나서 교실을 빠져나왔다.

교실 문을 나으면서 숙희는 뒤를 돌아보았다.

자기를 보고 있었다. 그 눈빛은 어쩌면 비웃음 같기도 했다.

그다음 다음날 삼돌이는 학교에 나오지 않았다.

셋째 시간이 끝나고 숙희가 직원실 문을 열었을 때 다 언제 왔는지 삼돌이가 교무주임 선생님한테 따귀를 철썩철썩 맞고 있었다. 그리고 옆에는 뚱뚱한 중년부인이 버티고 서있었다.

큼직한 손자죽이 뺨에 죽죽 그어져 있어서도 삼돌이의 표정은 굳어져 버린 채 끔쩍 않았다.

어느 술집에다 돌을 마구 던져서 유리창이 깨지고 방에서 시시덕거리던 남녀 중 어느 기생의 머리에 상처를 입혔다고 했다. 그래서 단단히 처분해 달라고 주인이 데리고 왔다는 것이다.

술집에 잡혀서 얼마나 맞았던지 팔과 다리에도 푸른 멍들이 줄지어 있었다. 곧 직원회의가 열렸다.

전부터 두통거리던 삼돌이를 이 기회에 처리해 버리자는 의견이 대다수였다.

그래서 숙희는 열렬히 반대했다.

삼돌이는 나에게 맡기라고 해서 앞으로 다시 그런 일이 일어날 때는 삼돌이의 퇴학처분과 함께 내 사표도 내어놓겠다고 했다.

이렇게 해서 직원회의는 순조롭게 끝났다.

수업이 시작되었다. 출석부를 들고 교실로 들어갔다.

그러나 뻘겋게 손자죽이난 얼굴로 돌처럼 앉아있는 그 눈빛을 앞에 두고는 수업을 못 할 것만 같았다. 그래서 삼돌이를 데리고 교실을 빠져나와 학교 뒷동산으로 올라갔다.

둘은 나무 그늘에 앉았다.

삼돌이가 눈을 주고 있는 푸른 하늘을 자기 눈에도 가져왔다.

둘 사이는 잠깐 말이 없었다.

『삼돌아!』

삼돌이의 이름을 입속으로 가만히 담아본 숙희의 눈시울이 못 견디게 자꾸만 뜨거워졌다.

『삼돌이는 모든 사람이 원수같이 보일 거야. 멸시하고, 삼돌이 하고는 상대도 해주지 않을 것이라고 그렇게 생각할 거여.』

그리고는 숙희는 그리운 얼굴이라도 보듯이 가만히 삼돌이의 옆모습을 응시했다.

『삼돌아 그렇지만 나만은, 나만은 그렇게 보지마. ―응?』

삼돌이의 손을 더듬어 쥔 숙희의 눈에는 눈물이 핑 돌았다.

한 손을 잡힌 채 먼 산 위의 하늘을 바라보고 있는 삼돌이의 눈가로 잔잔한 물결 같은 것이 스쳐 가고 있었다.

그 뒤 지난 칠(七)월에 학교에서 반 대항 운동회가 열렸다.

그런데 숙희의 반은 다른 두 반에게 자꾸만 져 갔다.

맨 끝으로 운동장을 두 바퀴 돌기 경목이 하나 남아 있었다. 그런데 선수로 뽑힌 재경이가 앞 경기에 출전했다가 발목을 엎질러서 어떻게 했으면 좋을까 곤란했다.

그때다 삼돌이가 삼돌이가 뛰쳐나오지 않는가.

다른 아이들이 악을 쓰며 응원을 할 때도 무표정의 얼굴로 꼴깍 서 있기만 하든 삼돌이가 뛰쳐나왔다 .

그러고는 윗옷을 벗어 홀쩍 내던졌다. 속에는 몇 년이나 입었던지 그물처럼 줄만 남은 러닝샤스를 입고 있었다

스타―트의 신호가 울리자마자 휙―하니 삼돌이가 남보다 먼저 뛰쳐나갔다.

우악― 아이들이 환호성을 올렸다.

운동장을 한 바퀴 돌았을 때는 삼돌이와 다음으로 달리는 애하고는 십(十) 미터나 떨어져 있었다.

아이들은 받을 구르며 미친 듯이 환호성을 질렀다.

자기들이 매양 꺼리고 싫어했던 삼돌이에게 오늘은 웬일인지 마구 환

호성을 보내고 있었다.

숙희는 후딱 눈시울이 뜨거워짐을 느꼈다.

그러나 운동장을 한 바퀴돌고 그리고 반 바퀴나 돌았을 때다 돌에 걸려 비틀하니 삼돌이가 앞으로 꼬꾸라졌다.

『어마!』 아이들이 놀랐다.

얼굴을 감싸 쥔 채 삼돌이가 다시 일어났다. 그리고 뒤를 한번 돌아보더니 휙―하니 달리기 시작했다.

삼돌이의 이마에서는 피가 번져가기 시작했다 그 피는 목덜미를 타고 내려서는 갓만 남는 런닝샤쓰를 물들이고 있었다.

숙희는 섬뜩했다. 그리고는 마구 삼돌이에게 달려갔다.

골인점을 십미터나 앞에 둔 지점에 숙희는 삼돌이를 라인 밖으로 끌어내었다. 그리고는 자기의 손수건으로 삼돌이의 이마를 틀어막았다.

느티나무 밑에 앉아 있는 삼돌이와 숙희를 반 아이들이 삥 하니 둘러싸고 있었다.

아직도 골인점을 노려보고 있는 삼돌이의 눈이 자기 앞에 있는 숙희의 손으로 후딱 옮아갔다.

자기의 피가 더러운지도 모르게 묻어있는 손이었다.

그 손은 다시 자기 이마의 피를 훔쳐내고 있었다.

삼돌이의 눈가로 잔잔한 물결 같은 것이 지나갔다.

삼돌이의 머리가 밑으로 꺾어졌다. 주르륵 눈물이 흘러내렸다.

이튿날 머리를 온통 붕대로 감은 삼돌이가 숙희 앞에서 머뭇거리더니 손을 내밀었다. 손수건이었다. 피가 덜 빠진 흰 가제 손수건이다.

숙희는 화안히 웃어 보였다. 그리고 그 손수건은 다시 삼돌이에게 주었다. 아무 말 없이 손수건을 받아 쥐고 저 자리에 가서 돌아설 때 눈물이 글썽 고여 있는 삼돌이의 눈을 숙희는 보았다.

그런데 방학을 며칠 앞둔 때부터 삼돌이의 얼굴이 시무룩하니 핏기를 잃어갔다.

방학식을 하루 앞둔 날 하학 후 선생님들도 다 가버린 학교에는 남아 뒷동산에서 숙희는 혁이의 편지를 꺼내 들었다.

그리운 사람이었다.

이 그리운 사람도 이제 며칠 있으면 만나게 된다고 생각이 들자 얼굴이 화악 달아올랐다.

뒷동산을 내려오는데 느티나무 밑에 사내아이가 하나 앉아있었다. 가까이 다가가 보니 그건 삼돌이었다.

숙희는 아무 말 없이 삼돌이의 옆에 가만히 앉았다. 그리고 한쪽 팔로 삼돌이의 어깨를 안았다.

언제나 무표정을 띄운 그 얼굴에서 숙희는 의아함과 변거움이 알알이 떠오르는 표정을 찾아낼 수가 있었다.

『왜 넌 집에 가지 않고 여기에 앉아있니, 응?』

숙희는 빤히 삼돌이를 들여다보았다. 삼돌이의 얼굴은 핏기를 잃고 시무룩해져 있었다.

『왜 그래 응? 삼돌아』

삼돌이는 숙희를 한번 올려다보더니 다시 고개를 밑으로 꺾어버렸다.

『선생님!』

그리고 삼돌이는 울고 있었다.

숙희는 짜릿함을 느꼈다. 삼돌이가 이렇게 자기를 부른 적은 한 번도 없었기 때문이었다. 언젠가 머리를 양쪽으로 땋아 내린 고등학생 시절에 시골 외가를 갔다가 어느 나무 밑에서 대학생인 혁이의 그 조용한 시선을 받아을 때와 같이 화끈 가슴이 뜨거워졌다.

『말해야지? 자 말해봐!』

숙희는 한쪽 팔에 힘을 주었다.

『저…손, 손수건을…이…잊어…』

말을 맺지 못하고 삼돌이는 울음을 터뜨렸다.

항상 돌처럼 버티어 서 있기만 하던 삼돌이가 자기 앞에서 어린애처럼 엉엉 울고 있었다.

숙희의 눈시울이 핑글하니 뜨거워졌다.

『그까짓 걸 바보같이. 자 울지마. 응? 다음 내가 손수건을 하나 갖다 주지. 응?』

삼돌이는 고개를 절레절레 흔들면서

『다른 건 싫어유.』

했다. 그날 하숙집으로 돌아와 찾아보았으나 가제베를 사서 만들어놓은 손수건들이 하나하나 없어져 지금 자기가 가지고 있는 손수건 외에는 하나도 없었다. 그래서 방학이 끝나고 선물로 손수건 하나를 삼돌이에게 선사하려니 했다.

그러던 것이 이번에 M지로 전근을 받게 되었다.

액.— 가치가 다시 악을 썼다. 다른 아이들은 모두 지쳐 우두커니 선 채 기차만 바라보고 있었다.

그러나 아직도 삼돌이는 죽을 힘을 다하여 달려오고 있었다.

『삼돌아—』

그리고는 미친 듯이 손수건을 흔들었다.

그때 돌에 걸려 삼돌이가 휙 하니 앞으로 뒹굴었다.

『앗 삼돌아.』

숙희는 가슴이 덜컥 내려앉았다.

얼굴을 두 손으로 감싼 채 비틀거리면서 일어난 삼돌이는 두 주먹을 불끈 쥐고는 다시 달려오고 있었다.

삼돌이의 이마에서는 피가 피 같은 것이 번져가고 있었다.

삼돌이의 주먹이 자주 얼굴로 올라갔다. 그러나 올라간 주먹은 이마보다는 자꾸 눈으로 가고 있었다

『삼돌아!』

숙희는 피가 번져가고 있는 삼돌이의 이마를 향하여 흔들고 있던 손수건을 힘껏 내던졌다.

그때 산모퉁이가 욱하니 앞을 막아버렸다.

『앗! 삼돌아』

어느새 기차가 산모퉁이를 돌아와 버렸다.

그러나 숙희는 언제까지나 창에 머리를 내놓은 채 산모퉁이만 바라보고 있었다.

땀과 피와 흙과 그리고 눈물로 뒤범벅이 된 삼돌이의 얼굴이 그 산모퉁이에 나타날것만 같아서였다. -끝-

1등

제70호 1959년 10월 10일

교내문예당선작품 : 시

꽃병

· 조매생(趙梅生) (순천고등학교(順天高等學校) 3학년) ·

창(窓) 가리운
서로를 부르던 산(山) 그러한 시각(時刻) 앞에 헤쳐가온
계절(季節)이 열리는 체온(體溫)과
태양(太陽)은 퇴색(退色)한 채 내일(來日)을 피워
한 대 우리 행각(行脚)의 대미(隊味)로 오는
타는 불길 속에서 숨결을 모두어
흘리고 간 가슴 적신 하늘

하나하나와

한사코 암석의 이야기를 그치고
우리 이주(移住)한 자욱 보내온 날을
엉키어

동공(瞳孔)이 쉬없이 각혈(血)하는 명인(鳴咽)

그늘로 몸서리쳐 오는
날 키우는 봉오리 앞에

이제 소망(所望)의 눈을 뜨고
마을을 떠난 찬연(燦然)의 빛발 속에
눈감겨 눈감겨 있다.

3등

제70호 1959년 10월 10일

교내문예당선작품 : 시

갈림길에서

· 권귀순 (성심여자고등학교 2학년) ·

긴ㅡ 느낌이 지난 마음 산 너머로
눈부신 태양의 웃음이 이울면
뭉클한 그리움이 내려앉는
무섭도록 고요운 여기
우리만의 자리를 마련하렵니다

온통 당신의 이름으로 싸인 공간입니다
거리도 파아란 별의 호흡은
사랑스런 이를 위한 애타는 기워

밀물처럼 고달품은 스며
뜨거운 눈살을 글썽일지라도
아주 작은 나의 별 밭에
당신의 눈방울을 심어야겠습니다

우리를 도란지짐 속에
주렁주렁 월과가 열리면
치마가 버글도록 이야기를 줍던…
가고 난 이제는
애처로운 길

여기 마리아를 향하는 마음 있습니다

어머니의 어머니 같은
당신의 숨결을 들으며
이야기 속의 소년처럼 용감해지려는
내가 있습니다

태양은 슬프잖아
웃음을 몰랐던 하얀 길에
어디론가 향할 내가 서 있습니다

3등

제70호 1959년 10월 10일

교내문예당선작품 : 시

갈대

· 이운연(李雲淵) (광주(光州)고등학교 2학년) ·

잃어버린 자세로
어떤 기억을 더듬어가는 생명을

이웃을 알기에는
너무나도 가냘픈 사연들…

그림자만 윤회(輪廻)하는 너의 노래를
오늘 나는 무엇이라고 이름 할 수 없는
마음으로
그저 멍멍히 하늘의 별을 헤인다
바람을 마신다

슬픔은 슬픔은 돌아서서
나를 손짓하는 창(窓).
(너의 절절(切切)한 흐름)

그것을 나는 내 기도의 노래로 부르련다

바람이 울어와도 어리석게 반응(反應)하는
아. 지금은 훗날을 뺏겨버린 너의 영혼들

버릴 수가 없어서 오히려 다수굿한
오늘 나는 또 한 번 영원이란 목소리로
너를 불러 본다
그 목쉰 종소리로 너를 깨워 본다

바다의 흐느낌을 배우지 못한
아직도 너를 가슴하여
울고 섰는
오—오랜 나의 입맞춤

가작

제70호 1959년 10월 10일

교내문예당선작품 : 시조

소녀(少女)

· 오미나자(吳美那子) (남성여자고등학교(南星女子高等學校) 2학년) ·

별은
아득한 옛날의 신화를 그리는
소녀의 서러움 어린 눈동자

그믐밤
은실로 곱게 수놓은
푸른 수단 폭은
유성의 안쓰러운
한 가닥 전설의 슬픈 자욱

뭇별은
소녀의 애틋한
먼―훗날의 꿈으로 뿌려두자

입선

제70~71호 1959년 10월 10일~1959년 11월 12일

교내문예당선작품 : 산문

웃음

· 이정자(李靜子) (남성여자고등학교(南星女子高等學校) 2학년) ·

숨이 콱 막히는 무더운 어느 저녁이었다. 친구 집에 가서 막 친구를 부르려고 문 앞에서 서성거리고 있는데 저쪽에서 어느 신사가 걸어왔다.

후리후리한 키며 걸음걸이가 얼핏 우리 학교 선생님 같았다.

그런데 가까이 온 그분을 보니 전혀 딴 사람이었다. 안도의 숨을 쉬고는 계속해서 동무를 불렀으나 대답이 없어 그냥 가려고 하던 참이었다.

그분이 내 곁에 와서는 어데 가느냐고 상냥스럽게 묻지 않겠는가? 퍽 의아해서 아무리 보아도 도시 처음 보는 사람이었다. 내가 혹시 기억을 못 하고 있는 것이 아닌가하고 퍽 미안하고 실례인 것 같아 잠자코 있었다.

그분은 가만히 있는 것이 민망 했었던지 또 한번 더 다정스레 물었다.

나는 당황했다 다행히도 그때 마 어느 여자가 와서 그분에게 인사를 했다.

그러나 신사는 나에게서 눈을 떼지 않았다.

내가 하도 멍청하니 서 있노라니까 그분도 그제야 그것이 자기의 착각인 줄 알았던지「아! 나는 아는 학생이라고」…하며 싱겁게 웃어버렸다.

이때의 그분의 표정이 어쩌면 그리도 우스웠던지 카메라로 꼭 찍고 싶은 심정이었다.

어떻게 표현해야 할지 여하튼 표현 이전의 표정이었다. 나 혼자이기 때문에 웃을 수도 없고 죄 없는 입술만 끊어져라 하고 깨물었다.

웃지 않고는 견딜 수 없어 나오지도 않는 기침을 억지로 했다. 어찌나 우스웠던지 나중에는 가슴이 멨다. 지금 생각하면 무엇이 그리 우스웠던지 나도 아닌 게 아니라 웃음이란 나에게 퍽 매력 있는 존재다. 웃는 순간은 그 속에 그냥 잦아들고 싶으리만치 야릇한 감정이 치솟는다.

그러기 때문에 나쁜 습관인 줄 알면서도 나는 웃음을 연장하는 수가 많다. 될 수 있으면 오래 웃는 순간의 심정 그대로를 유지하고 싶다. 웃음이 다 걷히고 나서의 허무감이란 아예 웃지 않은 것이 나으리만큼 불유쾌한 것이다.

치자다소(癡者多笑)라는 말이 있다. 그렇게 따진다면 현자는 무소(無笑)란 말인가? 물론 구들은 고매한 「모랄」이나 초인간적인 교양에서 웃음 이상의 가치를 알고 만족하리라. 그러나 나같이 대표적인 속인이나 또는 「앞림이스트」들에게는 생각하기조차 숨이 막히는 일이다.

그러기에 나는 너무 지나치게 웃는다고 주위에서 항상 핀잔을 받는다. 그럴 적마다 나는 그것이 전혀 현실생활에 맞지 않는 고리타분한 봉건시대의 유물이라고 비난 공격하고 싶다.

살인 모략 협박 강도 그리고 날마다 일어나는 교통사고… 질식할 것같이 권태롭고 무기력한 생활이라는 카테고리에서 사람들이 제각기 불안의식을 느낀다는 것은 물론 노이로제나 멜랑콜리에 걸리지 않는 사람이라도 현대인이라면 누구나 다 끼고 있는 시대의식이다.

그런데 설상가상으로 여기에서 또 웃음을 「마이너스」 한다면 도대체 무슨 멋으로 산단 말인가? 웃음이란 반드시 현실생활의 만족에서만이 나오는 것은 아니다. 그러기에 웃음이란 야비 하거나 저속하지 않고 우리 생활에 절대 필요한 고가한 것이다.

은근한 우월감이나 야릇한 행복감을 느끼고 싶은 사람이 있다면 그는 그것을 비로소 자기의 웃음에서만이 발견할 것이다.

어떤 우스운 사건이 일어났을 때 모든 사람은 다 웃는데 자기 혼자만이 꿀 먹은 벙어리 인양 눈만 깜박이고 서 있는 사람을 미워하기보다는 동정이 앞설 것이다.

인간으로서의 감정을 소유하지 못한다는 사실이 얼마나 애처롭도록 가련한 일인가. 그러기에 또 유모리스트는 가장 존경받을 사람이다.

머리끝까지 성이 등하거나 신경질이 날 때 한마디의 재치있는 유모어가 한편의 서정시를 읽는 것보다 얼마나 효과적인가? 웃음은 사람의 마음을 미화한다.

노래를 잊은 카나리아가 있다면 그것은 웃음을 잃은 사람이다 라는 말도 있지 않은가?

(끝)

2석

제71호 1959년 11월 12일

교내문예당선작품 : 시

새의 영역(領域)

· 정병렬(鄭炳烈) (법정대학(法政大學) 2년) ·

1

검은 대지(大地)가 출렁이는 우에서
푸른 하늘이 출렁이는 아래서
먼 잡을 수 없는 에덴의 얼굴이
한 줄기 푸른 종소리로
가슴 심장 안벽까지 적시어 오면
저만치 수련수련 날라보는
쫓겨난
아담의 나래 쭉지.
이브의 나래 쭉지.

여기서 해와 달은 무거운 간수(看守)
계절은 짓궂은 면회자(面會者) 바람은 형제
아직도 형벌(刑罰)은 끝나지 않았는가

씻줄과 날줄, 그리고 좌표도 없는
보이지 않는 깊이에서
숨찬 하늘만 굽이굽이 종일(終日)을 나르면,
그날에도
밑에는 너를 부르는
밤 같은 검은 바다.

2
날라도 날라도 벗어날 수 없는 무변(無邊)한
지역(地域)
네 무변(無邊)한 시공(時空)을 헤적여 보면
돌아가야 할 곳은 실은 아무 데도 없고
왼통 시야(視野)가
휠쩍꿍 알 수 없는 미소(微笑)로 펼쳐 와
먼 지루한 방황(彷徨)의 의미(意味)를 맞고 보면
종소리는 간절한 소식으로
지친 너의 날개 끝을 스며 멀리
땅에서 얼얼이 울었다.

(오라. 두려움 없이 돌아오라.
모진 날 · 모진 날에도 주름진 얼굴에
아늑한 꽃 이랑을 다스리고 사는 노파(老婆) 같은
품안 · 대지(大地)의 질서(秩序) 속에로)
종은 지맥(地脈)에서 울어

새는 다시 푸르른 눈을 떴다.

몸 쉬일 곳을 찾아 돌아간
그날의 다정한 정착지(定着地)여.
대지(大地)의 풀숲엔 둥우리가 열리고
영롱한 이슬은 눈앞에서 반짝여
아침 태양(太陽)을 향하여 무엇인가 재잘대기

시작(始作)한
습성(習性)은 쌓여
영원히 떠날 수 없는 푸르른 고향(故鄕)….

그리하여 대지(大地)에 해와 달은 다시 빛나는
옹호자(擁護者). 계절은 반가운 손님. 바람은
향기로운 대화자(對話者)……

3
오늘
풀잎의 너는 어느 때보다도 고요하다.
풀잎의 이슬을 빤다.
한적히 피고 이우는 꽃그늘에 앉아본다.
먼 사적(史績)을 잠으로 뒤덮이운 웅덩이의
숨소리를 듣는다.
그러나 문득

하늘에 떠가는 구름을 보고 뒤따라
날개를 펼치면,
그 널따란 푸른 하늘까지도
너의 것.(돌아갈 땅이 있어서 다정한)
언제나 젊어 푸르른 대지(大地)의 정원….
눈을 감으면 먼 훗날이 보이고
눈을 뜨면 다만 보이는 오늘우에
훨 훨—
측량(測量)할 수 없는 하루하루가
꿈처럼 펼쳐오고 또 꿈처럼 돌아가고
다시 잠에서 깨어나듯 날이 밝으면
아름다운 내일(來日) 같은 오늘이 먼 기억(記憶)처럼
돌아와
너의 눈썹 가에 머물고. …그리곤 그냥
잠잠한 오늘.

이제 분명 종이 울고 있다.

허나 그것은 멀리 멀리서가 아니라
실상은 바로 너의 내부(內部)
가슴 구석 심장 안벽에서
스스로 맺혀 나는 태양(太陽)의 참기 어려운
희열(喜悅) 같은 것.
푸른 종소리—

검은 물결이 출렁이는 우에서
푸른 물이 출렁이는 아래서
스스로의 종소리를 울리며
수련 수련 날라보는
아아 왼통 너만의 한란한 영역(領域)

1석

제71호 1959년 11월 12일

교내문예당선작품 : 시조

도토리

· 윤세중(尹世重) (국문과(國文科) 4년) ·

노루 새끼 초생들을
숨가삐 달려간 등
도토리 따러 간 아낙
자루 가득 서름 이고

산가(山家)에 초롱도 지치면
하구(河口) 밖 모롱 휘어 온다.

3석

제71호 1959년 11월 12일

교내문예당선작품 : 시조

한가위

· 유기영(柳基英) (국문과(國文科) 4년) ·

하늘 물 한빛으로
아아라히 트인 철을

대초 밤 불이 붉어
물도 들도 풍성하다

서라벌 가얏고 소리도
상기 울려 오는 듯…

햇찹쌀 술을 빗고
풋돔부 송편으로

앞장 장 이고 들고
성묘(省墓)길 찾는 경(景)도

서걸픈 풍경(風景)이 아냐
고아(古雅)로울 풍류(風流)지

봄 여름 비친 달도
폴섭 버레소릴
밟고 나선 뜰에 서자

왈카닥 드밀린 향수(鄕愁)에
다시 취(醉)하고 싶구나

1석

제71호 1959년 11월 12일
교내문예당선작품 : 수필

한고조(寒苦鳥)

· 소병일(蘇秉一) (법학과(法學科) 2년) ·

―태어나지 않는 것이 제일 좋다. 그다음에 좋은 건 태어났으면 빨리 죽는 것이다. 〈메난드 · 로스〉―

1959년 10월 ×일, 가을 하늘이었다.

뭐, 이따위 삶이 있나? 내일(來日)은 오늘의 연속(連續)이요. 오늘은 어제의 반복(反復)에 불과(不過)하다.

밤낮 보아야 표정(表情) 하나 없는 얼굴들 아늑한 맛이라곤 하나도 찾아볼 수 없이, 황진이(黃眞伊)의 멋이 깃들지 않은 음습(陰濕)한 나의 다다미방 감옥(監獄)이 나처럼 한사코 높기만 한 벽돌담. 언제 걸어도 같은 도로(道路). 항상(恒常) 보아야 변화(變化) 없는 강의실(講義室) 이런 것들이 나의 생활(生活)의 전부(全部)니 말이다.

「토키」 끊어진 영사(映寫)의 싱거움에서 오는 관객(觀客)의 아우성이 나처럼 생활(生活)을 간기(澗氣) 질할 「무엇이」 없는 데서 오는 앙뉘, 멜랑꼴리.

이런 속에서 무엇을 위하여 살아간단 말이냐? 이젠 더 참을 수 없을 것 같다. 어데 여행이라도 훌쩍 떠나고 싶다 더도 말고「펭귄이」사는 저 남극(南極)의 빙판 위에서 달밤이라도 한번 맞고 싶다. 그도 저도 못할 것이면 차라리 가슴을 쥐어짜는 슬픔이라도 한때 맛보고 싶다.

즐거울 것도 슬플 것도 없는 생활(生活)의 단조(單調)에서 잉태(胎)된 생활(生活)의 빈곤(貧困) 마음의 빈욕을 이기지 못해 이러다간 아마 심장이 헛바퀴를 돌성만 싶어진다.

비늘잎에 쌓인 나의 꿈 내 생활에 언제나 마음의 봄이 오게 될까?

언제라도 좋다 그날 한때의 언어절(言語絶)의 감격(感激)을 위(爲)해 오늘의 권태를 참고 이렇게 살아가는 것이다.

『나에게도 삶을 삶을…』하며

▲

『아이! 고단해』

새벽 이부자리에서 일기장을 덮으며 무의식중에 뛰쳐나온 말이다. (나는 새벽에 전날의 일기를 쓰는 버릇이 있다) 누리가 고요한데 라디오에선 조용한 멜로디가 흘러나오고 있었다.

저 기린봉(峰)의 절에서 치는 아침 예불(禮佛) 종소리가 베개머리에 뒹굴 때까지도 일어나기가 어째 거북하다.

걸어서 덕진(德津) 오고가기 이십 리 게다가 걸어 두시간의 운동에 너무 고단했던가. 일어나야겠다면서도 내 몸이 말을 안 듣는다.

『꽃 봐! 이거 아부지』

『꺾지 마라.』

숙부(叔父)님과 숙(淑)이의 또랑또랑한 목소리다. 이제 아침일시 분명(分明)한데 나른한 몸을 뒤적이며 아직도 늦잠을 부려본다.

『오빠 인나』

숙(淑)이 나와서 같이 놀자는 성화다. 그래도 반응이 없는 나에게『젊은 애가 이제껏 무슨 잠이야.』

숙부(叔父)님의 불호령이다.

그렇다. 빨딱 일어났다. 이런 건강이 설마 일생(一生)이사 계속(繼續)될라 디야 건강하고 더구나. 젊은 때 일은 않고 무슨 잠이란 말이냐?

아무것도 줄 것을 가진 게 없는 나는 웃음으로나 그들을 바라보리라 접국화들 한 가지 꺾어 들고 숙부님이랑 서 있는 숙(淑)이의 티 없이 맑은 미소를 보고 나는 갑자기 소년이 된다.

『내게도 저만 때가 있었을 텐데, 시냇가 서동당 동당 물장난하던 동심(童心)이며…』

이런 생각이 들자, 지금은 많이 변해있는 자신을 아무렇지 않게 여기게끔 달라진 나에 새삼 놀란다.

그러기에 나에겐 저 숙(淑)이 나이만 되었으면 하는 아(阿)승시의 염원(念願)이 있지만 어찌할 수가 없다. 숙부님은 또한 나를 선망(羨望)의 대상으로 쳐다보고 계심 같다.

조카의 젊음에서 잃어버린 자신의 청춘을 더듬는 걸까?

내가 숙(淑)이를 보면서 동심(童心)을 느끼는 것 같이….

그거다. 내가 나이가 숙부쯤 되면 나도 조카들의 꿈이 담뿍 어린 학창시절을 바라보면서 나도 학생이었으면 하는 날이 이런 형편없는 생활을 계속하다간 머지않은 장래에 꼭 오리라.

방에서 나와 가을이 완연(宛然)한 뜰을 거닐어본다. 가을이 오자 벌써 나뒹구는 낙엽(落葉)의 내음을 맡으며 영춘화(迎春化)의 비늘잎으로 눈이 갔다.

아직은 먼 봄 그때 한때를 보이기 위하여 면도날의 서릿발이 머진 눈깨비하며 그리고 삭풍을 긴 긴 겨우내 견디며 살아나는 고독의 야무진 비늘잎을 보면서 나는 후딱 나를 느낀다. 혹독한 추위에서 크면 클수록 오는 봄의 꽃이 허벅지고 소담하듯이 우리 젊은이들에게 주어진 현대의 병마며 빈곤 역경 이런 것들을 꽃의 비늘잎에 당하는 우리의 강인(强靭)한 의지라거나 높은 정신의 자세라거나 피나는 노력으로 참고 견디어 싸워 이겨만 나간다면 한창 유행하는 말로 입체적인 현대인이 되리라. 어떻게 할 수 없는 어제(과거(過去))는 철저히 반성하겠다. 그러면 후회라는 최후의 단안이 나오리라. 철저한 후회는 오늘로 그만두겠다.

어제의 생활에 패배하였다 하여 내일의 생활조차 단념하여 내일의 한고(寒苦)에 떨며 우는 또 하나의 한고조(寒苦鳥)야 될 수 없지 않으냐?

그러기에 요즈음 내 주변에서 흔히 들리는 「메난드 · 로스」 말은 딱 싫다. 그 말은 안일(安逸)을 꿈꾸는 한고조(寒苦鳥)가 인생(人生)은 살 값어치가 없다고 단정하는 염세적인 대전제가 생략되어 있다는 점을 캐낼 수 있기 때문이다. 「동 · 키호테」씨의 말마따나 인생을 잠자기 위하여 태어난 것도 안일을 위해 태어나지도 않았다는 말이 진여(眞如)라 생각되어지기에 인생을 살 바에야 값있게 살고 싶다.

남에게 선(善)은 못할망정 손해는 안 끼치며 생활을 영위하면서 내일의 한고조(寒苦鳥)가 되지 않기 위하여 젊음을 잃어가면서도 인제 슬퍼하지 않겠다. 내일의 나를 생각하며 젊음의 일부분을 단념하면서 오늘을 접어두리라.

화단에는 기다림에 지친 월견(月見)이 막물 장미꽃에 영롱히 빛나다 이슬이 톰방 떨어지는 아침 곁에 나의 동심(童心)인 숙(淑)이있고 탁 트인 하늘 탁 트인 내 마음이 있다.

입선

제71호 1959년 11월 12일

교내문예당선작품 : 산문

백작약(白芍藥)

· 이창희 (임실고등학교(任實高等學校) 3학년) ·

그러니까 벌써 오(五) · 육(六) 년은 된 상 싶다. 육(六) · 이오(二五)의 덕분으로 집들은 말끔히 소각—되어 버리고 식량은 전부 놈들에게 빼앗긴데다가 흉년은 계속되고 해서 국민학교를 졸업한 나는 중학교란 생각조차 못해보고 아침저녁 쑥죽을 먹으면서 나무들과 어울려서 푸동무를 하러 산을 자주 오르내려야 했다. 가까우면 바로 집 뒤요 멀면 이(二) 킬로 삼(三) 킬로씩 얼려 가서는 자기 힘대로 한 짐씩 베어 짊어지고 죽열을 지어 지게 목발을 두 다리며 돌아오는 것이 그날의 제일 큰 즐거움이었다.

그래도 국민학교 시절에 한문책 몇 권을 읽어서 「입춘대길(立春大吉)」이나 써 붙일 줄 알고 반드시 축(祝) 지방이나 쓸 줄 안다는 나는 소위 문장?을 자처하였지만, 밤이면 낮의 할 줄 모르는 일에 고단해서 밥수저 놓기가 바쁘게 골아 떨어져 버렸고 책이라곤 사촌이 넘은지 오래였고 더구나 화초나 원예 같은 것은 사느냐 죽느냐 굶느냐 먹느냐! 하는 판에 생각조차 할 수도 없었다.

그날도 여니 때와 같이 아침을 먹고 지게를 짊어지고 동무를 따라 송림 우거진 초로를 깊숙이 들어갔다. 풀을 절반쯤 베다가 이상한 꽃 한 송이를 발견했다. 이파리 모양은 모란 같고 꽃은 하얀 꽃 잎의 말린 복판엘 노란 화분의 꽃술이 있고 해서 흡사 흰 접시 꽃 같으나 달랐다.

퍽 청초하고 아담하고 그윽하고 안은한 맛이 있어 보였다. 이런 산중에 심상치 않게 홀로 핀 것이 유별난 꽃이려니 생각하고 낫꼬치로 땅을 파헤치고 뿌리를 캐서 나무이파리에 싸 두었다가 풀짐 위에 얹어 가지고 우리 집에까지 오게 되었다. 집에 와서 알고 보니 이것이 백작약이었다. 살지 못할 거라고 말리는 것을 뒷문만 열면 내어다볼 수 있는 뜰에 심었다. 꼭 살아서 내년에 그 아담한 꽃을 보여 주려니 생각하며 아침저녁으로 물을 주었다 그 이듬해 봄에 다행히 죽지 않고 연약한 순이 겨우 한 대 올라와 초췌한 꽃 한 송이를… 그다음 해는 두 송이 또 그다음 해는 세 송이… 이렇게 일 년에 하나씩 불어갔다.

그러는 동안 나도 많은 발전을 한 셈이어서 중학교를 졸업하고 고등학교에 다닌답시고 작약에 대한 관심은 거의 잊어버리다시피 했다. 금년 봄 방학 때에 내려와서 얼결에 들려보니 이제는 제법 여러 포기가 되고 꽃도 예닐곱 송이는 남아 피었다. 아무런 가꾸는 사람 없이 저 풀로 두었어도, 나는 어처구니없이 마음이 즐거워졌다. 저것이 어떻게 심어진 꽃이냐! 얼마나 아끼던 꽃이냐! 평소 소중한 나의 소지품을 잃어버렸다 다시 찾은 것 같은 심정이었다. 꽃을 보는 나의 마음은 퍽도 즐거웠다. 퍽 다정스러웠다.

이른 봄 산ㅡ나물이 움틀 무렵 고사리 같은 순이 올라와서 사(四)월초순에 환한 그 꽃 모습을 보여준다. 개화기는 며칠 되지 않는다. 이것이 흠이라면 흠일까? 그러나 길면 무엇하랴

보약 재료로도 상당한 금액이 간다고 한다. 그러나 나에게는 약재료

서의 금액의 다과가 문제 될 바 아니다. 그보다 몇—갑절 아니 몇—천 갑절 귀중한 가치가 있을 것이다.

가난한 우리 집에는 화분 하나 없고 화단쯤 마련할 마음의 여유를 갖지 못했다. 모두 삶에 치다꺼리를 하느라고 복잡해 가고 미묘해가는 현실에 쫓아가면서 악착같이 살아보려고 앞 개울이 사철 맑게 흘러도 담 모퉁이 국화꽃이 아담하게 피어도 봄여름 꾀꼬리의 노래가 명랑하게 들려와도 몇 만 금으로 살 수 없는 이 자연의 광활한 은전 속에 담뿍 안겨있으면서도 그 은혜를 미처 깨닫지 못하는 무척 메마른 감정의 소유자—들이다. 멀미 나는 현실에 시달리는 속된 마음일지라도 가난하고 보잘것없는 우리 집에 웃고 섰던 백작약! 백작약 앞에 설 때만은 마음이 수수로워지고 가슴이 후련해진다. 이 시각만은 아무것 가진 것 없으나 온 천하의 행복을 독차지한 것처럼 즐거워진다. —끝—

제5회

문예상

•

1957~1969

1등

제83회 1960년 12월 26일

고교문예작품 : 시

박꽃속에 숨은 설화(說話)

· 박기운 (전주고교(全州高校) 2학년) ·

서까래가 드러나고
가난이 주름 잡힌
어찌 보면 평화한 지붕에
박꽃은 피었다
죄 없는 박꽃은
지붕을 덮었다

꿈같은 이슬을 머금고
겨우 밤을 싸우고 나면
가슴을 헤치고 달려드는
숨 가쁜 햇볕의 입맞춤은 뜨거워도

햇볕도 들지 않는
지붕 밑 인간가족(人間家族)은
사철 밤 같은 대낮에

얼룩진 이야기 서럽지도 않아
퇴고한 속에 박꽃은 이운다

박꽃 속에 사무치게 서린
새하얀 이웃들의
가난에 찌든 이야기에 지쳐
나는 그만 돌담에 기대어 선다
――어지럽다

꽃 무닐 더듬는 나방이 되어
이 어두운 지역(地域)을 맴돌 수도 없다
박꽃 속에 숨은 설화(說話)를 두고
구름처럼 그대로 떠날 수도 없다

2등

제83회 1960년 12월 26일

고교문예작품 : 시

생활(生活)

· 유명혜 (전주사범(全州師範) 2학년) ·

이제야
바다 빛을 닮아가는 마음은
모래알마다 그리움을 드리우고

스스로의 체중에 겨워
저렇게도 처절한 묵상의 자세…….

또 하나의 만족을 위하여 내일을 언약하는
풋풋한 열매.
드디어는 푸르러 지쳐진 욕망의 그늘아래,
바다의 통곡이 비롯하는 가슴은
핏빛보다 더 짙은 맹세.

파도는 최후를 증오하는
검은 깃발을 올리고

아!

이처럼 가까스로 치미는 분노.

내 홀로 지닌 고독한 생리(生理)로 하여

반항하는 하루살이의 몸부림.

지금은 뒤돌아 가야 할 여로에

허허로운『스테이지』

안으로만 익어가던 붐빈 가슴엔

겨울이 온다는

또 하나의 평범(平凡)이

미쳐

봄을 망각(忘却)한 슬픈 자세로

도전해 온다.

3등

제83회 1960년 12월 26일

고교문예작품 : 시

강(江) 물

· 송준오(宋準五) (전주고교(全州高校) 2학년) ·

가슴이 터져라
외쳐 보다 달려간 위치는
하이얗게 부서져 내리는
이지러진 지역(地域).

한 마디 반려(伴侶)할 대화(對話)도 없이
아득히 유배(流配)된 몸을
흩어져 쌓인 꽃잎에
묻혀 본다.

나비 같이 나닐던
사연도 없고
어디 꽃 한 송이
필 곳도 없는가

원점(原點)도 없는 주변(周邊)을
허허히 돌아간 무너진 제방(堤防)
뿌듯이 맥박을 채울 길도 없어
그 아득한 독에 서서

푸른 이야길 나누는 강물
한사코 내일을 흐르는
쉬지 않는 강물에
나를 실려 본다.

장려상

제83회 1960년 12월 26일

고교문예작품 : 꽁뜨

여름밤

· 윤호자 (이리여고(裡里女高) 2학년) ·

『할메에! 오늘은 와 별들이 모두 이쪽에 몰려있노?』

『거거? 바람이 불어서 밀려 안 갔나』

『홍!』

숙이는 씨익 웃었다.

할머니는 모르는 것이 없다고 숙은 생각했다.

하지만 요새 같은 훈훈한 바람에 별이 밀려갈 상 싶지가 않았다.

그러나 그렇다고 내세울만한 근거가 없어 그냥 잠자코 앉아 있었다.

할머니랑 숙은 나란히 하늘을 올려다보았다.

『앗다! 하마 은하수가 펴졌구나』

한동안 가만히 앉았던 할머니가 입을 열었다.

『할매에! 은하수가 뭐꼬?』

『은하수도 모르나 칠월 칠석날 견우직녀가 은하수를 건너서 만난다 카능거 말이다』

『어엉 알아, 은 · 하 · 수?』

『그래 그기이 저녁 묵고 난 뒤에 평상에 누분 입우에 있을 때가 햇나락 묵는단다.』

할머니는 제법 넓게 퍼진 은하수에 시선을 못 박은 채 한 손은 숙의 등을 어루만지고 계셨다.

숙은 할머니의 무릎에 머리를 기대고 비스듬히 누웠다.

『참! 조기 조 빨강 별은 뭐락카노?』

숙은 발딱 일어나면서 할머니의 입을 쳐다 보았다.

『그건 수끼떡 할메라칸다.』

『수끼떡 할메? 어째서 수끼떡 할메라 카제?』

『이야기해주께 들어봐라』

할머니는 기침을 한번 하셨다. 그리고 입맛을 두서너번 다셨다. 숙은 꿀깍 침을 삼키면서 할머니의 곁으로 바싹 다가 앉았다.

옛날에 늙은 엄마하고 외아들이 살았단다. 그 엄마는 수끼떡 장사를 해서 그날 그날 밥을 묵고 지내면서 쪼꼼씩 쪼꼼씩 돈을 모았단다.

아들이 나중에 청년이 되이끼네 늙은 엄마는 푼푼이 모은 돈을 아들에게 주면서 과거시험 보러 가라 캣단다.

아들은 꼭 급제해서 온다 하면서 수끼떡장사 엄마를 두고 서울로 갔단다.

『야야! 조심해래이』

『예! 너무 걱정 마이소 곧 갔다가 오겠십더. 꼬옥 급제해서 어무이 모시러 오겠십더 그동안 몸조심하이소』

할머니는 흐물흐물 웃으시며 정말 보기나 하신 것 처럼 흉내를 내셨다.

숙은 까르르 웃었다.

『아들이 간지 이 년 동안 엄마는 매일 싸리문을 왔다 갔다 했지만 아들은 돌아오지 않았단다』

『야들아! 우리 아들놈은 과거 보러 가았다 지금쯤은 아마 흑석 고개 넘어서 올 게라 말을 타고 군중을 거느리고 어야 칭칭 온단다』

날이 갈수록 이상한 말을 하면서 덩실덩실 돌아가는 수끼떡장사 할메를 남들은 미쳐서 불쌍타고 캣단다. 삼 년째 되는 해에 엄마는 고만 병이 났단다. 그런데 그 아들은 서울로 가다가 목이 컬컬해서 막걸릿집에 안 들어갔겠나 그런데 그 집에 혼천이란 기생한테 반해서 고만에 여비를 고 기생한테 고스란히 뺏기고 말았단다.

『응 그래 또?』

숙은 할머니의 한쪽 무릎을 끌어당기며 또 한 번 군침을 삼켰다.

『그놈이 정신을 채려 보니 집 떠 나온 지가 삼 년이 넘었더란다. 아들이 잘못을 깨달아 바삐 서울로 올라가서 과거에 급제했더란다. 근 사 년 만에 고향이라고 돌아오이끼네 늙은 엄마는 기다리다 기다리다 죽고 없는 때였단다. 아들은 사흘이나 밥도 안 먹고 엄마 무덤 앞에서 울었단다. 그랬더니 하나님께서 이걸 보시고 불쌍하게 생각하셔서 수끼떡 장사를 하던 그 아들의 엄마를 별로 맨들었단다. 그래서 밤만 되믄 아들을 내려다보고 안 있나』

할머니는 싱그레 웃으셨다.

『할메에! 아직도 그 아들이 살았능가?』

숙은 신기하다는 듯 머리를 갸우뚱 거리 고는 딴 것 또 해달라고 졸랐다.

『마 자거라 모기가 문다 고놈 되게 따끔하다』

할머니는 발등을 찰싹찰싹 때렸다.

『할나만 더 할메에』

『마 자거라』

가작

제83회 1960년 12월 26일

고교문예작품 : 소설

동생

· 추원(秋遠) (전주고교(全州高校) 1학년) ·

동생이 신작로 한복판에 쭈그리고 앉아 있다. 오뚝 솟은 등. 돌로 무엇인가를 열심히 내려친다. 온통 얼굴을 찌그리고 하얀 코를 빼물었다. 멍한 눈동자는 돌에, 피를 튀기며 으깨어지는 제 주먹만 한 개구리의 머리 부분을 바라보고 있다. 동생의 기계 독을 앓는 머리는 붕대로 칭칭 감겨 있다.

하얗게 그려진 신작로 버스 한 대가 질주해 온다. 운전수 놈은 못 보는 모양이다. 사람이 신작로 한복판에 앉아있는 것을. 선아! 발딱 일어서라! 병선아! 피해 빨리! 아아! 운전수 놈은 못 보는 모양이다. 보고도 못 본 척할 모양이다. 옳지, 동생은 일어섰다. 그런데 왜 피하지를 않는가. 버스는 꼽추 동생을 삼켜버릴 기세로 달려온다. 아아…선아, 선아. 그런데 버스가 멎었다. 동생이 여전히 버스를 막아선 채 피가 묻은 돌을 쥔 오른손을 번쩍 쳐들고 있다. 한쪽 눈을 안대로 가린 차장 놈이 내린다. 동생이 차 속으로 끌려 간다. 피 묻은 돌을 쥔 채. 차장 놈이 꽁초를 뱉어 버리자 곧 버스는 달려간다. 병선아… 아아… 불쌍한….

나는 가슴이 답답하여 두 주먹을 움켜쥔 채 어둠 속에서 일어나 앉았다. 꿈을 꾼 것이다. 온몸이 땀에 축축이 젖어 있다. 목이 깔깔하다. 책상 위에서 재깍거리는 시계 소리가 들릴 뿐 사방은 죽은 듯이 잠잠하다. 야릇한 기분이 온몸을 엄습해 왔다.

『영선이냐?….』

옆에서 자던 석이가 눈을 뜬 모양이다.

『응…』

『웬일이냐?….』

석이가 성냥을 그어 토막 초에 불을 댕기고 내 얼굴을 바라본다. 놈은 잠귀도 밝지만, 인정도 무척은 많다 그의 부드러운 눈매와 조용한 입가짐에서부터 알아볼 수 있다. 나는 석이와 간난이 때부터 그림자처럼 지내오는 터이다. 지금도 같은 클래스요. 또 한방에서 하숙하고 있다.

『아무것도…』

나는 석이의 어깨 위에 두 손을 얹으며 중얼거렸다. 나는 개구리를 내버려야 된다. 그렇지않으면 나는 가슴이 터질 것만 같다. 꿈에서 본 개구리의 피투성이가 되어 으깨어진 대가리와 동생의 붕대로 칭칭 감은 머리가 눈앞에 어지럽게 나타나서는 사라지질 않았다.

『웬일이야 응?』

석이가 내 어깨를 흔들며 다급하게 물었다.

『……』

나는 아무 말도 못했다. 방문을 열고 밖으로 나왔다. 하늘에는 별들이 총총했다. 옆집에서 개가 몇 번 짖다가 그만둔다. 나는 마당 한구석에 있는 장독대 곁으로 갔다. 거기 놓인 깡통을 집어 들어 울타리 너머로 내던져 버렸다. 어제 실험용으로 석이가 잡아 온 개구리가 들어있는 깡통이다. 울타리 밖에서 깡통이 떨어져 내는 탁한 음향이 들렸다. 그 소리는 밤이라서인지 더욱 크게 들렸다.

『컹! 컹! 컹!』

미친 듯이 울부짖는 옆집 개, 나의 머리는 뒤집히는 것 같았다. 피 묻은 돌을 쥔 동생의 모습이 나의 머리를 사정없이 치는 것이었다. 그리고 미친 듯이 짖어대는 개 저놈의 개 미쳤나 나는 한참 동안 머리를 두 손으로 싸잡고 마당에 서 있었다.

『꿈꾸었냐?』

내가 마루에 올라서자 지켜 서 있던 석이가 입을 열었다.

『개구리를 내버렸다』

나는 대답 대신 석이를 방안으로 잡아끌며 나직이 뇌었다. 석이는 아무 말 하지 않고 방으로 들어왔다.

나는 석이를 안심시키느라고 잠자리에 돌기는 했지만, 그러나 눈은 부칠 수가 없었다. 앵앵거리는 모깃소리가 바로 귀밑에서 들렸고 밤공기지만 나는 숨이 턱턱 막혔다. 왜 그런 꿈을 꾸었을까. 마루에서 무엇인지 닥닥 긁는 소리가 들렸다. 쥐들이 어지럽게 마루를 기어 다녔다.

아침이 되었다. 그러나 나는 밤의 일 때문에 머리가 대단히 무거웠다. 석이는, 넋 빠진 사람처럼 앉아 있기만 하는 나를 퍽 걱정했다.

『개꿈을 가지고…기분을 내라』

그는 방문과 창문을 활짝 열어 재끼고 나를 잡아 일으키며 몇 번이나 타일렀다. 자꾸 눈길이 장독대와 울타리로 간다. 무슨 불길한 일이 꼭 일어날 것만 같았다.

그날 수업 시간에도 나는 밖만 내다보고 있었다. 꿈으로만 돌리기에는 너무 벅찬 꿈이었다. 나는 동생의 환상으로 온 시간을 괴로워했다. 며칠 전에 다니러 오셨던 석이 어머니는 동생이 요사이 열이 몹시 나고 콧물을 흘린다고 했는데.

나는 열 살이 되어서야 처음으로 동생을 업어 보았다. 온종일을 젖 주겠다는 어머니에게도 내려 주려고 하지 않고 온 동네를 업고 다녔다. 자장가를 불렀다. 낳아 처음 업히는 동생을 업은 채 나는 뜀박질을 했다. 뜀박질 동생은 꼽추가 되었다.

나는 두 달간을 이웃 동네 이모 집에서 살았다. 그리고 만일에 어머니가 수십 번 나를 데리러 오지 않았던들 나는 이모 집에서 그렇게 살았을지도 모른다. 나는 그렇게 집에 돌아와서도 집안 식구들이 바로 바라보지 못했었다. 잠도 잘 이루지 못했다. 동생의 울음소리에 나는 한밤중에 밖으로 뛰어나오기를 그 몇 번이나 했던지.

동생이 입학할 나이가 되었다. 그러나 동생은 학교에 나가려고 하지 안 했다. 항상 얼굴을 찡그리고 낯을 씻으려고 안 했다. 한밤중에 일어나 앉아 끝이지 않을 기세로 울음을 울었다.

나는 그런 동생의 치다꺼리를 누가 할세라 내가 맡아 했다. 날마다 같이 한밤중에 동생을 안고 마당에서 발을 굴렀다. 그러다가 나는 K시로 하숙을 하여 올라왔다.

동생의 머리에 기계 독이 퍼지기 시작한 것은 그때였다. 진물이 질질 흐르는 머리는 속속들이 썩어들어가는 듯했다. 그 독한 냄새. 그리고 동생은 밤낮 우는 일을 할 뿐이었다. 학교도 며칠씩 나가지 않는다는 것이었다. 내가 하숙을 정하기 전까지는 이발소에 안 가려는 동생의 머리는 언제나 내가 깎아주었는데. 아이들이 꼽추라고 놀리고 또 기계 독이 옮는다고 가까이 오지도 못하게 한다는 것이다. 그러면 동생은 훌쩍이며 집에 들어오고, 몇 번 K시로 와서 치료도 받았으나 동생의 머리는 완치되지 않았다. 식초원료라는 것을 찍어 발라보았다. 펄쩍펄쩍 뛰며 목이 잠기도록 운다. 살이 바싹바싹 타들어 가는 것이다. 동생은 날마다 정신 없는 사람으로 되어가는 듯했다.

『이놈의 대갈통을 자동차에 확 갈려 버릴라!』

동생은 울음 끝마다 이런 말을 씹었다. 나는 일요일에는 꼭꼭 고향에 내려가 산으로 수리조합뚝으로 그런 동생을 데리고 다녔다. 그때나마 동생은 얼굴을 피고 그리고는 공부 잘하겠다고 나에게 약속하곤 했다. 그러면 나는 중간고사와 그리고 손대기 시작한 교내 시화전의 그림 때문에 그럴 시간만을 용하게도 제한받아 오늘까지 거의 한 달간을 동생을 보지 못하고 지냈다. 아니 내가 동생을 보는 것이 괴로워져서였던지도 모른다.

그런데 며칠 전 다니러 오셨던 석이 어머니 말씀은 동생이 달포 전부터는 학교를 전혀 안 나가고 있다는 것이었다. 동생 반에 사팔뜨기인 꼽추 계집애가 K시에서 놀림을 피해 전학을 왔다는 것이다. 아이들은 동생에게 너도 할개(사팔뜨기)가 된다고 놀린다는 것이다. 그러면 동생은 한쪽 눈을 가리고 엉엉 운다는 것이었다.

동생은 온몸이 뜨겁고 콧물을 흘리면서도 학교에 가겠다고 가방을 들고나와서는 신작로에서 논다는 것이다. 지나가는 자동차에 돌을 던지거나 막아선 채 손을 들거나 달리는 차를 뒤따르다가 엎어져 다치거나 한다는 것이다. 동생은 내가 오기를 기다린 모양이다. 그리고 물어보려고 했던 모양이다. 꼽추는 사팔뜨기가 또 되느냐고 나한테 물어보고 싶던 것인가.

셋째 시간은 생물 시간이었다. 모두를 실험실로 개구리를 가지고 들어갔다. 석이가 나를 보고 피식 웃는다. 나는 개구리와 동생의 환상으로 더욱 괴로워졌다. 생물담당인 김 선생님이 그 너무나도 딱딱거리는 슬렴퍼소리를 내며 교실로 들어왔다. 출석부를 끼고 그 금테안경 너머로 무슨 종이쪽 같은 것을 보면서다. 나는 공연히 가슴이 두근거리기 시작했다. 김 선생님이 조용히 내게 나오라는 손짓을 하는 모습이 꿈속처럼 보인다. 숨이 턱에 차서 교탁 앞으로 걸어나가는 나는 다리가 휘청거려 금방 쓰러질 것만 같았다.

동생 위독 나에게 김 선생님이 준 소식은 이것이었다.

나는 고향으로 가는 버스에 앉아 있었다. 손수건으로 얼굴을 수없이 닦았다. 땀과 그리고 눈물은 쉴 사이 없이 흘러내렸다. 동생의 코를 빼물고 찌그린 얼굴이 보인다. 가슴에서는 무엇인지 뜨겁게 녹아내렸다. 입술을 깨물었으나 눈물은 걷잡을 수 없이 복받쳤다. 머리는 무엇으로 호되게 얻어맞은 것 같다 .

이제 내가 죽을 때까지 실로 죽어 가서 일지라도 나의 가슴에 드리울 검은 그림자는 더욱 그 무게를 가중한 것이다.

누가 내 어깨를 흔든다. 안대를 한 차장 놈이다 눈물을 씻었다. 그러나 차장 놈은 두 눈이 멀쩡하다. 땀에 축축이 젖어있는 호주머니에서 아무렇게나 돈을 집어 주었다. 나는 고개를 푹 숙인 채 손을 내밀고 있었다. 차표를 달라 아니 무엇이든 달라 어떠한 형벌이라도 달게 받겠다… 차장 놈이 피식이 웃으면서 내게 전보용지를 쥐여 준다.

『정신이 없어』

그렇다. 이놈아 나는 피도 없다.

이놈의 차는 떠날 맘도 먹고 있지 않다. 차장 놈은 뒷문에 기대서서 꽁초를 빨고 있다. 가슴이 갑갑하다. 목구멍이 아프다. 휴발류 냄새, 땀냄새 그리고 밑바닥에서 올라오는 비릿한 냄새는 모두 내게로만 몰려드는 것만 같다. 파리 한 마리가 눈앞에서 춤을 춘다. 빙빙 날아돈다. 눈알이 아프다. 땀에 눈물에 쓰라리다. 옆에 앉은 술 취한 사내가 독한 담배 연기를 내게 내뱉는다. 창문을 왈칵 열었다. 새끼손가락에서 피가 뚝뚝 떨어진다. 창밖으로 머리를 쑥 내밀었다. 거기 내 손이 닿을만한 곳에 역시 버스 한대가 머물고 있다. 그것의 창을 봉해서 어떤 어린애가 나를 바라본다. 손뼉을 치며 하얗게 웃는다. 가슴이 찌릿하다.

『성!』

누가 형을 부른다. 동생 목소리 같다. 버스 바퀴 밑에 윗도리를 발가벗은 꼬마가 숨어있다. 버스가 부르릉거린다. 이제야 떠나는 모양이다.

『기어 나와! 죽어!』

나는 머리를 마구 흔들며 소리 질렀다. 버스는 나를 싣고 슬슬 앞으로 굴러나간다. 바퀴 밑에 숨어있던 꼬마와 그의 형인듯한 구두통을 멘 아이가 내가 탄 버스를 바라보며 서 있다.

버스는 먼지를 일으키며 뒤집어쓰며 할딱거렸다.

어느 건물에 것인지 양철지붕이 눈부시게 번쩍이고 있다. 나는 바늘끝처럼 초조해졌다. 동생은 어떻게 아픈지 죽지나… 뒷문 쪽을 돌아보았다. 차장 녀석은 바보처럼 웃고 있다. 징그럽다. 버스는 크락숀을 간단없이 울리면서 가고 있다. 복잡한 시장의 곁으로 뚫린 도로를 버스는 가고 있는 것이다. 상인들의 고함소리, 함부로 설킨 자전거의 찌리링거리는 딸기 소리, 그리고 자동차의 크락숀 소리 이런 모든 소음은 철판을 쇠꼬챙이로 닥닥 긁는 그런 신경질적인 고통을 내게 주었다. 나는 귀를 틀어막은 채 얼굴을 거의 무릎 위에 떨구고 있었다. 나는 말할 수 없는 어둠 속으로 내 몸이 떨어져 내려가는 듯한 기분이었다.

버스가 갑자기 멎었다. 나는 앞 좌석에 머리를 호되게 찧고는 정신을 차렸다. 운전수, 조수가 급하게 문을 밀치고 나간다.

『사람이 치었다!』

문 옆의 어떤 승객이 외쳤다. 승객들이 웅성거리며 내린다. 창밖은 아직 시장가를 조금 지나 있었다. 입을 가리고 눈살을 찌푸리는 사람들. 차 안에는 나 혼자뿐이다. 발딱 일어섰다. 차에서 내렸다. 뒷바퀴에서 오륙 보 떨어진 곳에 여자 어린애의 파랑 고무신…그리고…. 눈앞에 부연 안개가 끼는 듯했다. 왈칵 치미는 것이 있다. 색다른 분노다. 계집애의 머리는 박살이 나 있다. 용하게도 머리에만 상처를 입혔다. 운전수 놈은.

나는 정신없이, 개나 돼지의 내장을 뭉쳐놓은 것 같은 계집애의 푸르딩딩한 색을 띠고 있는 골을 바라보고 있었다. 얼굴은 어디로 갔는지.

동생 동생. 위독 전보. 『이놈의 대갈통을 자동차에 확 갈려버릴라.』 그리고 개구리의 박살이 난 머리 부분. 신작로 복판에 쭈그리고 앉아있던 동생. 나는 두 눈을 질끈 감았다. 다리가 후들거렸다. 어느새 꽉 쥐고 있던 손아귀는 진땀에 흠뻑 젖어있다.

아아 숨차. 동생, 동생…….

나는 허둥지둥 길을 걷고 있었다. 나는 무서워졌다. 이제는 눈물도 흐르지 않는다. 동생의 박살이 난 머리의 환상으로 온몸이 떨리는 무서움과 괴로움이 있을 뿐이었다. 숨이 턱턱 막히고 머리가 어지럽다. 개구리. 아아 동생은 정말 가버렸는지도 모른다.

신작로 복판에 쭈그리고 앉아있는 동생. 피 묻은 돌을 쥔 동생이 실려가는 버스. 버스. 나는 벅찬 환상에 떨며, 쫓으며 어딘지도 모르는 길을 그렇게 걸어가고 있었다. (1960 · 12)

가작

제83회 1960년 12월 26일

고교문예작품 : 시

산골 이야기

· 강동길(姜東吉) (전주고교(全州高校) 2학년) ·

『누나』
『으응』
『우리 이야기 좀 해애』
『그래』

『누나』
『우웅?』
『자 소린 뭐유?』
『가랑잎 지는 소리란다』

『누나
저 금방 들린 소리는?』
『글쎄 산짐승의 소릴 거야』
『아이 무서워』
『괜찮아 내 이렇게 꼬옥 안아주는데 뭐』

『누나 자우?』

『아아니…』

『달이 퍽 밝은가 봐』

『그러기 다람쥔 도토리 찾기에 마침일 거야』

『누나 아직 안 자우?』

『으응』

『얘기 좀 더 해요

왜 토끼는 눈이 빨갛지?』

『산딸기를 많이 먹어서 그렇지』

『누나 자우?』

『……』

『누나 누나』

『으응』

『누나

인제 눈이 내리우?』

『마당에 감나무 잎이 다 지면 올 거야』

『누나』

누나를 부르던 소년은

알밤을 쥔 채 누나보다

먼저 잠이 들었다

가작

제83회 1960년 12월 26일

고교문예작품 : 시

갈대

· 이소애(李素愛) (전주여상고(全州女商高) 2학년) ·

수많은 여인을
푸른 강변에 새긴
노을 젖은 손수건이었다

하이얀 옷고름이
슬픔을 안고
굴러가는 낙엽과
가느다란 사연을 절절히 엮는
여윈 모습ㅡ

쌓는 연륜을
가파른 길에 버리며
정녕
설움 그대로 호흡했던
해쓱한 얼굴은

거센 풍파 위에 서 있는
나의 마음과 같아
내일 없는 오늘을 살아야 했다

애초에
에와의 죄를 닮은
메마른 흉금으로
연일을 두고 울어 왔기에
성스러운 두 볼은
값없는 숙명에
슬퍼해야 했다

당신은
당신은 검푸른 손길에 에치
비아냥스럽게 속살거리는 바람
에 모든 것을 앗아 버리고—

여기
고된 삶을 짊어진 여인이
당신을 껴안습니다

가작

제83회 1960년 12월 26일

고교문예작품 : 희곡

불멸(不滅)의 혼(魂)

· 이송자(李松子) (전북성심여고(全北聖心女高) 3학년) ·

때…1960년 4월 19일

곳…서울

나오는 사람들

김태섭…국회의원(45세(歲))

안여사…그의 부인(42세(歲))

원일…그의 아들(19세(歲)) 고교 2년

순영…그의 딸(17세(歲)) 여고 1년

박철호…원일의 동급생

주경식…원일의 동급생

분이…식모

최선생…원일의 담임

형사주임

경찰…A · B

무대

김태섭 국회의원의 아담한 양옥집

무대 하수에 커다란 대문이 조금 나와 있고 정면으로 집안이 보인다 (대문 곁에 희멀끄럼 한 그림자가 어른거린다. 원일이가 응접실로 통한 문을 열고 나오면 긴장된 음악 효과 Spotlight 집 기둥 시계를 쳐다본 다음 금고를 쏘아본다. 발소리를 죽이며 안방에다 귀를 기울인다. Spotlight 점점 밝게 원일의 얼굴에 비친다. 문에 비치는 원일의 그림자에 떨리는 손으로 금고의 문을 연다. 서류뭉치를 꺼낸다. 천천이 음악 Spot. 삐거덕하는 대문 소리. 그 소리에 안방 문을 열고 순영이 나온다. 대문이 열린걸 보고 놀랜다. 주위를 살피며 조심스럽게 대문 가까이 걸어온다.

철호=원일아!

원일=쉿! 조용히….

(순영이 대문 밖으로 고개를 내밀다가 깜짝 놀랜다. 대문 뒤에 몸을 숨기는 순영.)

경식=(서류를 받아들며) 음, 됐어. 이건 틀림없겠지?

원일=(힘없이)응.

철호=원일아! 고맙다. 우린 네가 배반한 줄 알고 괘씸하게 생각했지.

원일=(고개를 숙이며) 그럴 거야. 오해받는 것도 당연해.

경식=참 전번에 말한 거 생각해 봤니?

원일=응, 신중히 생각해 봤어.

철호=그래, 정말 네가 우리 일을 도와주겠단 말이지?

원일=하지만 내가 이번 일에 적극적으로 협력할 수 없게 된 걸 퍽 유 195

감으로 생각한다.

경식=그건 우리도 잘 알고 있어. 더구나 넌 제일 불리한 위치에 놓여 있으니까 말이야.

철호=여하튼 난 더는 강요하고 싶진 않아. 하지만 무슨 일이든 큰일을 하려면 개인의 사정을 생각해선 일을 할 수가 없는 거야.

원일=너흰 아직도 내 맘을 모르고 있어.

경식=확실히 넌 무서움에 떨고 있어. 이젠 그 무서움을 이겨 낼 수 있는 자신을 가져.

철호=원일아! 결코 우린 주위의 압력 때문에 용기를 잃어서는 안 된다. 어떠한 일이 있더라도 우린 우리가 목적한 바를 이루어 야해.(두 주먹을 불끈 쥔다)

원일=어쩜 나는 이일이 실패될 것 같은 예감이 들어.(둘을 번갈아 보며) 만약 사전에 탄로 된다면?

경식=음 그건 우리도 이미 각오하고 있었다. (잠시 침묵) 원일아! 아직도 너는 피비린내 나는 마산 사건을 기억지 못하고 있구나. 김주열이가 누구 때문에 죽었느냐 말이야. 우리는 값있게 죽어간 그의 뒤를 따라야 되지 않겠니, (낮은 목소리로) 나라가 홍한 뒤 공부가 있듯이 지금 우리는 편하게 앉아서 공부할 때가 아니야.

철호=어제 데모를 한 학생들이 붙들어 가서 나오지 않고 있어. 우리는 단식투쟁을 해서라도 농성을 해야 되겠다. 지금 학생들과 국민들은 극도로 흥분되어 있으니까.

원일=하지만 나는 학생들이 정치에 참여한다는 건 옳지 못한 행동이라고 생각해.

철호=물론 학생들은 배움의 길을 걸어야겠지, 그러나 조작 모함 속에

이 나라가 쓰러져가는 이 순간, 실례로는 국민의 주권마저 빼앗아 일인 독재를 지양하려고 조작한 삼(三)·일오(一五) 부정선거를 눈으로 보고도 가만히 있으란 말이냐, (조용히 음악 효과)지금까지 우린 눈이 있어도 보지 못했고, 귀가 있어도 듣지를 못했다. 그리고 입이 있어도 말을 할 수가 없었다. 이것이 소위 국민을 위한다는 민주정치였느냐 말이다.(곧 울음이나 올 듯 한다)

경식=철호야! 나 역시 너의 의견에 동감이다. 그러나 우린 일을 경솔히 해선 안 돼. 요번에는 희생자를 안내고 우리의 목적을 최대로 이루어 보자는 거야. 이것이 전국적으로 조직화되어 같은 날 같은 시간에 일어난다면 철호야! 그땐 완전히 우리가 성공할수 가 있을 거야.(어설픈 미소)

철호=근데 각 학교 간부들은 형사들의 눈초리에 몸을 떨며 행동의 자유마저 잃어버렸으니 이 어찌 우리들의 마음대로 조적이며 연락이 되겠니.

경식=그건 별수 없어. 오늘 새벽같이 집집이 돌아다니며 연락을 할 수밖에! 다른 방법은 위험해.

원일=저! 애들아! 담임선생님한테 한번 의논해 보는 것이 어떨까?

철호=뭣! 선생님께? 으핫핫핫, 머린 꽤 영리한 놈이 바보 같은 소리를 하는군, (갑자기 웃음을 그치며)그건 위험한 짓이야. 자칭 참된 교육자라고 자부하며 그네들의 가르침 속에 정의를 위하여 싸우라고 외친 그네들도 지금 와선 우리들의 스파이(일대) 노릇을 하고 있지 않느냐 말야. 마치 쥐 새끼를 노리는 수고양이 같이 우리를 감시하고 있다. 그것 보아라. 우리는 선생님도 믿을 수 없게 되었어. 우린 한 명이라도 좋으니 오직 죽음을 같이 할 수 있는 동지를 얻어야 한다.

원일=근데 지령은 어떻게 됐니?

경식=벌써 각 도(道)로 연락은 갔어. 각 대학과 중 · 고등학교는 오늘부터 맹휴로 들어가게 된 거야.

원일=그럼 오늘 모일 장소는?

경식=중앙청 앞과 세종로 남대문에서 모여 경무대를 행해 시위를 할 거야.

철호=각 학교 대표는 결의문과 프린트물(物)을 나누어 주고 구(九) 시에 데모를 하기로 어젯밤 합의를 보았어.

원일=수고들 했구나.

경식=원일아! 뒷일은 우리가 책임 질 테니 넌 중대한 정보만 제공해.

원일=(머뭇거리며)응 알겠어.

경식=어찌 대답이 시원찮구나. 자식 무엇이 두려워 벌벌 떠는 거야. 응? 임마, 사내자식이 겁이 많으면 큰일을 못하는 거다.

철호=(원일의 어깨를 탁탁치며)원일아! 우린 삼총사라는 별명을 들을 만치 우리들의 우정을 존중해 왔어. 나는 그 우정이 예나 지금이나 변함이 없을 줄 믿는다. 가령 네가 너의 아버지의 지위를 이용해서 데모를 못 하게 하더라도 우린 조금도 굽히지 않고 최선을 다하여 싸워보겠다. 결코 비굴하지 않을 테야.

원일=그러기에 나도 괴로워하고 있는 거다.

경식=오늘 데모에 참석하든 안 하든 네 자유에 맡기겠다. 오냐, 두고 보자. 네놈의 몸속에 피가 끓고 있는 한 그대로 있지는 못할 것이다.

철호=어찌 기분이 이상하구나 얘들아! 난 오늘 기어코 무슨 일이 일어날 것만 같아. (음악 효과)지금 내 눈앞에 검붉은 피로 물들인 경무대가 보이는 듯해 거기서 우리는 쓰러지고…(안으로 걸어가면서)그렇다,

악은 멸망하고 정의는 반드시 이기고 만다는(두 주먹을 휘두른다)

원일=나도 너희와 똑같이 기울어져 가는 나라를 걱정하는 사람이야. 하지만 난 부모를 저버리는 불효자식이 되고 싶진 않아. (괴로워한다.) 아버지가 나쁘다는 것을 알면서도… 내가 국회의원의 아들이 된 걸 원망할 뿐이야. 아무런 제한을 받지 않고 싸울 수 있는 너희가 무척이나 부러워.

경식=우린 너의 아버지 한 사람을 상대로 싸워 보자는 건 아니야. 삼(三)·일오(一五) 부정선거를 규탄하여 그 선거의 시정과 부패한 이승만 정부의 하야를 요구하고 지난날의 부정·부패·불법을 일소하여 참된 국가를 이룩하자는데 커다란 목적이 있는 거야.

철호=아무튼 이번 일에도 너의 힘이 큰 것은 사실이야.

원일=나와의 연락 관계를 당분간 비밀로 해두는 것이 좋을 거야.

철호=그래, 그게 좋겠다. 너에게 손이 뻗쳤다는 걸 아무도 모르고 있으니.

경식=그 대신 모든 걸 조심해서 연락해 줘야 한다 응?

원일=알겠어.(악수를 교환한다)

(이때 하수구에서 자동차 크락숀 소리 뒤이어 구둣 발소리 당황하는 세 사람 Spotlight의 조화)

원일=경찰인가보다 어서 몸을 피해라.

철호=원일아! 그럼 부탁한다.

(발자국 소리 더 커진다 음악 효과)

경식=자 빨리(민첩하게 퇴장)

원일=조심들 하여라.(강렬하게 음악 stop 날은 밝아온다. 이때 대문 뒤에 숨어있던 순영이 뛰어나온다)

순영=오빠! 나도 다 알아.

원일=알긴 뭘 안단 말이야.(퉁명스럽게)

순영=나도 다 들었는 걸. 뭐 아까 철호 오빠와 이야기하는……

원일=쉿! (순영의 입을 막는다)

(하수에서 형사주임과 경찰 A,B가 걸어 나온다. 대문 안으로 막 들어가려는 그들을 발견하고 주춤거린다.)

형사주임=아니, 원일 군이 아닌가?

원일=아! 안녕히 주무셨어요? 아침 운동을 하고 들어가려던 참인데…

순영=아저씬 왠일이세요 이렇게 일찌감치—

형사주임=응 아버님 일어나셨어?

순영=네. 일어 나셨을 거예요. 들어오세요(.대문 안으로 들어간다)

(무대가 밝아지면 기둥 시계가 칠(七) 시를 가르킨다 김태섭 의원은 잠옷을 입은 채 그들과 이야기를 하고 있다. Spotlight 어둡게)

김태섭=글쎄, 그걸 놈들이 어떻게 알았을까?

형사주임=정말 이상한데요. 오늘 신문에 삼(三)·일오(一五) 선거에 대한 부정 사실이 보도된다면 국민의 동요는 심해질 겁니다.

김태섭=거참, 알 수 없는 일인데.

경찰A=조금 전에도 ×구의 무더기 투표가 발견되었다고 전화가 왔습니다.

경찰B=국내는 자꾸 소란해 지고 있습니다. 특히 학생 놈들의 태도가 어제보다 달라졌고 그것이 표면화 되고 있는 이때 다른 방법으로 정세를 잡어야 되겠습니다.

형사주임=각 학교에 사복 경찰관을 파견하고 학무과 당국에서도 학원의 분위기를 수습하려고 애쓰고 있습니다. 어제 고대 학생놈들의 데모만 하더라도!

(형사주임이 다음 말을 이으려고 할 때 안여사 부엌에서 커피를 끓여서 나온다. Spotlight 안여사에게 이동)

안여사=아침부터 수고 하십니다.(찻잔을 테이블 위에 놓는다. 그들도 허리를 굽히며 인사를 한다)

김태섭=여보! 아침밥 좀 빨리 주구려.

안여사=네, 다 됐어요.

김태섭=자, 차 들게.(권한다)

안여사=(부엌을 향하여)얘 분이야! 가게 좀 다녀오렴.

분이=네.(부엌에서 대답한다.)

경찰A=오늘부터 몇몇 학교는 맹휴한다는 말이 들리던데요?

김태섭=음, 확실히 일은 벌여 지겠군.

형사주임=만일 저쪽에서 끝까지 버틴다면 무력을 사용하는 수밖에 없죠. 어제 P국장님도 회의 에서—.

(이때 전화의 벨이 울린다. 안여사 얼른 수화기를 든다. 모두 그곳으로 집중.)

안여사=여보세요. 네 지금 계시는데요. 그럼 잠깐 기다리세요.(선 채) 여보! 전화 받으세요. 무슨 급한 일이라도 생겼나 봐요.(근심스러운 듯 김태섭 의원을 쳐다본다.)

김태섭=(전화를 바꾸어 받는다.)아, 여보세요. 접니다. 네? 그럼 곧 가겠습니다.(수화기를 놓으며 얼굴이 새파래진다.)

(놀래는 그들. 자리에서 일어난다.)

김태섭=이거 큰일 났네. 자, 어서 나가보세(김태섭 의원은 안방으로 들어가 외출복을 입고 나온다. 멍—하니 서 있는 안여사에게.)

김태섭=얘들을 잘 부탁하오. 사태가 심상치 않소.

안여사=(모자를 주며) 아침밥도 안 잡수시고— 일찍 들어오세요.

김태섭=어디 밥 먹을 시간이나 있겠소.

형사주임=그럼 사모님! 다녀오겠습니다.

(경찰 A · B도 따라 인사한다)

안여사=조심들 하십시오.

김태섭=절대로 얘들을 밖에 내보내면 안 돼.

안여사=그런 걱정은 마시고 어서 다녀오시구려.

(그들은 황급히 밖으로 나간다. 물끄러미 내려다 보고 서 있는 안여사 조용한 음악 효과)

삼(三)장

(기둥 시계는 열 한시 사(四)십오(五) 분을 지난다. 골목 저쪽에서 아우성 소리 요란한 싸이렌 소리 원일은 긴 의자에 턱을 고이고 앉아 있다. 순영은 어항 속의 금붕어를 말없이 처다보고 있다가)

순영=오빠! 이 금붕어는 왜 밖으로 나가지 못할까? 응 퍽 갑갑할 거야.

원일=(일어서며 순영을 바라본다)

순영=넓은 시냇물에서 사나운 물결과 휩쓸며 헤엄치고 싶을 텐데—

원일=훙. 그건 말이야, 바깥 세상이 내다보이는 유리 벽으로 가두어 있기 때문이야. 어쩜 그들에게는 화려한 어항 속보다 자유롭게 퍼득거릴 수 있는 세계가 그리워 질 거다. 안에서.

소리=학원에 자유를 달라 그 소리에 무섭게 떤다 이어 마치 자유를 부르짖고 있는 저네들과 어울리지 못하고 보이지 않는 쇠창살에 얽메어 행동과 마음의 자유마저 잃어버린 우리처럼 말이야.

순영=오빠! 어떻게 난 친구들한테 오늘 데모에 참여한다고 약속했어.

원일=뭐! 너도?

순영=응, 오빠! 난 애들한테 미움을 받고 있어 국회의원 딸이라구 저희끼리 이야기를 하다가도 내가 가면 뚝 그치는 걸 뭐.(입을 실룩거린다)

원일=순영아! 저 소리를 들어봐라 저네들은 누구 때문에—(이때 전화의 벨소리 순영은 전화를 받는다 Spotlight의 밝음)

순영=네, 어—마 아버지 세요? 오빠도 여기 있어요. 네네. 나가지 않겠어요. 곧 돌아오세요.(끊는다)

안여사=(안방에서 나오며)어디서 온 전화니?

순영=아버지한테서요. 안국동 ××장관댁에 계신가 봐요. 좀 늦으실 거라고요.

안여사=아이구! 이런 난리 통에 빨리 돌아오시지 않고!

원일=어머니!(무슨 말을 꺼낼 듯)

안여사=왜 그러니?(알겠다는 듯)제발 너희들은 네 아버지를 봐서라도 밖에 나갈 생각은 아예 말아라.

순영=안 나가면 애들한테 욕을 먹어요.

원일=어머니! 지금 백만학도들이 학원을 뛰쳐나오고 있습니다. 그들의 가슴속에 불타고 있던 분노는 끝내 폭발하고야 말았어요. 이제 아무도 그 불을 끌 수 없게 되었죠. 우리는 아버지 때문에 비겁한 인간이 되었어요.

(이때 대문을 밀치고 분이가 급히 뛰어들어온다.)

분이=아주머니! 크—큰 일 났어요.

안여사=아니, 저 계집애가—.

분이=저—파출소 앞에서 순경들이 버스 속에다 학생들을 끌어넣는 걸 보았어요. 도망가는 학생들은 방망이로 때리고요.

(하수에서 떠들썩하며)

소리=아얏, 아이쿠, 왜 때려요. 아이구 아파.

원일=뭣!(나가려고 한다.)

안여사=얘 원일아!(팔을 붙잡는다.)

순영=오빠!

원일=어머니! 제발 밖으로 나가게 해주세요.

소리=정부는 마산사건에 책임을 져라.

원일=아, 저 부르짖음. 어머니! 절 놓아주세요 네!

안여사=원일아! 네가 데모를 한다면 너의 아버지 체면이 어떻게 되겠니 이목이 두렵구나.(난처한 듯)

순영=오빠! 좀 기다리다가 아버지 오심 나가요 응!

원일=흥. 아버지가 오시면 우릴 내보내 주겠니? 오히려 화를 내실 거야. 아버진 우리보다 정치를 더 소중히 여기시니까 말이야.

순영=하지만 오빠! 아버진 우리 아버지가 아니우.

원일=진심으로 자식을 생각한다면 정의를 위하여 싸워보겠다는 우리를 막진 못하실 거야 아! 아버진 나빠!

(흥분된 목소리로 부르짖으며 의자에 앉는다)

안여사=원일아! 너 그게 무슨 말버릇이냐! 네 아버지가 어디 하고 싶어서 그런 일을 한 줄 아니다. 상부에서 시키는 명령이니까 할 수 없이 하는 거란다. (원일의 곁에 앉으며 부드러운 음성으로)원일아! 넌 아직 이 사회가 어떻게 움직이고 있는걸 모르고 있어 윗사람들의 눈에 거슬리는 일을 하게 되면 당장 그 자리에서 쫓겨 난다는 걸 알아야 해.

원일=전 그게 더 나쁘다는 거예요.(일어서며)왜 양심을 속여가면서 나쁜 일을 하시느냐 말이에요. 옳은 것을 그르다고 그른 것을 옳다고 주장하는 아버지가 진실한 정치를 하시는 분인가요? 전 사이비 위정자의 아들이 되고 싶진 않아요. 차라리 농민의 아들이 부러워요.

순영=아이참 오빠두…(안타까운 듯 안여사의 눈치를 살핀다)

원일=요즈음 학교에 나가는 것도 무섭기만 해요. 친한 친구에게 욕지거릴 다하고―

안여사=자, 인제 그만 방으로 들어가자.(일어서며 원일의 팔을 끈다)

원일=전 여기 앉아 있겠어요 순영아! 어머니 모시고 먼저 들어가거라.

순영=응, 밖에 나와 있으니까 추워.

안여사=(방문을 열려다가 원일에게 무슨 말을 할듯한 분이를 보고)넌 뭘 그렇게 바라보고 서 있니 부엌에 가서 찬거릴 준비 하지 않고, 응?

분이=(목을 움츠리며)네―

안여사=대문을 잘 닫아라. (원일에게)원일아! 앉아있다가 들어오려무나. 바깥 공기가 매우 차구나.(안여사는 순영을 데리고 안방으로 들어간다 원일은 아무 말 없이 창가에 와 선다)

분이=(안방 쪽을 바라본 후)저― 여기 잘 오는 키 큰 학생 있잖아요. 그 학생이 이걸―(허리 춤에서 종이를 꺼내준다)

원일=(얼른 받으며)뭐! 철호가― 분이야! 너이런 이야기 아무에게도 하면 안 돼 알겠지?

(분이는 고개를 끄덕이며 부엌으로 들어간다. 원일은 주위를 둘러보며 종이를 펴본다 조용히 음악 효과)

철호의 소리=원일아! 나는 경찰들의 눈을 피하여 경북고등학생에게 지령을 넘겨 주다가 형사한테 붙들이고 말았다. 경식인 세종로에서 헤어졌다 사(四) 월 십칠(十七) 일 마산 학생한테서 받은 지령을 경식이가 가지고 있다. 그 지령을 서울 대학생에게 주어야 한다. 그것이 발각되면 우리의 일은 실패다 자 어서 경식일 만나다오. ―철호―

(망설이는 원일 이때 상수에서 경식이가 도망쳐 나온다. 비틀거리며 대문을 두드린다 『스포트라이트』 붉은 색으로

경식=원일아! 문 좀 열어다오. 나야! 경식이야!(주위를 살핀다)

원일=뭣! 경식이라구?(방쪽을 바라보고 나서 대문을 열어준다)

경식=아이구, 어깨야.(얼굴에 상처 어깨에서 피가 묻어 흐른다)

원일=(놀래며)경식아! 웬일이냐 응? 많이 다쳤구나.(부축한다)

경식=으음, 놈들이 총대로(얼굴을 찌푸린다)

원일=(자기 셔츠를 찢어 어깨를 동여 메어준다)

경식=아이구 아파.

원일=너 마침 잘왔어. 그렇잖아도 너를 만나려고 했어.

경식=나를? 근데 여기 철호 안 왔던?

소리=민주 역적 몰아내라!(가까이 아우성 소리 요란한 싸이렌 소리 계속)

원일=(침착하게)경식아! 네가 가지고 있는 지령을 속히 서울대학생에게 전해야겠다. 방금 철호한테 연락이 왔어. 이것 좀 봐.(원일은 경식이를 마당 구석으로 데리고 가서 종이를 보여준다)

경식=음, 철호가 위험하다.

원일=(결심한 듯)경식아! 나도 나가겠다.

경식=안 돼! 넌 시간이 없으니 다음에 만나자.(종이를 호주머니 속에 구겨 넣고 나가려고 한다)

원일=경식아! 같이 가자.(그들이 대문 밖으로 막 나가려는 순간 김태섭 의원과 마주친다)

원일=앗! 아버지!

김태섭=너 어디 가느냐?(두 사람을 훑어본다)

원일=아버지! 저도 데모에 참여 하겠어요. 불안해서 집에 못 있겠어요.

김태섭=뭐라고? 이 아버진 너희들 때문에 맘이 안 놓여서 왔다. 자! 들어가자. 응?

경식=저— 그럼 나 먼저 가겠다.(하수로 뛰어나간다)

원일=경식아…

김태섭=(길을 막으며)이놈의 자식이 내 말을 안 들을 셈이냐! 너희들이 무엇을 한다고 떠들어 대는거냐! 흥! 어리석은 놈들이—

소리=이승만독재 물러가라!

원일=(쏘아보며)아버지! 저 소릴 들어 보세요. 저들은 누구 때문에 성낸 이리떼처럼 울부짖으며 이리로 몰려옵니까? 아버진 노호하는 국민들의 원성이 두렵지도 않으세요? 알고 보니 아버진 국민을 위하여 정치를 한 것이 아니라 이승만 일개인을 위한 정치가였어요. 아! 정말 아버진 위선자요.(또렷하게 말하는 원일의 눈에서 눈물이 흐른다)

김태섭=아니. 이 자식이—(뺨을 갈긴다 고조되는 음악 효과)

(시계 일(一)시 이(二)십오(五)분 향한다 아우성 소리 끝 일줄 모른다. 자동차 소리 대문을 열고 김태섭 의원과 경찰 A · B와 안여사가 뒤따라 나온다)

김태섭=여보! 자꾸 일은 확대되어가고 있소. 아마 이쪽에서도 무기를 사용할 것 같소.(퍽 초조한 기색이다)

안여사=글쎄 너무 뜻밖의 일이라 원.

경찰A=우리도 학생 놈들이 이렇게까지 할줄 전혀 생각지 못했으니까요.

경찰B=그놈들이 돌을 던지는 통에 경찰들이 부상을 입었습니다.

김태섭= 자 나가세 여보! 원일이 놈을 잘 감시해야 돼요. 밖에서 누가 찾더라도 문을 열어주지 말고 당신도 나가지 마오. 그리고 집안에 무슨 일이 생겼을 땐 전화로 연락해주구려.

안여사=네, 당신이 빨리 오셔야 안심이 되겠어요. 애가 워낙 성질이 사나워서…(경찰 A · B도 인사를 하고 상수로 걸어나간다 안여사는 고함소리에 놀래며 대문을 달고 안으로 들어간다)

순영=(원일의 방에서 나오며)어머니! 아버진 또 나가셨우?

안여사=그래, 네 오빤 뭣하고 있니?

순영=(가만히)저 책상 앞에 앉아 있어요. 맞은대가 아픈가 봐요.

안여사=글쎄, 그 녀석이 제 아버지 마음을 모르고 제멋대로 고집을 부리는구나. 원 참! 세상에—

순영=어머니! 오빠 보고 너무 꾸중하지 마세요 아버진 오빨 심하게 때렸어요.

안여사=흥! 고등 학교까지 가르쳐 놓으니 이젠 제 아버지한테도 반항하려는구나. 글쎄 너의 아버지가 오죽해야 자식에게 매질하겠니 얘! 분이야 숭늉 좀 가져오고 상 내가렴.(안방으로 들어간다)

분이=(부엌에서)네.

(분이는 행주치마에 물 묻은 손을 닦으며 안방으로 들어간다 순영이도 따라 들어간다)

안여사의 소리=상 채려놓아라. 원일이가 밥을 안 먹었다. 문단속 잘

하고 누가 찾으면 아무도 없다고 해라.

분이의 소리=네.

분이는 상을 들고나와 부엌으로 들어간다. 이 틈을 타서 원일이가 교복을 입고 나온다. 효과에 어울리는 SPOTLIGHT 골목 밖에서 돌 던지는 소리 비명소리

원일=아! 나는 어떻게 하면 좋으냐! 고개를 숙인다. (침묵)

경식의 소리=오늘 데모에 참석하든, 안 하든 네 자유에 맡기겠다. 오냐. 두고 보자 네놈의 몸속에 피가 끓고 있는 한 그대로 있지는 못할 것이다.

철호의 소리=우린 삼총사라는 별명을 들을 만치 우리들의 우정을 존중해왔어. 나는 그 우정이 예나 지금이나 변함이 없는 줄 믿는다.

안여사의 소리=네 아버지야 어디 하고 싶어서 그런 일을 한 줄 아니다. 상부에서 시키는 명령이니까 할 수 없이 하는거란다.

순영의 소리=오빠! 난 애들한테 미움을 받고 있어 국회의원 딸이라구—

원일=아! 이제 그만!(두 귀를 틀어막으며 무섭게 몸부림친다. 스포트라이트의 각색 또 시끄러운 잡음 원일은 종이를 꺼내어 무엇인가 적는다. 떨리는 손으로 종이를 접어 테이블 위에 놓는다. 걸어 나오는 원일 부엌에서 그릇 씻는 소리 대문을 열려다가 담벽을 기어오른다. 이마에 흐르는 땀방울 스포트라이트 더 밝은 빛으로 담을 뛰어넘는 원일 음악이 천천히 스토프)

(암전)

(분이가 밥상을 들고나와 원일의 방앞에 놓는다)

분이=식사하세요.(방문을 열고 상을 들여놓다가 깜짝 놀란다)어—마

나 아주머니! 원일 오빠가 없어요 이상해라 방금 있었는데—

안여사=(나오며)뭣! 뭐라고?(후딱 응접실로 통한 방문을 여러본다)애 원일아!

순영=오빠!(테이블 곁으로 가다가 종이를 발견한다)어—마 이게 뭐야 (펴본다)어마나… 오빠가—

안여사=아이구… 그 녀석이 기어코 나갔구나!

순영=(종이를 안여사에게 주며)어머니! 오빠가 이걸 써놓고 나갔어요.

(안여사는 얼른 받아 읽는다)

원일의 소리=어머님! 용서하십시오. 저는 모든 것을 버리고 오직 정의를 위하여 싸우기를 결심했습니다. 어머님의 허락도 받지 않고 이 자리를 뛰쳐나가는 저를 꾸짖어 주십시오 —원일—

안여사=이런! 망할 놈이—

(이 때 최선생 하수에서 뛰어나와 대문을 두드린다)

최선생=여보세요.

(울리는 초인종 서로 바라보는 그들)

안여사=애 분이야! 누군가 나가 보아라.

분이=(뛰어 내려가 대문 열어준다)

최선생=놀라게 해서 죄송합니다.

안여사=(안심이 된 듯)네, 올라오시죠.

최선생=아니 그럴 시간이 없습니다. 저 잠깐 원일에게 물어볼 말이 있어서…

안여사=선생님! 어쩌면 좋아요. 글쎄, 원일이란놈이—

최선생=아니, 원일이도 밖엘 나갔습니까?

순영=네. 조금 전에.

안여사=그 애가 나가지말라고 그렇게 붙들어도 글쎄, 영 말을 안듣는구려.

최선생=그럼 데모를 할려고? 그럴 리가...

안여사=내가 잠시 방에 없는 틈을 타서 이걸 써놓고 나갔구려.(종이를 최선생 앞에 내민다)

최선생=(받아보며)이거 야단 났는데요. 틀림없이 그놈들이 원일을 꾀인 것 같습니다.

안여사=선생님이 좀 일찍 오셨더라면.

최선생=저— 여기에 혹시 박철호 외 주경식이가 온 일 없습니까?

순영=(얼른 말을 받으며)네 저—요 잘 안와요.

최선생=평소에 원일 와 친해서 혹시 무슨 연락이라도 받지 안 했는가 하고.

안여사=아까 제 아버지한테 단단히 혼났는데 그래도 정신을 못 차리고—

최선생=오늘부터 요놈들이 주동이 되어 맹휴로 들어간 답니다.(잠시 말을 끊었다가) 음 그놈들이 대구에서 받은 지령을 가지고 있다는데… 하여튼 사모님! 너무 걱정하지 마십시오 곧 돌아올테죠.

안여사=선생님! 우리 원일을 좀 찾아주십시오. 이 일을 제 아버지가 알면…

최선생=네, 우리도 지금 학생들을 단속하고 있으니까요.

(그들이 마당으로 내려가는데 경무대 쪽에서 총소리가 들린다)

안여사=아이구 이를 어쩌나…

최선생=어! 이거 정말 큰 일 났는데요.

순영=어머니! 제가 나가 보고 오겠어요.(나가려고 한다)

최선생=안돼 학생 지금 나가면 위험해요. 어느새 경무대까지 몰려간 모양입니다.

안여사=아이구 선생님! 우리 원일이가(대문을 열고 나가려고 한다)

최선생=(붙들며)안됩니다 사모님! 이봐요 학생! 어머님 모시고 안으로 들어가요. 저― 그럼 제가 가보겠습니다(하수로 뛰어나간다)

순영=어머니! 아버지한테 전화를 해봐요 네? 어머니!

(응접실로 들어간다 안여사가 전화의 수화기를 든다)

안여사=(떨리는 목소리로)여보세요. 네 여기 김 의원 댁이예요. 우리 집 주인 양반 거기 계신가요? 네, 국회의상엘요? 네, 알겠어요. 들어오시는대로 집으로 와주시라고 전해 주세요.(힘없이 의자에 앉으며)어쩌면 좋으냐.

순영=얘 분이야! 너 빨리 밖에 나가서 오빠 좀 찾아보아라! 응?

(연달아 일어나는 총소리 음악효과 요란스런 싸이렌 소리와 우와와하는 아우성)

안여사=아이구, 저 총소리 우리 원일이가 저속에―

순영=(놀램을 억제하여)어머니! 오빠 괜찮을 거요.

(이 때 전화의 벨이 울린다 순영은 올라가 전화를 받는다 스포트라이트 이동)

순영=네―네 어머나 아버지세요! 네! 아무 일도 없었는데 오빠가! 네 총 소리가 나기 전이예요. 방금 오빠 선생님만 오셨다 가셨어요 네? 어디로 피해요 싫어요 어떻게 우리만―네 빨리 오세요네(수화기를 놓는다)

안여사=그래 왜 안 오신다던?

순영=학생들 때문에 나올 수가 없나 봐요.(근심스러운 듯)

안여사=건방진 자식들이 뭘 안다고 그 야단이야 쳇!(이 때 다리에 총을 맞은 철호가 나온다 총소리SPOTLIGHT 파란색으로 집중 피투성이가 된 몸을 가누며 대문을 두드린다)

철호=수—순영아!

순영=어—마 오빠가 왔는가 봐요.

안여사=뭣! 원일이가!

(그들 뛰어나와 대문을 열어준다)

순영=어마나 철호 오빠가 이게 웬일이에요?(얼른 철호를 붙든다)

안여사=(쓸어질듯하며)예야! 우리 원일인 어떻게 됐니 응?

철호=(허우적거리며)워—원일인 겨—경무대 이— 앞에서—

안여사=뭐라구? 우리 원일이가 이이구 원일아!(울면서 하수로 나간다)

순영=오빠! 흑(그 뒤를 따라 나간다)

(철호는 비틀거리며 무대 중앙으로 걸어 나온다 SPOTLIGHT와 음악효과 겹친다)

철호=워—원일인 자—잘 싸웠어 매—앤 아—앞에서 태—태극기를 드—들고 쓰—쓸어지면서도 외쳤거든 우—우리들 보다 더 요—용감했어 헛!

(말을 맺지 못하고 앞으로 폭 거꾸러진다 총소리 들리며 막이 내린다)

-끝-

가작

제83회 1960년 12월 26일

고교문예작품 : 수필

가을에 흐르는 곡(曲)

· 최중자 (전주성심여고(全州聖心女高) 3학년) ·

노상 제자리만을 지키고 있을 수 없는 것들 계절은 또 부끄러움 없이 이 한 고개를 넘어서려고 저렇듯 혼신의 몸부림인가보다. 찬 서리의 채찍에 코스모스의 수난은 너무도 컸다고 가슴 아파하던 그제도 벌써 잊은 양 낙엽이 뒹구는 자욱엔 겨울 냄새가 진동하다.

신념의 뜨락에 서서 올해도 허탕 친 가을을 요리할 수 있게 되면 기쁠 것도 슬플 것도 없는 상태가 되련만 내 주책없이 발버둥 치는 이 자세는 이대로를 차근차근 풀어주자는 것인지 나는 이런 값 없는 삶속에서 저절로 시름없이 장단을 맞추며 살기 마련인가보다. 나는 어디서 태어나 어디로 어떻게 흘러가는지도 모르면서— 그러고 보면 하나의 인간이 행복만을 추구하며 무작정 싸우고 산다는 것은 슬픈 우상의 장난이 아닐 수 없다.

태고의 물만 먹고 사는 저 높은 하늘을 향하여 인간의 무상함을 나직이 속 깊이 외치고 싶은 심정! 마음속의 공허는 더욱 갈피를 잡지 못하는데 다가온 가을은 걷잡을 수 없이 강변을 굴러간다. 나도 언젠가는 저렇게 가을에 곡을 되씹으며 굴러가리라 생각하니 산다는 자체를 터무하게 여기지 않을 수 없게 된다. 〈나는 지금 살고 있다〉 하는 것은 〈나는 가을의 의미를 알고 있다〉 하는 것과 무엇이 다르랴 어린애 피부 같은 내 생활 속에서 이런 것을 논한다는 것은 좀 쑥스러운 일일지 모르나 가을이 주고 가는 교훈을 나라고 해서 헛되이 하라는 법은 없을 상 싶다.

틈만 있으면 뚝뚝 잎지는 소음뿐인데 오늘은 누가 부르듯 〈쇼팽〉의 〈세레나데〉인지 몹시 흥분해서 낙엽의 소음을 아무렇게나 깔고 지나간다. 무엇이든지 아쉼없이 깔고 지나간다. 이 순간 나는 최초의 방심을 쥐어짜면서 한걸음을 내어 딛어본다.

착상(着想)의 옷과 오늘의 옷이 다소 몸에 활을 위해선 슬프건 즐겁건 몸에 걸치면 그만이다 죽음의 옷이 몸에 맞지 않아도 끝내는 걸쳐야만 하는 인생의 무서운 숙명처럼 말이다. 나는 또한 발자국을 옮기는 순간 가을의 장식품에 대한 지식을 쭉쭉 뽑아보기도 하고 애수로만 엮은 장식품을 뒤적여 보기도 했다. 별로 신통한 뭣도 없이 모두가 가을에 흐르는 슬픈 영상들뿐이다. 나는 이런 것을 생각하면 〈제나〉 가보이고 별이 보인다. 머잖아 〈제나〉는 가을 촛불을 높이 켜 들고 멀리서 바라 보겠노라고 했다. 그리고 비를 맞은 미친 사람처럼 맘 내키는 대로 줄곧 지향 없이 걷고 있었을 때 〈제나〉는 어느 시인의 〈푸른 별처럼〉을 읽어주었다. 아니 삼켰던 것을 토해냈다고 하면 표현이 적절한 것이다. 그런데 그 시구 가운데 몇 구절이 내 마음을 피로하게 하여주었다.

〈외로우면서도 외롭다는 말 들려주지 않는 그렇게 별처럼 푸른 별처럼 나도 살자〉

이 시구를 내가 좋아하는 건 가을이기 때문만이 아닐 성싶다. 사람은 누구나 외롭다는 말을 들어왔고 나 또한 외로움의 의미에 젖어있다 아마 그것이 인간의 본능인가보다 하지만 이 외로움을 참고 참아 사는 사람들이란 얼마나 미덥고 숭고한 이들일까. 그러나 이는 가을이 자아내는 본바탕임을 어찌 탓하랴…물론 이것도 가을의 곡에 지나지 아니할 수 없다. 또 가을빛에 눈부시도록 파열하는 내 마음을 나는 모른다. 오직 가을이기에 조용히 사색하는 하나의 천품으로만 알고 싶을 뿐이다. 가을은 인간과의 여수(與受)가 으레 자기에게 돌아올 것이요. 쓰린 것도 자기가 받지 않아서는 안 될 것으로 안다. 또 이런 굴레를 버릴 줄을 모르고 이렇게 살다가 종언하는 날이 굴레 속에서 죽는 것이 자기의 운명인 줄밖에 모른다.

올해도 가을은 내게 아름다운 선물을 선사하지 않았다. 다만 내게 주어진 것이 있다면 쓰디쓴 절망밖엔 없다. 오히려 가을이니까 달게 받으라는 듯이 서러운 이별만을 불쑥 내밀지 않았던가 보람된 무엇 하나 남김없이 또 내일들 속에서 보채며 다음 해를 맞이해야만 하나 보다 가을에 흐르는 곡, 이윽고 종말에 가서는 슬프디슬픈 존재들뿐이다.

가작

제85~88호 1961년 2월 20일~1961년 5월 10일

고교문예작품

전설

· 최일남(崔溢男) ·

T사범 H음악선생은 또 출입구를 바라보았다. 그는 음악실에서 서성거리고 있는 것이었다. 창밖에는 음악실을 빵 둘러가며 서 있는 은행나무의 잎들이 노랗게 물들어 한잎 두잎 날리고 있었다. 그리고 저쪽 강당 너머로 부터는 옷깃을 파헤칠듯한 저녁 바람에 흩날려오는 잔광이 은행나무 꼭대기에 걸친 채 파르르 떨고 있었다.

그것은 오히려 냉하게 느껴질 뿐 지금 공간은 암청색 색지에 회색빛을 더해가는 모습이었다.

H선생은 손등을 쓱쓱부비면서 다시 돌아섰다. 그의 광대뼈가 도드라진 파랗게 창백 된 얼굴은 경련이 일 듯 졸러 들고 있었다. 더북이 흘러나린 구레나룻의 머리칼이 한층 더 어설프게 보인다.

『아까도 전했는데 어째서 이제까지 안 올까?』

머리를 떨어뜨린 채 걸었다. 발을 떼어 놓는데 따라오소서 한기가 스며들었다.

교실은 벌써 침침하게 어둠이 깃 들고 있었다. 그의 발자국 소리만이 공간으로 커다랗게 울려갔다.

〈뚜벅뚜벅…〉

그런데 그가 북쪽 코너의 책상 곁을 마악 지나치려고 할 때였다. 을갠 실문을 여는 소리가 들려왔다.

그는 어느결에 출입구로 몸을 움직이고 있었다. 그의 눈망울이 두어 번 실툭거렸다. 그러나 그가 문을 열었을 때에는 떠듬떠듬 이어가고 있는 도 레 미 파…

왼손 반주의 삼화음이 애잔하게 그의 귀에 떨려오는 것이었다.

그는 본관으로 향하는 현관 쪽으로 눈을 돌리고 말았다. 중학부 학생 셋이 가방을 옆구리에 끼고 몸을 웅숭그린 채 바쁘게 걸어가고 있는 모습이 보였다.

강당의 동편 윗창이 하나 열린 채 있었다.

바람은 조금 더 세어졌는지 몰랐다. 이따금 희리 바람에 흩날려 오르는 먼지가 맴을 돌고 있었다. 그리고 이제는 거의 앙상하게 된 정원의 낙엽수 가지에서는 잉잉거리는 소리가 들리는 것만 같았다.

그는 때마침 휙 하고 불어닥친 바람에 옷깃을 감싸며 문을 닫고 마는 것이었다. 교탁으로 가서 머리를 더욱 깊이 움츠리며 의자에 앉았다. 그리고 으쓱하게 한기를 느끼자 그는 아침에 아내와의 불쾌하던 일을 생각했다 코트를 대려 놓지 않았던 것이었다.

하기야 어제 하루 추웠다고 코트를 입는다는 것도 어쩐지 멋쩍은 일이긴 했지만, 그러나 아침에 보니 다른 선생들은 열댓 명이나 코트를 입고 온 게 아니었는가. 그리고 오늘 날씨도 이렇게 매차지 않은가.

『허 참 제법 춥다니까 코트를 내 입어야 되고 말이야』

하고 수학과 주임 교사 이 선생이 변명 비슷하게 얼굴을 쓱쓱 문질러 대면서 허두를 떼어 놓던 직원실의 아침 무렵이기도했다.

그러나 그런 것은 문제 외 치고라도 아내는 같은 말이라도 어째서 그렇게 매차게 쏘아붙이는 것일까 하기야 다섯 살 날 용이 놈이 한쪽 다리를(소아마비로) 못 쓰고 누워있다곤 하지만 그러면 나는 속이 편하기만 한가? 오히려 속이 상하기는 내가 더했으면 더했지 덜할 게 없다고 그는 생각했다.

그러나 이런 생각들은 그리 길게 이어가는 것은 아니었다.

강박관념만 양 그의 뇌리에서 떠돌고 있는 초조감이 다시 움직이고 있었다. 내일도 박무한 T시 고등학교 합창제였다.

도무지 자신이 서질 않는 것이었다. 화음도 잘 되지 않는 것만 같던 요즈음의 연습상태였다. 이러고도 어떻게 대회에 나가게 될까 걱정이 앞을 서는 일이었다.

지금까지 몇 년을 두고 합창대회에 출전을 해서 우승도 하곤 했지만, 그때는 그래도 어느 정도 자신이 서 있었다.

해마다 졸업을 내고 재학생 중에서 부원을 다시 선발하여 연습을 시킬 때마다 으레 어쩐지 탐탁지 않고 도시 합창부 같지도 않게 느껴지는 감정이 있긴 했지만 몇 달을 연습을 해서 이만하면 되었다 할 때는 졸업이니 하고 졸업반 학생이 빠지게 되면 안타까운 마음 외에 오히려 화가 나기도 했다.

그러나 H는 무엇대라고 말조차 할 수가 없었다. 대염가 매출을 알리는 와이셔츠 공장 위에 높이 떠 있는 애드바룬만을 담담히 바라볼 뿐이었다.

미애가 눈에 가득히 눈물을 머금은 채 소나무 잎을 씹어 뱉으며 언덕길을 종종걸음으로 내려가고 있을 때도 그는 멍청하게 바라만 보고 있었다.

『우수수—』

은행잎이 또 지고 있다 H선생은 창에서 물러서고 말았다.

흥분된 심장은 고동이 심했다. 심호흡을 연거푸 했다.

『뚜벅뚜벅…』

교탁으로 걸어 오던 그는 흠칫 걸음을 멈췄다. 밖에서 수선대는 소리가 들려 오고 있다.

『?』

문이 열리면서 부장과 몇 아이의 얼굴이 기웃이 디밀어 왔다. 예의 사라질듯한 웃음 띤 윤항모의 얼굴도 있었다.

『왜 인제야 오는 거얏—』

그의 목소리는 오히려 떨려 나가고 있었다.

『빨리 와요』

그는 어느 정도 누그러져 가는 마음 상태를 의식했다. 몇 학생의 의자에 털썩 푸져 앉았다.

그러나 몸들을 웅숭그린 채 서성대면서 있는 학생들의 꼴이 왈칵 비위가 상했다.

『빨리 좀 들어왓— 그리고 왜 서 있는 거요?』

그는 교탁으로 가서 지휘봉을 집어 들었다.

『참 부장은 피아노 쳐요 박선생님은 합창제 준비로 나갔으니까요』

그때였다. 부장 애가 흘낏 학생들을 돌아보더니 어정쩡한 태도로 다가온 것이었다 차가운 공기에 부옇게 떠 있는 듯한 얼굴이 잡스럽게까지 보였다.

부장의 입술이 가만히 달싹거려지더니

『저—』

하고 다시 학생들 쪽을 바라보는 것이었다.

『왜?』

『저—학생들이 내일이 대회 날이고 하니 오늘은 연습을 그만두었으면 하는데요—』

『뭐? 뭐라고?』

그의 목소리는 히스테리칼하게 높아가 있었다. 정신이 아찔했다. 뒤통수를 호되게 얻어 맞은듯한 느낌이었다.

『여학생들도 그래요—』

부장의 말은 거의 끝이 들리지 않았다. 그러고 보니 여학생들은 하나도 없었다. 희멀건 눈초리들을 보내면서 그의 다음 말만을 기다린다는 듯이 남학생들만이 몸을 웅크린 채 서고 앉아 있었다.

『빨리 데리고 왔—』

그는 지휘봉을 내려치듯 탁자에 놓아버렸다. 하얗게 창백 된 얼굴들을 비굴하도록 처박고 있는 모습들이 도시 마땅치가 않았다. 어쭙잖았다. 구역이 왈칵 치밀어올랐다. 팔짱을 끼고는 남쪽 창께로 걸어갔다. 자꾸 메스꺼운 것이 날름댔다. 가래침을 카악 뱉았다. 핏대를 올리며 고함이라도 질러야만 속이 풀릴 것만 같았다.

『아니 그래 왜 소리를 못 내는 거요. 응? 왜 그래요?』

아무래도 안 되는 것이었다. 테너파트의 소리가 도무지 시원찮은 것이었다.

H선생의 팔은 허공에서 휘둘려질 뿐 이마에서는 땀이 번지어 조금 전에 들어온 전등에 번지르르하게 반들거리고 있었다.

그는 머리가 띵해오며 팔뚝에서 힘이 빠져가는 것을 느꼈다. 초조감에 다시 눈을 높이 들었다. 다음 순간이었다.

『어—』

그의 동공에 손이 들어온 것이었다 오경란의 손이었다. 그 손은 서서히 머리칼을 앞으로 쓸어내리고 있었다. 매만짐에 따라 야하게 오른쪽 눈을 덮어가며 흐뜨러지는 머리칼. 그러나 그 무의식적으로 윤필모의 얼굴을 찾고 있었다.

『엄, 그만』

그는 허겁스럽게 소리치며 지휘봉을 내던지고 말았다. 비틀거리며 의자에 주저앉았다. 아찔한 현기증이 머리를 호되게 흔들어 놓았다.

그것은 조롱 낀 웃음을 입 꼬투리도 잘잘이 흘리면서 입을 꽉 다물고 서 있는 모습이었다.

머리칼을 움켜쥐었다. 전신의 피가 머리로만 몰려드는 듯했다.

그의 노래에는 패배감 같은 게 비교의식으로 울컥울컥 파 헤쳐 들고 있었다.

『으음』

머릿속으로 윤필모와 자기의 모습이 커다랗게 부각되어 떠오른다.

그들은 버스 정류소에서 있었다.

지난 초가을에 합창부원과 함께 공주 갑사로 돌아오기로 했었다. 그런데 버스가 오자 우—하고 올라타고 있는 학생들을 바라보다가 그는 갑자기 참을 수 없는 구역을 느꼈다.

뒤로 물러섰다. 박선생에게 짐을 잊고 와서 다음 차로 따라가겠노라고 말했다.

『허허』

박선생의 걸걸한 웃음과 함께 우르릉 차체가 굴리는 순간

『선생님 안가세요?』

빼꼼히 내다보고 있던 읍팔모가 소리쳤다.

『아니 짐을 맡고 와서 다음 차로 갈 테니』

틀림없이 그다음 창에는 오경란의 얼굴이 있었다.

『그럼 다음 차로 오세요』

손을 흔들어대면서 팔모는 히죽 웃음을 날리고 있었다. 그리고 오경란도— 그는 푸르기만 한 하늘을 우러러보고 있었다.

그는 넋 잃은 사람만 양 출입구를 바라보는 것이었다. 화알짝 열린 문으로 세차게 바람이 몰려들고 있었다.

『선생님 어떻게 할까요?』

부장이었다.

『뭐라고?』

H선생은 발작적으로 일어섰다 뚫어지라 노려보는 것이었다. 불이 어는 듯 눈에서는 열기가 내뿜어졌다.

저 얼굴 저 얼굴 그것은 어쭙잖은 부장에의 얼굴이 아니었다. 그렇다고 필모나 경란의 얼굴도 아니었다.

그것은 정녕코 돌아가 눈물을 가득히 머금은 채 언덕길을 종종걸음으로 내려가고 있는 미애를 멍청하도록 바라보고만 서 있는 자기 자신의 모습이었다.

『뭐라고?』

볼을 감싸며 부장이 쓰러졌다.

그는 밖으로 뛰어나가고 있었다. 무슨 말인지를 중얼거리며 그의 눈은 생기있게 반짝이고 있었다.

은행나무는 잎사귀 하나 달리지 않았다. 그는 수북히 쌓여있는 은행잎을 으스러져라 움켜쥐었다.

눈을 감았다 심호흡을 했다. 볼을 감싸는 바람이 오히려 아늑했다. 그는 자꾸만 심호흡하고 있었다. 풋풋한 은행잎의 냄새가 싱그럽게 코에 스며드는 것이었다.

(끝)

제6회

문예상

•

1957~1969

당선

제110호 1962년 6월 18일

개교기념고교문예현상당선작품 : 소설

어떤 도전

· 김준일 (전주고등학교 2학년) ·

엉거주춤하니 서서 고이춤을 추겨 올릴 적에 또 피아노 소리가 들려오기 시작했다.

언제나 잠에서 덜 깨난 서규에게는 그 소리가 무슨 물소리처럼 들리기 마련이다. 사위가 무거운 침묵으로 그림처럼 조용한데 피아노 소리는 꼭 막혔던 물이 터져 흘러내리는 것 같은 것이었다. 그것은 벼란 간에 그리고 아주 요란하게 울리기 시작한다. 서규가 듣기에도 좀 유치한 듯한 도레미파를 부리나케 두어 번 오르내리고는 이어 한 시간 동안 그저 띵똥 띵똥이다.

지난 이 년 동안을 한 번도 쉰 저이 없는 피아노 소리다. 성당 종소리처럼 소방서의 정오 싸이렌처럼 정확하게 제시간만 되면 서규의 귀를 간지럽혔다.

바이엘 몇 번 체루니 몇 번인가를 꼽아보는 재주가 없는 서규에게 연습곡은 참말 싱겁기 짝이 없는 것이었다. 「에리자를 위하여」나 「소녀의 기도」가 아침마다 들려온다면 얼마나 즐거우랴 싶었지만, 아직 그 피아노 소리 때문에 유쾌한 감상을 가졌던 기억은 없다. 새벽잠에서 막 깨어났을 때 별안간 들려오는 그 금속성 때문에 무언지 무참하게 짓밟혀버리는 것 같은 기분이 되군 할 뿐이었다.

변소에서 듣는 때는 더했다. 서규는 가끔 귀로는 맑은 피아노 소리를 들으며 싯누런 인분을 내려다보고 있어야 했다. 그것은 무척 비참한 기분이었다. 그 이름 모르는 피아니스트께서도 하루 한 번은 이렇게 구린내 나는 작업을 치러야 하는 것이라고 위안도 해보았지만 약간의 열등감은 항상 서규를 괴롭혔다.

옷을 입었다. 문을 쾅 밀쳤다. 피아노 소리는 한결 더 크게 들리는 듯했다. 서규는 발돋움으로 담을 넘겨다보았다. 서규네 집 뒤로 한 집 건너에서 그 피아노 소리는 들려오고 있다. 서규네 양철집보다야 말할 것도 없고 무슨 계장의 집이라는 뒷집보다도 용마름이 두자는 높아 보인다. 이쪽 편으로 보이는 방에 초록 칠을 한 창문이 가지런히 두 개 불고 커튼이 내려져 있었다.

그 커튼 때문에 서규는 아직도 피아노 소리의 임자가 여자인지 남자인지조차도 모르고 있었다. 낮에 넘겨다본다면 어떻게 알아보는 수도 있겠지만 이렇게 조용한 새벽을 빼놓고 다른 시간에는 이담을 넘겨다볼 용기가 나지 않았다. 한 가닥의 열등감에 대한 마음의 저항 때문에 양철지붕 밑에서 구태여 발돋움까지 해가면 피아노 있는 집을 넘겨다보고 싶지는 않은 것이다.

「잡것!」

서규는 세차게 고개를 흔들었다. 마치 끈덕진 그 피아노 소리가 안 들리기를 비느니 이쪽에서 먼저 통제를 해야 한다는 듯이.

서규가 생각하고 있는 한계에서 피아노라는 것은 퍽 귀족적인 물건이며 인간에게는 밥과 똑같은 중량을 가진 것이었다. 서규는 이것을 갖지 못한 죄로 하루도 거르지 않고 아침마다 열등감을 자극당하고 있는 것이었다.

「서희야!」

「응?」

밥을 떠 넣다 말고 서희는 서규의 얼굴을 건너다보았다. 서규는 얼굴을 붉히며 입을 우물거리고 있었다.

언젠가 한 번 이야기했던 친구 언니 이야기인가?

「저어 서희야!」

「응?」

「너는 여학생이니까 나보다야 잘 알 테지!」

「무얼?」

「저어 피아노 말이다!」

「피아노?」

「저어 피아노 말이다. 피아노 치는 것 말이다!」

「피아노 치는 것이 좋으냐고?」

「아니. 피아노 렛슨에 대해서 말이다. 너 조금은 알고 있지?」

「으응. 피아노 렛슨을 받고 싶어서?」

「아니. 그냥……」

「아이, 참. 그 나이에 손가락으로?」

「응?」

「오빠 참 우스운 소리 하네. 피아노는 손가락이 여물기 전에 연습 해야 되는 거야. 지금은 안 될 거야.」

「그래?」

서규는 손가락을 들어 보았다

「그렇게 굵고 짧은 손가락으로는 어림도 없어. 사진 같은 데서 피아노 치는 사람들 손가락 못 봤어? 아주 가늘고 길잖어.」

서희는 정색을 하며 제 손가락을 갔다 댔다. 하얗고 가느다란 손가락이 짧달 막하고 통통한 서규의 손가락 옆에서 피아노 키를 누르듯이 하늘거렸다. 서규도 손가락을 놀려보았다. 엄지와 장지가 같이 움직였다. 그리고 퍽은 둔한 느낌이었다.

「아이, 참. 우스워. 오빠. 빨리 밥이나 먹어. 그 손가락으로는 북이나 쳐야겠어.」

그렇던가? 참말 북이나 치는 것이 마땅하단 말인가?

서규는 밥 먹을 생각을 않고 멀거니 손가락을 쳐다보다가 가만가만 상머리를 두드려 보았다

「불쌍해라.」

서희는 발딱 일어나 물을 뜨러 갔다.

참말 손가락이 굵으면 피아노를 칠 수 없는가?

그럴 법도 해. 문어 다리처럼 나긋나긋해야 할 거야. 연하고 잠자리 날개보다 가벼워야지 무슨 교향곡을 제대로 쳐 보지. 내 손가락으로는 도레미파나 칠 수 있을까 몰라.

서규는 또 상머리를 두드려 보았다.

서희가 들어오다 말고 소리 내어 웃었다.

「단념해. 오빠. 손가락이 길더라도 어릴 때 손가락이 여물기 전 이야기야!」

「……………!」

「손가락이 길고 가늘다고 해도 한 달에 오천 환을 어디서 구하겠어?」

「오천 환?」

「응. 일 년이면 육만 환. 아버지 한 달 월급만큼이야.」

「뭐 내가 꼭 하고 싶다는 것은 아니니까.」

서규는 풀이 죽었다.

「밥 안 먹어?」

서희는 주섬주섬 상을 치우기 시작했다.

「나 안 먹을란다. 밥맛 달아났어.」

「피아노를 잊어버리면 다시 밥맛이 나겠지.」

서희는 상을 들고 일어섰다. 문을 밀면서 조그맣게 중얼거렸다.

「나도 오빠처럼 하고 싶은 것이 많았어.」

거의 울음에 잠긴 것 같은 소리였다.

「누가 그런 소리 하랬어?」

서규는 고함을 지르듯이 말하고는 옷을 벗겨 들었다. 한 살 아래인 서희가 더 나이 먹은 것처럼 느껴졌다.

단추를 잠그는데 눈물이 한 방울 앞섶에 떨어졌다. 얼른 손수건을 꺼내어 눈물을 훔쳤다.

머스마답지 못하게 너무 눈물이 많아서 큰일이야. 아무것도 아닌 걸 가지고.

그러면서 손가락으로는 피아노 키를 두드리듯이 옷자락을 또닥거리고 있었다.

「서희야.」

건넛방에서 어머니가 불렀다.

「서희 부엌에 있어요.」

서규는 얼른 대답했다.

「아버지 구두.」

「예.」

마루로 나가 아버지 구두를 닦기 시작했다.

서희가 부엌에서 달려 나왔다.

「오빠 그만둬. 내가 닦을게.」

「아니, 너는 어서 부엌이나 치워라. 학교 가야지.」

서규는 더 빠르게 솔질을 했다 넷째 시간은 작업시간이었다.

서규는 배당된 열두 그루의 묘목을 제일 먼저 심어 놓았다. 삽자루를 받쳐 놓고 흙 묻은 손가락을 들여다보면서 서규는 또 피아노 생각을 하고 있었다. 선생님이 다가왔다.

「너는 일을 아주 빨리 하는구나!」

「옛! 소질 있습니다.」

서규는 엉겁결에 소리 질렀다. 슬그머니 손을 뒤로 감추었다. 나무 심던 아이들이 와그르르 웃었다.

「좋아. 너는 쉬어라.」

선생님도 빙그레 웃었다.

서규는 쑥스러워져 흙 묻은 손을 그냥 호주머니에 쑥 집어넣고는 어슬렁어슬렁 수도 쪽으로 걸어나갔다. 땀 밴 이마팍이 근질거렸지만, 호주머니에서 손을 꺼내지 못했다. 얼굴을 잔뜩 찡그리기만 했다.

음악실 옆을 지나가는데 가늘게 바이올린 소리가 들렸다. 도레미파였다. 서규는 목을 느리고 음악실 안을 들여다보았다.

「아하 저 자식.」

같은 반 애였다. 작업시간마다 작업을 빼먹으며 음악실 와서 연습을 한다고 했다. 녀석의 출석부에는 항상 「음악반 연습」이라는 글자가 지저분하게 씌어 있었다. 작업시간뿐만 아니라 무슨 행사 때에도 꼭 그랬다. 서규가 제일 부러워하는 팔자였다.

현을 누르고 있는 녀석의 가늘고 긴 손가락에 눈이 갔다. 서희 손가락처럼 그렇게 가늘고 긴 손가락이었다. 서규는 못 볼 것을 본 듯이 고개를 돌렸다. 한쪽 구석에 무겁게 자리 잡고 있는 피아노가 눈에 비쳤다. 금방 가슴이 울렁거렸다. 다시 한번 음악실을 휘둘러보고 음악선생님이 없는 것을 확인한 다음 서규는 음악실 복도로 걸어갔다. 문을 열자 바이올린 줄을 매만지고 있던 녀석이 얼굴을 들었다. 서규를 보자 상을 잔뜩 찌푸렸다.

「너 작업 안 하냐?」

녀석은 험상궂게 물었다.

「제일 먼저 끝냈다. 나는.」

서규에 일주일에 단 한 번 음악 시간이 아니면 들를 수 없는 금단의 방이었다. 서규는 어린애처럼 들뜬 마음을 달래며 짐짓 점잖은 체하며 머뭇머뭇 피아노 쪽으로 발을 떼었다.

녀석이 냅다 소리를 질렀다.

「자아식. 피아노가 니 물건이냐?」

서규는 녀석이 아니꼬웠다. 그전에도 그랬지만 오늘은 특히 더했다.

뚜벅뚜벅 걸어가 의자에 걸터앉았다. 얼굴이 훤하게 비치는 피아노의 뚜껑을 열었다.

「만지지마아 자식아.」

녀석은 몸을 반쯤 일으키며 달려들 듯이 말했다. 서규는 고집스럽게 손가락을 건반에 올려놓고 콱 눌렀다.

둥—.

황홀한 선율.

「저런 씨팔놈 자식!」

녀석이 후닥닥 뛰어 왔다.

「그 거지 같은 손으로 왜 만져 자식아.」

서규가 고개를 들기도 전에 녀석은 서규를 혹 떠밀었다. 서규는 의자와 함께 쾅 하고 나가떨어졌다.

「거지 같은 자식!」

녀석은 적성이 좀 풀리는 낯으로 그러면서도 별안간의 결과에 당황하면서 중얼거렸다. 서규는 왼손 마디를 다쳐가지고 천천히 일어났다. 그 팔목을 주무르면서 서규는 녀석의 얼굴을 똑바로 쳐다보았다. 눈시울이 뜨거워졌다. 눈물이 그렁그렁한 눈에 녀석의 기죽은 모양이 빙글빙글 돌았다. 주르륵 눈물이 볼을 타고 흘러내렸다. 녀석의 멱살을 덥석 거머쥐었다. 목이 졸라질 정도로 꽈악 조여 쥐었다. 흙 묻은 손이 흉하게 일그러졌다. 물기가 말라 주름까지 잡힌 흉측한 손이었다. 서규는 언뜻 제 손에서 유인원의 앞발을 연상했다. 화가 곱절 치밀어 올랐다.

「안 놔? 씨팔놈자식아.」

녀석이 약간 힘을 썼다. 서규는 멱살 잡은 손에 더욱더 힘을 주었다. 그러다가 철석 녀석의 뺨을 올려쳤다. 녀석이 몸을 틀자 멱살을 탁 놓아주며 이번에는 주먹으로 녀석의 밉살스러운 얼굴을 갈겨버렸다. 녀석은 맥없이 비틀거렸다.

서규의 말대로 나무 심기에 소질이 있는 서규와 녀석과는 애당초 싸움이 되지를 않았다. 바이올린이 퍽 아까운 듯 품에 얼싸안고 있는 녀석의 얼굴을 겨냥하고 계속해서 주먹을 날렸다.

서규가 손질을 멈추자 녀석은 피아노에 기대어 색색 가쁜 숨만 몰아쉬었다.

「도도하게 굴지 마 자식아. 겨우 도레미파를 배우는 주제에. 뭐 음악실이 온통 제 것이나 된 것 같이…….」

서규는 웃으며 이렇게 말할 수 있었다.

아주 가슴 벅찬 기분으로 돌아섰을 때 녀석이 허리를 펴더니 아주 날랜 솜씨로 바이올린을 들어 서규의 머리를 내리쳤다. 바이올린이 담박 박살이 났다.

서규는 한동안 정신이 아득해졌다. 현기증이 일었다. 서규는 가까스로 돌아섰다. 녀석은 두 주먹을 부르쥐고 서규를 노려보고 있었다. 목으로 뜨뜻한 피가 흘러내렸다.

서규는 목에 흐르는 피를 훔치며 마룻바닥에 흩어진 바이올린의 잔해를 보았다. 피는 목을 타고 자꾸 흘러내렸다. 손수건을 꺼내어 상처를 눌렀다. 눈알을 디룩거리며 두 주먹을 떨고 있는 녀석을 본체만체 획 돌아서 밖으로 나왔다.

막연하나마 병원을 찾아야 한다고 생각했다. 피가 너무 심하게 쏟아지는 것 같아 뛰기 시작했다.

서규의 몸뚱아리에 생긴 상처로는 제일 큰 상처였다. 여섯 바늘을 꿰맸다. 붕대로 칭칭 감았다. 학생증을 맡기고 터덜터덜 걸어왔다. 머릿속이 곧 터져버릴 것만 같이 생각되있다.

어쩌다 이렇게 되었을까?

학교가 가까워질수록 마음이 무거워졌다. 쓸데없는 짓을 한 것만 같아 후회도 되었다.

그런 병신 같은 자식을 때려는 것으로 내 열등감을 덜어 보려고 했었구나.

쥐구멍이라도 찾고 싶을 지경으로 부끄러워졌다. 머리가 아팠다 두 팔로 머리를 안았다. 찬찬한 걸음으로 교문을 들어섰다. 수위가 무어라 고 말을 걸려다 그만두었다. 서규는 손에 흙이 묻어 있기 때문이라고 생각했다. 머리를 치료할 적에 의사도 간호부도 얼굴을 찡그렸었다. 이 흙 묻은 손만 보고는 어떤 사람이더라도 이 상처가 바이올린에 맞아서 난 것인 줄은 모를 것이다. 서규는 그만 소리 내어 웃어버렸다.

이 세상에 바이올린에 얻어맞은 사람이 몇이나 될까? 그러나저러나 자식은 돈 벌었어.

수업이 시작되었는지 모두 조용했다. 이학년 육반 교실은 더 조용한 것 같았다. 도어 옆으로 다가가자 누군가 성난 음성으로 이야기 하고 있는 것을 알 수 있었다.

「학교에서 폭력을 가르친 적이 있나? 정서교육을 받는 학생이면 상상도 할 수 없는 폭력 행위야 이건. 나서규가 이 자리에 없으니까 하는 이야긴데 이학년 학기 초부터 나는 주목해 왔어. 어쩐지 이런 일을 저지를 것만 같아서 나는 반년 동안 주시해 왔어.」

반 아이들은 무슨 비밀을 엿들은 것처럼 숙연해지고 선생님은 그거 보라는 듯이 이야기에 뜸을 들였다.

서규는 퍽 난처해졌다.

담인 선생님이 하는 이야기를 가지고 꼬치꼬치 따지고 싶은 맘은 조금도 없었다. 머릿속이 너무 혼란했다. 아무것도 생각해볼 수 없었다. 그저 아무 데나 쭈욱 발을 뻗고 들어 누었으면 좋을 것만 같았다. 아랫도리에 힘이 빠져가는 것 같았다.

「나서규가 오면 학교 당국으로서는 응분의 조처를 강구할 테지만 제군들만이라도 명심해둬 아름다운 마음을 기르기 위한 음악실에 뛰어들어가 음악반 학생을 힘이 좀 세다고 이렇게 구타하고 비싼 악기를 부수고 하는 그런 야만인은 퇴학이야. 퇴학. 지금 학교 당국서도 대단히 흥분하고 있어. 오 년 전인가? 내가 이 학교에 처음 부임했을 때도 이런 일이 한번 있었어. 음악반 학생이 연습을 하는데 말이야.」

담임선생님의 음성은 다정해졌다. 서규는 말이 길어질 것 같아 그 자리에 쭈그리고 앉았다. 벽에 등을 내고 쭈욱 허리를 폈다. 다리도 앞으로 쭈욱 뻗었다. 담임선생님이 잠깐 코를 푸는지 팽 소리가 울렸다. 그리고는 다시 이야기 소리가 들려오기 시작했다.

「항상 이 음악부 학생을 못살게 굴던 놈 있었어. 어린애처럼 샘을 냈던 거야. 그런데 어느 날 연습을 하고 있는데 들어와서는 시비를 걸고 그 음악부 학생을 구타했어. 보통 학생끼리의 싸움 같으면 학교 당국에서도 관대할 수가 있는데 음악반 학생을 구타한다는 것은 언어도단이야. 그래 그 학생은 졸업을 석 달 앞두고 퇴학을 당하고 말았어. 사실 그런 학생은 배울 자격이 없어. 가르칠만한 가치도 없는 학생이야.」

서규는 꾸벅꾸벅 졸기 시작했다. 무릎을 세우고 거기다 머리를 얹고는 금방 잠이 들었다.

잠시 후 교실이 소란해지더니 도어가 펄쩍 열리고 서규에게 얻어맞은 음악부 학생을 앞세운 담임선생님이 나왔다. 둘은 서규를 보고 깜짝 놀랐다. 담임선생님은 허리를 굽혀서 자세히 들여다보고는 서규를 확인하였다. 거기서부터 담임선생님의 머리는 갑자기 복잡해졌다. 자기가 금방 행하고 나온 훈시와 음악부 학생에다 붕대 감은 서규의 머리를 대입시키는 자기가 가르친 어떤 방정식보다도 팔짱을 끼고 고개를 갸웃이 한 채 눈만 깜박거렸다. 반 애 하나가 창문 밖으로 고개를 매고 이 모양을 보더니 교실에다 내고 뭐라고 소리를 질렀다. 아이들이 퉁탕퉁탕 뛰어나와 서규와 담임선생님을 둘러쌌다. 담임선생님은 여러 가지의 의

문을 풀기 위해서 조심조심 서규의 어깨에 손을 대었다.

「나서규 나서규.」

어깨를 흔들었다. 서규의 붕대 감은 머리가 흔들흔들했다.

· 뒷내용 없음 ·

입선

제110호 1962년 6월 18일

개교기념고교문예현상당선작품 : 시

묘지주변(墓地周邊)

· 이인수 (부산고등학교 2학년) ·

내 어슬픈 체중(體重)이
지치어 뿌리지 못한 그들의 노래 위에서
이름도 없는 슬픈 무게를 가질 때

머언데 그를 실어 갔다는 기적 소리가 있어
가슴 저미어 오는
안으로 바퀴 달린 기억(記憶)의 굴름.

무엇인가 돌아앉는 주변(周邊)에서
달빛 바래어
소복(素服)한 이슬방울이 저토록 울어 나온다는데…

아래로
체온(體溫)이 빗물 되어 고이는 지점(地點).

거기 외론 눈매들은
하나같이 풍화(風化)되어간 이야기들로 하여
하늘하늘 가슴 건너어 오는
부나비의 끝없는 춤 떼가 되었더라고.

하나씩 속으로 기어든 침묵(沈默)이
깨어진 거울의 설움을 토(吐)해
못내 서러운 하늘은 멀어만 가고

먼 훗날.—
종달이 노래를 피워 거둠 할
보람의 이랑을 위해

오늘
이토록 숱한 벙어리들의
의미(意味)로운 기도가 계속되는가.

입선

제110호 1962년 6월 18일

개교기념고교문예현상당선작품 : 시

꽃병

· 최창호 (부산상업고등학교 3학년) ·

〈 I 〉

아무것도 아닌
실(實)로 아무 형상도 아닌
그것은 무엇일까.

내 주위에는
산맥도 있고 강(江)물도 있고
더러는 빨간 꽃잎도 있다.

그러나
그것은 무엇이고
나는 무엇일까.

꽃밭이라도 좋고
응결(凝結)되어 버린 돌이라도 좋다.

아니면 승화되어 버린
어떤 체온(體溫)의 의미(意味)라도 좋을 그러나 그 속에 있는 전부(全部)는
이미 내가 아닌
그것은 굳어버린 꽃병의 자세(姿勢)

〈2〉
만일 그 속에
무엇이 풍화(風化)되어 있다면
그것은 우리들의 기억(記憶)에서
결코 사라지지 않을
아쉬운 여인(女人)들의 눈자욱으로 하여
피어나는 한 송이 향기(香氣)가 아닐까.

그 무수한 살결에서 풍겨오는
열(熱)한 눈짓들이 끝내는

하나로의 꽃병으로 융화되어 버린
그것은
흘러가는 강(江)물의 편력(遍歷).

〈3〉
꽃병은 잊어버린 우리들의 시간(時間)
그 시간(時間)을 호흡하면서

꽃병의 일부(一部)는 불귀순(不歸順) 지역(地域)에로
상실(喪失)되어 가는
그것은 공간(空間)의 어느 일점(一點)에서
떨리는 모습으로 놓여있는 것이다.

몇 날을 두고 오래고 허구한 날을
꽃병을 단지 고독의 도정(道程)쯤에서
하나로의 소조한 울음을 머금은 채
영원(永遠)의 공간(空間)을 외면(外面)한
어느 화실(畵室)에 진열된 외로운 뎃상.

그러나 우연한 순간
꽃병에다 강(江)물을 채울 수 있다면
그것은 금시에 한 송이의
원숙(圓熟)한 꽃봉오리로 깊숙이 만개(滿開)할
강(江)물의 잔잔한 미소가 된다

입선

제110호 1962년 6월 18일

개교기념고교문예현상당선작품

산

· 손풍삼 (전주고등학교 2학년) ·

돌아서
흐르는 강에

연륜이
엉키는 산.

분노의 표현을
모르는 자세는
또 하나
지난날의 미련인가.

돌아다 봐도 산.—

오는 날을
발버둥 치는

꽃망울은

망울진 채,

한 점

태양이
할퀴는 바위에

꽃은 피는데,

그 점을 두고
구비치는
흐름 위에

세월은
산 앞에
항복한다.

산에서
나는
풍만한 가슴으로 안아본다.

본시

그것은

흐르지 않는 강이었다.

(맥랑시대 동인)

당선

제110호 1962년 6월 18일

개교기념고교문예현상당선작품 : 수필

손

· 이상열 (전주고등학교 2학년) ·

사람이 사람으로서의 거의 모든 활동은 손이 해준다고 해서 과언은 아닐 게다. 밥 먹고 옷 입고 잠자는 일은 물론이고 글을 쓴다든가 기계를 다룬다든가 투표용지에 붓깍지를 찍는다든가 분을 바르고 루즈를 칠하는 등 모든 문명인의 행동에 이 손이 긴요한 것도 말할 것 없다. 심지어는 쓰리꾼, 도박꾼에게도 필요한 것은 이 고도로 숙련된 손일 것이고 좀 고상하지 못한 생각이지만 변소에서 뒤처리하는 데까지도 이 손은 쉬는 때가 없다. 인간이 불을 발명해서 동물과 구별되느니 언어를 사용함이 그렇다느니 하지만 손을 쓴다는 것은 인간이 인간다워지는데 제일 중요한 것이 아닐까 생각한다.

지금 내 눈앞에는 나의 바쁘던 손이 편히쉬어의 자세로 누워있다. 손이 쉬는 시간이 건 모든 인간사를 떠나 잠시라도 명상에 잠기는 시간이다.

나는 이렇게 손을 멍하니 바라보고 있는 시간을 좋아한다.

낯선 곳에 손님이 되어 갔을 때나 재미없는 수업시간 앉아있기가 무료하면 가만히 놓여있는 손을 바라보고 거기서 참말 내가 모르고 있던 사실을 많이 발견하는 것이다.

나는 살갗에 그려진 모든 불규칙한 잔주름의 추상회화를 감상하기도 하고 무수히 뚫어진 땀구멍과 털구멍의 배열상을 바라보고 하나둘 세어보기도 하고 손을 비스듬히 세워 살갗에 솟은 무수한 털들의 원시림의 장관을 바라보고 감탄하기도 한다. 또는 이 잔털에 침을 발라 싹 한 쪽으로 젖히기도 하고 다시 방향을 바꾸어 이쪽으로 젖히기도 한다. 그럴라치면 오뉴월 볏논의 모가 바람 부는 대로 휩쓸리는 광경을 연상케 할 때도 있다. 그것도 싫증이 나면 나는 손톱 밑에 끼인 때꼽을 파내고 가루라도 찾을 듯이 세밀하게 분석하기도 한다.

때로는 이렇게 손등을 훑어가다가 여러 가지 흉터를 발견하기도 한다. 그러면 나는 서랍 속에서 전혀 예기치 않던 십 환짜리 동전을 발견하는 때처럼 기뻐진다. 서랍에다 넣을 때는 나중에 쓰려니 했던 것을 시간이 지나는 동안 잊어버리고 다시 발견되면 전연 내 돈 같지 않듯이 나는 내 손에 분명 남아 있는 상처의 기억을 되살리느라고 애쓴다. 이것은 언제 무엇하다 찔린 것이고 이것은 작년 여름 부스름 난데고 또는 손가락 마디에 동상이 걸려 푸르스름한 손마디 살갗을 전혀 탄력성도 없이 천천히 풀려 원상 복구를 한다. 이 짓도 싫증이 나면 나는 펜을 들어 손들의 무수한 잔주름의 선을 따라 도시 계획도 해보고 국토 개발사업 설계도 해본다.

이렇게 내가 내 손등을 관찰하는 것은 아메리카 대륙을 발견하는 콜럼버스나 북극탐험을 하는 아문젠이나 실험관 속에서 세상을 잊는 뉴우톤이나 아인슈타인의 기분에 견줄 만하다.

하지만 탐험이나 실험이 끝나 신대륙이며 새로운 진리를 알아냈다고 해서 그들은 거기에 만족지 않는 법이다. 더 미지의 세계를 더 신비의 세계로 끊임없는 연구와 탐험이 있는 것이다.

나 역시 손등의 관찰이 끝나면 곧 시선을 돌려(자세히 말하면 손을 뒤집어) 손바닥을 본다.

여기는 손등보다는 기복이 작고 단조한 평야지이지만 이곳은 이곳대로 나를 철학적인 경지로 이끌어주는 더 심오하고 신비로운 곳이다.

×

손금을 보고 인간의 운명을 예지한다는 것은 어느 면 일리가 있는 것 같다. 나는 미신 같은 것은 믿지 않지만 만일 사람의 운명이 사람의 어느 부분에 표시되어 있다면 그것에 최적 당한 곳은 손이 되어야 할 것 같다. 왜냐하면, 모든 사람의 귀천과 행 불행을 판가름한다고 할 수 있는 작업의 구별은 곧 손의 하는 일이 다름을 의미하기 때문이다. 괭이를 잡고 씨 뿌리는 농부며 노 젓는 사공이며 도장을 쾅쾅 내리찍는 장자(長字) 붙은 나으리며 감언이설을 토하고 책상을 내리치는 국회의원의 주먹이며, 생각하면 이 손이 어떻게 쓰였느냐에 따라 사람들은 큰 차별대우를 받아온 것 같다. 그러니 사람의 운명은 곧 이 손의 운명이요 손의 운명이 표시된 것이 어찌 손에 있지 않고 다른데 있을 것인가.

나는 수상쟁이에게 내 손금을 보인 일도 없고 보려 하지도 않는다. 수상쟁이 따위를 믿지 않는 탓도 있지만 그런데 돈 쓰기도 싫다. 한번 정해진 운명이라면 그것을 알았다고 고칠 수도 없는 일일 것이고 불길한 일이라도 있을 것이라면 괜히 기분만 나쁠 것이기에 그렇다. 하지만 나는 나대로의 손금을 보는 수가 있다. 아무 금이라도 재산선 생명선 등 붙여놓고 길이도 재보고 끊어진 곳에는 펜 끝으로 다리를 놓아 보고 주름을 세어 장가는 몇 살에 가고 아들은 몇을 낳고 이렇게 하다 보면 나는 내가 나 좋을 대로 손금을 해석하고 있음을 발견한다. 그따위 손금이 무슨 소용 있으랴 나는 다른 생각을 하기 시작한다. 십칠 년간 내 손은 어느 곳에 쓰였으며 또 앞으로 어떻게 쓰이게 될 것인가 하고 생각하면 이 가냘픈 손은 그 좋은 싸움 한 번 못했다. 그러니 남을 쳐본 일이 있을 리 없다. 말썽 많던 개구쟁이 시절이며 젠체하던 중학 시절까지도 밥 먹고 똥 싸는 남도 으레 하는 일 외에는 별로 뚜렷하게 한 일이 없는 것 같다. 남을 때린 일도 없고 단상에 올라 책상을 치며 열변을 토한 일도 없는 나는 이 평범하고 선량한 손을 사랑하면서도 이런 생활에 탈피하기를 원한다. 좀 더 남다르게 훌륭한 일을 하고 싶어 한다.

내가 죽는 순간까지 잘났다고 책상 치는 일도 남을 모함하는데도 이 손이 쓰이지 말기를 빌고 좀 더 선량하고 아름답게 살자고 다짐하면서 내 여태 글씨 쓰느라고 애쓴 오른손의 피로를 풀어주어야 하겠다.

1등

제110호 1962년 6월 18일

개교기념고교문예현상당선작품 : 웅변

호박꽃사랑

· 이건수 (논산농고교 2학년) ·

「얘, 순아, 정말 너 서울 갈운래?」

「응, 오늘 저녁 밤차로 떠나기로 했어.」

「순아, 정말로 가지 않으면 안 되니?」

「응, 나도 이렇게 호박꽃 피어 있는 내 마을을 떠나기는 싫어, 그렇지만 이렇게 굶어 죽을 수는 없잖아.」

「그럼 수(洙) 잘 있어. 응?」

마지막 한 마디 작별의 여음을 남기고 아니 너의 잔뼈와 조상의 얼이 묻어 있는 내 향토! 호박꽃 피는 내 마을을 떠나간 순아, 붉게 타오르는 행낭골 산마루에 저녁노을과 함께 사라져가는 너의 뒷모습을 보고, 잘 가라는 말 한마디 없이 나는 한 없이 울었단다.

「순아! 왜 이다지도 우리 농촌은 못 산단 말이냐?」

조상의 피와 살이 엉킨 내 농촌은 왜 쌀을 만들어내는 생산자가 되면서도, 굶주린 창자를 움켜쥐고 아우성치지 않으면 안 된단 말이냐? 소리쳐 외쳐도 고함쳐 불러 봐도 돌아오지 않는 메아리처럼 영원히 가버린 2년 전! 그러나 「사람 팔자 알 수 없다」는 영화제목과 같이 천대와 멸시를 받아오던 우리 촌놈 핫바지도 사람의 구실을 지게 되었으니 여러분도 기억에 새로운 일 년 전 오늘 싸늘한 새벽 공기를 뚫고 우렁차게 울려 나오는 재건의 나팔 소리는 「광명」의 새날을 약속했던 것입니다. 누구보다도 현명하신 여러분! 돌이켜 이 자리에서 지나간 때 묻은 역사의 한 페이지를 더듬어 살펴보건대 역사의 수레바퀴가 지축을 뒤흔들면 춘사월 열아흐렛날! 휘몰아치는 독재의 발굽 아래 우리는 얼마나 외쳤던가. 지난 십이 년 동안 독재의 발자취를 빈곤과 기아에서 허덕이는 우리 농민을 얼마나 고함쳐 불렀던가? 지금부터라도 잘살아 보자고 손에 책가방을 들고 차가운 아스팔트 선지피를 뿌린 핏 자국 위에 제2공화국을 세워 새 나라의 주인을 뽑아 국회에 보냈더니 올챙이가 커서 개구리가 되면 올챙이 생각 못 한다는 듯 우리 농민의 흙 묻은 손에 손을 잡고 잘하겠다고 약속하던 그들이 일단 국회의원에 당선되니 하라는 정치는 골방에다 가둬두고 수 천만 환의 선거비용을 빼기 위하여선 우리 농민의 피와 살을 갈아 가지 않으면 아니 되었고 정치 욕에 시뻘건 그들은 「너는 민주당 나는 신민당 소장파 구파 신파 양파 기당파 골파」 이루 헤아릴 수 없는 당을 지어 누가 쓰다 남은 찌그러진 감투라도 써 보자고 대가리야 터지라고 갈빗대야 부서져라 신성한 국회의사당은 때아닌 감투시합장으로 돌변하고야 말았으니. 여러분! 진실로 나의 사랑하는 순이를 서울에 보내게 한 자 누구이며 호박에 말뚝 박은 자 과연 그 누구였단 말입니까? 정열에 넘치는 「동포 여러분!」 그러나 하늘이 무너져도 솟아날 구멍이 있다는 옛말과 같이 지난 5월 16일 새로 재건의 함마 소리는 고이 잠든 이 나라를 울리었던 것이니 오직 부패하여가는 내 나라를 바로 잡고자 아니 배고픔과 헐벗음에 아우성치는 민생고를 시급히 해결하겠노라고 대한의 용사들은 분연히 일어났던 것입니다. 이와같이 역사적인 5 · 16 일주년을 맞이하여 내 고장에 내 향토를 위하여 일어날 지니…….

첫째로 우리는 현 국가 시책에 따라 자기의 맡은 바 책임을 완수하여 보다 나은 내 고장을 이룩해내야 할 것입니다. 지금 우리는 국가 재건 5개년 개발이란 커다란 과업을 앞에 놓고 특히 중농정책을 부르짖고 있는 현재 아직도 정신을 차리지 못하고 허황 방탕하다면 아니 232억 환이라는 막대한 영농자금을 방출하여 재생의 길을 찾아야 할 우리가 막걸리 값이 생겼다고 눈에서 술찌정이 냄새가 나도록 취하고 또 취한다면 다시금 이 나라는 암흑의 황무지를 이룰지니 우리는 오늘의 이 현실을 냉정히 비판하여 덴마크보다 더 좋은 「코리아」 천국을 이룩합시다.

둘째로 우리는 허의 허식을 버리고 보다 나은 내 고장을 위하여 땀 흘리는 일군이 되어야 하겠습니다.

과거 우리는 놀고먹는 것만이 충청도 양반으로 자랑해왔던 것이기 제가 지난여름 논산군 벌곡면에 갔을 때 일입니다. 때마침 비가 와서 동리 청년들과 같이 이야기를 하고 있으려니,

「아! 자네 참 장사네」하는 소리로 내 뒤를 돌아다보니 한 27, 8세 되는 청년이 들어왔습니다.

그때 저는 생각하기를 그래도 뚝배기보다 장맛이다고 봄에는 어떻게 적다리마냥 시원찮게 생겼지만, 기운이 얼마나 세어서 장사라고 하나 하고 보았더니 아 여보게 글쎄 어젯밤 백 알을 일곱 도꼬리 먹고도 아무렇지도 않으이 무얼 오면서 석 잔 했지 하고 자랑하는 것을 볼 때 진실로 이 나라의 백년대계를 위하여 통탄의 눈물을 금할 수가 없었더란 말입니다.

셋째로 우리는 흙의 교훈을 배웁시다. 흙! 이 흙은 절대 불멸의 교훈

이니 이 흙에 콩 심는 자 콩 나고 팥 심으면 팥 나며 노력하는 자에게는 더 큰 수확을 땀 흘리는 자에겐 땀의 대가를 보답해주는 것이니 이 흙과 더불어 쟁기를 굳게 쥐고 검은 흙을 헤칠 때 재건의 열매는 무르익어갈 것입니다.

「애국, 애국에 불타는 여러분」

이제 빛 잃은 유성은 시들었습니다. 찬란히 빛나는 햇빛이 온 누리에 길이 비칩니다. 이 샛별이 기울기 전 이해가 떨어지기 전 펜을 든 공무원들 직장에서 함마들은 노동자도 공장에서 나를 위해 내 향토를 위해 아니 우리 자손을 위해 노력과 땀을 아끼지 맙시다.

「대한의 힘찬 젊은이들이여!」

그네들의 그 억센 팔다리 무쇠 같은 그 어깨 어디에 쓰려고 하느냐? 삽과 괭이를 들쳐메고 대동강 굽이치는 평양으로 떠나지 않겠는가?

「자 가자. 삼돌이도 곱단이도」

이렇게 되는 날 호박꽃 피는 내 마을에 보기도 아름다운 호박이 주렁주렁 열릴 것이며 서울에 간 순이도 되돌아와 달콤한 사랑을 속삭여 볼지니.

2등

제110호 1962년 6월 18일

개교기념고교문예현상당선작품 : 웅변

학생의거와 우리의 각오

· 양동현 (태인고등학교 1학년) ·

조각배가 앞으로 나아감은 뱃사공의 손에 달렸다고 할진대 일개 국가의 발전은 그 나라 청년(靑年) 그 나라 학생(學生)들의 손에 달렸다 아니할 수 없는 것입니다.

한 목표(目標)를 향하여 쏜살같이 달려야 할 조각배의 사공이 노를 젓지 않고 때아닌 낮잠을 자고 있다면 그 조각배는 앞으로 나갈 리 만무할 것이요. 아니 전진은 고사하고 일대 풍랑에 봉착하여 영원한 개죽음의 지옥으로 빠진다고 하는 것이 하나의 엄연한 사리라면 일국가(一國家)를 놓고 살펴볼 때 어느 때 그 어느 시대를 막론하고 그 나라 청년(靑年) 그 나라 학도들이 일정한 목표(目標)를 향하여 활개 치는 독수리와 같이 씩씩하게 전진할 때 그 나라는 비로소 비약적인 전진을 가져오게 될 것입니다.

국가의 동맥이요 민족의 심장인 청년학도들이 모두 얼빠진 눈을 휘둥그러며 뜬 허수아비 산송장이 될 때 그 나라의 발전은 고사하고 마침내는 타국의 발굽 아래 짓밟히고 말 것입니다.

친애하는 동포 여러분!

잠깐 시야를 돌려 꿈속에서도 잊지 못할 4 · 19, 1960년 4월 19일 나어린 청년(靑年) 학도들이 아니 우리의 어지신 형님과 누나 사랑하는 내 아우들이 뿌려놓은 청운의 피! 그 피는 다름 아닌 독재와 부정 구악과 부패를 여지없이 송두리째 뽑아버리고 말았던 것입니다.

그러나 우리의 형님과 누나 사랑하는 아우들이 뿌려놓은 피의 대가로 굴러온 복바가지를 받아 드린 소위 애국 애족한다던 정치인들은 어떠한 정치를 우리에게 베풀었습니까?

민주당이다. 신파다 구파다. 너는 그르고 내가 옳다는 등 그들은 또다시 사리사욕과 감투싸움에 눈이 어두워 부패와 무능 무질서와 혼란 굶주림과 헐벗음 속에 몰아넣고 말았던 것입니다.

길이길이 누릴 줄 알았던 그들의 불의에 찬 집권 영원히 영원히 감투싸움이 전개될 줄 알았던 그들의 만행은 뜻하지 않은 5 · 16쿠데타를 초래하고 말았지 않았습니까?

오늘의 온 삼천만이 원하고 그리워했던 평화의 종소리가 바로 5 · 16 쿠데타인 것입니다.

속담에 땅은 비가 와야 다져진다고 했습니다마는 이 나라 이 민족이 잘살기 위하여서는 연이어 오는 고귀한 명(命)과 피를 흘려야만 한다는 말입니까? 아니 자주 있는 정치적 혁명만이 우리 민족이 잘살 수 있는 터전을 마련해 준다는 말입니까? 결코 그렇지는 않을 것입니다.

속담에 가지 많은 나무 바람 잘 날이 없고 치고 박고 조반 늦다는 말이 있지 않습니까?

저는 생물학(生物學)을 잘 알지는 못합니다마는 나무란 뿌리의 영양소 흡수량에 알맞은 가지가 있어야만 그 나무는 충실히 자랄 수 있는 법이요, 불필요한 가지만 많아서야 어찌 그 나무가 잘 자랄 수 있겠습니까?

그렇습니다. 우리의 국가 우리의 민족이 잘살 수 있다는 것은 자주 있는 정치적 혁명만이 아니요 뒤이어 일어나야 할 거족적인 마음의 혁명인 것입니다.

「마음부터 혁명하여 알뜰한 금수강산 닦고 빛내자」 이 한 소리는 동포 여러분들의 긴급한 동의인 것입니다.

그러면 마음의 혁명이란 과연 어떠한 것일까요.

첫째 노력하는 마음을 갖자는 것입니다. 학생은 학창에서 공무원은 관공서에서 농군은 일터에서 기술자는 공장에서 제각기 맡은 바 사명에 다 해야겠습니다.

둘째 건전한 생활(生活)을 하자는 것입니다. 셰익스피어는 말하기를 네 자신의 양심의 말소리에 충실하라 했습니다.

그것이 바로 다름 아닌 자아 완성의 첫걸음인 것입니다. 우리는 양심을 거울삼아 건전한 생활을 해야겠습니다.

마지막으로 죽음을 어떻게 하느냐!

죽음을 어떻게 말하느냐!

호사유피 인사 유명이라는 말이 있지 않습니까? 호랑이는 죽으면 가죽을 남기고 사람은 죽으면 이름을 남긴다는 말입니다.

인간이 어떻게 죽느냐에 그 인간된 가치는 좌우될 것입니다. 그러면 우리는 어떠한 죽음을 할 것인가, 죽음으로 말미암아 독재는 무너졌던 것입니다. 죽음으로 말미암아 이 땅 위엔 광명(光明)이 온 것입니다.

만약 나이 어린 학생들의 죽음이 아니었더라면 오늘날 이 땅 위엔 붉은 마수의 손이 뻗치고 말았을 것을 그 누가 부인할 수 있겠습니까?

얼마나 고귀한 죽음이었습니까!

얼마나 가치 있는 죽음입니까!

대 과학자 갈릴레오는 그의 지동설에 의하여 종교적 재판을 받을 때 가지가지 위협을 받았으나 그의 신념은 죽음을 각오하며 오오 이 순간에도 지구는 돌고 있다라고 외쳤던 것입니다. 우리도 그와같이 정의와 인도를 위하여서는 죽음을 두려워하지 말아야 되겠습니다.

만장에 계신 동포 여러분!

우리는 올바른 죽음을 선택하여 오직 조국과 인류를 위하여 바칠 수 있는 각오를 다시 한번 굳게굳게 다짐합시다.

국가와 민족이 영원히 번영할 터전을 마련해야 할 때도 바로 이 때요. 국위를 세계만방에 빛낼 때도 바로 이때인 것입니다.

방방곡곡에서 우렁차게 들려오는 재건의 망치 소리에 서로서로 힘을 모아 4 · 19와 5 · 16쿠데타 이념 드높여 국가 재건에 총진군합시다.

제7회

문예상

•

1957~1969

당선

제141~144호 1963년 6월 10일~1963년 8월 12일

제7회 고교 현상 문예 : 소설

바람과 모래

· 한윤이 (전주영생고교 1학년) ·

구(현우) 선생은 간혹 우리 앞에서 많은 이야기를 늘어놓는 때가 있었습니다. 그렇게 많은 이야기는 아니었지만, 평소에 좀처럼 말이 없으신 구 선생이었고 보면 어쩌다가 내놓은 말이 많은 이야기처럼 우리에게 전해져오는 것이었습니다. 그가 하는 이야기란 대부분이 문학에 관한 이야기였습니다. 또스또에프스키니 해밍웨리니 카프카니…그들의 작품과 전기였습니다만 우리들은 언제나 흥미 깊게 들을 수 있었습니다. 들려주는 이야기 그 자체보다도 구 선생에 대한 흥미가 더 많았던 것인지도 몰랐습니다. 그리고 구 선생은 폴랜드의 작곡가 쇼팽에 대한 이야기를 종종 들려주곤 했습니다. 조국을 뒤에 두고 파리를 향해 떠날 때 흙 한 줌을 갖고 떠났다는 것과 그를 버리고 떠난 상드라는 여인 때문에 쉽게 죽는 원인이 되었다는 이야기 등 쇼팽에 대한 조예가 남달리 깊은 것 같았습니다.

한 달 전의 어느 날이었습니다. 아직 시작종이 울리기 전의 작문시간이었습니다. 나는 조용히 제 자리에 앉아 새로 부임해온 작문 선생님을 기다리고 있었습니다. 작문 선생이라는 데 대해 나는 어떤 기대와 흥미

를 느끼고 있었던 것입니다. 이건 나 뿐은 아니었습니다. 반 학생들 모두 나와 같은 마음으로 웅성거리며 새로 오는 작문 선생을 기다리고 있었습니다. 으레 새로 오신 선생은 학생들에게 적지 않은 기대를 가져다 주었고 화제를 만들어 주기 마련이었습니다. 그리고 학생들은 별명을 붙여주는 것입니다. 선생들에 따라 별명도 제각기 달랐습니다. 애기, 원숭이, 니그로, 병아리, 호랑이…저마다 학생들이 붙여준 별명을 지니고 있지 않은 선생들은 없었습니다. 물론 학생들만이 통하는 ㅇ·네임이었습니다.

(지금 오실 작문 선생은 어떤 별명을 받게 될까?)

하고, 생각하는 참인데 도어가 열리며 기다리던 작문 선생이 교실 안에 나타났습니다. 교실 안은 이 새로 오신 작문 선생의 출현으로 물 끼얹은 듯 조용해졌습니다.

나는 고개를 들어 교탁 앞에 선 작문 선생을 바라보았습니다. 순간 나는 작문 선생의 나를 바라보는 시선과 맞부딪쳤습니다. 그렇게 느껴졌을 뿐입니다. 왜냐면 선생의 전체의 모습은 뭔지 모르리만큼 다사롭게 나의 가슴을 파고들었던 것이었습니다. 나는 조용히 선생의 생김을 관찰하기 시작했습니다. 작지도 크지도 않은 적당한 키였습니다. 좀 덥수룩이 자란 듯한 머리, 창백한 듯한 강마른 얼굴이었습니다. 그리고 작업복처럼 보이는 수수한 옷차림이었습니다. 나의 마음을 동요시켰던 건 그의 표정이었습니다. 선생의 표정은 쓸쓸함과 거기에 지극히 다사로운 인자함이 깃들어 있었던 것입니다.

(좋아, 참 좋은 선생인데…)

나는 이렇게 입속으로 뇌이고 있었습니다. 그러나 무엇이 어떻게 좋은가를 모르고 있었습니다.

작문 선생은 출석을 부를 생각도 않고 휘 학생들을 한 바퀴 둘러보더니, 흑판으로 돌아서,

—구(具) 현(玄) 우(雨)—

라고 분필로 크게 써 놓는 것이었습니다. 나는 작문 선생의 이름이 구현우라는 걸 알아내었습니다.

구 선생은 학생들을 바라보는 것도 아닌, 그렇다고 어느 한 곳을 바라보는 것도 아닌 시선으로 입을 열었습니다. 선생은 창밖으로 시선을 향한 채 말을 꺼내고 있었습니다. 극히 조용한 음성은 학생들이 호흡하는 숨소리조차 들릴 정도였습니다.

「오늘부터 나는 여러분들의 작문을 지도하는 입장에 서게 서로 협조하며…되었습니다. 함께 노력하도록 해요」

라는 이야기로부터 시작하여 작문에 대한 초보적인 이야기를 간단히 설명하는 것이었습니다. 그리고 한동안 침묵을 지키다가

「오 영미라는 학생이 누구지?」

나는 얼른 고개를 숙이고 말았습니다.

(어떻게 내 이름을 알았을까?)

학생들은 모두 나에게로 시선을 돌렸습니다. 나는 귀밑이 빨개짐을 느꼈습니다. 후에 일았지만, 국이 선생이 나를 구 선생한테 소개할 것이었습니다.

구 선생은 나를 향한 학생들의 시선으로 오영미가 나라는 걸 알고 말았습니다.

「오영미 고개를 들고 일어서봐요.」

나는 자리에서 일어서지 않으면 안 되었습니다. 고개를 숙인 채로, 다음 구 선생의 음성이 나의 귀를 울렸습니다.

「학생이 문예반장인가?」

「네.」

라고 가느다랗게 대답하고는 나는 구 선생을 바라보았습니다. 구 선생은 이 수줍은 학생을 물끄러미 바라보는 것이었습니다. 나는 선생의 시선이 퍽 강렬한 빛을 품고 있다는 걸 느꼈습니다.

(삼학년이 있는데 어찌 이학년 학생이 문예반장이 되었을까)

구 선생은 혼잣말처럼 중얼거렸습니다. 여전히 그 강렬한 시선은 나를 향한 채였습니다.

「영이 막 젤이에요」

누군가가 이렇게 대답했습니다.

이날 다섯 시간의 수업이 끝난 방과 후였습니다. 문예 교실은 본관 이층 모퉁이에 자리 잡고 있었습니다. 여기에 들어서 창문을 열면 저 앞으로 보이는 해변의 풍경이 여간 좋은 것이 아니었습니다. 교사는 해변이 환히 보이는 곳, 높은 지대에 위치하고 있었던 것입니다. 여느 날처럼 교실은 고요한 자기만의 분위기를 자랑하고 있었습니다. 나는 이 문예 실을 사랑하며 여간 좋아하지 않았습니다. 내가 문예반장이라는 것도 있었지만 나는 조용하고 아늑한 분위기를 간직한 이 교실이 그지 표현할 수 없도록 좋았습니다.

긴 테이블이 두 개 교탁 옆으로 아담한 석고가 문예 실이 가지고 있는 전부의 재산이었습니다. 그리고 문예반원들과. 지금 이것들은 새로운 주인을 맞으려 하고 있는 것입니다. 나는 문예 실을 찾을 구 선생을 생각하고 손댈 것도 없는 테이블과 서고를 부러 손을 써 정리했습니다. 새로 오신 지도 선생에게 좋은 인상을 주고 싶었던 것입니다. 서고엔 겨우 일곱 권에 가까운 문학 서적들이 정연히 정돈되어 있었습니다. 빈한할 우리 학교로선 그래도 많은 책이 아닐 수 없었습니다.

할 일이 없게 되자 나는 창 앞으로 다가서 유리창을 열었습니다. 싸아악 갯벌에서 불어오는 시원한 바람이 감미롭게 나의 전신을 싸고돌았습니다. 나는 저 앞으로 보이는 갯벌을 바라보았습니다. 거기엔 작고 큰 닻을 단 배, 똑딱 배… 여러 모형의 배들이 떠 있었습니다. 고기잡이 배들이었습니다. 그리고 해변엔 부둣가에 사는 어린이들이 흙장난하며 놀고 있는 것이 보였습니다.

그것들을 보며 나는 언제나처럼 옅은 슬픔에 잠겼습니다. 그것들은 나를 슬프게 만드는 것이었습니다. 고기를 잡아내는 사람들, 거기엔 수염이 검슬검슬난 나의 아버지도 섞여 있는 것입니다. 그리고 해변에서 노는 여러 어린이……. 그들은 말 못 할 비극을 안고 있었습니다. 이 지방 사람들 모두 고기잡이로 살아가고 있었습니다. 거의 다 빈궁한 사람들이었습니다. 밀려오는 고기떼를 잡기 위해서는 멀리로 배를 몰고 나가지 않으면 안 됩니다. 그러다가 풍랑을 만나면 배가 파손되고, 홀몸으로 돌아오는 사람들도 있었고 표류하여 타지방에 정착되는 사람들도 있었고, 영 돌아오지 않는 물고기의 밥이 되는 사람들도 적지 않았습니다. 이들은 이곳을 떠나는 것을 원합니다. 달이 지면 다시 숙명처럼 바다를 향해 나가는 것입니다. 이것이 이곳 사람들의 변함없는 생활이었습니다.

나는 더 먼 곳으로 시선을 주었습니다. 바닷물결이 넘실거리고, 아득히 펼쳐진 수평선이 보였습니다.

이때 도어가 밀리며 구 선생이 들어섰습니다. 나는 돌아섰습니다.

구 선생은 구석구석까지 감상이라도 하는 듯 실내를 살펴보는 것이었습니다. 그리고 입을 열었습니다.

「참 조용한데…」

「네. 그래요」

나는 대답했습니다.

「조용해서 좋아. …오영미 이리 가까이 와요.」

구 선생은 흡족해하시는 것 같았습니다. 나는 구 선생이 권하는 의자에 테이블을 사이에 두고 앉았습니다. 구 선생은 창백한 얼굴이었으나 매우 조용한 표정이었습니다.

「학생이 바로 오영미였군. 〈엄마의 노래〉라는 작품 잘 되었던데…」

곧 나는 구 선생이 꺼낸 말을 알 수 있었습니다. 그것은 작년 겨울 학생 잡지에서 현상 모집한 전국 남녀 중고교생 문예 작품에 내가 쓴 〈엄마의 노래〉라는 작품이 당선된 것이었습니다. 나는 얼굴이 빨개졌습니다.

구 선생은 여러 가지 말을 물었습니다.

「문예반원은 모두 몇이지?」

「여덟 명밖에 없어요.」

가까스로 나는 대답했습니다. 부끄럽기도 했습니다. 왜냐면 각 반에서 문예반이 가장 적은 수였기 때문이었습니다.

구 선생과 이야기를 하는 동안 나는 오래 사귀어 온 스승처럼 그가 친숙하게 느껴졌습니다. 나는 구 선생의 얼굴을 오래 똑바로 바라볼 수가 없었습니다. 나를 보는 구 선생의 시선이 너무 강하게 느껴졌던 것입니다. 구 선생은 나의 얼굴에서 무엇인가를 찾아내려 하는 것 같았습니다.

구 선생이 문예반을 담당한 뒤로 우리 문예반은 활기를 띠기 시작했습니다. 그동안 중단되었던 월간으로 나오던 학보 〈소라껍질〉이 복간되어 문예 단원들의 활동을 돋구어 주었습니다. 우리로선 여간한 기쁨이 아니었습니다.

좀처럼 말이 없는 구 선생도 어쩌다가 우리 앞에 여러 가지 이야기를 들려주고 했습니다. 간혹 구 선생은 물끄러미 나를 바라보고는 하는 것이었습니다. 나는 이런 구 선생이 공허하게 보이는 때가 많았습니다. 그실 그는 고독한 인상의 소유자였습니다.

얼마 안가 나는 자연스럽게 구 선생과 이야기를 주고받을 수 있었습니다. 구 선생은 유독 나만을 귀여워하는 것 같았습니다. 내가 안 것은 구 선생은 고향이 서울이라는 것, S대학 국문과를 삼 년 전에 졸업했다는 것, 스물아홉 살의 시를 전공하는 것이라는 것뿐이었습니다. 어째서 바닷물이 넘실거리는 이곳 벽지로 자진 찾아온 것인지는 아무래도 몰랐습니다. 종종 나는 문예 실에 앉아 원고용지를 앞에 놓고 창밖 저쪽으로 보이는 갯벌을 바라보며 시를 쓰고 있는 구 선생의 모습을 보곤 했습니다.

그날도 내가 문예 실을 찾았을 때, 구 선생은 펜을 든 채 창밖을 바라보며 앉아 있었습니다. 무엇인가를 생각하고 있는 모양으로, 내가 들어선 것도 그는 모르고 있었습니다.

나는 조용히 그쪽으로 걸어갔습니다.

「아, 영미」

내 발걸음 소리에 나를 발견한 구 선생은 이렇게 입을 열었습니다.

「잘 왔다. 그러잖아도 나는 영미와 이야기를 하고 싶었는데…」

테이블 위엔 쓰다 만 원고지가 놓여 있었습니다. 그리고 또 나는 이상스러운 걸 보았습니다. 원고지와 함께 한 줌의 모래가 유지 위에 놓여 있는 것이었습니다 (모래를 어디다 쓰려는 것일까?)

하얗게 변한 모래가 유지 위에 놓여 있는 것이 나에게 이상스러운 생

각을 가져다가 주었습니다

「선생님 이 모래는 어디에 쓰려는 것이에요?」

나는 물었습니다. 그러자 구 선생은

「아, 이거 말이지…」

하고 어쭙잖은 기색으로 유지에 모래를 싸 당황히 아래 호주머니 속에 밀어 넣는 것이었습니다.

「앉아라ㅡ」

이상하다, 하는 생각이었으나 나는 물어볼 용기가 나지 않았습니다. 구 선생은 뭔가를 숨기고 있는 것처럼 보였고 나는 그걸 굳이 캐묻고 싶진 않았습니다.

구 선생은 창밖으로 시선을 돌렸습니다. 나도 구 선생을 따라 창밖을 바라보았습니다. 갯벌에서 일어오는 감미로운 바람, 바다 위의 고기잡이 어선들. 어제와 변함없는 풍경이었으나 그것들이 슬픔을 일깨워 주는 건 변함이 없었습니다. 나는 구 선생을 보았습니다. 무엇을 생각하고 있을까? 구 선생은 좀 전의 그 모래를 생각하고 있는 것이라고 여겨졌습니다. 모래와 구 선생. 이것이 어떤 관계를 맺고 있을까?

「영미는 여길 떠나고 싶지 않나?」

구 선생이 물었습니다. 나는 뭐라고 냉큼 대답할 바를 몰랐습니다. 떠나고 싶기도 하고 그렇지도 않은 것이 이제까지의 나의 마음이었습니다. 그러나 막상 떠난다고 한다면 나는 떠나지 못할 것 같았습니다. 저 바다와 고기잡는 사람들과 그리고 어린이들을 떠나선 아무 데서도 살지 못할 것 같았습니다. 보이지 않는 비극을 안고 있는 그들과 나는 떨어질 수 없는 애틋한 정을 느꼈고, 그들과 함께 언제나 살아야 할 것만 같은 생각이었습니다. 이것은 나의 아버지 때문인 줄도 모릅니다. 어릴 때부터 아버지는 어부였고 나는 어부의 딸이었습니다. 나는 바다에서 벌어지는 슬픈 일을 볼 때마다 이곳을 떠나야겠다고 마음먹은 적이 한두 번은 아니었습니다.

「아버지 우리 여길 떠나 살아요」

이렇게 말하면 아버지는 으레 다음과 같은 말을 중얼거렸습니다.

「그래. 떠나 살아야지. 우리 영미를 위해서라도 떠나 살아야지」

아버지는 슬픈 얼굴로 내 등을 두드려주는 것이었습니다. 그럴 때마다 나는 피잉 눈물이 돌곤 했습니다. 끝내 나는 눈물방울을 떨어뜨리고 마는 것이었습니다. 아버지의 마음을 나는 잘 알고 있었던 것입니다. 아버지의 슬픔을 나는 알고 있었고 떠나지 못한 이유를 나는 알고 있었습니다. 아버지는 어디론가 사라져버린 어머니를 애타게 기다리는 것이었습니다.

어머니만 내 곁에 계셨던들 아버지는 벌써 이 해변을 떠났을 줄도 모를 일이었습니다. 그러나 어머니는 영, 지금까지 돌아오지 않았던 것입니다.

내가 다섯 살 때의 봄이었습니다. 그때를 지금도 나는 잊을 수 없었습니다. 잠자리에서 어머니를 나무라며 흐느껴 우시는 아버지를 종종 나는 보고는 했습니다. 어머니는 간혹 사나운 얼굴로 큰소리를 칠 뿐이었습니다. 이런 일이 여러날 계속되었습니다.

그런 이른 봄 어느 날 아버지와 어머니를 따라 집을 떠났습니다. 외갓집을 가는 것이었습니다. 생후 처음으로 나는 기차를 타보았고, 해변을 떠난 세계는 어린 나의 눈에 신비롭게 신기하게만 보였습니다. 이틀을 걸려 기차에서 내린 곳은 전라도 전주라는 도시였습니다. 여기서 또 버스를 타고 오십 리 길을 더 들어가야 했습니다.

외갓집의 처음 생활은 참 즐거웠었습니다. 그러나 나는 어서 해변으로 가고 싶었습니다. 아버지와 어머니는 종종 집에서와같이 말다툼을 하시곤 했습니다. 무려 두 달간을 외갓집에서 보냈으나 어째서 그래야 했는지는 모르고 있었습니다. 그리고 집을 향해 떠날 때는 아버지와 나와 둘뿐이었습니다.

뒤에서야 알 수 있었지만, 어머니는 어느 뱃사람과 좋아 지냈던 것이었습니다. 이런 어머니를 아버지는 타이르다가 나무라곤 했던 것입니다. 그래 생각다 못해 아버지는 외갓집으로 어머니를 데리고 갔었던 것입니다. 한 이년간 거기에서 생활하라고. 그러면 데리러 온다고. 그러나 어머니는 듣지 않았던 모양이었습니다. 여기에서 사건은 벌어졌던 것이었습니다. 고향으로 돌아온 지 열흘이 지났을까, 외갓집에서 편지가 왔습니다. 어머니가 곧 뒤이어 떠났다는 사연이었습니다. 하루가 지났습니다. 열흘, 또 하루, 이틀 사흘… 한 달, 두 달… 일 년이 지났습니다. 하지만 어머니는 돌아오시지 않았습니다. 해는 자꾸만 갔고, 아버지는 어머니를 기다리는 것이었습니다. 영 어머니는 남편과 딸을 찾아주진 않았습니다. 뱃살들은 성질이 거칠고 흉악하고 난잡하다고 합니다. 그러나 그렇지만은 않습니다. 그들은 그들만의 따뜻한 마음과 사랑들을 지닌 것입니다.

더구나 아버지는 더욱 좋았습니다. 모두 다 참 좋은 분이라고 이야기들을 했습니다.

「바다와 저 사람들과 함께 살 것 같아요. 저들을 보면 어떤 전설처럼 슬퍼지는 때가 많이 있어요」

하고 나는 대답했습니다. 그런 내가 전설 속의 슬픈 주인공처럼 생각되어 왔습니다. 슬퍼졌습니다. 기다리는 아버지와 돌아올 줄 모르는 어머니의 영상이 그렇게 만드는 것이었습니다.

「영미, 참 좋은 말이다. 아마 영미 그런 사람일 거야. 사람이란 내게 주어진 삶에 만족하고 있지는 않아. 그렇다고 증오하지도 않는다. 다만 자기의 생활에 보람을 느끼며, 노력하며 살아가는 것이 가장 좋은 일일 거야.—」

구 선생은 창밖에 시선을 준 채 말했습니다. 창백한 얼굴, 기다란 머리칼들이 그의 이마에서 날리었습니다. 매우 적요한 표정이었습니다.

「선생님, 선생님은 무엇 때문에 이런 벽지로 오셨어요」

알고 싶은 이야기를 물었습니다. 구 선생은 이런 나의 마음을 알고 있기라도 하는 것처럼 이내 대답을 주었습니다.

「저 바다와 거기에서 불어오는 바람과 갯벌의 모래가 좋아서—」

그러면서 때마침 일어오는 바람을 흠뻑 들이마시는 것이였습니다. 정말 그래서 이곳으로 찾아온 것처럼. 이런 구 선생이 나는 더욱 좋았습니다.

잠시 후 구 선생과 나는 문에 실을 빠져나와 학교를 벗어나 바닷가를 거닐고 있었습니다. 바닷가의 오후는 아름다운 풍경을 보여주고 있었습니다. 잔잔히 일렁이는 물결, 끝없이 먼 수평선. 거기에 태양이 곧 내려앉을 기세를 보였습니다. 태양은 물속으로 서서히, 소리 없이 가라앉는 것입니다. 곧 어선들이 돌아올 시간이었습니다. 보이는 초가집 집집이 저녁을 알리는 열기가 뽀얗게 퍼지고 있었습니다.

「이 모래에 대해서 생각해 본 적이 없나, 영미는?」

「…………」

나는 대답하지 않았습니다. 생각해본 적이 없었기도 했지만, 대답을 바라는 물음은 아니었던 것입니다.

구 선생은 쇼팽의 이야기를 꺼내는 것이었습니다. 문예반원들과 몇 번 들은 적이 있는 이야기였습니다. 러시아의 압제와 동란이 끊일 사이 없는 혼란한 고국 폴란드를 떠날 때 한 줌의 흙을 가지고 떠났고 그가 죽어 땅속에 묻힐 때 관 속에 가지고 간 한 줌의 흙이 뿌려졌다는….

나는 구 선생을 보았습니다. 구 선생은 그 선명한 동공으로 무엇인가를 그리고 있었습니다. 문득 나는 테이블 위에 놓여 있던 한 줌의 하얀 모래가 떠올랐습니다. 그리고 무심코 나는 물었습니다.

「선생님 유지에 싼 모랜 무엇에 쓰려는 거에요?」

구 선생은 내 얼굴로 시선을 돌렸습니다. 웬일인지 나를 바라보는 구 선생의 시선은 언제나 강하게 느껴졌습니다.

「알고 싶니?」

「네. 알고 싶어요」

나는 대답했습니다. 구 선생은 잠시 침묵하다가 입을 열었습니다. 나는 지금까지 모르고 있었던, 다시 말하면 모래에 대한 비밀을 알 수 있었습니다. 구 선생의 말에 의하면 사랑하던 여자가 있었다는 것. 여자는 폐렴 환자였다는 것. 그러나 그들은 매우 사랑했던 모양이었습니다.

여길 오기 얼마 전에 여자는 죽고 말았다는 것. 모래는 여자가 그에게 남겨준 유산이었으며 표적 같은 것이기도 했습니다. 나는 구 선생을 알 것 같았습니다. 여길 찾아온 것도, 구 선생이 들려주던 이야기도….

구 선생은 한결 쓸쓸한 표정이었습니다. 나는 공연한 질문을 했나 싶었습니다. 구 선생은 그 여자를 그리고 있는 것입니다.

「영미, 네 얼굴엔 갯벌의 모든 사연이 그려져 있는 것 같다」

말하고, 구 선생은 희미한 미소를 머금었습니다. 갑자기 나는 슬퍼지기 시작했습니다. 태양은 서서히 서쪽 물속에 가라앉고 부두를 찾아드는 어선들이 보였습니다. 구 선생은 나의 마음을 잘 알고 있는 것이었습니다. 어쩌면 어머니의 일도 알고 있는 줄도 모른다는 생각이 들었습니다.

나는 지껄이고 있었습니다. 아버지는 어릴 때부터 어부였고 나는 어부의 딸이라는 것. 그리고 어머니의 이야기를…. 어머니는 사랑하는 딸과 아버지를 잊어버리고 말았을까. 십여 년 전 외갓집을 떠날 때 나를 꼬옥 껴안고 뽀뽀를 해주시던 어머니를 나는 잊을 수가 없었습니다. ㅡ내 딸 영미…. 그게 어머니와는 마지막이었습니다.

「영미이ㅡ」

구 선생은 내 손을 꼬옥 쥐여 주었습니다. 그리고 바람이 이는 저쪽 바다를 바라보는 것이었습니다.

방학을 앞두고 우리는 바빴습니다. 학보 〈소라껍질〉의 발간을 위해 편집을 해야 했고 교정을 봐야 했습니다. 이번엔 8명의 문예 특집호로 구 선생의 수필과 나의 십 삼매의 소품도 실리게 되었습니다. 구 선생의 수필은 해변의 인상과 어느 소녀의 마음과 인상이 아름답게 그려져 있었는데, 나로선 아주 감명 깊은 글이었습니다. 거기에 나오는 소녀가 나라는걸 나는 알 수 있었습니다.

「애 영미야ㅡ」

구 선생의 수필을 읽고 난 수혜가 나를 불렀습니다. 문예 실엔 아직 수혜와 나 둘뿐이었습니다.

「왜?」

「구 선생이 너를 무척 좋아하나 보지. 이걸 읽어보면」

나는 수혜의 말에 멋없는 웃음을 그렸습니다. 구 선생이 나를 좋아해? 아니야 구 선생은 제자를 아끼며 귀여워하고 있을 뿐이다고 나는 생각했습니다.

학생들은 구 선생에 대해 아무런 별명도 붙여주지 못하고 있었습니다. 그런 무엇을 발견하지 못했던 것입니다.

「모르겠다. 얘—」

「너도 구 선생을 좋아하고 있지 않니」

수혜는 웃으면서 말했습니다.

여름방학이 되었습니다. 나는 한 달의 여름방학을 문예 실에 앉아 독서와 글을 쓰며 보낼 계획이었습니다.

방학으로 들어가는 날.

구 선생과 나는 해변을 거닐고 있었습니다.

「선생님 이제 고향에 다녀오셔야죠.」

구 선생은 고개를 휘저었습니다.

「아니야, 영미에게 정이 든 것처럼 나도 모르게 이 고장이 좋아졌다. 이곳은 제2의 고향이 될 거다.」

「아이 좋아라.」

나는 저도 모르게 이렇게 소리쳤습니다. 구 선생이 언제까지나 이곳에 있어 주었으면 싶었습니다.

바람이 불어왔습니다. 갯벌의 바람은 언제나 시원하고 감미로웠습니다.

구 선생은 그 창백한 얼굴에 빙긋이 웃음을 피우고 있었습니다.

「잊어야 해. 잊어야지…….」

혼잣말로 중얼거리는 구 선생의 입속말을 나는 들었습니다. 무슨 소릴까? 구 선생은 여자를 생각하고 있는 것이라고 느껴졌습니다. 그러나 그것이 아니었습니다.

「선생님은 모래를 생각하고 계시군요. 여자를…….」

「아니, 너는 모르는 게 좋아—.」

그러면서 구 선생은 호주머니 속에 간직하고 다니던 그 유지에 싼 모래를 꺼내는 것이었습니다.

「영미야 너는 모르는 게 좋아 알았니.」

유지를 풀고 구 선생은 한 줌의 하얀 모래를 한 알씩 한 알씩 물위로 떠 보내는 것이었습니다.

「이 모랜 저마다 저마다의 어떤 생명을 지니고 있을 거야」

그리고 구 선생은 한 줌의 발밑의 모래를 유지에 담고 내 조그마한 손에 꽈악 쥐여주는 것이었습니다. 그런 구 선생의 시선은 어느 날보다 강한 빛이었습니다. 아— 그는 나의 얼굴에서 죽어간 여인의 꼭 같은 모습을 보고 있었던 것이었습니다. 아니 죽어간 여인의 모습에서 나를 보고 있는 것이었습니다. 하지만 나는 그걸 알지 못하고 있었습니다.

그 뒤로 구 선생은 나에게도 좀처럼 말을 하지 않았습니다. 뭔가 괴롭고, 번민하고 있는 모습을 나는 보았습니다.

여름방학이 지났고, 가을이 이었습니다.

〈소라껍질〉은 계속 쉬지 않고 나왔습니다. 이것이 나올 때마다 나는 새로운 기쁨을 맛보곤 했습니다.

부둣가의 가을이란 춥기 말이 아니었습니다. 그러나 차가운 일기에도 어부들은 어선들을 이끌고 바다로 나가지 않으면 안 되는 것이었습니다.

내일이면 구 선생이 이곳을 떠나는 날이었습니다.

「넌 모르는 게 좋아. 떠나야 해 난 이곳을 떠나야 해…….」

구 선생은 중얼거리고 있었습니다.

떠난다는 내일인 오늘이 되었습니다. 아버지는 새벽 일찍 바다로 나갔고, 나는 구 선생을 배웅하러 나갔습니다. 어쩐지 구 선생이 떠나는 것이 나 때문인 것처럼 생각이 들었습니다. 갯벌에서 불어오는 바람이 볼과 옷자락을 스쳐 갔습니다.

마을 밖엔 삼십 명이 가까이 될 많은 사람이 불어오는 차가운 바람을 받으며 서 있었습니다.

나는 구 선생을 찾았습니다. 나의 손엔 어느 날 해변가를 거닐며 구 선생이 내 손아귀에 쥐여주던 유지에 싼 모래가 쥐어서 있었습니다. 나를 바라보던 창백한 얼굴의 강한 시선. 들려주던 쇼팽과 문학가들의 이야기. 나는 이 모래를 다시금 구 선생의 손에 쥐여줘야 할 것 같았습니다. 어째서인지 나도 잘 몰랐습니다. 그것은 나와 이곳을 잊지 말아 달라는 뜻에서인지 모릅니다. 나는 나도 모르는 어떤 애수에 젖고 있었습니다.

(선생님 떠나지 마세요.)

나는 유지에 싸인 모래를 꼬옥 쥐었습니다.

「영미야—.」

구 선생은 나를 껴안아 주었습니다. 나는 그의 가슴을 파고들었습니다.

비로소 나는 구 선생이 떠나지 않으면 안 될 이유를 알 것 같았습니다.

「……영미야 잘 있어. 내 편지 할게. 자 그만…….」

나는 구 선생에게 전해주려던 모래가 흘러내리고 있는 걸 모르고 있었습니다. 구 선생은 나의 곁에서 떠났습니다. 구 선생의 두 눈에 도는 맑은 눈물을 나는 보았습니다. 구 선생은 멀어져갔고 나는 멀어져가는 구 선생의 뒷모습을 보며 유지를 흔들고 있었습니다.

그리고 구 선생의 모습이 언제까지 내 마음에서 사라지지 않을지 아직 나는 모르고 있었습니다.

싸아악 바람은 또 불어 왔습니다. 〈完〉

당선

제141호 1963년 6월 10일

제7회 고교 현상 문예 : 시

씨 뿌리는 마음

· 이상열(李相烈) (전주고교 3학년) ·

파헤친 흙덩이 사이에서 삽을 멈추고
여름이
땅강아지 앞다리에서
바쁘게 무너져오는 것을 본다.

훈훈하게 다가서는 너의 입김은
상추 이파리가 짙게 흡수해간
춘궁의 눈물.

허기진 사월(四月)의 인종에서 돌아와
이런 하늘 아래
우리는 손등을 본다.

스러져간 꽃잎들이
다시 나풀대고

기억은
새로운 집착으로 향한 손목에
어제의 그늘을 만든다.

잔인하게 겨울을 잊어온
봄은
연약한 햇살을 다독거리며
어디론가 비상(飛翔)하려던
우리들의 마음.

믿어지지 않는 기쁨은
보다 큰 슬픔을 감추어두고

모두가 흩어진 꽃잎을 모아 쥐고
그토록 환한
여름을 갈망하고 있었다.

우리는 돌아와
이제 땅을 헤치고
잊혔던 마음 모퉁이에 씨를 뿌린다.

여름은
초록빛 이파리에
환희를 기르고

다시 한 줌 씨앗을 남기고
쓰러져갈

그 환희의 그늘에
바다가 저며오는
그것은
모두가 돌아갈
젖무덤처럼 그리운
고향(故鄕)이었다.

제8회

문예상

•

1957~1969

가작

제169·170호 1964년 6월 8일 월요일

제8회 고교 현상문예 : 소설

첫눈

· 김광주(金光柱) (남원농업고교 3학년) ·

징집 영장(徵集 令狀)이 한창 나돌아 쌓던, 휴전 협정이 조인된 그 이듬해 초겨울 음울하게 구름 낀 어느 날이었다.

해가 설핏하게 기울어 얄따랗게 구름이 드리워진 서녘 하늘을 붉게 물들이고 있었다.

학교와 수작골을 오가는 고갯길이었다. 까까머리 남학생 둘과 단발머리 여학생 하나가 고개 중턱을 기진한 듯 느슨느슨 오르고 있었다. 이 고개 너머 있는 수작골서 다니는 육 학년 학생들이었다.

그들은 모두 촌스럽고 궁상맞은 차림새였다. 솜을 담뿍 넣은 바지저고리, 검정 무명 치마, 얼룩덜룩한 쑥덕베 조끼 따위의 한복 차림인 것이었다.

길호는 바로 앞에 걷고 있는 선희의 뒤통수를 응시하고 있었다. 구불구불한 산길이라 급작스레 꺾어지는 커브를 만나 셋 중 하나라도 방향을 바꾸면 맨 앞에 가는 동수가 시야에 들어오곤 했다.

길호는 교문을 나서면서부터 망설이었었다. 선희에게 청이 있었던 것이다. 그 청을 말할까 말까 선뜩 결정을 짓지 못한 것이었다.

다섯 시간째였다. 담임선생이 웬 카드를 육 학년 학생들에게 한 장씩 나눠주었다. 백두산에 태극기를 꽂고 만세를 부르는 국군 아저씨가 그려진 카드였다. 다가오는 크리스마스와 새해를 맞이하여 일선에서 수고하시는 국군 아저씨들에게 보내는 위문편지를 월요일 날까지 써오라는 것이었다.

그 말을 듣고 길호는 선희 편지도 제가 써주어야겠다고 문득 생각했었다.

길호가 그렇게 마음먹게 된 데는 까닭이 있었다.

길호는 글짓기 시간을 다른 아이들보다 유독 좋아한다. 그는 글짓기가 재미있고, 가끔 글짓기 시간에 여러 학생 앞에서 받는 글짓기를 잘한다는 담임선생의 칭찬이 싫지 않았다. 그때마다 으레 달려오는 선희의 대견해 하는 시선을 몇 번이고 받고 싶었다. 이래서 길호는 글짓기 시간을 기다리고, 또 잘 지어보려고 노력했다.

그리하여 길호는 자신의 솜씨를 선희에게 은근히 보이고 싶었던 것이다. 게다가 길호에게 담임선생도 없는 만년필이 있었다. 형 것이긴 하지만……. 그 만년필도 자랑하고 싶었다.

이렇게 말하면 선희가 무슨 장난감 같은 기분이 들지만, 아무튼 길호는 선희를 무척 좋아한다. 선희에겐 자신도 모르게 싹싹해지며, 무슨 일이고 도와주고 싶어진다.

길호는 선희가 자기 누이동생이라면 얼마나 좋은 일이냐고, 생각한 적이 많았다. 그래서 선희를 의좋은 연년생의 누이동생처럼 대해 주었다.

길호네 식구는, 어머니, 형, 길호, 이렇게 셋뿐이었다. 아버지는 길호가 젖 먹던 시절에 병으로 돌아가신 것이었다.

이런 가정의 막내인 길호는 귀여움을 온몸에 받고 자랐고, 그래서 장난꾸러기였다. 하지만 항상 외로운 기분이었고, 공허했다. 그것은 선희가 자기에게 살갑게 대해주면 싹 사위어지는 것 같았다.

그리하여 길호는 선희를 좋아하고, 살갑게 대해 주는 것이었다.

길호가 자신보다 한 살 위인 열네 살치곤 성숙한 편이어서 그런지 몰라도, 선희는 길호를 오빠를 대하듯 했다. 오빠라고 부른 적은 없지만 말이다.

길호는 그 말을 할 기회만 줄곧 벼르렸다. 그러나 좀처럼 기회가 생기지 않았다. 집엘 오는 동안에 말하려고 했지만, 오늘따라 선희의 안색이 침울해서 차마 입이 열리지 않았다. 그것은 어떤 근심이 속에 도사린 안색 같기도 했다.

길호는, 월요일 날까지니까 아직도 사흘이나 남았건만 자꾸 초조해짐을 막을 길 없었다.

셋은 고갯마루에 다다르자 발을 멈추었다. 그들은 언제고 고갯마루에 올라서면, 가파른 고개를 오르느라고 가빠진 숨을 돌리기 겸, 한참을 서서 고개 밑을 전망하는 버릇이 있었다.

고개 밑엔 삼십여 가호가 듬성듬성하게 모여 앉은 그들의 마을인 수작골이 있다.

마을에선 저녁밥을 짓는 연기가 꼬약꼬약 피어오르고 있었다.

동수는 손을 조끼 호주머니에 쿡 찌르고 하늘을 올려다봤다. 동수의 입꼬리에 가냘픈 미소가 번지었다.

「오늘 밤에 눈이 오겠다. 인?」

꼭 눈이 올 것이라는 어조였다.

「응.」

그제야 길호가 흘끗 하늘을 올려다보고 대꾸했다.

동수는 얼굴에 가득히 미소를 담았다. 눈이 오겠다니까 지레 기쁜 모양이었다.

「길호야, 오늘 밤에 눈이 오면 우리 내일 여기다가 눈사람 만들자. 수작골을 한눈에 내려다볼 수 있는 곳에 말이다.」

「임마, 눈이 오면 눈사람이고 뭐고 학교 다닐 일이 걱정이다. 그렇지 않아도 다니기가 힘든디, 눈이 와 봐라, 미끄러서 어떻게 다니겠는가.」

길호는 씹어 뱉듯 퉁명스럽게 시퉁거렸다.

지당한 말이다. 눈이 쌓이면 눈사람을 만들기는커녕 학교 가기도 어렵다. 또 눈 속을 걷게 되니까 옷을 다 버리게 된다. 그리고 발이 얼기 마련이다.

동수는 울쌍이 되었다. 그는 오늘처럼 길호에게 핀잔을 받으면 울상이 되고, 길호가 원망스러워진다.

길호는 선희가 있으면 동수의 말에서 조그마한 꼬투리만 옮아 잡아도 가차 없이 핀잔을 주는 버릇이 있다.

동수는 길호보다 어린 티가 있다. 그래서 하는 말도 순진하다. 그러나 길호에겐 핀잔주기 좋을 만하게 멍청한 소리로 들린다.

다시 침묵이 시작되려는 찰나에, 선희가 먼 산을 바라보며 말했다.

「그러나저러나 나는 편지 쓸 일이 걱정이다.」

길호가 놓칠 리 없다.

「위문편지 말이냐?」

「응.」

길호가 여태 벼르렸던 순간이었다.

「내가 써주끄나?」

「참말로?」

선희는 금세 얼굴이 밝아졌다.

「응. 내가 뭣 할려고 거짓말하겠냐.」

「그래, 써줘, 인?」

「응, 써주께 걱정 마라.」

「잘 써줘야 돼?」

선희는 다짐하듯 말했다.

「그건 걱정할 필요 없다. 우리 형 만년필로 쓸 터이니까 뭐.」

「형이 나무라지 않을까?」

염려된다는 어조였다.

「형이 군인에 갈 때 나 주고 간다고 약속했는디, 뭐. 게다가 조금만 쓴디…….」

「그럼 카드는 언제 갓다 주까?」

「글쎄, 지금이라도 주렴.」

「지금 여기서 어떻게 책보 끄르겠어. 내일 저녁에나 갖다 주께. 월요일 날까지니까 아직 사흘이나 남았지 않어.」

「응. 네 맘대로 하렴.」

길호는 훔훔한 미소를 날리었다. 동수는 어리벙벙해서 둘을 말끗말끗 번갈아 보았다.

이제 해는 서산에 반쯤 먹히어 뉘엿거렸다. 그것은 마치 남은 반은 기어코 먹히지 않겠다는 결심 아래 몸부림치는 것처럼 여겨지는 뉘엿거림이었다. 주위는 소리 없이 갑곤색 어둠의 장막이 나리어지기 시작해 어둑어둑해졌다.

길호는 아무런 잡념이 없었다. 오직 위문편지를 잘 쓰고자 하는 궁리만 있을 따름이었다.

한동안 궁리를 하고 나자 그의 눈앞에 환상 하나가 얼쩡거렸다. 그것은 점차 선명하게 부각되어 뚜렷해졌다. 조끼 호주머니에 노란 꼭지가 빼쪼롬하게 나오게 만년필을 찬 자신이 모습이었다. 길호는 형이 빨리 군인에 가기를 간절히 바라는 마음이 되었다. 형이 군인에 가는 날이 자기가 만년필을 차고 뽐내는 날이 아니냐는 심산이었다. 그는 지금 만년필을 차고 있는 것 같은 착각이 들어 사뭇 어깨가 으쓱 올려 추겨졌다.

만년필은 형이 지난 추석 장을 보러 읍내에 가서 사 왔었다. 그때 형은 나무 두 짐을 판 돈을 모아 두었다가 생선 나부랭이와 함께 사 왔었다. 고기라도 한 마리 더 사 올 일이지 까짓 만년필은 사다 뭣에 쓸 것이냐고 어머니에게 지청구도 들었었다.

품질이야 좋든 나쁘든 간에 길호가 처음으로 보는 만년필이었다. 그래서 제 만년필이라도 사 온 것처럼 대구 우쭐거렸었다.

길호는 형과 어머니 몰래 만년필을 꺼내 여러 차례 낙서도 해보고, 조끼 호주머니에 꽂아보기도 했었다. 그때마다 만년필이 못 견디게 욕심이 났고, 힘을 들이지 않아도 슬슬 나오는 만년필이 묘하게 여겨지기도 했었다.

지난가을 한창 추수기에 들어서서 눈코 뜰 새 없이 바쁠 때 형이 심부름만 잘하면 군인에 갈 적에 만년필을 주고 간다고 했다. 형은 길호가 만년필을 욕심내는 낌새를 알아차리고 길호를 일 시키기 위한 수단으로 한 말이었건만 길호는 딱 고지 듣고 시킨 일이건 안 시킨 일이건 일만 있으면 부산하게 했다. 그리고 형 영장 나올 날을 손꼽아 기다리었다.

마침내 해가 서산에게 먹히고야 말았다. 그와 함께 어둠이 짙어졌다.

집안은 고즈넉했다. 이따금 이름 모를 벌레들의 울음소리가 적막을 깨뜨릴 뿐이었다.

길호는 방문을 낚아채듯 와락 열어젖혔다.

형과 어머니는 멍텡그레한 시선으로 길호를 멀거니 쳐다봤다.

「이제 오냐?」

둘은 미리 약속이라도 한 듯이 똑같은 인사말을 거의 같은 시간에 토했다. 둘의 표정은 처량했다. 어딘가 모르게 삭막한 표정들이었다.

길호는 제풀에 서먹서먹한 기분이 들어 손가락 하나 까딱하기도 부자연스러웠다. 조심조심 아랫목으로 가 책보를 내려놓았다.

어머니는 아무런 말 한마디 없이 밥상만 갖다 주었다.

길호는 여느 땐 다소 극성스러울 만치 수다스럽게 반기던 어머니가 오늘은 웬일일까, 부쩍 의아스러웠다. 아무래도 무슨 불길한 일이 있었던 모양이라고 얼추 잡았다.

길호는 밥상을 보자마자 눈을 휘둥그렇게 뜨며 반짝 빛냈다. 밥이 잡곡이라곤 하나도 섞이지 않은 쌀밥인 것이었다.

길호네 집은 명절날이나 제삿날, 생일날이 아니면 시래기 죽이나 김치를 넣고 끓인 국밥이 아니면 희멀건 쌀죽을 끓여 먹는다. 그런데 오늘 저녁밥은 하얀 쌀밥인 것이다.

길호가 아무리 기억을 더듬어 봐도 오늘이 명절날도, 생일날도, 제삿날도 아니었다. 그리고 설사 그런 날이라고 하드래도 아침엔 평소와 다른 것이라곤 전혀 없었지 않은가.

길호가 의문이 머리릿속을 장악해 어머니에게 물어보려고 할 순간이었다.

「군인에 가면 배가 고프단디, 고생이 막심하겠구나? 지금이라도 싸움이 일어나면 큰 탈이고……. 이제 추워질 텐디 훈련은 어떻게 받냐? 쯔쯔…….」

어머니가 청승맞은 소리로 을씨년스럽게 뇌까렸다. 한숨까지 곁들인 뇌까림이었다.

「뭐 얼마나 고생이겠어요. 제가 가고 나면 어머니가 늙으신 몸으로 집안 일해 나가느라고 고생하지요.」

형은 담담히 어머니를 염려해주었다.

그제야 길호는 깨달은 바가 있었다.

「형 영장 나왔대?」

「응.」

어머니가 무겁게 대답했다.

「언제 간대?」

「내일 간단다.」

이번에도 어머니가 구슬프게 대답했다.

길호의 입 언저리에 미소가 감돌았다.

「형, 그러면 내일 나 만년필 주고 갈란 대?」

「응.」

형은 길호를 건네다보며 대꾸했다.

길호는 허 붓이 웃었다.

어머니는 길호를 곱게 흘기며 나무랐다.

「원, 녀석도 그렇게 철이 없냐. 형 군인에 간다니까 그것부터 생각나냐. 쯔쯔…….」

길호는 혀를 날름 내밀었다 드리며 히죽이 웃었다. 그런 중에도 길호는 어머니의 태도에 납득이 가지 않았다. 대체 형 군인에 가게 된 것을 왜 서러워할까? 나 같으면 열 번이라도 가겠구만……. 군인에 가면 건

빵도 많이 먹고, 멋진 구두도 신고, 양복도 입지 않은가.

길호가 사 학년이던 해의 이맘때쯤이었다. 길호네 학교 학생들은 교문 앞을 지나가는 군인들을 담뿍 실은 차량이 행렬에 수업을 하다 말고 교문 밖으로 뛰쳐나가 군인들에게 만세를 불렀었다. 달리는 차 위의 군인들도 한껏 목청을 뽑아 우렁차게 만세를 외치며 손을 마구 흔들어 응대해 주었었다. 그리고 제법 커다란 봉투를 헤아릴 수 없이 많이 살풋살풋 던져주었었다.

약삭빠른 길호가 하나도 못 주울 리 없었다. 줍고 보니 그것은 건빵이었었다.

길호는 지금도 군인 아저씨들의 늠름한 모습과 멋진 모습을 잊지 않고 있다. 그리고 그 때의 건빵의 감칠맛이 간혹 생각나면 목구멍 속에서 군침이 꼴칵 재주를 넘는다.

「형, 군인에 가면 건빵 많이 먹는다면서?」

이 어이 없는 질문에 기가 막혀 버렸는지 형은 긍정도 부정도 하지 않았다.

길호는 곰살궂게 웃으며 또 하나 부탁을 했다.

「형, 이따 올 때 건빵 좀 많이 가져오제? 혼자만 다 묵지말고…….」

「응.」

형은 건성으로 대꾸만 했다.

「어휴, 아무리 어린 것이라고 하지만, 그렇게도 철이 없냐. 쯔쯔……… 형 군인에 간단디 뭐이 좋아서 웃고 지랄을 떠냐. 그저 한단 소리가 만년필도라, 건빵 가져와라, 고작 이 소리니……. 쯔쯔……. 그래 학교를 육 년간이나 다닌 녀석이 그렇게 눈치코치가 없냐. 원 녀석도, 쯔쯔…….」

어머니는 길호의 태도가 되알지게 못마땅하고 한심스러운 듯이 연신 혀를 차며 말했다.

이튿날 아침.

길호는 꿈결에 옷에다 오줌을 싸다 잠이 깨었다. 깊은 산속에서 형과 같이 나무를 하다가 갑자기 형이 온데간데없이 사라져 형을 부르다가 울음을 터뜨리게 되었을 때 잠이 깨었었다. 그 꿈속에서 나무를 하다 소변 보았었다.

길호는 옷에다 오줌을 싼 덕분에 어머니에게 빈축을 샀고, 묵비권을 행사하여야 했다. 자신의 잘못을 자인하기 때문에 짓까불 수가 없었던 것이다. 길호는 책보를 들고 밖으로 나가려다 말고 주춤거렸다. 오줌을 싼 까닭에 아침내 본의 아닌 묵비권을 행사했지만, 그렇다고 끝까지 형에게 다짐하지 않고 학교를 가기는 불안했다. 형이 만년필을 가지고 가 버리지 않을까 의심스러운 것이었다.

「형, 만년필 지금 주고 가제?」

형은 입으로 가져가던 수저를 내려놓고 부리나케 일어섰다. 벽에 걸린 조끼 호주머니에서 냉큼 만년필을 뽑아 길호 앞으로 디밀었다.

· 뒷 내용 축쇄판에 없음 ·

당선

第181호 1964년 11월 16일 월요일
교내문예당선작품 : 소설

노상(路上)의 합창(合唱)

· 박영규 (문리과대학(文理科大學) 국문학과(國文學科) 3년) ·

한 줄기 외길이었다. 곧바로 뚫린 길도 아니었다. 그의 말은 까마득히 잊은 채였다. 조금 전까지 구름 속에 있던 태양이 몸둥이를 완전히 드러낸 하늘이다. 햇빛이 그득한 높푸른 하늘을 몇 장의 구름이 뒤채면서 호흡하고 있었다. 그 몇 장의 구름장 때문에 하늘은 더욱 푸르게만 보였다. 둘은 외길을 걷고 있었다. 아침까지만 해도 더 많은 사람이 걷던 길이었다.

이 길은 잠그면 금방 푸른 물이 배어올 것 같은 하늘까지 아슬히 다리를 뻗고 있나도 모른다. 길 양편에 자리한 무성한 잡초들의 사이를 뚫고 뻗은 길은 바람이 일면 금세라도 잡초가 차지해버릴 듯했다. 길 위엔 뽀얗게 햇빛까지 길 가득히 내리깔리고 있었다.

그와 나. 나와 그. 오직 길이 하나이듯 우리밖엔 또 다른 사람은 없었다. 나는 이러한 길을 원했나도 모른다.

—형, 형이래도 오해는 안 하시겠죠. 헤헤, 우린 지금 어데로 가는 걸까요? 헤헤, 저, 저… 이렇게 말씀드리고 싶은 건 다리에 이상이, 사실은 말입니다. 전 다리병신이지만 그래도 총각입죠. 헤헤.

우리라, 다리병신, 총각이라고? 나는 또 그의 말을 고스란히 잊을 것만 같았다. 그는 벌써 헐떡이고 있었다. 내가 하늘에 두 눈을 맡기고 있는 사이를 틈타 나에게 건네는 그의 두 번째의 이야기였다. 첫 번째의 그의 말을 내가 묵살하자 벌써 내 표정을 끈질기게 지켜보다가 얼른 지껄인 소리임이 틀림없었다. 내 시선이 놈의 얼굴에 떨어지기가 무섭게 외면하고 마는 놈이었다. 그 짧은 목까지 잔뜩 움츠리는 걸 잊지는 않은 채로. 그때마다 그의 오른손은 뒷머리 쪽으로 가져가기가 일수였다.

헤헤를 동반한 어리광 비슷한 말을 마치더니 퉤퉤 침을 길바닥에 뱉어대었다. 더러운 이야기를 전했다는 듯이. 시원히 제 생각을 전했다는 말이 옳을 것 같았다. 그의 입언저리엔 비굴을 가득 담은 웃음이 슬플만큼 가득히 넘쳐 나고 있었다.

그의 말을 듣고야 비로소 그가 다리병신이란 걸 알았다. 그가 다리를 끌 때마다 먼지가 우하니 다리를 들기도 전에 일었다. 다리는 끄는 것이 아니라 길바닥을 시원찮은 한쪽 발로 쓸고 있었다. 풀썩풀썩 먼지가 일며 그의 다리가 지면(地面)에서 떼어질 때마다 손은 허공에 가벼운 반원(半圓)을 그려대었다.

발소리는 그와 내 것이 조화되지 않은 무질서한 소리를 발했다. 그가 다리로 길바닥을 쓰는 것도 그의 왼손에서 오른손으로 바삐 옮겨 다니는 하늘색 가방 때문인지도 모른다고 생각되었다. 나는 눈을 들었다. 윗눈꺼풀이 짧게 여러 번 경련을 일으켰다. (글쎄 어데로 가는 걸까? 그도 나만큼 꼭 어데로 가야 한다는 걸 모르고 발을 옮기는 가보다.)

한 줄기 외길, 나는 가만히 풀어진 잠바 속 와이셔츠 주머니에 손을 넣었다. 아직 틀림없이 있었다. 빨간 알약. 키니네 스무 알이. 치사량. 정말 죽을 수 있는 분량일까? 나는 생각하는 것이다.

나는 벌써 길 양쪽에서 둘씬둘씬 키를 재고 있는 잡초들이 코스모스면 더욱 좋겠다면서 엉뚱한 생각을 하고 있었다. 나는 동반자(同伴者)가 생긴 것이다.

그가 내 뒤를 언제부터 따라왔는지 모른다. 걷다 보니 내 뒤를 그가 따르고 있었다. 그리고 내 거동을 할끔할끔 엿보고 있다는 걸 알았다. 그동안 전 여정(旅程)을 통해서 내 혼자라서 고즈넉하다거나, 또 말벗은 그리 원하지 않았다. 정말 원하지 않았던 것이다. 어느 곳이 되었거나 신작로건 골목길이건 길은 개의치 않았고 눈높이에 걸린 하늘과 태양만이 있으면 족했던 것이다. 영 필요한 것이라면 담배와 성냥뿐이었다.

지금 나는 무엇 때문에 이 길을 택했으며 어떻게 하면 된다는 걸 생각할 여유가 없는 건 그 성치 못한 다리를 애써 이끌고 따라오는 놈—그—때문이었다. 너무도 성가신 위인이었다. 처음에 우연히 만난 놈이려니 했지만 이젠 나를 모두로부터 방해하는 놈으로 변하고 말았다. 확실히 그런 놈이 되고 말았다. 나는 놈 때문에 다른 곳으로 사용해도 좋을 마음의 여유를 빼앗기며 있는 것이다. 나는 그를 경계하고 있었다. 추격자. 최후의 추격자. 거미같이 악착스런 미행자. 나의 결행(決行)을 확인하려는 미행자로 인식되는 건 어쩔 수 없었다. 그러한 마음들이 자리해 날 위협하고 있었다. 숫가지 그에 대한 사념(思念)이 번갈아가며 내 머릿속에서 광란(狂亂)했다. 이 길을 택하여 떠나오기 전보다 더 큰 무엇이 무게를 가지고 날 위협하며 있었다. 오히려 내가 아주 그런, 꼭 약속을 이행치 못하는 배반자일 것도 같은 착각 비슷한 마음이 마음 한구석에서 머리를 들자 파문처럼 크게 내 전신으로 퍼져 나갔다. 그러한 파문의 여진은 나에게 그러한 배반자로의 의식을 강요하는 만큼 놈에 대한 두려움 비슷한 마음이 고개를 들고 일어났다.

―맨 처음엔 혼자서라도 죽어버리고 싶도록 우울하고 따분하더군. 진작 이럴 일이야. 우정(友情)의 회복을 위해선 서로가 서로를 의심해야 했던 지난날의 과오를 서로 풀어버리는 방법을 생각하고 생각했지. 정말 안 그래? 살아서 서로를 의심하는 것보다는 죽음으로 결백을 서로 보여주고, 적어도 학우들에게 표명하는 것이 훨씬 낫다는 이렇듯 단순한 방법을 왜 몰랐을까?

나머지 셋의 눈이 둥글둥글해졌다. 너무나 의외라는 듯. 나도 놀래야만 했다. 단순한 방법은 결코 아닐지도 모르니 말이다. 더구나 나 혼자는 자살할만한 감상파인 나는 아니기에 말이다. 허지만 웃고 싶을 정도로 유쾌했다. 세 놈의 표정과 눈들이 그걸 나에게 요구하며 있었다. 난 벌써「해망(海望)공원」사건 이후 틈이 난 우정을 수습하고 우리의 태도를 확연히 결정하기 위해 H시(市)를 떠나길 서둘렀던 것이다. 그것도 때아닌 때―사실 여행 철로선 조금 이른데도―에. 난 천천히 담배 연기를 뱉어 얼굴 위로 연기가 기어오르게 한 다음 실눈을 하고 세 놈의 표정을 살폈다. 그리고 즐겁게 떠들어 가면 동심으로 향하던 그들의 표정이 조금 전과는 뚜렷하게 달라져 있었다. 어떤 놈은 입술만 잘근잘근 씹어대는 너무나도 멍청한 얼굴이 되기도 했다. 또 술상 모서리에 이마를 대고 통고를 할 자세를 취하기도 했다. 하루 내 뻐스에 시달린 피로 때문인지 송희(松姬)는 두 다리를 쭉 뻗어 포개어 놓고 벽에 기댄 채 눈을 감고 있다가 내 말에 고개를 들고 뻗었던 다리를 끌어들이곤 말끄름한 눈으로 나를 본다. 나는 술잔마다 그득한 술을 주전자에 쏟아 버리고 새 술잔과 다시 술 한 주전자를 청했다. 간간이 여섯 사람의 침 넘기는 소리가 있을 뿐 방안은 너무나 고요했다. 나는 밀고 올라오는 웃음을 삼켜가며 갑(甲), 을(乙), 병(丙), 송희(松姬)의 표정을 순간순간마다 살폈다.

담배만 피워대는 을(乙). 아까까지 뻐스 속에서 보았던 교외풍경을 찬탄하며 허겁을 떨던 갑(甲)은 여전히 이마를 상에 댄 채 윗니로 아랫입술을 꼬옥 누르고 있었다. 병(丙)은 내 머리 위 벽에 걸린 코스모스가 흐드러지게 핀 말끔히 포장된 도로를 걷고 있는 여자가 그려있는 카렌다 그림에 눈을 주고 있었다. 허지만 시선이 맺어지지 않은 채였다. 그리고 내 눈이 그의 얼굴을 향할 때면 한 번씩 내 쪽으로 눈알이 구는 건 어쩔 수 없었다. 머리를 상 밑으로 떨구었던 갑(甲)이 머리 들기를 기다려 새 술잔에 술을 그륵그륵히 채웠다.

—어때? 찬성하겠지? 정말 거짓말 같이 들리지는 않았을 테고.

—허지만 난 시간적 여유가 무엇보다 지금 필요하다고 봐. 그렇지 않아?

갑(甲)이 담배에 불을 댕기고 나서 나머지 두 놈에게 동의를 구하려는 듯 을(乙), 병(丙)의 얼굴에 시선을 묻는다. 그것도 여러 번 반복해가면서. 너무나 내 표정이 진지해서인지, 내 말이 충격적이어서 인지는 몰라도 말끄러미 나한테만 눈을 주는 을(乙), 병(丙)이었다. 그 말만은 철회해주었으면 하는 너무나도 슬플 만큼 침통한 표정이고, 얼굴이었다.

—그것도 좋은 말이긴 해. 갑(甲), 을(乙), 병(丙), 나, 이 넷 중 유다는 꼭 하나 있다는 말은 성립된다고 인정하겠지. 결과를 책임 한다는 것이 중요하지 않을까? 사실 우리가 호흡하는 것마저도 죄스럽던 H시(市)보다 여기가 한결 낫다고 난 생각해서 여길 택한 건데…….

나는 갑(甲)이 하던 것같이 말을 마치자 네 사람의 얼굴을 살폈다. 송희(松姬), 을(乙), 갑(甲), 병(丙) 될 수 있는 대로 천천히 하나하나의 얼굴에 많은 시간 시선이 머물도록 했다. 송희(松姬)까지 그럴 필요는 없었지만. 언어를 잃어버린 그들이었다. 교문을 들어서기도 전에 낮이 뜨겁고 학우들을 만나기조차 민망스럽던 그들이었다. 하나가 나머지 셋을 의심해야 했던 적어도 넷 중의 하나는 유다라며 서로 괴로워하고 만나길 꺼렸던 그 많은 날이었다.

적개심. 살의까지 내 달릴지도 모를 마음으로 그를 틈도 주지 않고 경계했다. 두 귀는 불규칙한 그의 발소리와 내와 그의 거리 및 위치를 파악하려는데 온 신경을 쏟고 있었다. 이젠 아주 살의가 혈관을 타고 온몸에 퍼져나가는 걸 의식하는 순간 엷은 흥분이 내 몸을 짜릿짜릿 타고 내렸다. 나는 걸으면서 두 손으로 이마에부터 천천히 아래쪽으로 얼굴을 쓸어내리는 것을 시작했다. 절묘하게 다듬어진 조각의 근육을 감싸며 쓸어내리던 손길이었다. 흥분이 전신을 짜릿짜릿함이 훑어 내릴 때는 언제나 눈을 감고 턱에 머무는 더운 숨을 막아내는 위기일발의 순간을 달래는 것이 내 습관처럼 되어 버렸다. 난 유다가 아닌 만큼 비겁자, 겁쟁이는 될 수 없었다.

(결코, 이놈이 미행자라면, 미행자라면……, 갑(甲), 을(乙), 병(丙) 셋이서 보낸 미행자, 미행자. 죽음, 결행을 확인하려는 미행자)

나는 놈 때문에 갑(甲), 을(乙), 병(丙)까지도 의심하고 말 것만 같았다. 지금 그들을 의심한다는 건 내 본의는 아니었다. 그럴 수도 없었다. 더운 숨은 가슴에서 밀려 올라와 훅훅 대기에 뿌려졌다.

신문과 방송의 서울 및 지방의 데모사건 보도는 넷이 자주 모이는 계기가 되었다. 모이면 말을 잃는 넷이었다. 이 짓을 며칠이고 반복하며 서로가 서로의 마음에서 마음으로 전해지는 무언의 대화를 거래하다가 헤어질 때도 인사 한마디 없이 뿔뿔이 자기 집으로 향하곤 했다. 돌아올 때마다 골목을 차지하는 내 발자욱 소리에 나는 가슴을 펴고 폈다. 그때까지 물 먹은 솜처럼 무거웠던 몸이 활기를 띄우고 나긋나긋이 밀려오던 피로도 잊을 수 있었다. 방안이나 강의실에서도 초점이 맺어지지 않는 눈을 감은 채 얼굴을 천천히 쓸고 쓸어내리다가 난 단행을 결정하고 해망(海望) 공원에서 밤 아홉시에 모이기를 갑(甲), 을(乙), 병(丙)에게 전했다. 모두 기다렸다는 듯이 내 손을 몇 번이고 잡는 그들의 손은 너무나 뜨거웠고 두 눈은 타고 있었다.

—어이 여보게, 내 말 들리나?

걸음을 멈추며 앞을 바라본 채 입을 연 건 나였다. 말을 꺼낸 뒤에야 나는 먼저 놀래야 했다. 할 말도 준비되지 않았는데 무작정 그를 불러대었던 것이다. 그는 너무나 의외에서인지, 감사해서인지 하마터면 시원찮은 다리까지 무릎을 꿇는 실수를 저지를 뻔했다. 허틀어 지려는 두 다리를 원상태로 한 후에 빤히 날 지켜보았다. 〈이번엔 뜻밖에 빠른데요〉하는 표정이었다. 누구에 대한 것인지도 확실히는 느끼지 못했다. 나 아니면 그에 대한. 나도 그도 아닌 딴 사람에 대한 마음일지도 모른다고 생각되었다. 두 눈만이 까막까막하며 날 지켜볼 뿐 거의 석상을 닮아가는 모습이었다. 차라리 두 눈만을 또릿또릿이 움직일 수 있는 인형 같은 그였다.

—자네라고 해도 괜찮겠지?

웃음은 뱃가죽을 팽창시킬 지경이었으나 위엄을 아주 갖춘 어조였다.

—예, 헤헤 형, 그걸 말씀이라고…….

—총각이랬지?

꼭 힐난 비슷한 심문 조라고 생각했지만 별수 없었다.

하늘을 이윽히 지켜보며 귀에로만 쏠린 신경의 피로를 잠시나마 눅눅히 해두자는 속셈에서 나온 것만 같았다. 한 오라기씩 육신을 감아 쌌는 굴레로부터 자신을 잠시일망정 해방시켜 보겠다는 속셈에서인지도 모를 일이었다.

—정말 총각이라면 믿기 울만 한 무엇이라도 준비되었나?

나는 제법 관심을 가진듯한 투였다.

—헤헤 그걸 말씀이라고….

그는 너무나 목소리가 작었다. 소심한 사내. 내 쪽에서 이쯤 나오니 그도 마음이 풀어진 모양이었다.

—그게 말이라니? 자네한테 묻고 있는 거야. 묻는 말에나 대답해.

나는 또 뜻하지 않은 짓을 해댔다. 내 목의 힘줄이 불끈 솟고 대화에 흥미를 가지고 있다는 내 쪽의 표현일지도 모를 일이었다. 내가 발끈할 순간 그는 무릎을 꿇는 촌극을 벌리고 말았다. 나는 웃고 싶지도 않았다. 야들야들 웃음을 날리는 잡초 위에 털썩 주저앉았다.

〈고집이었을까?〉 내가 정말 어물어물하고 있는 동안 나머지 셋은 다 죽었을는지 모른다는 생각이 들었다.

송희(松姬)는 내가 내놓은 키니네를 보고

—이 색깔이 오늘 밤처럼 고울 줄은 몰랐는데. 핏빛처럼 말야.

하며 은근한 눈길을 나에게 보내며 꾸며낸 목소리로 씹어대었다. 그 말은 내 고집이야 어리석은 짓이라며 비웃었나도 모를 송희(松姬)다. 송희(松姬)의 입언저리엔 높은 산봉우리를 싸고도는 농도가 일정치 못한 구름 같은 웃음을 떠올리고 있었던 것이다.

사실 그들 셋이 내가 따뤄 놓은 술잔을 비운 것만도 내 시위가 너무나 강제성을 띠고 있었기 때문인지도 모른다. 내 행동이 그들에게 의외로 보일 만큼 너무 발작적인 강요도 같았을 것이다. 그리고 내 고집을 아는 그들이기도 했다.

—하늘이 무척이나 푸르군요. 형.

내 얼굴을 바람이 일 때마다 간질이는 키가 둘씬 큰 잡초 줄기를 꺾었을 때 그가 중얼대었다. 나와 몇 발자국 사이를 두고 앉아 있는 그였다. 나는 하늘에 눈을 주는 대신 고개를 그의 쪽으로 돌렸다.

—아이 멋있어, 자연의 호흡 소리가 들리는 것 같애, 정말 저속에서 영원토록 살아 봤으면. 그렇지 않아?「속리산」을 향하면 뻐쓰 속에서 내 목을 껴안아가며 교외의 풍경에 탄성을 발하던 송희(松姬)의 목소리가 생각되었다. 송희는 지금쯤 내가 자살했을 거라고 믿고 있을 거야. 날 따라나서겠다는 걸 속리산에 버려두고 떠나온 것이다. 정말 나와 동행할 수는 없는 송희(松姬)였다.

—어이 자넨 이런 걸 생각해 본 적이 있나?

아까 꺾었던 잡초를 토막토막 분지른 것을 길바닥에 내던지고 나서 그에게 물었다.

—무엇인데요?

입을 반쯤 벌린 그의 얼굴을 지켜봤다. 갑(甲), 을(乙), 병(丙)에게 하던 대로. 내 시선은 그의 가슴 저 밑바닥을 후빌 정도로 날카로웠다. 나는 지금 너무도 고적하다고 생각되었다. 차라리 하늘에 대고 고래고래 고함이라도 치고 싶을 만큼 고적했다. 그에게 향한 시선은 내 내부를 속속들이 들어내는, 정말 나 자신의 구김살 없는 내심의 표현인지도 모를 일이다. 나는 고개를 떨구고 말았다. 정말 그에게 그런 눈을 줄 만한 내가 못 되는 자책감에서였다. 소외감 비슷한 것이 날 엄했다.

—자네는 자살을 생각해 본 적이 있나?

나는 고개를 들고 그를 향했다. 내 눈은 너무나 그 무엇을 강요하는 끈덕진 것을 가득 담고 있었다. 내 말이 떨어지자 그의 얼굴엔 슬픔이 가득 서려 있었다. 〈병신이라고요? 나 같은 건 죽어 마땅하다는 말씀이죠?〉 나는 이제껏 자살에 대해선 생각해본 일조차 없었다. 그런 내가 갑(甲), 을(乙), 병(丙)에게 아등바등 결국은 죽어버리자고 강요 비슷이 시위를 할 때도 난 너무나 태연했다. 정말 태연하려 했다. 죽는다는 말의 실감이 제법 실감답게 안겨 오는 것도 같았던 것이다.

〈갑(甲)아, 을(乙)이야, 병(丙)아! 거짓말이야. 내가 너희에게 강요한 것은 거짓말이었어. 정말 우린 가슴 속을 뒤집어 보일 수는 없을까? 우정에 틈이 나게 한 불순물을 태양 앞에 내놓을 수 있다면. 조금은 쑥스럽지만 그다음이야 우린 시원해질 수 있을 거 아냐. 그렇지?〉

나는 이렇게라도 두서없이 지껄이고 싶었지만 그럴 필요도 없었다. 그럴 만큼 용기도 없고. 그들도 지금은 없는 것이다. 나는 점점 그를 의식치 못하고 있었다.

〈나는 해망(海望)공원에 그들을 나오라고 약속했고 또 자살하자고 약속했어. 그러니까 약속을 지켜야 해. 우정의 회복을 위해서라도. 약속을 이행하는 셈이지. 정말 성의 문제라면…….〉

이렇게 씹어뱉듯 생각하는 것이다. 〈자살도 성의 문제라. 나는 왜 이런 생각만 하고 있을까?〉

나는 이젠 약속 때문에 죽어야 한다고 생각하니 모락모락 노

여움이 일었다. 그것 때문에 죽어야 옳다는 집념은 저급한 이유라고 의식되기 때문인지 그런 집념의 의식은 날 초조하게 했다.

내가 「해망(海望)공원」을 향하여 집을 나섰을 때는 아직 약속 시간보다는 이른 시간이었다. 집에 도사리고 앉아 있노라니 가슴은 부풀어 오르고 적어도 이틀 후엔 이루어질 내 복안 실현의 환각으로 몸은 오히려

가볍기까지 했다. 나는 기억 집을 나섰다. 너무도 가벼운 발걸음으로 눈을 지레 감고 걸었다. 아직도 9시까지는 두시간이나 남았는데도. 송희(松姬)가 내 앞을 가로막았을 때 그제야 눈을 뜨고 내 쪽에서 사과를 했다.

—어델 가는 거죠?

나는 목소리로서 송희(松姬)임을 알아냈다.

—시간 없대더니, 오늘도 학교 일인가요? 난 뭐 애완용 강아지만도 못한가? 나도 생각은 있으니까.

그 여자는 화를 내고 있었다. 나는 번번이 그 여자와의 약속을 학교 일로 핑계 삼았던 것이다. 송희(松姬)를 내 앞으로 돌려놓을 때 너무도 애를 먹었던 나였다. 송희(松姬)가 내 곁에서 뛰쳐나가지도 않을 테지만 그런다 해도 선선히 돌려보낼 나는 아니었다. 그 여자만큼은 내 피부 정도로 거리감이 없는 여자라고 믿고 있었다. 그 여자도 나를 아끼는 건 물론이다.

—정말 미안해, 오늘은 정말 중요한 일이라니까, 꼭이야. 그럼. 내일은 시간 없겠고. 아주 멀찌감치 정하기로 하지. 6월 25일쯤으로, 뭐? 알겠다고, 뭔데? 그래, 변죽은 울렸지만 맞았다고 해두지. 그러나 절대 비밀야 알지. 빠이, 빠이. 마이 다링.

나는 그 여자가 영리하다고 생각했다. 나는 시간이 남은 대로 쏘다녔다. 그동안 내 뒤를 따르는 사람이 있나 없나 살피고 살폈다. 내 뒤를 좇는 미행자는 없는 것 같았다. 8시 10분 전을 가리키는 시계의 시침과 분침을 성냥 불로 확인하고 공원 첫 계단을 밟았을 때.

—광호씨 이제야 오시는군. 기다렸습니다. 가시죠. 일행은 모셔다 놨으니까?

내 앞을 막아서는 건 학교 일로 자주 만났던 김형사였다.

한 줄기 외길. 곧바로 뚫린 길은 아니었다. 햇빛이 그득히 넘쳐 나는 높푸른 하늘엔 몇 장의 구름이 외로이 뒤채면서 호흡하고 있었다. 그 몇 장의 구름장 때문에 하늘은 더욱 푸르게만 보였다.

—하느님도 무던히 공평하지 못한가 보죠?

그는 수줍은 표정까지 지어가며 어려운 말을 했다는 얼굴이었다. 나는 대답 대신 그에게로 고개를 돌렸다.

—저도 한 바트라면 장가를 갈 뻔했죠. 정말 맞선만 보지 않았드래도…. 그래도 중신애비가 맞선을 보라고 하잖아요. 전 죽으면 죽었지 싫댔더니 중신 애비가 책임진다고 해서 철석같이 믿었죠.

그는 아주 열을 올리며 주워섬기는 것이었다. 손까지 놀려가며.

—맞선 본 결과는 뻔하죠. 내 다리보다 중신애비가 더 밉더군요. 저는 울었습니다. 울어야 했죠. 칵 죽어버리고 싶도록 원통했어요.

나는 그의 얼굴만을 지켜보고 있었다. 말을 하기도 싫었다. 사과즙 같은 침을 그는 뱉고 있었다. 그 뒤로 마음이 허전해서 자리에 누웠다가 서울서 온 유명한 관상가가 왔다는 말을 듣고 달려갔다며 그는 열을 올렸다.

—꼭 백 원을 가지고 읍내까지 이십 리 길도 멀다 않고 관상쟁이를 찾아갔더니 내 잔뼈가 굵어진 고향을 떠나면 벼락부자가 될 수도 있다기에…….

백 원이란 말에 힘을 주어가면 지껄여대는 그가 을씨년스럽지만 한편 부럽기조차 했다.

—하여튼 나선 길이니 되돌아갈 수도 없고요.

그의 그칠 것 같지 않은 넋두리를 끝까지 들을 마음도 없고, 그만큼 한가롭지도 못한 나였다.

—잘 알았어. 그만하드라구. 얼굴까지 상기되었던 그가 내 말 한마디에 고개까지 옴츠리며 샐쭉해졌다. 나는 약속만을 하며 살아왔을 것만 같았다. 그러나 그 약속을 얼마만큼이나 지켜왔는지도 모른다. 그는 내 말은 너무나 순종했다. 애완용 강아지만도 못하다던 송희(松姬)보다 더 했다. 한번 들어간 목이 잠시 후면 기어 나오는 거북이 식이었다. 내 말 한마디에 옴츠러 들었다. 금방 뻗어 나오는 모가지였다. 그런 그가 퍽 맘에 들지 않았다. 자꾸만 그로부터 멀어지고 싶을 뿐이었다.

나도 이 길을 되돌아갈 수는 없는 것이다. 정말 난 죽을 수도 없을 것 같았다. 그러나 「유다」가 되기도 싫었다. 내가 지껄인 우정의 회복이 죽음이라는 엄청난 모순을 내가 만들고 거기에 빠진 셈이었다.

나는 갑(甲), 을(乙), 병(丙)에게 시간적 여유를 주었다. 「법주사」에 방을 예약하기 위해 갑(甲), 을(乙), 병(丙)이 있는 방을 나섰던 것이다. 그동안 토의했음이 분명했다. 내가 들어와 방문을 열었을 때 나를 퍽 기다렸다는 표정들이었다. 감히 내가 들어설 수 없을 만큼 방 안의 밀도 있는 분위기는 이마를 섬뜩하게 했다. 내가 술상 앞에 앉아 다음 말을 꺼내려 할 때 갑(甲)이 먼저 입을 열었다.

—충분한 시간이었어. 그리고 우정의 회복이란 네 말의 진의를 깨달았어. 더구나 우리의 일은 우리 책임하고 처리해야 한다는 네 의견에 절대 찬성이야.

갑(甲)이 잔을 들자 나머지 을(乙), 병(丙)도 잔 들기를 주저치 않았다. 맨 처음의 내 시위가 무색할 정도였다. 그리고 몇 개인가는 몰라도 주전자를 비우고 비웠던 것이다. 그리고 내일 일은 내일의 것이라는 듯이 유쾌하게 떠들고 마시며 웃어야 했다. 나는 그 순간 내 등에 대고 「유다」라며 수군대던 교우들의 얼굴도 그 소리도 잊을 수 있었다.

—어이 자네 먼저 떠나게 난 대변을 봐야겠어. 바로 뒤따라 갈 테니까. 응.

나는 일어서서 잡초들 속으로 한 발을 옮겼을 때, 그는 빠른 동작으로 일어섰다. 너무나도 신속한 몸짓이었다. 나는 그대로 발을 붙이고 서버렸다.

—형, 저를 버리시는 건 아니겠죠? 전 어디든 가야 해요. 죽을 수도 없구요. 그렇지만 갈 곳은 없어요.

짜증 같은 울화가 치밀었다. 그가 벌써 내 속셈을 알아차린 것만 같았다.

〈놈치곤 눈치가 빠른데〉

—내가 뭐라고 했지? 뒤따라간다고 했잖아?

그는 내 쪽으로 발을 옮기고 있었다. 그렇게 내 말에 옴츠러들던 목은 아니었다. 언제 그랬냐는 듯이 목이 길어진 것이다.

—형! 저를 버리시는 건 아니겠죠? 약속하시죠? 약속을 해주세요.

눈물이 아래 눈썹 끝에 매달려 금방이라도 볼을 타고 흐를 기세였다. 눈물은 머리 위를 훨씬 빗겨있는 태양의 빛을 가득 담고 있었다. 그의 내민 손은 내 옷자락을 잡고 늘어질 기세였다. 나는 섬뜩해졌다. 얼른 돌아서 그와 마주 섰다. 그래도 그는 자라목이 되지 않았고 물러설 것도 같지 않았다 도전자. 기어 눈물이 뺨을 타고 주르르 줄기를 지었다. 둘에겐 말이 없었다. 움직이는 건 그의 볼을 타고 흐르는 눈물과 내 눈알

뿐. 나는 거친 숨을 몰아 내쉬는가 했더니 그의 잠바 카라를 움켜쥐고 있었다.

—이래도 못 가겠니? 약속은 무슨 놈의 약속야. 그렇게도 약속이 좋으냐? 응, 약속이? 약속만큼 어리석은 건 없단 말이다. 서로가 서로를 믿는 게 훨씬 좋은 거야. 앞서 걸으란 말이다.

나는 고함에 가까운 소리로 악을 썼다. 악을 쓸 때마다 그의 잠바 카라를 잡은 손은 쉬지 않고 흔들어 댔다. 그는 끌려와 내 가슴에 이마를 부딪더니 풀썩 길바닥에 나둥그러졌다. 그래도 하늘색 가방의 손잡이는 놓지 않고 부르쥐고 있었다. 지금이 그로부터 떨어지지 않으면 안 될 좋은 기회라고 생각되었다. 〈요걸 죽여버려? 싹 없애버려?〉

나는 진작 그와 헤어졌어야 옳았던 것이다. 그는 가방을 열고 있었다. 나는 기가 막혔다. 무엇 때문에 가방을 열까? 나는 움직이지 않고 그의 손놀림만 지켜보았다. 「해망(海望)공원」에서 경찰서로 연행되었을 때 나는 놀라야 했다. 벌써 갑(甲), 을(乙), 병(丙)이 날 기다리고 있었다. 그들의 눈엔 이슬이 맺혀 있었다. 나는 눈을 감고 쓰러지듯이 의자에 털썩 주저앉고 말았다.

—여러분을 난 지성인이라 믿고 있습니다. 그만큼 여러분에 대해선 항시 주의를 게을리하지 않습니다. 앞으론 다시 위험한 장난을 하지 않기로 약속합시다.

서장은 점잖을 빼가며 장황한 연설을 했으나 나는 듣고 있지 않았다. 누가 배반자일까? 갑(甲)? 을(乙)? 병(丙)? 아니면 누구? 우리의 사건은 유다, 네 명의 유다라는 엄청난 말로 교내의 화재거리가 되고 말았다. 나는 누구를 의심할 수도 안 할 수도 없었다. 그 후로 넷이 얼굴을 맞대고 모이는 건 물론 어쩌다 교정에서 만날 때에도 서로가 서로를 피했다.

우정에 금이 간다는 것이 두렵고 무서웠다. 우정의 회복을 위해서 약속을 하고, 약속 때문에 죽어야만 할까? 송희가 싸주는 스무 알씩의 키니네를 안주머니에 소중히 간직하고 길을 나섰던 것이다.

—어제 밤 약속한 것이 현실이고, 내가 지금 말하는 것이 현실이듯이 알약은 구체적인 현실일 거야.

나는, 약이 들어있는 와이셔츠 주머니에 손을 가져다 대며 말했다. 갑(甲), 을(乙), 병(丙)도 내가 하는 대로 각기 약이 든 주머니에 손을 가져다 대고 확인을 하는 듯했다. 어떻게 이 키니네를 처분할 것이냐고 병(丙)이 물었다. 갑(甲), 을(乙)은 눈을 아래로 떨구었다. 나는 병(丙)의 시선을 피해가며 생각했다.

—이 자리에서, 아니면 깊은 골짜기에서?

나는 고개를 세로 저었다. 자꾸만 싸늘한 거리감이 넷 사이에 흐르고 있는 것만 같았다.

—유서가 필요하단 말씀이죠?

이번엔 송희(松姬)가 팔짱을 낀 채 싸늘한 목소리로 나에게 대어들 듯 소리를 높였다.

난 정말 유서 같은 내 얼굴에 침 뱉는 저급한 장난은 하기 싫었다. 또 다시 침묵이 방안을 그득 채웠다. 밖은 소란스러웠다. 어지럽게 들려오는 발자국 소리, 목탁 소리들. 그래도 나에겐 만족감 비슷한 것이 빼근히 가슴을 스치고 지나갔다. 나도 그것만은 확실히 결정도 각오가 돼 있지는 않았던 것이다. 내 이마를 섬뜩하게 했던 어젯밤 분위기와 지금의 분위기가 날 너무나 옭아매고 있었다. 정말 거의 발작적이었던 여행은 물론 모두를 철회하고픈 마음뿐이었다. 강요이었다시피 한 실감이 덩어리져 크막하게 자리할 뿐이었다.

—지금 몇 시지?

내 시계도 보기 싫었다.

—일곱 시 십 분 전.

이번도 송화가 입을 열었다.

조금이라도 틈을 주지 않겠다는 자세로 날 지켜보는 데는 변함이 없었다. 꼭 빨리 결정하라는 식의 시위였다. 얄팍하게 입가엔 싸늘한 미소가 어른대고 있었다. 송희(松姬)의 시위는 분노 비슷한 마음을 불러일으키고 있었다. 나는 결정했다. 병(丙)에게 내 시선을 옮기기 전에 송희(松姬) 쪽을 먼저 건너다보았다. 내 결정이 어떠냐는 듯이.

—순간이지만 오랜 시간 생각한 것보다 나은 생각을 했어.

한자리에서 먹는다는 건 연극 같지 않겠어? 그리고 약을 먹는 것까지 지켜보는 건 너무 잔인하다고 생각되기도 하고. 죽을 자신만 서 있으면 되는 거니까. 적어도 이 법주사는 떠나서 먹기로 하지. 서로 얼굴을 마주하며 약을 먹는다고 가정해봐. 오히려 죽음의 공포를 느끼고 말 거 아냐. 그리고 마지막 기원은 해도 좋지만, 유서만은 금하기로 하지.

또박또박 말 한마디마다 힘을 넣어 가며 갑(甲), 을(乙), 병(丙)에게 눈을 주는 걸 잊지 않았다.

—그게 좋겠다.

을(乙)이 수긍하자 갑(甲), 병(丙)도 깊은숨을 내쉬며 고개를 끄덕였다. 그러고 나서 송희(松姬)만은 방안에 남겨두고 옷을 벗어 걸고 속샤쓰만을 걸치고 세수를 하러 밖으로 나올 때까지 모두 말이 없었다.

—형, 이걸 드릴 테니 저를 버리지 않겠다고 약속해줘요.

그가 가방에서 꺼낸 건 글자판이 누렇게 찌든 팔 시계였다. 나는 어처구니가 없었다. 매개물이 있어야 하는 것이 약속이란 말인가.

—야 이놈의 새끼. 날 놀리는 것이냐? 내가 그렇게밖에 안 보이냐? 개새끼.

그래도 그는 두 속에 시계를 받쳐 들고 무릎을 꿇은 자세를 고칠 줄을 몰랐다. 담보물이 매개체가 되어 약속이 성립하는 것이 인간의 상정인지도 모를 일이다. 나도 그런 짓을 해왔나도 확실히 말할 수는 없을 것 같았다. 갑(甲), 을(乙), 병(丙)에게만은 이런 거래식의 약속이 아니었다고 말하고 싶고 그렇다고 믿고 싶었다.

—이걸 담보로 하여 약속이란 거래를 하자 이 말이지. 이걸 받지 않고도 약속을 할 수 있다면 될 거 아냐. 어서 일어나 빨리 걸으란 말야.

나는 서글펐다.

—이것 받으셔야만 전 안심하겠어요. 정말입니다. 꼭 받아주셔야겠습니다.

나는 그를 일으켜 세웠다. 그는 나의 내심을 차근차근히 허물어 내리고 있었다. 나는 그 시계를 받아야만 했다. 그로부터 멀어지는 하나의 방법으로, 이 방법 역시 서투른 것인가도 모를 일이었다.

—그럼 곧 오셔야 합니다.

나는 잡초 사이를 헤치고 들어섰다. 들어갈수록 내 키는 넘는 숲이었다. 한참 동안 헤치다 보니 나는 언덕에 다다랐다. 길에선 보이지 않던 언덕이었다. 길에서부터 상당히 멀리 온 모양이었다. 그리고 눈앞에 뻗어있는 네 갈래의 길과 들을 발견했다. 푸른 들. 오랜만에 느껴보는 듯한 새로운 경지의 푸르름을 호흡할 수 있는 이 상쾌함. 저 아랜 샘 아니면 개울은 있겠지. 나는 벌써 목이 타고 있다는 걸 알았다. 나는 기쁨에 넘쳐 어쩔 줄을 몰랐다. 그와는 저 여러 갈래 길에서 헤어지면 되겠지.

내가 이제껏 걸어왔던 길도 그 길과 마주치고 있다는 걸 알았을 때 나는 더욱 기뻤다. 나는 단숨에 길까지 달려 나와 할끔할끔 뒤를 돌아보는 그의 뒤를 따랐다. 나를 보자 그는 미칠 듯이 좋아했다.

—조금만 더 가면 큰길이야. 빨리 가세. 그 가방 이리 주게. 어서.

그는 가방을 건네줄 것 같지 않았지만 내가 가방끈을 잡고 실갱이질하자 하는 수 없이 넘겨 주었다. 그리고 그의 팔을 잡고 이끌었다. 그는 거의 끌려오고 있었다.

—형은 좋은 사람이야요.

그는 헐떡이면서도 나를 칭찬하는 것까지 잊지 않았다.

나는 얼른 시계를 도루 그의 손에 쥐여 주었다. 그리곤 더욱 그의 손을 잡은 손에 힘을 주었다. 나와 그가 걸었던 길이 세 갈래 길과 마주치는 곳까지 나와 그, 둘은 기어이 이르렀다. 둘이 걷던 길보다는 몇 배가 넓은 신작로였다. 그 위엔, 「타이야」 자욱이 뱀처럼 쭉 뻗어 있었다. 둘은 길가에 풀썩 주저앉아 땀을 훔치고 있을 때였다.

—어이 광호, 살아있군. 다행이야.

병(丙)이었다.

—??

나는 소스라치며 일어섰다. 이디든 뛰이 달아나고 싶을 뿐이었디. 나는 반사적으로 와이셔츠 주머니 속에 든 알약을 꺼냈다. 아직도 종이로 싼 키니네는 그대로 있었다. 해는 어느새 서쪽 하늘 가까이 내려서 있었다. 키니네가 든 종이를 펼쳤다. 그 종이엔 갈겨쓴 다음 같은 글씨가 쓰여 있었다.

「당신들 모두 세수하러 나간 시간이오. 그렇지만 서둘러지는군요. 당신들의 우정은 다시 모였다고 믿으오. 여기 있는 약은 키니네가 아닌 제가 가져온 비타엠으로 바꾼 것이니 다 삼켜도 좋아요. ……당신을 위해서 그날 밤, 경찰서에 고발한 건 나였답니다. ……갑(甲), 을(乙), 병(丙), 모두 키니네 아니 영양제로 바꾼 건 다름 없소. 미안하오. ……. 송희(松姬)」

옆에서 송희의 글을 읽고 있던 병(丙)이

—됐어. 그러면 그렇지 힘이 나는 것 같드라니.

이때 먼지를 일으키며 빠쓰가 달려오더니 내 앞에서 멎었다.

—어이 광호, 병(丙)아.

갑(甲)과 을(乙)이 빠쓰에서 내려서서 소릴 하고 있었다. 내 눈에선 눈물이 솟고 있었다. 하늘엔 아까까지 뒤채던 몇 장의 구름장도 어디론지 흘러가 버린 뒤였다.

하늘은 쨍하니 푸르기만 했다.

당선

제181호 1964년 11월 16일 월요일

교내문예당선작품 : 시

효종(曉鐘)

· 박상하(朴常河) (문리대(文理大) 국문학과(国文學科) 3년) ·

지금
이렇게 깨어 있음은,

말씀이 승화(昇華)하는
시간(時間).
새로운 빛이 사뿐히 걸어오는 소리다.

밤이 버리고 간 하늘은
깊숙한 언저리에서 화안히 밝아오는
웃음의 편편(片片)이다.

작은 새들이
비상(飛翔)을 예비하여 깃에 묻어두는 울음이다.
얼어버린
인정(人情)을 녹아내리는

이산에서 뒷산으로 옮아앉는 메아리들.

먼 산이 가즉히 다가서
수런거릴 때마다
쭈빗쭈빗 일어서는 성숙(成熟)한 나무의 숨결.

항상
이렇게 귀가 열림은,

영롱히 반사(反射)되는 한 줄기 빛으로 화(化)하여
이슬방울 엉겨 구르는 자욱마다
끈끈한 수액(樹液)으로 자리하는 소리다.

당선

제181호 1964년 11월 16일 월요일

교내당선문예당선작품발표(校內懸賞文藝當選作品發表) : 수필

막차가 주는 의미(意味)

· 신경자 (문리과대학 국문학과 3) ·

머리를 들어 하늘을 볼 때마다 한번은 꼬옥 하늘을 담고 싶다는 생각을 해본다. 요즈음처럼 높음과 맑음으로 가득 찬 가을 하늘 앞에서란…. 그러나 하늘을 닮고 싶다고 외쳐보는 순간은 사실 하늘을 닮지 못한 괴로움에 가냘픈 영혼이 몸부림치는 순간인지도 모른다. 몸둥이의 움직임이 가져온 후회는 그만두고라도 하루면 몇 번이고 팽개치고 싶은 구차한 〈생각〉들은 어쩐단 말인가 무의미하게 보내버린 엄청난 〈시간〉들을 나는 어떻게 불러온단 말인가. 숨이 가쁘다. 알맹이가 썩어버린 씨앗 껍질을 쥐고 손이 떨리는 것처럼 가을이라는 결실의 계절 앞에서 메마른 영혼이 사정없이 흔들린다. 정리해보려 해도 정리할 내용마저 없는 안타까움. 나만 이렇게 텅 비어 있는 게 아닐까.

밤이 되니 푸른 하늘에도 어둠이 깃든다. 깜깜한 하늘 앞에 허전같이 좀 감추어 지는듯하나 가슴은 더 깊어만 가니 웬일일까. 이것은 하루를 다하지 못한 하루를 〈정성〉과 〈사랑〉으로 다스리지 못한 후회일 거다. 길이 뚫린 대로 걸어본다. 무슨 책을 꼭 사야겠다는 생각도 없이 이 책방 저 책방 기웃거려 책 표지를 훑는다. 문득 쉽사리 잠이 오지 않던 여

행의 밤. 밤 가득히 누워 잠든 친구의 얼굴 하나하나를 보고 다니던 산중의 밤이 떠오른다. 불빛을 받으며 책표지는 친구의 잠든 얼굴보다 더 조용히 미소한다.

그날은, 유난히 일찍 나왔으나 버릇처럼 몇 군데 책방을 들리고 마음 내키는 대로 쏘다니다 보니 거리에서 그만 밤이 깊었다. 금방 쓰러질 듯 싶은 피곤한 다리보다는 통금 시간 전에 집에 도착할 수 있을까 하는 것이 큰 걱정이었다. 그러나… 하늘이 무너져도 솟아날 구멍이 있다고… 〈덕진 가는 막뻐스ㅡ〉 짧고 거친 소리가 내 귓전을 스쳤다. 나는 이 조그만 기적 앞에 웃음이 나왔다. 진정 가슴 밑바닥으로부터 터져 나오는 웃음이었다. 나는 운 좋게도 배차장가를 거닐고 있지 않은가. 급한 김에 사내아이처럼 성큼 발목을 올려놓기가 무섭게 오라잇ㅡ이 뒤따른다. 언제나 기계 앞에 무감각하던 내가 처음(?) 느껴보는 버스에 대한 고마움. 빈자리에 털썩 주저앉자마자 긴장이 풀리고 눈이 감긴다. 나는 생각에 잠겼다. 무슨 숙제나처럼… 막뻐스 출발 직전에 배차 장가를 거닐고 있었다는 〈우연〉과 이 우연을 실어준 막 버스의 〈마지막〉이라는 단어가 머리를 파고들기 시작했다.

까아만 어둠을 밀어내며 숨 가쁜 듯 달리는 차내엔 피곤한 눈동자들이 꺼져가는 심지처럼 가득 찼을 뿐 〈생기〉라곤 찾아볼 수 없었다. 저마다 말 없는 강물을 가슴속에 지닌 때문이리라. 끈질긴 우울과 갑갑스러움. 떠밀고 떠밀리던 통학 뻐스가 그립다. 〈엄마〉를 부르는 어린애의 울음이라도 있었으면… 무엇인지 목이 터지도록 외치고 싶어진다. 희미한 불빛을 타고 제각기 흔들리던 그림자들은 차가 떨 때마다 서로가 엉클어진 채 차내를 어지럽힌다. 창밖으론 어둠을 뚫고 언뜻언뜻 불빛이 스친다. 의자에 몸을 부린 승객 중엔 차창을 마주한 눈동자 하나 없이 가뜩이나 절박감이 쌓인다. 진정 어둠을 응시한다는 것은 〈무의미〉 하다고 느꼈기 때문일까. 나는 〈어둠〉을 곧잘 응시했다. 그것은 빛을 따라 자신이 산산조각이 날 것 같은 태양 아래서 보다는 오히려 까아만 어둠 속에서 더 뚜렷이 부각되는 자아를 발견할 수 있기 때문인지도 모른다. 빛은 밝을수록 그 그늘은 짙다. 이것은 어둠이 짙을수록 빛은 밝기를 더한다는 말도 되겠다. 온통 깜깜한 어둠에 싸여있을 때 마음으로부터 한 줄기 비쳐오는 그 무엇!

차내엔 눈을 감아버린 축들이 있다. 간혹 머리를 끄덕이며 조는 이도 있고…그들은 스스로 눈을 감아 버림으로써 내적 어둠을 만들고 그 어둠 속에서 자아를 찾아보자는 것인가. 어쩌면 그런지도 모른다. 막뻐스에는 유독 취기 어린 눈동자가 많다. 그 초점 잃은 희멀건 눈망울이 도시 슬퍼만 보이는 것은 무엇 때문일까. 분명 그 흐릿한 눈동자에는 검게 주름 잡힌 우리네 생활고가 새겨져 있을 게다. 다정한 어떤 이와 만나 진지한 이야기를 나누며 대폿집을 찾아들었다면 몰라도 뉘엔지 부탁한 일거리— 취직자리(?)—를 거절당하고 저주스러운 마음에서 술을 들이켜다 귀가할 시간마저 잃고 막차 구석에 쓰러져 버렸다면…? 물론 정다운 어떤 이들은 하룻밤의 이별을 못내 아쉬워하여 막차를 택하기도 했겠지만… 막차가 한없이 불안하게만 보이는 것은 무엇 때눈일까. 눈을 감고 조각처럼 앉아 있는 얼굴들. 그들은 모두 제대로 보내버린 하루를 정리하고 있는 것일까. 군데군데 졸음에 겨워 고개를 꾸벅거리는 이들은 본다. 어쩌면 우리의 〈삶〉이란 이들의 졸음과 흡사하게 아닐까. 손바닥만 한 의자에 온몸을 의지하고 눈을 붙였을 때 뻐스는 그가 원하는 장소를 훌쩍 벗어나 버리고 만다면…. 잠이 깼을 때 그는 애써 온 길을 다시 거슬러 가야 할 것이다. 맥이 없이 흐물거리는 〈졸음〉이라는 마취제는 승객들의 목적도 그다음 계획도 여지없이 허물어뜨리고 만다. 우리는 대부분 간절히 바라던 어떤 일이 이루어졌을 때 뛸 듯이 기뻐한다. 오직 행복감에 취해 다른 면을 온통 잊어버리고 만다. 그러나 잠시… 이렇게 기쁨에만 젖어 태만 하는 동안 모든 것은 기다려 주지 않고 미진한 채로 그냥 지나가 버리는 게 아닐까. 그래서 나중에야 엉성한 삶의 자욱을 후회하게 되고…사실 인간의 역사란 파도가 밀려가고 또 밀려오는 바다의 품처럼 기쁨과 슬픔의 끊임없는 연속인지도 모른다.

나는 새벽의 소리들을 좋아한다. 생명이 눈을 뜨는 소리는 제외하고라도 뿌옇게 안개가 낀 새벽. 잘 익은 햇능금빛같은 햇살이 번지기 시작할 때 조용하고도 맑은 새벽 공기를 뚫고 경쾌하게 달리는 차량의 바퀴소리! 이것은 나에게 한없는 〈희망감〉을 안겨다 준다. 좋은 약속을 기다리는 마음처럼 가슴은 기쁨으로 가득 찬다. 그러나 어둠을 타고 미끄러지는 차. 그중에서도 마지막 차가 마냥 우울하고 불안스러워 보임은 웬일일까. 왜 그런지 막차는 이별의 뒷맛 같은 짜릿한 슬픔을 안은 가슴들이 모여 앉은 곳만 같다. 정확히 따져보면 하루 스물네 시간을 가장 성실히 산 결과가 막차를 타게 했는지도 모르지만… 이것은 결실의 가을을 좋아하면서도 인생의 종말을 암시하는 것 같은 가을 잎들을 주우며 가슴을 앓는 경우와 비슷할지도 모른다.

막차는 결코 기다려주지 않는다. 다음 약속도 없이 제시간만 되면 훌쩍 떠나가 버린다. 아쉬움만을 싣고서… 숱한 무의미의 시간보다 의미를 지닌 단 일 분간! 이것은 우리를 부쩍 키우는데 얼마나 귀중한 것일까. 분명 막차를 잃는다는 것은 하루의 기대를 몽땅 잃은 것 같은 허퉁한 일이 아닐까.

곰곰이 생각해보면 인생이란 그렇게 긴 세월도 짧은 세월도 아닌 것 같다. 그 가치란 양보다 질에 있는 것이니까. 지금도 우리를 향해 가까이 오고 있는 죽음.

그러나 그 시각은 아무도 모른다. 우리는 모든 것을 잊고 살아갈 뿐이다. 때때로 어처구니없이 〈영원〉을 지껄이기도 하며… 이렇게 기한부의 생명을 지닌 인간이 영원을 뇌까리며 모든 것을 잊고 산다는 것부터가 얼마나 기막힌 일인가. 그러나… 생물학엔 하나 더하기 하나가 셋이 되는 경우가 있다. 기한부의 인생이기에 〈영원〉이 간절히 요구된다고 누구는 무어라 할 것인가.

나는 때때로 짜증이 쌓이게 될 때 모든 일에 의욕을 잃고 멍—하니 바보가 된다. 만사에 대한 너무 큰 기대가 실망만을 안겨다 주기 때문인지도 모른다. 나는 고의로 무슨 물건 짝을 팽개치는 기분이 되어 아무런 생활의 계획도 정신적 준비도 노력도 바람도 없이 멋대로 살아본다. 그렇다고 시원할 것은 없다. 그것은 오히려 계획한 일이 미끄러졌다고 불평하는 때보다 더 괴롭고 고통스러울 뿐이다. 텅 빈 가슴엔 후회만 겹겹이 쌓이고 채워질 길 없는 공허한 머리는 기댈 곳을 찾지 못한다. 그리고 나는 이런 생각을 한다. 이렇게 구질구질한 마음의 상태에 지금 금방 〈죽음〉의 날개가 덮쳐온다면 너는 어찌할 것이냐고…. 따져보면 정말 모두가 불완전하고 후련치가 않다 그러기에 나는 만사에 게으름뱅이가 된 것 일가. 내가 예배당에도 곧잘 늦어진다는 말을 듣고 〈숙아〉는 넌 천당도 지각하겠다고 해서 웃었다. 그리고 그녀는 내게 잊을 수 없는 이야기를 들려주었다. 성당에서는 주일 미사가 네 번 있단다. 신자는 어느 때고 정해진 네 번 중 한 번만 참례해야 된다는 것이었다. —특이한 경우는 집에서 자기 혼자 외우는 경문이 있어 미사를 대신하기도 한다지만.— 그러면서 그녀는 너같이 무슨 일에나 게으름을 부리다간 세 번 미사참례 기회도 잃고 마지막 한 번 남았을 때마저 늦어서 복음 성경을 제대 우편으로 옮긴 후에야 참례한다면 결과적으로 주일을 지키지 못한 것이 되지 않느냐는 것이었다. 그녀는 싱긋 웃었지만 나는 웃음이 나오지 않았다. 이것은 게으름쟁이인 나를 멋지게 따져주고 웃어주자는 극단의 예라고 웃음으로 흘려보낼 수는 없었다. 크고 묵직한 무엇이 나를 힘껏 누르는 것 같았다. 그것은 죽음의 그림자와도 같은 것인지 모른다.

문득 〈오늘 일을 내일로 미루지 말라〉는 격언이 떠오른다. 과연 마지막 숨을 거두는 자리에서 인생을 후회할 때 죽어가는 생명에게 무슨 보탬이 있을까. 막차 안 풍경은 정말 가지각색이다. 조는 이, 시무룩한 사람, 생각에 잠긴 이, 술 취한 사람.… 이 풍경처럼 우리네 영혼의 마지막 모습도 가지각색이리라. 걸핏 한눈을 팔다간, 모든 일에 의욕을 잃고 게으름을 피우다간 눈동자가 흐릿한 취객의 모습이 바로 내 모습이 될지도 모른다. 이런 걸 생각하면 바짝 겁이 난다. 그러나 깜박깜박 잊고 사는 것이 대부분이니……잊을 수 있는 인간의 머리를 미워해야 할까. 칭찬해야 할까.

죽음의 시각이 약속도 없이 다가드는 인간의 영혼은 다시 있을 수 없는 막차처럼 몹시도 불안하고 절박한 것이 아닐까. 한번 가면 다시는 찾을 수 없는 것. 인생에 〈영혼〉이란 오직 막차일 뿐이다. 인생의 막차가 떠나기 전에 무엇인지 막차가 바르고 평탄한 길로 구를만한 준비를 해야 할 것 같다.

엄밀히 따져서 〈막차〉란 기다릴 것이 못 된다. 떠났을 가능성이 너무 크기에 그것은 기대보다는 이미 떠나가 버린 것이라고 체념(?)해버리는 것이 현명한 태도일지도 모른다. 아니 이러쿵저러쿵 따질 일도 못 된다. 오직 〈떠난다〉는 정확한 사실을 기억할 뿐.

구태여 인생의 막차가 떠날 때 필요한 이정표가 있다면 그것은 다만 거울 앞에 선 자세로서 항시 하늘을 우러르는 눈빛으로 오늘을 거짓 없이 충실히 살 때 이루어지는 게 아닐까.

가작

제182~186호 1964년11월23일~1965년 2월 16일

교내현상문예(校內懸賞文藝) : 희곡

내일(來日)을 기다리는 사람들

· 김일남(金一南) (문리과대학(文理科大學) 국문학과(國文學科)) ·

나오는 사람들

아버지 = 일석의 아버지 엔진이어

어머니 = 일석의 어머니

일석 = 대학생, 22세 가량.

일민 = 일석의 동생. 고등학교 졸업반

성숙 = 일석의 누이동생. 여고 일년

은하 = 일석의 누이동생 중 2년

영식 = 일석의 동생 국 5년

정석 = 일석의 동생 6년

옥이엄마×이웃집 아주머니

춘향모 = 역시 이웃집 아줌마. 남원이 고향이라 춘향모라 부른다.

친구 A, B = 일석의 학교 친구.

친구 C, D = 일석의 친구. 집에서 논다.

은아 = 일석의 걸 프랜드

박씨 = 직공

무대

주댁가에 있는 단층집. 방에서.

막이 오르면

아이들 방을 왔다 갔다 북새판이다. 숟갈을 들고 있는가 하면, 도시락을 챙기고. 책을 찾는 애도 있고, 그런가 하면 옷을 입느라고 소란하다. 이날 장판 속에 어머니는 한쪽에 앉아 신물을 펼치고 있다.

영식 가방을 들고 천천히 나가려다 방문 앞에서 돌아서서 어머니를 바라보고 서 있다.

영식=엄마. 20원만. (어머니 대꾸가 없자, 울상이 되면서) 응—

엄마=(신문에서 눈을 영석에게로 옮기며) 넌 매일 웬 10원 20원이냐? 하루나 걸으면 못쓸까?

영식=(여전히 울상이다) 시험지 값 오늘까지 내랬어.

일민=(책을 싸다 말고) 지건 순전 거짓말, 그냥 가시지. (다시 책을 싼다)

영식=(비질비질 울며) 정말야 학교가 물어보면 알잖어.

어머니=내일 가지고 가.

(영식 비질비질 운다)

일민=어— 지 병신, 저 상통 좀 봐. 그치지 못해 죽여버릴까보다, 그쳐.—(영식에게로 가려는 일민을 은하가 붙잡는다. 영식 여전히 비질비질 울며 밖으로 나간다. 일민 은하를 뿌리치면)

일민=놔, 저 자식 비질비질 울며 걷는 꼴을 그대로 두란 말야, 챙피하다니까, 챙피해, 그 보를 빼버려야지.

(그때까지 신문만 들여다보고 있던 어머니 신문을 밀어 놓고 밖으로

나간다. 일민 어머니 뒷모습을 보며 폭폭 해한다)

일민=(어처구니없다는 듯) 또 달래겠구먼……

성숙=(옷을 입다 돌아서며) 저러니까 버릇이 그렇지 뭐야.

일석=(숟갈을 들다 놓고) 시끄러. 一잠시 침묵. 일민 학교 갈 차비를 다 끝내고 방안을 쭉 살핀다.

일민=너이들 왜 이러고 있지?

성숙=(얼굴이 흐려지며) 실은 공기를 살피는 중인데……

은하=나도

일민=(알고 있었다는 듯) 깍쟁이들.

은하=작은 오빤?

일민=(머리를 긁으며) 할 말 없는데,

성숙=작은 오빠는 무슨 돈이유?

일민=여행비를 가져가야는데…

성숙=우리 갈 땐 가지 말라고 곱게 타일러 놓곤 (눈을 흘긴다)

일민=(빙그레 웃으며) 난 졸업반이거든, 마지막이니까 가야 해.

은하=왜 마지막이야 대학교에서두 가는데.

일민=(침을 해지며) 대학엘 갈 형편이냐? 안 갈란다. 내 학교가 병신 되느니 안 갈란다. (말을 해 놓고, 실언했다는 듯 일석을 건너보고 입을 다물어 버린다)

(어머니 밖에서 들어온다, 방안은 다시 조용해진다. 어머니 일동을 둘러보고 나서)

어머니=왜들 그러고 있니?

은하=(결심한 듯) 지난달 회비 나만 안 냈는데……(말끝이 흐려진다)

어머니=없으니, 어떻게 할 거니? (은하 힘없이 퇴장, 그 뒤를 성숙 일민 따라 퇴장, 일석도 부스스 일어나 밖으로 퇴장, 어머니 한숨 돌렸다는 듯, 신문을 한쪽으로 놓고 주섬주섬 방을 정돈한다. 그때 아버지 무대에 등장)

아버지=한술 떠야지.

(어머니 부엌으로 갔다. 밥상을 들고 들어와 아버지 앞에 상을 놓는다)

아버지=다들 갔군.

어머니=(못 들은체하며) 일거리 들어오우?

아버지=요새 같으면 못 살겠구만, 사람들이 워낙 약아서…. 내일이나 모래 사이에 좀 나올 것도 같은데, 애들 잔돈푼이나 끊어 줍시다. 석이 놈도, 옷 한 벌이나 해줘야 할 텐데……

(어머니 긴 숨만 몰아쉬고 있다. 아버지 밥상을 밀어 놓고 담배에 불을 다리고 나서 밖으로 나간다. 어머니상을 들고 안으로 퇴장) 그와 함께 춘향모 등장.

춘향모=(안으로 대고) 식엄마.

(안에서 어머니 쫓아 나온다)

어머니=왜?

춘향모=북새통이 가라앉았구먼.

어머니=(가슴을 폈다 오므리면) 조금 전에. 춘향모 아줌마, 그래도 그 애들이 나가고 나면 허전해지는 게 이상해. 있을 땐 괴로운데도.

춘향모=(빙그레 웃으며) 조용히 끝났나 보군.

어머니=언제는 어땠고? 우리 집 애들은 무언의 요구를 하니까. 조용하긴 언제나 마찬가지지. 그게 무섭다니까.

춘향모=씰개 빠지게 줄줄 내놓긴, 고생 좀 해 봐야지.

(이때 옥이 엄마 등장)

· 중간 내용 없음 ·

은아=(조심스럽게) 일석씨.

일석=(놀라 뒤돌아보곤, 말없이 바라보다) 들어와.

은아=(방으로 들어서며) 미안해요.

일석=아니. 어쩐 일로?

은아=(서운한 듯) 못 올 곳일가요?

일석=앉아, 은하를 대하면 말들이 망설여진다.

은아=날이 좋아요. 우리 데이트해요.

일석=앉아, 오늘은 이야기하고 싶다, 전에도 한번 말했지만,

은아=(눈을 흘기며) 그만. (일석의 입을 손으로 가리고는) 제가 말하겠어요. 일석씨 절 사랑할 자격이 없다는 거지요. 그저 프랜드로? 우리 바보같이 살아요. 허물만 벗으면 아름다운 고추가 되듯. 우리 허물 벗고 아무런 말인들 하면 어때요. 그게 밀어 우리만의 밀언데요. 우린 허물을 벗을 때가 못 되었을 가요?

일석=하지만 난, (또 은아가 입을 막으며 사랑스럽게 눈을 흘기며)

은아=전 일석씨가 말한 일석씨의 내일을 믿어요. 그리고 같이 기다릴 테요.

일석=(은아의 손목을 꼭 쥐고) 고맙다. 나도 은아가 좋았다. 난 사랑이 무엇이고 애정이 무엇인지 모르지만, 네가 좋다. 마음이 네게로 달리는 것을 난 막아 왔다. 이게 사랑인가.—. 내가 기억할 수 있는 날로부터 오늘까지 뜨거운 손목을 쥐어 보긴 오늘이 처음이다.

은아=(고갤 들고) 사랑해요.

일석=은아. 난 가슴이 부푸는구나. 넌 날 이끌어 줘야 해. 이 말은 은아에게만 할 말이야. 서로 이끌어 내일로 가자, 은아야.

은아=그래요. (일어나며) 나가요. 햇빛, 황금빛 속을 거닐어요. 일석 씨의 내일을 이야기하며!

일석=(같이 따라 일어나며) 그렇게 하자 은아의 내일을 이야기하며.

(일석 은아 밖으로 나가고, 미닫이를 열고 은하 성숙 일민 방으로 들어온다)

은하=나는 보았다.

성숙=나도

일민=늘씬한데, 늘씬해 (고개를 흔들며 멍청히 웃는다)

성숙=(의기양양하여) 봐, 내 뭐랬어? 연애하나 보다고 했잖어.

일민=아니야 다만 사랑으로 잠시 공기가 풀렸을 뿐이야.

(아버지 들어온다. 모두 멈칫한다)

아버지=어머니 어디 계시냐?

은하=(안으로 대고) 어머니.

(어머니 나온다)

아버지=돈 있소?

어머니=돈은 무슨 돈?

아버지=재료를 사야겠는데… 어데 좀 구해보지. 천원만.

어머니=가보긴 하지만 남의 손에 있는걸.

(밖으로 어머니 나가고 아버지 담배를 피워 푸우푸 불어낸다. 일석 들어오다 뒤 돌아 나간다. 잠시 후에 어머니 들어와 돈을 내민다)

어머니=내일 곗돈 들어갈 돈이라는데 내일 나와야 해요.

아버지=외상이 아니면 저녁에 나오겠지만, 봐야 알지 일해 주고도 구걸하는 식이니, 앉아 있으면 굶어 죽기 꼭 알맞고…

어머니=돈을 누가 거머쥐고 모두가 못 살겠다니 점점 나아지긴 새로 못해가니, 어쩐 일인지 한숨을 몰아쉰다. 아버지 밖으로 나간다)

인생이란 무엇인지

청춘은 즐거워

피었다가 시들이면

다시 못 올 내 청춘

마시고 또 마시어

취하고 또 취해 보세

(소리 점점 가까워져 온다. 노래가 멎고 일석 친구 C, D와 등장)

일석=얼마 만이냐, 앉아라. 앉아.

친구C=(들어앉으며) 임마, 다니더니 뙤뚱해졌어, 어른들 찾아뵙지도 않고, 그럼 못써,

친구D=그러게 말이다. 거리에서 만나지 않았으면, 저 자식 언제 이렇게 같이 할 수 있었을가?

친구C=새설 집에 치우라, 노는 거야, 지난 일들은 서로 보면 알잖아.

일석=놀러 왔으나 이렇다.

친구D=(너털웃음을 웃으며) 애송이 별 수 있을가. 오늘은 우리가 선배야, 자식 무슨 공부를 지금까지 해, 해서 무얼 하나, 나오면 뭘 하고.

· 뒷부분 없음 ·

제9회

문예상

•

1957~1969

가작

개교 13주년 기념-제196호 1965년 6월 8일 화요일

제9회 전국 고교현상문예작품발표 : 소설

파도(波濤)

· 정채봉(丁採捧) (광양농업고등학교(光陽農業高等學校) 농학과 (農学科)) ·

부웅— 붕—

갈매기의 날갯짓같이 느릿느릿한 뱃고동이 두어 번 들려 왔다. 이어 또 하나의 다른 뱃고동이「붕붕 붕붕」하고 다급하게 울렸다.

앞에 울린 것은 입항하는 뱃고동이 뒤에 들린 것은 출항하는 배나 보다.

나는 기다리기나 했다는 듯이 보던 대중잡지를 덮고 벌떡 일어났다. 그러나 책상(사과궤짝)양 쪽 모서리를 붙잡고 한참을 비틀거려야 했다. 얼굴에 모닥불을 지핀 것 같이 온몸이 화끈거리고 이마를 훔치는 손바닥에 땀이 번지르르 묻어났다.

허리를 반쯤 구부린 채 방문을 열었다.

먹구름이 꽉 찬 하늘이 한눈에 확 빨려들어 왔다. 마치, 신문지로 두덕두덕 발린 문 앞에 이제 지켜 섰었다는 듯이.

나는 토방에 내려서서 심호흡했다. 이 사이로 빨려드는 바람이 덤덤해 비위가 상했다. 왈칵 헛구역질이 났다 마당이라야 손바닥만 하여서 두서너 발걸음을 옮기면 바로 골목으로 통하는 판잣문이 있다.

판잣문을 밀자, 문 뒤쪽에 달린 「비락」깡통이 달랑댔다. 난 나도 모르게 픽 웃고 말았다.

—뭐가 있다고. 뭐가? 흐응. 정말 도둑이라도 한번 들어와 보지.

골목에는 누구의 잔햰지(?) 휴지 한 장이 바람을 따라 이리저리 뒹굴고 있었다.

나는 다가가, 휴지를 발로 찼다.

휴지는 엉뚱하게도 내 뒤쪽으로 날아갔다. 바람이 내 발 힘보다 더 세나 보다. 나는 무시 당하는 것 같아서 화가 났다.

굴러가는 휴지를 쫓아가 축구선수가 공을 몰 듯이 휴지를 몰아 하수구에 차 넣고서야 긴 숨을 내쉬었다. 왼쪽 손을 포켓에서 꺼내, 헤어진 〈잠바 카라〉를 애써 세우며 방파제로 향했다.

바다는 사나워져 있었다. 수평선이 울퉁불퉁할 만큼.

갈매기가 한 마리 선창 쪽으로 빠르게 날아간다.

누나는, 유난히도 툭 튀어나온 입술에 미소를 띠며 흰자위 많은 눈이 보기 싫게 일그러지는 애교로, 누구를 붙드는지?

「오늘은 꼭 낚아야겠는데…」

말끝을 흐리며, 치마 말을 한 겹 더 졸라매고, 나간 누나다.

고개를 숙여 침을 퉤 뱉었다.

침이 가늘게 뚜욱 떨어짐과 동시에 내 몸은 뒤뚱했다. 시퍼런 파도가 방파제를 치는 걸 보고, 현기증을 느낀 것이다.

한참 후에 고개를 들어 올려다본 하늘은 전보다 더욱 찌푸려 금방이라도 비가 한 줄 금 올 것 같았다. 순간 나는 오늘 학교에서 저렇게 잔뜩 찌푸린 담임선생의 얼굴을 생각했다.

「그래 어쩔 셈이니?」

「조금만 더 여유를 주십시오」

「뭣이? 난 너에게 사정하는 게 아니야. 학교 다니기가 싫으면 그만두란 말야.」

「학교 다니기 싫다곤 안 했습니다.」

「아니, 이 자식이, 뭐가 어쩌고 어째? 너 여기가 초등학교인 줄 아니? 여긴 사립고등학교야. 돈을 주겠으니 가르쳐 주십시오 하는, 너희들의 청구에 의한 교육기관이란 말야.」

지난번 내 납부금을 봉급에서 공제 당한 담임은 이번만은 안 되겠다는 듯이 화를 벌컥 냈다.

종례 때였다. 담임선생은 봉투들을 전해 주었다.

하나는 학교장 명의로 된「등교정지처분 통지서」이고 또 하나는 시골 어머니께서 온 편지였다

인쇄가 뚜렷한 봉투와 연필로 비틀비틀 쓴 봉투는 너무도 큰 대조를 이루었다.

담임선생의 차디찬 안경 너머로 자기 앞에서 봉투를 뜯길 바라는 눈이 나를 건너다보고 있었다.

나는 제법 보란 듯이 아래 포켓에 쑤셔 넣고 복도로 나와버렸다. 종례가 안 끝난 각 교실은 너무도 고요했다. 기다랗게 뻗은 복도가 와락 무서워졌다. 옮기는 내 발소리가 앞서 퍼져갔다.

나는 그만, 뛰고 말았다.

청소부가 둥그런 눈을 하고 교무실에 달려 나오고 있었다.

텅 빈 운동장을 가로질러 달리던 나는 가방이 들린 오른손이 너무 덜렁댄다고 느꼈다.

교문을 나와서야 뛰던 발을 멈췄다. 학교를 돌아보며 어머니의 편지

봉투를 뜯는 내 손에 햇볕이 하얗게 부서지고 있었다. 창호지로 세 겹이나 싼 편지 속에서 오백원짜리 지폐 한 장이 나왔다.

—돈이다. 돈!

나는 눈을 크게 떴다.

파란 돈이 가늘게 떨리고 있었다. 돈을 눈에 박으려는 듯이 오랫동안 지폐에 있는 남대문을 들여다보았다.

눈 집이 자꾸만 떨렸다. 남대문이 어릿어릿해짐을 느꼈다.

—이것이 뭣인데. 이것이.—

나는 돈을 흔들며, 흐흐 웃었다. 오른발을 앞으로 내디디고, 왼발도 옮기려 했을 때였다.

갑자기 내 몸뚱이가 앞으로 푹 고꾸라졌다. 돈만 보고 걷다가 그만 내 왼발 부리가 돌에 걸렸던 모양이다. 손이 땅에 닿음과 동시에 돈이 휙 날았다.

「돈! 돈!」

나는 돈을 부르며 허겁지겁 돈을 좇아 뛰어갔다. 돈은 다행히 어느 상점 앞에서 멈췄다.

나는 또 놓칠세라 두 손으로 감싸 집어 들고 일어섰다.

「어서 오십시오.」

어처구니없게 상점문 앞에서 점원이 허리를 굽신했다.

나는 픽 웃고 말았다.

아래턱이 빨린 점원도 눈을 가늘게 뜨고 덩달아 웃는다.

바라보이는 상점 진열장에는 갖가지 의류가 진열되어 있었다 두툼한 잠바며 빨간 세타 등등.

 그것들을 훑어보다가 진열장 밑바닥에 있는 파란 양말에 내 눈이 딱 멈췄다.

어렸을 때, 저 양말 때문에 무던히도 울었었다.

다른 애들은 저런 양말을 신었는데 나는 버선을 신고 학교에 다녔다.

어머니가 만들면서, 솜까지 두둑이 넣었기 때문에 따서긴 따뜻한 데 옆 애들이 계집애같이 버선을 신었다고 무척이나 놀려 댔었다.

나는 그게 싫어 어머니께 매일 양말 사달라고 졸랐었다. 그러나 어머니는 한숨만 쉬실 뿐, 꼭꼭 버선을 기워 주었었다. 안 신고 나설 때는 어머닌 그때마다 눈물을 글썽거리며, 화를 내시는 것이었다. 그래서 나는 어머니가 보는 앞에서는 버선을 신고 학교 가서는 벗고 신발로 지냈었다. 오학년 이 학기, 어느 날 밤이었다. 자다가 오줌이 마려워서 깨었을 때, 어머니가 주무시지 않고 팔랑대는 등잔불 아래서 내 버선을 깁고 있는 걸 발견할 수 있었다.

가끔 바늘을 곱게 빗은 머리에 닦아가며, 계속 그 뼈뿐인 손을 움직이는 것이었다.

나는 그 이튿날부턴 국민학교를 졸업할 때까지 버선을 즐겨 신고 지냈지만, 저 양말 신고 싶은 마음은 영 버릴 수가 없었다.

「들어 와 구경하십시오.」

점원은 다시 한번 허리를 굽신했다. 나는 겸연쩍게 웃으며 상점문을 들어섰다. 훈기가 훅 퍼져 들었다. 난로 위에는 주전자가 설설 끓고 있었다. 침이 쫄 넘어갔다. 나는 고개를 돌려 진열장으로 향했다. 조금 전에 본 파란 양말을 바라보며,

「버선 있습니까?」

「네?」

「버선 있느냐고요」

「버선이라뇨?」

「거 여자들이 신는 거 말예요」

「네에…. 없는데요.」

점원은 입술을 실룩거리며 대답한다. 나는 픽 웃고 말았다.

「그럼, 양말 있습니까?」

「네! 있구 말구요.」

점원은 기다렸다는 듯이 진열장 문을 드르륵 열었다.

진열장 열리는 소리가 참 시원하게 들렸다.

「자아! 골라보십시오.」

나는 점원이 꺼내놓은 양말 가운데서 검정 양말을 집어 들었다.

「얼마지요?」

「네. 이백 원인데 백오십 원만 주세요. 학생한테서 이익 보겠습니까?」

나는 오른손에 들어 땀이 끈끈히 밴 돈을 내밀었다.

점원은 두 손으로 겸손히 받아 들고 가 금고문을 열더니, 백 원짜리 석 장과 오십원짜리 한 장을 꺼냈다.

금고에 가득 찬 돈들이 내 눈을 번쩍 뜨게 했다. 그러나 금고문은 곧 닫혀 버리고 말았다.

「잔돈으로 주실 수 없습니까?」

「네?」

「십 원짜리로만 달라구요. 아니 일 원짜리로 주면 더 좋겠습니다만…」

「네에」

점원은 고개를 갸우뚱하더니 금고문을 다시 열었다.

와락 몸서리가 쳐졌다. 숨이 헉헉 막혔다.

좌우를 두리번거렸다.

두 주먹을 불끈 쥐어 보았다.

순간 나는 오른손이 허전함을 느꼈다.

들어야 할 책가방이 없어진 것이다.

조금 전, 길에서 넘어졌을 때 떨어뜨렸던 모양이었다.

나는 허겁지겁 상점을 뛰쳐나왔다.

「돈 받아 가십시오, 돈!」

점원이 따라 나오면 고함을 쳤다. 그러나 나는 돌아보지도 않고 달려 넘어졌던 자리에 가 보았다.

그러나 거긴 창호지만 구글뿐 책가방은 찾아볼 수 없었다.

침으로 묻혀 쓴 연필 글씨가 눈에 띄었다. 어머니 편지였다.

와락 슬픔이 솟구쳤다.

뜨거워지는 눈시울을 자주 깜박이며 편지를 읽었다.

타관살이가 얼마나 고생되냐? 짐작 편지 할렸는디 돈이 마음대로 구방 되지 않아서 이제사 붓을 들었다. 자나 깨나 이 에미는 일편단심 니 하나를 공부 시킬라고 발버둥 친다만 자꾸 늙어 가고 보니 어쩔 수가 없구나. 진에는 그렇게도 잘 오던 손님들도 인자는 색시 있는 이랫동네 주막으로 발길 돌려 버렸단다. 더구나 세무처 놈들 때매 한시 마음 놓을 수가 없다. 지난번에 비벼 넣은 술도 그 여우 같은 놈들이 순이네 치깐에 숨겨 둔 것까지 찾아내던구나 그것만 그리 안 됐어도 니 등록금은 다 됐을틴디… 우선 여기에 오백 원을 보낸께 모자라는 돈은 니 매부한테 빌리던지 안되면 형편이 풀리는 대로 곧 내겠다고 담임선생님께 사정하여 보아라. 선생님도 사람인 이상은……

나는 그만 편지를 접어 버렸다 그 뒤는 안 보아도 잘 안다.

부디 성공하라는 말일 게다.

육 · 이오 사변 때 전사한 아버지보다 높게 되라고. 나는 어렸기 때문에 기억에 없으나 아버지는 권총을 찼었다고 했다.

오늘도 어머니는 부엌에 정화수 떠놓고 빌고 계실 것이다.

나는 뚜벅뚜벅 걸었다.

오고 가는 사람들의 얼굴을 모두가 닮았다. 눈, 코, 입, 귀.

제 사리에 다 분은 사람들이다.

그런데 왜 비기는가? 왜 피하며 엉뚱하게 걸을까?

나는 아무라도 붙잡고 질질 울고 싶었다. 그러나 나의 이 원을 풀게 된 상태는 부둣가에 선 전신주였었다.

물방울이 확 튕겨 왔다.

파도 소리가 쏴 하고 귓전을 때렸다. 허연 거품을 문 물살이 바로 앞을 가로질러 달리고 있었다. 방파제가 끊긴 곳에 닿은 것이다.

웅크려진 가슴을 펴 본다. 바람이 목 밑으로 썰렁 지난다. 나도 저렇게 철렁대는 파도를 가슴에 담아 보고 싶다. 그래서 파도처럼 마구 부딪치며 흐르고 싶다.

선창에서부터 앞「동동심」에 까지 이어진 방파제는 지난 팔월 폭풍에 약 십 미터쯤 끊어졌었다.

여기가 제일 약했든지 그렇지 않으면 여기에 와 부딪힌 파도가 제일 세었던지 허물어진 이곳은 언제나 내 발을 여기에서 꼭 멈추게 하는 것이다.

어떻게 뛰어 건널 수만 있다면 저쪽「동동심」의 등대에 갈 수 있을 텐데……. 이럴 때마다 나는 홍길동 이야길 생각한다.

—하룻밤 사이에 백두산에서 한라산까지는 뛰지 못할망정 어떻게 여기만 건널 재주가 있다면…….

내가 여기를 찾게 된 것은 두 달 전, 구월 첫 일요일 아침이었다. 매부의 시체가 저 앞에 거꾸로 선 견치돌에 걸려 있던 것이 낚시꾼에게 발견되었을 때, 이 항구는 매부 이름 하나로 법석댔다

그날, 모처럼 골목 하수구를 치고 있다가 동네 반장으로부터 이 소식을 전해 들었을 때 나는 믿지 않았다.

아니, 믿지 않으려고 했다.

매부는 부두에서 짐 나르던 노무자였다.

벙어리(?)로 오해할 만큼 말이 적은 매부는 어쩌다가 막걸리 한 잔이라도 마시고 들어오는 날은 얼굴이 벌겋게 상기된 채로 애꾸(노무자대표) 욕을 했었다.

「홍 자식, 눈깔도 하나 새한테 파먹힌 게 뭐, 내 마누라 못생겼다고. 나 원 참 디러워서.」

언제나 판에 박은 말이다. 그러면 누나는 또,

「아니, 왜 그 사람 앞에선 못하고 집에 와서 야단이야. 야단은」

이렇게 부부 싸움이 시작되면 나는 방구석으로 밀려 나가 앉아 누나와 매부를 채점하기 마련이다. 그러나 매분 나에게만은 정말 고마웠다.

싸움 끝 맺는말로 항시 「그만하지. 철이 공부에 방해되는데」이었다. 또 매부는 신문 한 장이라도 구해다 주는 걸 잊지 않았다.

어떤 것은 도시락 싸고 버린 것도 있었고 또 어떤 것은 귀퉁이가 다 헌 묵은 신문이었지만 매부는 나에게 꼭꼭 가져다주었다. 이렇던 매부가 무수한 타박상이 가시지 않은 시체로 나타난 것이다.

그때, 실신한 누나 대신 내가 시체 해부를 심판했었다.

소독 내음이 코를 쿡 찌르는 수술실 벽은 너무도 하얗고 수술대에 올려 진 매부는 너무도 검었다. 의사의 메스가 멈춰질 때까지 내 눈은 감기질 않았다. 정말 이상하리만치 태연했다.

그러나 병원을 나서면서 휘청거리는 다리를 가누기가 힘들었다 노오란 은행잎이 하나둘 지는 오후였다. 경찰 수사는 처음엔 제법 활발하더니 날이 감에 따라 시시해져 버렸다.

그렇게도 매일 귀찮게 찾아오던 형사들도 이젠 찾아볼 수가 없었다. 아무리 해도 증거가 안 잡힌다는 것이었다. 매부의 시체가 발견된 뒤부터 여길 그렇게도 잘 찾아오던 낚시꾼들은 발길을 돌려 버렸는데 그와 반대로 나는 자주 오게 되었다.

장부로 전락한 누님이 손님을 받을 때마다 내가 시간을 보내는 곳이 바로 이곳인 것이다.

나는 혼자 「뛰자, 뛰자」라고 중얼거리는 버릇까지 생겼다.

—여기만 건너 저 「동동섬」에 간다면 바라다보이는 저 하얀 모래밭에서 마구 뒹굴며 실컷 울고 싶다. 그리고 이 답답한 가슴속의 말을 등대위에 올라가 외쳐도, 폭풍 만나 본 배선원들은 웃지 않겠지.

그러나 한 번도 뛰어본 적은 없었다. 집에서는 허리띠를 조이며 잔뜩 벼르고 나오지만, 막상 여기 와선 멍하니 서서 중얼거리기만 한다.

「뛰자. 뛰자」

이런 나를 아는 사람들은 혀를 「끌끌」 차면서, 「그렇게도 다독거려 주던 매부가 죽은 뒤에 머리가 조금 돌았다.」고들 했고 눈꼬리가 위로 쭉 째진 형사는 나를 매부 살인 혐의자로 잡아갔었다.

「어째 자주 다니지?」

「그저요」

「그저요? 이유 없는 일이 이 세상에 어딨어? 무언가 마음에 걸리는 게 있으니까 그렇지?! 그렇지?」

「네」

사실 난 내 마음대로 한 대답을 눈물도 얼어 버릴 듯한 눈으로 쏘아보던 형사는 녹음하여 갔고 범죄 자백을 강요했던 것이다.

〈양심〉〈양심〉〈배우는 학생〉 등 수업 시간에 배운 도덕을 설교하다가 끝내는 권총까지 빼서 내 가슴을 겨누기도 했었다.

나는 정말 형사가 총을 쏘기를 바랐다. 꼭 한번 맞아 보고 싶었다. 총탄이 가슴을 뚫을 때 어떤 기분일까? 시원할까? 그렇잖으면 허탈할까?

그러나 형사는 나를 쏘지 않고 도리어 내 어깨를 두들겨 주면서 허허 웃고 내 보내 줬었다.

이마에 선뜻한 느낌이 있었다.

빗방울이 돋기 시작한 모양이다.

나는 돌아서야 했다. 한 번 더 끊어진 방파제를 돌아다 보았다.

파도가 바위 같이 밀려들고 있었다. 고개를 세게 흔들고 앞으로 걸었다. 빗방울이 하나, 둘 빨라짐과 같이 내 발걸음도 빨라진다. 몸에 으스스 한기가 배어들었다.

이빨이 딱딱 딱딱 부딪쳤다.

또다시 넘어진 잠바 카라를 세웠다. 손가락에 묻어 난 비가 끈끈하게 느껴졌다. 골목 어귀에선 삽살개 한 마리가 구멍가게 앞에서 게우고 있었다. 속이 메슥거렸다.

고무신에 물이 울컥 들어왔다.

질척대는 흙이 바짓가랑이에 올라붙는다.

눈 익은 판잣문을 찾아 밀었다.

비린내가 코를 찌른다. 문을 고기 상자로 만들었기 때문이다.

〈비락〉 깡통은 그저 흔들댈 뿐 소리는 안 냈다. 문을 닫고 마당에 들어서서 더벅머리를 쓸었다.

손바닥에서 물이 뚝뚝 떨어진다. 눈이 시렸다. 눈을 자주 껌벅거리며 앞을 보았다.

방문 앞엔 윤이 나는 구두가 누나 꽃신 옆에 놓여 있었다.

가까스로 한숨을 내쉬었다.

다음, 어처구니없게 웃음이 나오려고 했다. 얼굴을 실룩거리며 참았다. 바로 돌아섰다.

두어 발자국 옮겼을 때였다.

안에서 흘러나오는 말소리가 어디서 많이 듣던 것 같아서 멈춰 서서 귀를 기울여 봤다.

「그래, 네년 말 한번 잘 나왔다. 네년 말대로면 내가 널 갈보로 만들었단 말이지 응?」

「그렇지. 흥! 낯짝도 좋다. 뭐어 부산에 집 얻어 뒀다고 같이 가 살자던 때는 언젠가? 그래 석 달 동안 피했다가 돌아와 첨 한다는 소리가 기껏 그거야?」

「아니, 이게 어디다가 앙탈이야? 앙탈은! 그럼 뒈진 놈 찾아가거라. 가! 내가 죽였니? 내가 죽였어? 앙? 내가 밑에 깔렸을 때, 그놈을 빨랫방망이로 친 건 누군데. 이걸 그냥」

방 안에서는 투덕거리기 시작했다. 빗소리가 거세져 잘 들리질 않았다. 발소리를 죽여 방문 앞으로 다가갔다. 처음은 누나가

「죽여라, 죽여. 이놈아!」

하고 덤벼드는 것 같더니 이내

「사람 살려요.」

하는 누나의 비명이 들려 왔다. 몸에 오싹한 전율이 지나갔다―흐응, 잘들 노시는군.

나는 이지러지는 입술에 웃음을 깨물며 돌아섰다.

두서너 발 옮겼을 때였다.

「사… 사아람…사 살…」

꺼져 들어가는 누나의 목소리였다. 순간, 가슴이 성큼 조였다

얼굴이 확 달아올랐다.

시야가 뿌옇게 흐려졌다.

(칭얼대던 나를 업고 자장가를 노래하던 목소리다. 또, 십 리 길을 걸어 국민학교에 다닐 때 마중 나와 부르던 목소리다. 큰놈 낚아 등록금 마련해 주겠다던 것도 저 목소리다)

고개를 세게 흔들었다. 다시 돌아섰다. 다리에 힘을 주었다.

두리번거리는 나에게 깨어진 연탄에 꽂혀있는 연탄집게가 눈에 띄었다. 나는 떨리는 손에 연탄집게를 집어 들고 방안으로 뛰어들었다. 누나의 배 위에서 목을 조르고 있던 애꾸가 몸을 돌리기보다 먼저 연탄집게를 든 내 오른손이 뻗었다.「윽!」

왼쪽 어깨를 오른손으로 움켜잡고 뒹구는 애꾸에게 더 가까이 다가갔다. 내 흐려진 눈에는 베게 같은 뭉텅이었다.

「이것이! 이것이!」

나는 온 힘을 팔에 준 채 뒹구는 몸뚱일 마구 찔러댔다. 아래에 닿는 것이 멈췄다. 나는 숨을 허억 몰아 쉬고 소매로 땀을 닦았다. 희뿌연 것이 점점 피가 낭자한 애꾸로 나타났다.

누워 있는 누나의 허연 얼굴에 피가 서너 방울 튀어 가 있었다.

갑자기 누나의 검붉은 입술이 떨었다. 누나의 오른손이 흔들흔들 들렸다. 명지손가락과 새끼손가락에 경련이 일었다.

―잡아 줘야 한다. 저 누나의 손을 잡아야 한다.

그러나 나는 후닥닥 밖으로 뛰쳐나오고 말았다.

비는 억수 같이 퍼붓고 있었다

「뛰자! 뛰자. 그 까짓 놈의 방파제쯤 뛰어 건너가자. 그래「동동섬」에까지 가자」

난 크게, 크으게 오랜만에 실로 오랜만에 소리 내어 외쳤다.

뛰어가는 내 몸이 파도처럼 뒷둥거리기 시작했다. 번갯불이 두어 번 앞을 비추다가 다시 계속된 어둠에 천둥이 파고들었다.

〈끝〉

당선

개교 13주년 기념-제196호 1965년 6월 8일 화요일

제9회 전국 고교현상문예작품발표 : 시

숲은

· 최숙자(崔淑子) (부산경남여자고등학교 3) ·

(1)

승냥이같이 찾아온 메아리가
가만히 내려 쌓이는 숲은
어쩌면 장승처럼
황혼(黃昏)을 바라고 서 있었다.

태초(太初)의 몸부림이
이처럼 오늘의 고독(孤獨)을 낳고
내 사랑하는 사람이
손수건 흔들며 떠나버린 플렛 · 홈처럼
이제
정적(靜寂)은 꼬리를 물고 승화(昇華)하여
숲이 되었다.

(2)

꽃잎이 떨어져 가던 날
지난날의 추억(追憶)이 밀물처럼 들이닥치는 가슴을
안고
여인(女人)은
수족관(水族館)의 열대어(熱帶魚) 같은 자세(姿勢)를 한다.

—정녕 꿈은 아름다운 것.
별은 잔잔한 수면(水面) 위에 투영(投影)되고
밤이 안개처럼 소리 없이 누리를 덮을 때

신비(神秘)스런 달빛 속에서
숲은 그림처럼 잠이 드는데
아—
꽃잎은 떨어지고

(3)

하나—씩
층계를 밟아 내리는 그러한 마음으로
주변(周邊)에 아름다운 꽃씨를 뿌리고
숲은 돌아가야 할 고향(故鄉)을 모색(模索)하고 있었다.

꽃길을 거니는 짐승처럼
가뿐한

몸매.

고독(孤獨)한 신앙(信仰)의 합창(合唱)이
황폐(荒廢)된 지표(地表)에 사랑의 깃(旗)발을 높이고

그리하여
이방인(異邦人)의 눈망울처럼 어색한
우리들의 연연(戀戀)한 대화(對話)는
밝아오는 환한 꽃밭으로
줄달음치고 있었다.

(4)
별이 잠든 밤.
숲은
언젠가 한 번은 떨어져야 할 잎들이
지기 전(前)

마음속에 되살아나는
갈맷빛 달무리의 의미(意味)를 되씹어 보고는
바람에 흔들리는 나목(裸木)의 투명(透明)한 그림자를 위(爲)해
어떤 계시(啓示)를 마련하는 것인가.

(5)
지금 어디메쯤

기억(記憶)의 뒤안길에서
결국(結局) 머언 해변(海邊)으로 돌아
이제는
분분(粉粉)한 낙화(洛花)처럼 바람 속으로
사라져 갔을
어느 날 우리들의 허무(虛無)했던 자세(姿勢)들.

십자가(十字架)가 시그날되는 초점(焦点)에서
태양(太陽)처럼 찬란한 빛을 안고
왼 얼굴에 아름다운 미소(微笑)가 꽃피던 날

하나의 별이
애모(愛慕)하던 호약(湖約)의 손짓으로
하늘 끝까지 날아오르고만 싶던
숨은 그 형상(形象).

(6)
꿈이 꾸고 싶던 날
단(單) 한 번만이라도 울리고 싶던 종(種)소리에
메아리 되어
달이 잠든 시간(時間)에
머언 바다를 향(向)해
파아란 정적(靜寂)을 흔들고

침잠(沈潛)한 과거(過去)의 저력(底力)이
불빛처럼 폭발(爆發)하는 내일(來日)의 의미(意味) 속에서
어디선가 숲은
하늘을 닮아가고 있었다.

당선

개교 13주년 기념-제196호 1965년 6월 8일 화요일

제9회 전국 고교현상문예작품발표 : 수필

약속론(約束論)

· 서덕범 (대전공업고등전문학교(大田工業高等專門學校) 기계과(機械科) 3학년) ·

—너를 기다리는 2시간이란, 나에게 있어서는 48시간보다도 오랜 시간이다. 너는 그렇게도 장담을 했었는데, 2시간이 지났는데도 나오지를 않는구나. 무슨 중대한 일이 있는지? 그러나 전에도 너는 아무런 이유 없이 약속을 어긴 적이 많았다. 큰일이 있다 해도 나는 선뜻 믿을 수가 없다.—

어렸을 적에 어머니가 해주시던 이야기를 나는 아직도 기억하고 있다. 옛날 어느 나라에 양을 치는 소년이 살고 있었다. 장난이 치고 싶어진 그는 두 번이나 여우가 왔다고 사람들을 녹였다. 그러나 세 번째, 정말로 여우가 왔을 때는 아무도 나오지 않았다 어머니가 들려주시던 동화를 생각하다 보면, 잡힐 듯 잡힐 듯 잡히지 않는 안타까운 시절, 냇가에서 발가벗고 물장구치던 때가 되살아 나오기도 한다. 그는 이렇게 약속을 어기다가 정작 그가 필요할 때, 마치 여우가 왔을 때처럼 급히 필요할 때 내가 약속을 어긴다면 어떻게 하겠다는 것인가?

친구가 이렇게 늦는 까닭을 나는 모른다. 다음에 만난다면 분명히 그는, 아주 중요한 일이 있어서 못 나갔다고 얘기할 것이다.(내가 기억하

는 바로는 그는 언제나 그렇게 대답했었다.) 허나 몇 번이나 속은 적이 있는 나를 설득시키기는, 아마 약속 시각에 나오는 것보다 몇 배 더 어려운 일일 게다. 그는 사회사업가(社會事業家)도 아닐 텐데, 왜 이렇게 손해만 보는 장사를 굳이 하겠다는 것인가?

하물며 사람을 좋아하는 것도 고역이라고들 말하는데, 세상에 고역 아닌 것이 어디 있을까마는 남을 기다린다는 것은 정말 고역 중에도 고역이다.

「학수고대(鶴首苦待)」—꿈 속에 본 소년(少年)을 기다리다 지친 한 소녀(少女)의 모습이다. 이 말을 무척 과장된 표현으로 밖에는 생각하지 않는 사람이 있는 모양이다. 그러한 사람이라면, 나는 남을 기다리는 경험을 가져보라고 권고하고 싶다. 그 지옥과도 같고, 숨 막힐 듯한 시간을…… 단 한 번의 경험으로 그들은 나의 의견에 동의하리라고 나는 믿는다. 이 말이 「자발삼천척(自髮三千尺)」·「황진이만리(黃塵二萬里)」식의 표현과 얼마나 상위 된 표현인가 하는 나의 주장을…….

시간이 흘러가는 것이 아니라, 우리가 가고 있는 것이라는 말이 있다. 그러나 남을 기다리고 있을 때만은 시간도 우리도 정지하고 있는 것만 같은 착각을 나는 가끔 하게 된다. 남을 기다리는 시간만은 지구는 자전을 중지하고, 시곗바늘은 영원히 서 있는 모양이다.

일전에 「촬스·램」의 수필을 읽은 적이 있었다. 어느 작품에서인가 「램」은 사람들은, 빌리는 사람과 빌려주는 사람의 두 가지로 나누었다. 자기를 죄인이라고 생각하는 죄인의 두 종류로 분류하자고 「파스칼」도 주장했다. 그러나 나는 이렇게 하자고 제의한다. 약속을 잘 지키는 사람과 잘 지키지 않는 사람의 두 가지로 나누자고…….

약속 시각에 맞추어 나가는 것은 자기의 위신이 서지 않는다고 생각하는 사람. 비록 사정이 있다 해도, 늦게 나와서도 미안한 빛을 찾아볼 수 없는 사람을 나는 그들을 최전선(最前線)의 「토치카」로 보내자고 제의한다. 그들의 강철 같은 심장과 쇠로 된 얼굴은 총에도 끄떡없을 테니까…

…. 그들이야말로 참호에서는 제일 필요한 사람들이다.

연애의 경험이 있다는 P씨(氏)의 이야기를 나는 들은 적이 있다. 사랑이란 모든 것을 아름답게 만드는 마력을 가진 놈인가 보다. 그러기에 그녀의 약속을 지키지 않는 버릇도 혹은 매력이 있게 보였는지도 모른다고 P씨(氏) 회상했다. 그러나 오래지 않아 그는 권태를 느끼게 되었다고 한다. (약속을 잘 지키지 않는 버릇 때문인지도 모른다. 약속 시각마다 늦게 나오는 것이 나를 별로 좋아하지 않는 탓이라고 그는 혼자 생각했었다고 한다.) 누구나 자기를 좋아하는 사랑을 좋아하듯이, 그도 자리를 좋아하는 사람을 좋아하고 싶다고 아주 엄숙히 말했다. 그러기에 그러한 사람을 좋아할 만큼 그는 비위가 다방면으로 발달하지 못한 모양이다.

독자 여러분! 만약 당신의 우인(友人)이 보기 싫다면, 당신은 단지 약속 시각마다 늦게 나가기만 하면 된다. 그러면 구태여 복잡한 절차를 밟을 필요가 없이 당신이 원하는 대로 할 수가 있다. 이것은 나의 경험으로 보아 최선(最善)의 방법인 것이다.

어느 소설에서 읽었던 재미있는 사람—그는 친구에게 기다리는 고역과 안 올 줄 알고 단념했던 사람이 왔을 때의 그 반가움을 주기 위해, 일부러 약속날짜보다 며칠 후에 비행장에 내렸었다.—까지도 내가 좋아하지 않는 것은 결코 아니다. 나는 그렇게까지 인색하지는 않다. 나를 그렇게 무감각한 냉혈동물이라고 생각하는 사람이 혹 있다면, 그렇게 비정확한 눈을 가진 그를 나는 불쌍하게 생각할 따름이다. 정상적인 인간이 냉혈동물로 보인다면, 정작 냉혈동물은 그들의 눈에는 인간으로 보일 것인지?

내가 좋아하지 않는 사람들—어쩌면 약속을 잘 지키지 않는 사람도 그 카테고리에 속하는지 모른다. 허긴 나에게는 이렇다 하게 좋아하는 사람도 싫어하는 사람도 없는 터이지만……. 내가 그들을 좋아하지 않는 이유란, 나를 무시하는 데 대한 분노라든가. 그의 인간성이 너무 거만하고 인간적이 아니라는 고차원적(高次元的) 이유 때문이 아닌지도 모른다. 어쩌면 그들이, 기다리는 시간 만큼의, 그 지옥을 방불케 하는 고역을 나에게 부과해 주기 때문인지도 모른다. 나는 단지 그놈의 고역 때문에 그러한 사람들을 좋아하지 않는 모양이다.

약속을 잘 지키지 않는 신사 여러분. 나는 당신들의 웅변에 감회를 받을지도 모릅니다. 그러나 나는 진실 없는 감화가 얼마나 약할 것인가를 알고 있습니다. 전에 나는 아무런 진실도 없이 남을 감화시켰다는 사람의 고백을 들은 적이 있습니다. 그러기에 나는 당신들에게 감화를 받는다 해도 잠시 후에는 다시 생각을 돌릴 것입니다. 그 웅변이 얼마나 진실과 유리된 미사여구(美辭麗句)의 나열에 결과한 것인가를 나는 인지(認知)하기 때문입니다.

설사 여러분이 하나님과 신의 이름 아래 당신들의 의견을 주장한다 해도 지금 이 순간에도 역시 지구는 돌고 있는 것입니다.

만약 약속 시각이면 으레히 늦게 나오는 사람이 하나가 아니라 약속을 한 두 사람이 다 그렇게 되는 경우를 나는 생각해 본다. 그렇다면 우리는 박물관에 가서야 겨우 진리를 찾아볼 수 있는 게 될 것이 아닌가? 약속을 어기는 것이 얼마쯤은 정당하게 되고 모두 그렇게 생각하게 될 테니… 이러한 생각을 할 때마다 나는 모골이 송연함을 느끼는 것이다. 약속시간이면 으레 조금은 늦게 나가야 신사 체면이고, 제시간에 맞추어서 나가는 사람은 고지식하고 딱딱한 사람이라고 평을 하는 사회를 나는 그려보고 싶은 마음이 없다.

이렇게 끔찍한 생각을 하게 될 때마다 나는 스스로 다짐한다. 설사 상대가 약속 때마다 늦게 나오고, 그러할 줄을 뻔히 알더라도 나만은 약속 시각에 맞추어 나가야겠다고…….

당신이 약속을 지키지 않음으로써 보기 싫은 친구를 떼어버릴 수 있듯이, 약속을 잘 지키기만 한다면 만인(萬人)의 사랑을 받을 수 있습니다. 이것도 역시 내가 아는 한 최선의 방법인 것이다.

수포철학(水疱哲學)에 불과할지 어떨지 모르지만, 나에게 관(關)한 한(限) 성실한 인간이란 학문도 지식도 그리 위력(威力)이 없다. 단지 약속을 잘 지키는 사람이라면 되는 것이다.

제10회

문예상

•

1957~1969

가작

제210호 1965년 12월 6일 월요일

교내 현상문예 : 시

11월의 창변(窓邊)

· 신형준(辛炯準) (문리과대학 화학과(文理科大學 化學科)) ·

I

멍든
나뭇잎이 지고 있습니다.

퇴색한 생명(生命)의 조각들이
아쉬움 속에서 전율합니다.

영원이라고 믿었든
젊음이
자꾸 시들고.

II

모든
대화(對話)가
환상처럼 꺼져가고.

빨간 감잎 사이로
어느
외로움이

소녀(少女)의 볼을 적신
그런
눈물 같은 외로움이
찾아 듭니다.

멈췄든 시간이
다시
흐릅니다.

III
깊어 갈수록
멋이 있다는 가을밤
연인(戀人)들의 숨소리가 들립니다.

나락 다발에 드나드는
들쥐에겐
언어(言語)가 없어도 좋습니다.

서리가 무서워
떨고 있을
가랑잎이 생각납니다.

가작

제210~211·212호 1965년 12월 6일 월요일~1965년 12월 30일

교내 현상문예 : 수필

멋 그리고 조그만 풍경

· 김정희(金貞姬) (문리과대학 국문과) ·

어쩌다가 풀리지 않은 어떤 생각의 실마리에 온통 묶여있을 때가 있다. 그리고 기억나지 않는 어느 한 사람의 이름을 골똘히 생각해 내다가는 기진해서 모두지 시원찮은 자세로 강의실에 앉아 있었을 때도 있다. 그런 날 나는 코트 깃을 세우고 포도를 걷곤 한다.

그것은 종종 회색으로 어둠이 땅에 떨어지기 시작할 때이다. 그것은 아무런 이유 없이 무료에 지치게 될 때, 그리고 눅눅히 젖어 버렸던 마음이 한 겹 두 겹 개운하게 펼쳐지기 시작할 때, 〈아스팔트〉의 준도가 촉촉이 젖도록 요란하지 않게 비가 내린 후 거리는 나를 불러 내주었을 때와 같다.

럿쉬 · 아워가 조금 지난 거리. 네온 밑의 무수한 얼굴의 흔들림. 그 묵묵한 사념들. 너무 많은 표정의 대열들.

그래서일까? 미미한 표정으로 무엇인가 이름 짓지 못하고 나도 대열 속에 끼곤 한다.

예의 하잘것없는 생각을 펴본다. 참, 사람들은 얼마나 많이 그렇게 예고 없이 엉뚱하게 흔들리고, 표정 짓고, 살고, 살아지는 것인지? 어쩌면

몇 자 인가의 천을 짜기 위해서 그들은 그렇게나 숱하게 회색으로, 주황으로, 초록으로, 그리고 새하얗게, 노랗게, 아니 때론 검은색으로 그네들의 실을 뽑아내 빠르게 때로 느리게 자기 유일의 속도로 그것들을 얽히오며, 꼬이며, 매듭지며, 거듭하며 몇 자인가의 천을 완성하기 위해서 얼마나 부단히 움직이고 있는 것인가?

내가 자아내고 있는 회색의, 아니 담갈색의 실. 그것은 저 맑고 자애로움으로 빛나던 어느 부인의 눈, 거기에다 비겨 볼 수 없을까?

나는 하루의 일몰의 장엄한 한 찰나를 사랑하듯이 가끔 대하는 어떤 눈들의 맑음으로 빛나는 특유한 빛을 사랑한다.

붐비는 인파.

사범학교 시절이었던가?

명진이와 나는 버릇처럼 또 그 로터리를 걸으며 말싸움을 하고 있었다. 산책. 그리고 사람 구경. 그것은 언제나 우리에게 진지한 화제를 주었으니 말이다.

〈얘, 희야, 찾았다, 찾았어. 저기 저 페씨미스트 같은 마스크의 냄새, 회색, 그 분위기, 어때 그쯤 됨 멋있지?〉

〈어디, 저어 기저 바아바리씨 말이니? 후훙 글쎄….〉

나는 가볍게 대꾸 할 수밖에 없었다. 왜냐하면, 우리는 그 시각에 한참 열심히 〈멋〉이라는 단어의 뜻과 의의와 내용과 생활과 그리고 그 영역에서 〈멋있는 모습〉 찾기에 서로 이견을 가지고 대립하여 끝내는 실물의 접수에까지 와야 했던 상당히 긴장한 찰나였었기 때문이다.

〈그 남자 꼭 지이선(G)상의 에레지 같구나〉

나는 명진이의 테스트에 이십 점을 주었었다. 해쓱한 얼굴에 짙은 눈썹과, 긴 다리와 회색 바아바리의 인상은 나에게는 〈나약〉 이외에는 아무것도 전해오지 않았기 때문이다. 참 명진이 미안하게도.

아마 내가 그녀에게 보여 준 모습은, 다가공원 꼭대기에서 내려다본, 커다란 손으로 가만히 숨지는 하루의 종식, 시가지의 명멸하는 불빛, 책꽂이에 책을 꽂아놓은 듯 부드럽게 기복 있는 둘레 산들의 어렴풋한 모습의 육중함 등이었을 게다. 그것들은 제 나름으로 제 길을 걸으며 제 자세의 오오래 애기들과 멋있음을 자랑하고 있었다.

나는 가끔 멋이라는 단어에 대해 생각해 보기를 즐겨 한다. 그리고 아주 이따금 나는 그 실재의 인물을, 모습을 발견하고 스스로 환호하기를 즐긴다.

물론 〈데오게네스〉의 생에 충심 코자 통 속에 살면서 철두철미에 고독을 택해 보았다는 모습의 멋도 있다. 더구나 〈칸트〉의 명강의는 강의실 맨 앞의 책상에 앉은 학생의 윗옷 둘째 단추만을 언제나 주목함으로서만이 풀려 나온다는 에피소드에서, 어느 날 그 강의가 웃옷 둘째 단추 학생의 결강으로 해서 고만 〈칸트〉는 당황하고 눈 둘 데를 몰라 사상의 줄기가 서지 않고 이론이 서지 않아 그 강의는 일개 분수없는 장황설이 되었었다는 그의 에피소드에서 나는 한 없이 투명하고 철저한 사색인의 멋진 향기를 맛볼 수 있었으니 말이다.

가을 힌 철 벼 이삭들이 고개를 숙이고, 교만히지 않은 뿌리를 땅에 박고 서풍에 훈훈히 율동 할 때의 논두렁길을 때로 걷게 되는 즐거움을 가질 때, 나는 달디단 타액이 샘솟고 흠뻑 맛있는 미각을 맛보곤 한다.

그러나 이제 보아 보자.

매일 아침 마흔아홉 번도 더 울리는 교회의 종소리는 〈한결같은 되풀이〉의 의미로서 이제는 그 속에 생동하는 핏줄이 뛰고 있지 않을 것 같은 단 하나의 기우로 해서 그것은 나에게 멋이 아닌 초조와 불안을 준다.

또, 책을 한 아름 끼어 안고 고개를 숙이고 워커를 뚜벅뚜벅 옮기는 어느 청년의 너무 깨끗하고 산뜻하게 다듬어진 머리털과 면도 자국으로 해서 어쩌다 멋이 사라져 버림을 나는 때로 서운해한다.

그렇지만 이런 풍경은 얼마나 나를 기쁘게 했었는지?

몇 밀리씩인가 길어난 수염 위에 꾹 담은 입술. 그 위에 투지에 불타는 강한 빛의 깊은 눈.

묵직한 책가방 속에서 삐죽이 보이는 두꺼운 헐린 책들.

손잡이 줄에 투박하고 끄떡없이 잡고 있는 커다란 손. 이것은 바로 원색의 풍경이다. 피보다 진한 수액을 짜낼 수 있다. 그리고 그 사상은 생활과 직결하리라.

또 볼 수 있다. 교단에서 서서 폐에서 우러나오는 낮고 힘차고 열띠고 농도 짙은 강의를 하시는 교수의 휴계 시간, 한 가치의 담배 연기.

잔잔하여 파문이 일지 않을 것 같은 한 없이 침중한 한 이간의 순간적 발화. 동요하지 않는 표정. 맑은 눈.

청신한 언어. 은은히 펴지는 관대함. 부드러움. 철저함.

이것들은 멋을 느끼게 한다.

이것들은 인간생활의 가장 충실하고 건강한 무늬와 도형인 것이다.

〈괴에테〉는 어딘가에 이렇게 말하고 있다.

「자기 자신을 잃지 않는다면 어떠한 생활을 하여도 좋다. 자기의 본질에 머물러 있다면 모두를 잃어도 좋다.」라고.

나는 때로 〈멋〉이란 인간의 내적 생명이라고 생각해 본다.

그것은 절대로 외형적인 것은 아닐 것 같다. 더욱이 그것은 세월과 함께 노련되며 살찌고 풍운 해지며 그것은 자기 생활을 다스리는 한권의 양서라고 하고 싶다.

가슴에 안은 꿈으로써 조소 받은 영광을 지닌 사람은 행복할 것이기 때문이다. 그리고 진실로 멋쟁이가 아닐까?

누군가는 이렇게 얘기하고 있다.

「남을 증오하는 감정이 얼굴의 주름살이 되고 남을 원망하는 마음이 고운 얼굴을 추악하게 변모시킨다. 사랑의 감정은 산체내에 조화된 따스한 빛이 흐르게 한다.」라고 말이다.

나는 〈멋〉이라는 지극히 순하고 단순한 남자 하나의 뜻을 전에는 미처 알지 못했다. 몇 해 전에 내가 처음으로 천칠백육십팔 페이지의 작은 내 국어사전에서 얻은 지식으로는 ①방탕한 기운. ②풍치 있는 맛. ③물체가… 등의 극히 피상적이고 구체적이 아니며 현기증조차 나게 하는 짤막한 해석에 의한 편식이었을 뿐이었다.

이제 날들이 가고 거기다 부지런하지 못한 나는 그런 희미하던 뜻풀이조차도 할 수 없게 되었지만, 그러나 요즈음 나는 나대로 〈멋〉이라는 단 하나의 글자를 사색하며 지□ □ □ □ □하며 생활해 가고 □ □ □ □ □ □

그 생활이 □ □ □ □ □ □ □ □ □ □ 않고 번쩍 거리 □ □ □ □ □ □ □지지 않은 천□ □ □ □ □ □ □을 원하는 것이다. □ □ □ □ □ □ □ □ □ □린 밝음. 깊숙이 □ □ □ □ □ □ □ □베일 같은 것을.

나는 한 마디로 밋□ □ □ □ □ □ 충실한 순간을 남이 □ □ □ □ □ □ 끼는 맛.」이라고 누군가의 정의를 나대로 내리고 있다. 생에 충실하다는 것은 고독이라는 척도로 잴 수도 있을 것이며, 그 인격 속의 소망, 믿음, 사랑, 참 등을 나대로 〈멋〉들이라고 부른다. 그것은 바로 괴로움을 소망으로 달래며 참 생에 충실한 모습들이니까 말이다. 멋은 매일 매일 새로이 지양하는 그 과정에서 풍긴다. 멋은 겸손할 줄 알고 제가 설 자리를 알며 후일 깊고 넓게 펼치기 위하여 속으로 속으로 영□ □ □ □ □ □ □

□□□□□□□□□□□□□□□□□□□□□□□□□□□□□□□

□□□□□□□□□□□□□□□□□□□□□□□□□□□□□□□

□며 갈 곳을 모르는 것인지□ 지향한다는 것은 우리의 눈 속에 있는 게 아니라, 우리의 눈이 바라다보는 사물 속에 있는 것이 아닐까? 그 외형의 멋. 살아서 도무지 방향을 풍기지 못하는 멋. 가슴 속에 아무것도 간직하지 못한 채 어설픈 기만의 멋. 우리는 어쩌다가 방향감각을 잃어버린 채 살고 있는 것이나 아닌지? 그렇다면 우리의 생활들은 얼마나 서글프고 침체되고 흐려진 채색의 구도 없는 풍경일까?

나는 먼저 땅을 파고 싶다. 탑을 세우기 전에. 그리고 우리는 수확의 날이 오기 전에 땅에 씨□ 뿌리고 싶지 않은가? 충실한□알 한 알의 알찬 열매를 기원하□….

「가장 중요한 것은 나의 내부에서 빛이 꺼지지 않도록 노력하는 일이다. 그 노력은 서로 느껴진다. 안에 빛이 있으면 스스로 밖에 빛나는 법이다」 우리의 스승인 〈슈바이쳐〉는 이렇게 향할 곳을 제시한다.

스스로 충실하며 스스로 만족하고 생에 대해 노력할 때 그것은 발산해지는 것이리라.

나는 멋있는, 진정 멋있는 인간을, 모습을 항상 갈구한다. 그리고 원색의 줄기찬 생활을 항상 염원한다.

도금이 되지 않은, 참신한, 있는 그대로의, 탁하지 않은 인간, 그 내면의 맑음과 성실과 짙은 수액이 무르녹아 스스로 터져 흘러넘칠 때 그것은 인색의 멋, 바로 그것의 진한 무늬들이라고 할 수 있지 않을까? (끝)

가작

제210호 1965년 12월 6일 월요일

교내 현상문예 : 수필

다방(茶房)

· 서광길(徐光吉) (상과대학 경영과) ·

겨울이 닥쳐와 한 때 즐겨 찾던 녹음(綠陰)이나 단풍(丹楓) 우거진 벤치를 버리고 뜻뜻한 아랫목이나, 흉허물 없이 들어갈 수 있는 친구 사무실(事務室)의 난롯가를 찾아 한담(閑談) 정담(情談)을 즐길 수 있는 계절(季節)이 되었다.

연상(聯想)만 해도 흐뭇해지는 노변(爐邊)담화(談話), 여기에 빠질 수 없는 한잔의 차(茶), 훈훈하고 부드러운 실내(室內) 공기(空氣)를 진동시키는 조용한 음악(音樂), 이러한 무드를 조성시켜 주는데 역시 다방(茶房)이고 나는 이 다방(茶房)을 좋아한다.

다방(茶房)이라면 꼭 〈화이트칼러〉 족(族)이 아니더래도 구태여 누구와의 약속(約束)이 아니더래도 기십(幾十)원의 호주머니 사정(事情)이 허락된다면 우연히 만난 간판일망정 서슴없이 들어갈 마음이 내키곤 한다.

값 작은 것으로 한 잔만 마셔주면 몇 시간을 앉아있어도 미안(未安)하지가 않다. 그래서 하숙방이 시끄럽거나 기분이 우울한 때는 책이나 한 권끼고 일부러라도 다방(茶房)엘 가는 취미가 나에겐 있다.

이것이 어떤 생활(生活)의 사치감(感)으로 여겨지기보단 밖의 날씨가 차갑고 자연(自然)에서는 자리를 구(求)할 수 없는 지금 같은 한 절(寒節)엔 이 다방(茶房)이야말로 유일한 나의 정서(情緖)의 전당으로 여겨지는 것이다.

이렇게 다방(茶房)과 친(親)해지고 내가 좋아하게 된 것은 이 삼 년 전 군대시절이었다.

민가(民家)가 드문 일선(一線)이라 보이는 것은 모두 녹색(綠色)이었다. 산(山)을 봐도 막사(幕舍) 지붕도 군복(軍服) 자락도 그야말로 녹색지대(綠色地帶) 이다.

멀리 흰옷 자락이 나타나면 얼른 시각(視覺)이 쏠릴 정도이다.

그러나 부대에서 약(約) 3km 떨어진 「이동(二東)」이라는 소읍이 있고 여기로 우리가 토(土)요일마다 외출(外出) 나가는 곳, 유일한 휴식처(休息處)인 것이다.

군대생활에서 항상 기다리는 것은 토요일 외출(外出) 날이었고, 이날이 오면 「사병의 생일」 날이라 했다. 꼬마들이 설날을 바라듯 사병들은 토요일을 바라고 산다. 이동(二東)에는 이 근방 주둔 군인들이 주말(週末)을 즐길 수 있는 적당한 유흥소가 있다. 극장, 술집, 당구장, 다방 등이다.

이 중에서도 내가 시망 시리 찾아 들어간 것은 다방이었다.

토요일이 아니고 여느 때에도 특별 외출(外出)을 맡거나, 적당한 용무를 핑계 삼아 그곳 〈청자(靑磁)〉 다방엘 갔고, 여기서 몇 시간(時間)씩 보내곤 했다. 물론(勿論) 일과(日課)가 끝난 다음이라야 한다.

다방(茶房)이란 한량(閑良)들이나 들어가는 곳이라고 생각한 처음엔 나 같은 올챙이한테는 일종의 허영감이 없잖았다. 무료하게 앉아 있기가 따분하고 목마르지 않은 필수적(必須的)인 「음수(飮水)」가 어색하게만 생각되었다. 술도 좋아하고 대폿집도 무던히 드나들었지만 항상 뒷맛이 개운치 안 했다. 그러나 다방(茶房)에는 처음 몰랐던 아늑하고 정서적인 분위기가 차츰 내 성미(性味)에 맞는 것이다.

문을 열고 들어서면 우선 첫눈에 벽에 붙은 알 수 없는 두 폭의 서양화가 있다. 정서라곤 메마른 병역생활(生活)에 묻힌 탓이 없는지. 그림이라면 색명(色名)도 구분 못 하는 나로서도 그 서양화로 가는 시선(視線)이 언제나 싫지가 않았다.

또 그 서양화에 대체로 어울린 차림의 맵시 있는 〈레디〉는 얼른 나와 상냥하고 세련된 어조로 자리에 안내한다. 비록〈레디〉로서의 손님에 대한 가벼운 서비스에 불과(不過)하겠지만, 딱딱한 군용언어(軍用言語) 속에서만 격진동하던 내 31의 고막으로서는 미(美)와 사랑의 상징인 그야말로 한 「여인(女人)」의 목소리가 아닐 수 없다.

이 「청자(青磁)」다방의 출입(出入)이 자자하다 보니 나를 이제 단골이란 특별 고객으로 인정해 주고 방내(房內)에서도 일급석(一級席)으로 앉게 한다. 난로 옆, 전축과 적당히 떨어진 의자 차지가 아니면, 〈레디〉는 못내 미안(未安)해한다. 앉자마자 재떨이와 성냥이 앞에 놓인다.

나는 가벼운 마음으로 편안한 사세에 호흡을 더히 하고 있자면 의례 주문이 없어도 커피가 나온다. 〈레디〉는 「커피」 팬임을 이미 알았고 나는 커피를 좋아했다.

어느 다류(茶類) 중(中)에서도 이 커피를 좋아한다. 커피잔에서 코 밑으로 들어오는 우선 그 구수룸한 냄새 마시면 씁쓸하면서도 감미로운 맛이 좋다.

또한, 커피는 커피색(色)이 좋다. 소박성과 애착심(愛着心)을 불러일으키게 하는 진「루비」의 커피는 확실히 차(茶) 중(中) 왕자(王子)라 칭할 수 있겠다.

한 모금, 한 모금 한잔을 다 마시면, 오모라 진 어깨가 쭉 펴지고 온몸에 체온이 오르면서 머리가 청량 해진다.

음즉일미(飮則一尾)를 놓칠세라, 다음은 담배에 불을 붙이고 첫 모금을 쭉 빨아서 후욱 내 뿜노라면 여러 가지 잡념(雜念)이 한꺼번에 연기로 날아나고 일소(一掃)해진 것 같다.

다방(茶房)은 결코 조용한 곳은 못 된다. 만원일 땐 실내는 시끄럽고 분주하게 드나들곤 한다. 그럴 때도 아랑곳없이 조용을 지킬 수 있고 같이 간 친구와 대화(對話)가 벌어진다. 화제(話題)는 주(主)로 우리 주변에 일어난 일을 차근히 따져보기도 하지만 그 친구의 종교 문학에 관한 이야기가 진지하게 나온다. 이 다방에서 커피와 이야기를 즐겼고 또한 음악을 실컷 들을 수 있는 것은 가장 큰 나의 소득(所得)이었다.

레디는 살며시 다가와서

「바꿀까요?」

라고 묻는다. 우리가 좋아하는 데스크로 갈아 주겠다는 단골 특허이다.

어느 날 창밖에는 동짓달 첫눈이 흩날리고 전축에서 울려 나오는「라 · 노비아」의 애절한 음률이 먼 지역의 이 외로운 병사의 마음을 감칠 때, 아련히 떠오르는 일말의 향수(鄕愁)는 그만 나도 모르게 울먹이도록 눈물의 감명을 주기도 했다.

이곳은 나의 독서하는 데로 여겼었다. 부대 내에서는 일과 후에라도 책을 편다는 것은 어려운 일이었다. 분위기가 책에는 마음도 내키지 않게 했다. 어쩌다 책을 잠깐 보다간 사역병 되기 일쑤이다. 맡은 일에 충실 해야 하고 충실한 척해야만, 다른 일로 팔려가지 않는다. 그래서 나는 다방에 있는 시간이 유일한 독서시간이 되는 것이다.

독서하는 주위가 너무 조용하면 괜스레 사로잡힌 잡념 때문에 책장은 책장대로 넘기면서 정신은 정신대로 방황하는 때가 있다. 주위에 소리가 나도 음악 소리와 섞여 일률적으로 들린 다방(茶房)의 잡음(雜音)은 넌지시 귀 밖에 흘리면서 책 속의 집념을 가질 수 있고 오히려 능률 있게 읽을 수 있어 나는 이 다방으로 잡지 정도 한 권 쯤 끼고 들어간 습관이었다.

× ×

지금은 음악도 커피도 없는 석탄 난로와 정(情)을 붙이고 앉아있다. 언젠가는 내 주위에 전용(專用)의 음악과 커피가 있을 것이라고 연상(聯想)하면서…. 〈끝〉

당선

제213호 1966년 1월 1일~1966년 3월 12일

교내 현상문예 : 소설

더러운 강(江)

· 강동길(문리과대학 국문과) ·

아침에 소제하던 언니가 깔깔거리는 소리에 나는 잠을 깨었습니다.

『사다꼬야, 어서 일어나 봐. 여기 이렇게 많은 비루를 씨저 아저씨가 혼자서 다 들이켰나 보구나. 하하하하.』

시계를 보니 일곱 시. 아차, 이건 너무 늦잠을 부렸는데 가운을 입은 채로 나는 세면소로 달려갔습니다. 칫솔에 치약을 발라 입안에 넣고 세면대 앞의 거울을 보며 나는 수건으로 머릴 동여맸습니다.

『사다꼬! 사다꼬! 아직도 안 일어났니?』

호들갑을 떠는 언니의 목소리가 바로 등 뒤에서 들렸습니다. 그리고 수도꼭지를 트는 내 얼굴에 바싹 언니는 맥주병을 들이대었습니다.

『아이 깜짝이야, 유끼꼬. 나 세수하려던 참이었어.』

언니는 내 말은 아랑곳없이 내 팔을 잡아끌고 문간께로 데리고 나갔습니다.

『이런 병이 열 개도 넘을 거야.』

정말, 사백육 호실 문 앞에는 빈 맥주병이 열댓 개 뒹굴고 있었습니다.

『어젯밤에 꽤는 시끄럽더니…….』

나는 복도로 다니는 사람들의 눈에 띌 것 같아 얼른 세면소로 들어오고 말았습니다. 씨저 아저씨, 아니 구로다(黑田)씨가 왜 그렇게 어젯밤에는 떠들어댔을까 사실 나는 옆 방에서 간헐적으로 들리는 혀 꼬부라진 고함에 잠을 설치고 말았던 것입니다.

밥상을 물리는 내 곁에서 언니는 마스카라로 눈을 단장하며 빠르게 말했습니다.

『어제 양키들이 기다(北) 베트남을 폭격했단다. 몇 개의 군사기지를….』

아마 시국담을 즐기는 구로다다 씨에게서 들었을 것이었습니다.

『씨저 아저씨가 그랬을 거야.』

나는 국제정세 따위엔 홍미를 느끼지 않기에 퉁명스레 내뱉었습니다.

『그래 씨저 아저씨가 내게 이야기해줬단다. 사다꼬.』

언니는 다갈색 원피이쓰의 벨트를 조이면서 내게 왼쪽 눈을 찡긋해 보였습니다.

『아무렴, 이 씨저 아저씨가 아니면 이 니또가쓰 아파트에서 누가 그런 강의를 또 해줄까?』

하며 구로다씨가 우리들의 방으로 들어섰습니다. 그의 눈은 열병에 걸린 사람처럼 벌겋게 충혈돼 있었으며, 가엾게도 구로다씨는 때가 절은 파자마를 입은 채였습니다. 그는 언니가 가져온 맥주병을 찾아들고 만족한 듯 외쳤습니다.

『아사히 비루와 함께 나는 하룻밤을 지냈노라!』

역시 우리가 붙여준 씨저 아저씨란 칭호는 이럴 때 딱 어울리는 것이라고 나는 가슴 속에서 웃었습니다.

『다갈색에 흰 벨트가 잘 어울리는데? 이시가미 양.』

듣고 있는 맥주병으로 언니의 허리께를 툭 건드리며 구로다씨가 말했습니다.

『네? 이시가미…라뇨?』

언니는 약간 눈을 흘기며 웃었습니다. 언니가 눈을 흘기며 웃을 때는 양 볼에 보조개가 파이는데 그게 항상 내 맘에 들었습니다.

『아냐! 아냐! 가네무라양.』

구로다씨는 다급히 수정을 하며 미안하다고 언니에게 사과를 구했습니다.

『오늘은 회사에 안 나가셔요? 구로다씨.』

아침부터 남의 방에 침입해 온 씨저 아저씨에게 나는 불쾌한 어조로 말해 주었습니다.

『이제 가야지.ㅡ.』

언니가 들여왔던 맥주병과 함께 구로다씨의 등을 떠밀다시피 내쫓고 우리도 방을 나섰습니다. 가네무라 유끼꼬 (김촌설자(金村雪子))와 가네무라 사다꼬 (김촌정자(金村貞子))의 각각 다른 하루가 시작되는 것입니다. 언니의 탄탄한 발걸음이 유락죠우(有樂町)에 있는 소고 백화점을 향하고 있는 시간이면 나의 발걸음은 도시바 대학으로 향하고 있는 시간입니다. 그러나 수요일과 일요일에는 각각 다릅니다. 수요일에 언니는 소고 백화점을 쉬고 일요일은 학교가 쉬는 날인 까닭입니다.

학교에서 나는 왜 구로다씨가 그처럼 폭음을 하였는지 그게 궁금해서 수업이 제대로 되질 않았습니다. 니또가쓰 아파트에는 많은 사람이 벌떼처럼 모여 있었는데 서로서로 어딘가 통할 수 있는 사람이란 그리 흔치 않습니다. 구로다씨는 아직 독신이면서도 우리에겐 아저씨처럼 친

할 수 있었습니다.

육감이란 나에게 있어서는 길조(吉兆)이건 흉조(凶兆)이건 이상하게 아필하는 수가 많았습니다. 초봄의 오후를 걸어가며 나는 아침에 있었던 구로다씨의 실언에 대해서 골몰해 있었습니다. 가로수의 눈(芽)이 잿빛 하늘에 윤기를 내며 빛나고 바람 결에 온갖 기계 냄새가 섞여 풍겨왔습니다. 구로다씨가 문득 발설한 이시가미(石神)란 누굴까. 그리고 왜 그는 술과 함께 밤을 지냈던 것일까. 나와 언니가 아는 상식으로서는 도저히 풀 수 없는 수수께끼였습니다. 아파트에 돌아가면, 어쩌면 구로다씨는 다사끼(田崎) 건설회사에 낼 결근 제를 쓰고 있을 것 같았습니다.

『이거 보세요. 아가씨.』

누군가가 부드러운 어조로 나를 불러세웠습니다. 기억에 없는 남자가 나에게 목례를 보내왔습니다. 눈까풀이 도도록한 걸로 보아서 일본인은 아니었습니다. 언뜻 보기엔 중국인 같기도 했지만, 그의 미소에서 나는 한국인이라는 걸 깨달았습니다.

『안녕하셨습니까? 가네무라양.』

『글쎄요….』

게이오 대학생이었습니다.

『작년 가을, 올림픽 때 아오야마에서 만난 적이 있었지요. 제 이름은 가네다(金田)…』

『아아, 이 학생이 바로, 그렇습니다. 가네다 입니다.』

『아, 실례했습니다. 가네다씨. 몰라 봬서.』

나는 같은 핏줄을 나눈 동족 앞에 설 때마다 야릇한 비탄을 느껴왔지만 웬일인지 가네다에게선 그런 것을 느낄 수가 없었습니다.

그것은 작년 가을 수요일로 기억되는 맑은 날씨였습니다. 도오꾜에는 천만의 인구 외에 많은 외래객들로 붐벼 온통 벌집을 쑤신 듯 시끄럽고 거리거리엔 사람들로 넘쳐 흘렀습니다. 이 지구 상에 있는 세계 각국의 사람들이 모여들어 저마다 다른 얼굴빛과 언어로써 도오꾜의 밤낮은 들떠 있었으며 소란스러웠습니다. 니또가쓰 아파트에 사는 사람들도 대부분 거리의 올림픽 구경에 흥분하고 있었으며, 사백칠 호의 우리 자매와 캠프 드레이크에 있는 아버지 그리고 사백육 호의 구로다씨도 우리와 동행을 했습니다. 심바시(新橋)에서 아오야마 (青山)국제 경기장까지 무려 두 시간이나 걸려 갔습니다. 아버지 가네무라 다로오(金村太郎)는 주일에 한 번씩 캠프 드레이크에서 외출을 나와 우리의 아파트를 방문해 주었습니다. 아버지가 캠프 드레이크에서 미군들이 먹는 치즈며 양담배, 쵸콜릿, 비스킷을 가져오는 것을 나는 별로 좋아하지 않지만, 언니는 그런 것들을 모았다가 돈을 만들어 오곤 하였습니다. 일만 옌(圓)의 월급을 위해서 아버지는 미군 병촌에서 일하고, 언니는 구천 옌(圓)의 벌이를 위해서 소고 백화점에서 일하는 것이었습니다.

구로다씨가 우리들의 것과 자기의 입장권을 사기 위해 사람들 속을 헤집고 들어갔습니다. 그때 아버지는 한 무리의 한국인들을 보았던 것 같았습니다. 「저어…저어…」하며 아버지는 몹시. 더듬는 목소리로 우리가 전연 알아들을 수 없는 말을 그들과 주고받았습니다.

『유끼꼬야, 사다꼬야. 여기이 분들이 본국에서…그것도 고향 가까운 곳에서 오신 손님이구나.』

그리고 아버지는 몇 마디 더 말을 걸어보려 했지만, 몹시 흥분돼 있었고 혀가 굳어지는 모양이었습니다.

『유끼꼬야, 사나꼬야. 어쩌면 좋으냐? 나는 이제 본국의 말도 잊어먹고 있나 보구나.』

그러나 우리는 아버지만큼도 아니 전연 본국의 말을 모르고 있기 때문에 사정은 딱하게 되었습니다.

『모국어를 모르다니….』

나는 조그만 목소리로 탄식했습니다. 언니는 여간 부끄러워하지 않았습니다. 그때 곤색 싱글에 곤색 넥타이를 맨 청년이 우리들의 앞에 나타났습니다. 그는 어깨를 으쓱 치올려 보이며 씽긋 웃었습니다.

『당신네들은 죠센징이죠?』

육감적으로 나는 그가 우리와 똑같은 처지의 죠센징 아니 한국 사람이란 것을 느꼈습니다.

『당신도 역시….』

그는 고개를 끄덕였습니다. 왠지 주위의 사람들이 물끄러미 우리를 바라보는 것 같아서 나는 불쾌했습니다. 그것은 차츰차츰 수치심으로 변했습니다. 아버지가 조심스레 그에게 물었습니다.

『저어…학생은 죠생고(朝鮮語)를 할 줄 아오?』

『잘할 수는 없어도 조금….』

언니가 내게 소곤거려왔습니다.

『게이오 대학생이야.』

나는 그가 달고 있는 뱃지를 보았습니다. 과연, 그는 게이오대학교에 다니고 있었습니다.

『게이오 대학에 다니고 있습니다. 가네다(金田) 라고 합니다.』

고개를 살짝 숙여 그는 인사를 청했습니다.

『저는….』

『도시바 대학에 다니시는군요.』

『네. 가네무라 사다꼬라 합니다. 제 언니는 유끼꼬이구요.』

아버지와 함께 그는 본국에서 온 손님들을 이끌고 저만치 갔습니다. 구로다씨가 이때 입장권을 사 들고 나타났습니다. 그는 언니와 내게 껌한 통씩을 내밀었습니다.

『유끼꼬, 아버지는 어딜 가셨지?』

언니는 눈짓으로 떨어져 있는 아버지와 한패를 가리켰습니다.

조금 후에 아버지와 게이오 대학생이 우리 쪽으로 왔습니다. 구로다씨는 게이오 대학생을 노려보다가 나와 언니 쪽을 향해 말했습니다.

『미안합니다. 갑자기 현기증이 나는 것 같아서 가네무라씨, 전 먼저 아파트로 가야 할 것 같습니다.』

『왜 그러세요? 구로다씨?』

언니가 묻는 말에 그는 이마에 손을 댄 체 중얼거렸습니다.

『사람들이 너무 많아서….』

나는 그가 손을 내린 이마에 땀방울이 씻겨 있는 것을 보았습니다. 구로다씨는 자기의 입장권을 게이오 대학생에게 내주고 힘없이 돌아섰습니다. 그런 그의 뒷모습은 무언지 모를 수심이 가득 서려 있는 것 같았습니다.

가네다는 시계를 보면 내게 물었습니다.

『시간이 있으면 얘기를 할 게 있는데…어떻겠습니까?』

『좋습니다.』

나는 그와 함께 가까운 끽다실(喫茶室)로 들어갔습니다. 구석진 자리를 잡고 우리는 커피를 시켰습니다.

『그땐 바빠서 못 물었습니다만 어디 사십니까? 전 아사부에 있습니다.』

아사부라면 시바에서 십 분가량만 걸으면 되는 가까운 거리였습니다. 그는 저고리 안 포켓에서 명함을 꺼냈습니다. 〈××학생연맹 학예부장 가네다 이노이에(金田克彦) 게이오 대학교 법문학부 사학년〉 나는 내 소개를 할 필요를 새삼스레 느꼈습니다.

『명함이 없어 죄송합니다. 저는 도시바 대학 교양학부 이학년이랍니다.』

『제 고향은 함경도 북청입니다.』

『아, 그러세요? 전 경기도 안성입니다.』

나는 말을 끊고 가져온 커피에 밀크를 탈 것인가 물었습니다. 그는 고개를 끄덕였습니다.

『저의 부모님은 모두 한국인이랍니다. 집에서는 두 분이 다 본국 말을 쓰시는 덕분에 곁에서 주어 배운 저도 조금 이야기할 줄 압니다.』

『부끄럽게도 나는 전연….』

그 말을 내놓은 순간 그는 커피에서 입을 떼고 나를 무섭게 빛나는 눈으로 바라보았습니다. 오싹 내 온몸에 소름이 스쳐 가는 것을 나는 의식했습니다. 그는 천천히 입을 열었습니다.

『나는 내 고향 북청을 사랑합니다. 더할 나위 없이 본국을 사랑합니다. 가고 싶습니다. 가네무라양. 양이 다니는 도시바 대학엔 많은 새일 한국 학생이 있는데 요즈음 어떤 동향이 없습니까?』

이 가네다 앞에서 나는 자신이 모국에 대해서 얼마나 큰 죄를 범하고 있는 것인지 깨달았습니다. 도시바 대학엔 많은 교포 학생들이 있었습니다. 그러나 그들은 나와 마찬가지로 서로를 만나 죠센징임을 확인하는 것을 꺼렸습니다.

『글쎄요.』

그는 커피를 꿀꺽 삼키고 나서 나직하게 말했습니다.

『글쎄요, 라뇨? 죠센징의 피를 싫어하시는군요.』

그는 나를 얕잡아보듯 입가에 야릇한 미소를 띠며 건너다보았습니다. 나는 아무 말도 그에게 할 수 없었습니다.

『그럼 가네무라양은 본국의 지금 실정을 모르시겠군요?』

『………..』

『가네무라양께서는 본국을 비웃으실 줄 모르지만….』

하며, 그는 양복 주머니를 두 손으로 더듬어 담배를 찾아냈습니다.

『나는 날마다 집에서 본국의 실정을 라디오로 듣고 있어서 아마 가네무라양보다는 많은 것을 알 것입니다.』

그리고 그는 허탈한 웃음을 담배 연기와 함께 날려버렸습니다. 조국, 조국이래야 우리에겐 뭇 사람들의 손가락질을 받게 하는 치욕의 대명사…. 삼십육 년 동안이나 일본의 통치 아래 놓여서 학대받았던 조국, 그나마 대동아전쟁으로 인해서 해방을 맞은 지 오 년 만에 하찮은 이념분쟁으로 남과 북이 서로 갈라져 으르렁거리는 조국. 그 하찮은 이념이 다르다는 이유로 이민족도 아닌 단일민족이 서로를 반목하는 나라가 이 세상 어디에 또 있을까. 내가 생각하는 비운의 조국이 지금 어떻게 되어 가는지 까맣게 나는 모르고 있었습니다. 가네다 이노이에의 허망한 웃음에서 나는 그보다 더욱 불행한 조국을 잃는 듯했습니다.

『백악관의 싸인을 본국 정부에서 받아들였답니다. 본국 정부에서는 금년 내로 한일 조약을 끝맺는다고 합니다. 그렇다고 일본이 기다 죠오센(北朝鮮과 손을 끊는 것도 아니고…만일에 그것이 실현된다면, 생각해 보십시오. 무력했던 한말(韓末)시대처럼 우선 경제권을 빼앗기고, 또다시 자칫하면 일본에 예속될 가능성이 짙을 겁니다.』

아아, 싫다, 이런 따분한 이야기는 정말 싫다고 나는 생각했습니다. 가네다 이노이에는 내 그런 표정을 보았는지 입을 꾹 다물고 말았습니다.

『그건 가능성일 뿐이잖아요? 이노이에 씨. ㅡ.』

나는 그에게 미안한 감이 들었으므로 그의 이야기에 관심이 있음을 표시했습니다. 이 말에 그는 아무런 대답도 하지 않았습니다. 대답을 하지 않은 게 분명했습니다. 내 말엔 대꾸도 없이 그는 먼저 자리에서 일어나 내가 일어나 줄 것을 조용히 종용했습니다.

『너무 딱딱하고 슬픈 이야기만 늘어놓았군요. 실례했습니다. 집까지 바래다 드리겠습니다. 가네무라 양.』

혼자서도 괜찮다고 나는 사양하며 나와 언니가 있는 아파트에 가끔 와서 이야기해 주길 바란다고 나는 말했습니다. 그는 니또가쓰 아파트 사백칠 호를 두어번 뇌까려 외우다가 내게 작별인사를 하고 헤어졌습니다. 나는 아파트까지 걸으면서 다시금 구로다씨를 생각하였습니다. 아마, 사백육 호실에 혼자 있을 것이었습니다. 왜 그가 어젯밤에 그토록 이취(泥醉)에 빠지지 않으면 안 되었던가를 그에게 묻고 싶어졌습니다.

다급한 걸음으로 나는 아파트에 닿았습니다. 사백육 호실은 잠겨 있었습니다. 다사끼 건설회사에 낼 결근계를 쓰고 있으리라 생각했던 내 기대가 보기 좋게 무너져버렸습니다. 나는 방에 들어와 옷을 갈아입고 베드에 누워서 머리맡의 트랜지스터 라디오를 켰습니다. 듣기 좋은 엑센트로 남자 아나운서가 뉴스를 방송하고 있었습니다. 아나운서는 천기(天氣)에 관해서 이야기하며 「이상 기후(異常氣候)에 조심하라」고 덧붙였습니다. 요새는 거의 빼지 않고 「이상 기후에 조심하라」는 말을 들어왔기 때문에 나는 더할 수 없이 답답한 권태를 느껴 라디오 스위치를 끄고 말았습니다. 저녁 여덟 시가 지나도 사백육 호실에 구로다씨가 들어오는 기색은 보이지 않았습니다. 언니가 하루 일에 지친 얼굴로 돌아왔습니다. 오후 다섯 시면 늦어도 여섯 시면 우리 방으로 건너와 나와 함께 이야기를 나누던 구로다씨가 웬일인지 나타나지 않아 은근히 걱정이 되었습니다. 언니도 은근히 이렇게 늦도록 들어오지 않는 구로다씨를 우려하는 듯이 보였습니다. 아홉 시 가까이 되어서야 사백육 호실에 인기척이 났습니다.

내가 반짝 고개를 치켜들고 언니를 바라보니까 언니는「곧 오늘의 일과를 보고하러 들어오실 거야」라고 말했습니다. 아니나 다를까 조금 있으니까 우리 방문에서 노크 소리가 들렸습니다. 언니가 누구인가 하고 묻자 구로다씨의 걸쭉한 목소리가 대답해왔습니다.

『나는 사백육 호의 씨저요.』

잔뜩 피곤한 기색이 얼굴에 뒤덮여 있는 구로다씨가 방에 들어와 힘없이 의자에 주저앉았습니다. 씨저 아저씨의 그 꼴이 어찌나 우스웠는지 하마터면 나는 큰 소리를 내어 웃을 뻔하였습니다.

『회사에서 이제 오시는 길이야요?』

나는 웃음을 참으며 이 초저녁의 방문객에게 말을 걸었습니다. 그는 넥타이를 매지도 않은 와이셔츠를 헐겁게 걸치고 있었는데 스물여덟 살의 청년답지 않게 뒷목에 잡히는 주름살은 그의 나이를 한 사십쯤으로 어림잡게 보였습니다. 웬일이 있었던 것일까 씨저 아저씨에게….

『도오꾜 타워(塔)에 갔다 왔다네. 백오십 엔이나 주고서.—.』

도오꾜 타워엔 왜 갔었는지 대답하지 않고 그는 담배를 태워 물었습니다. 몇 모금을 깊게 들이마시고 나서 그는 아무렇게나 담뱃재를 툭툭 털었습니다. 그것은 다다미에 가서 떨어졌습니다.

『이상 기후에 조심하라는데 씨저 아저씨, 불나면 어쩌시려구….』

나는 못마땅해서 구로다씨에게 핀을 주었습니다.

『음? 으음.』

바보처럼, 이 똑똑한 씨저 아저씨가 바보처럼 우두커니 앉아 있는 골은 처음이었습니다. 언니가 구로다씨 대신 다다미 위의 담뱃재를 쓸어냈습니다.

『스미다 강(江)엔 몇 개의 다리가 있는지들 알아?』

너무 어처구니없는 질문에 언니와 나는 서로 마주 보고 웃고 말았습니다. 도오꼬 만에서부터 동쪽의 주오구, 고도구, 스미다구, 다이도구, 아라가와구를 거쳐 기다구 너머에까지 뻗쳐 있는 스미다 강에 도대체 몇 개의 다리가 있을까.

『열두 개의 다리가 있지. 그것들을 보기 위해서 나는 도오꾜 타워에 아침부터 지금까지 줄곧 있었어. 그런데 스미다 강의 줄기조차 찾아보기가 무척 힘들었어. 날씨가 흐려서….』

스미다 강에 있는 열두 개의 다리를 부감(俯瞰)하기 위해서 하루 종일을 소비하니…. 나에겐 구로다씨가 이상하게 느껴진 적이 한두 번이 아니었습니다.

『가찌도끼 꾜(橋)는 가본 적이 있어요.』

언니가 열두 개 중에서 하나를 알고 있다고 말했습니다.

『도개교(跳開橋)이지, 그건.』

구로다씨는 가만히 중얼거렸습니다.

『스미다 강의 언저리를 드라이브해본 적이 있었지. 그때 본 강은 무척 아름다웠다. 그게 내가 스케치북을 옆구리에 끼고 대학교 다니던 시절이었지. 지난 일요일에 나는 그 아름다운 강이 그대로 있는가 가보았어. 그것은 뱀처럼 차고 징그러울 정도로 보기 싫은 강으로 변했어. 옛날의 스미다 강은 도오꾜 만으로 흘러 지금쯤 태평양 밑바닥으로 잦아져 썩어 버렸겠지.』

그는 울먹이는 듯한 목소리를 내어 우리에게 말했습니다.

『세상은 한 번 변하면 다시는 예전으로 돌아갈 수 없는 거야.』

착한 씨저 아저씨의 눈은 젖어 있었습니다. 이럴 때 남자들의 슬픔이란 나에겐 커다란 충격을 가져왔습니다. 항상 충격 뒤엔 휴식이 필요했습니다. 나는 조용히 눈을 감았습니다. 달깍, 언니가 라디오를 켜는 모양이었습니다. 요새 한참 유행인 「라노비아」가 니또가쓰 아파트 사백칠 호에 애조(哀調)를 더 해주었습니다. 문득 아침에 언니가 가져왔던 맥주병이 생각났습니다.

『씨저 아저씨.』

내 조용한 부름에도 구로다씨는 흠칫 놀라는 기색이었습니다.

『어젯밤엔 무엇이 아저씨에게 비루를 권했죠?』

그는 조용히 일어서 방문 쪽을 향해 걸었습니다.

『세 가지가 나를 취하게 만들었어. 첫째, 진자(神社)의 뻐얼겋고 둥근 나무 기둥. 둘째는 내게 온 편지, 셋째는….』

하면서 구로다씨는 이미 우리 방을 나가고 있었습니다.

일요일. 언니가 막 백화점으로 출근하고 난 다음에 구로다씨가 우리 방을 들어왔습니다.

『사다꼬. 중국(中共)에서 핵실험을 감행했다고 하네.』

이렇게 숙녀 혼자 있는 방을 찾아온 것은 그만한 중요한 사건이 세상에서 발생하고 있는 까닭에 그것을 상의하려고 들어온 것처럼 그는 심각한 표정이었습니다.

『그래요? 이제 곧 일본에서도 혹가이도 아니면 오끼나와 쯤에서 핵실험을 하겠군요.』

빈정대는 내 말에 그는 빙그레 웃었습니다.

『실은….』

하고 정직하게 그는 방문의 취지를 이야기하기 시작했습니다.

『며칠 전부터 내 목욕실의 수도가 고장이 났어. 미안하지만 이 방의 목욕실을 빌렸으면 고맙겠는데…. 오후에나 수도를 수선할 작정이야, 어때?』

너는 틀림없이 내 말을 들어줄 거라는 투로 그는 턱을 쓱 내밀어 보였습니다.

『저는 어떡허죠?』

나는 난처한 처지임을 그에게 말했습니다.

『일요일에 여대생이 제 방에만 들어 백혀 있다는 건 정황이 아냐. 데이트할 상대가 없으면 나 대신 내 방에 가 있어도 좋아.』

나는 아직 한 번도 그의 방엘 들어가지 못하였으므로 호기심이 나를 강하게 충동질했습니다. 혼자서 자취하며 회사에 나가는 남자의 방에 가본다는 것, 어떻게 할까? 언니는 곧잘 사백육 호실을 드나들었습니다.

『그럼 방을 빌리겠어요. 몇 분간이면 되겠어요? 씨저 아저씨….』

내 단안에 만족한 듯이 구로다씨는 손가락을 딱 소리가 나게 튕겼습니다. 그것은 캐스터네츠 소리보다 컸습니다.

『두 시간이면 족해!』

호기롭게 말하며 그는 자기 방으로 뛰어가 세면도구를 챙겨왔습니다. 나는 잡지 한 권과 교과서 한 권을 들고 쫓겨 나왔습니다.

이리저리 둘러보다가 나는 먼지를 켜고 있는 화병을 오시이레 안에서 발견했습니다. 구로다씨는 이 화병을 한 번도 사용하지 않은 듯 화병 안에서는 족 슬은 펜촉과 핀이 여남은 게 나왔습니다. 나는 그것을 휴지통에 내버렸습니다. 내일 학교에서 돌아올 때는 수선(水仙)을 사다가 꽃병을 채워야겠다고 마음먹었습니다. 오시이레 안에는 더 많은 물건이 있었는데 톱, 줄, 따위의 연장과 화구가 부서져 쌓여 있었습니다. 나는 창가의 테이블에 가서 조용히 밖을 조망해보았습니다. 많은 사람이 보도에 깔렸었고 북쪽으로는 죠조지 절(寺)과 도오꾜 타워가 보였습니다. 나는 내가 가져온 책을 펴보다가 문득 책꽂이에 있는 구로다씨의 일기장을 꺼내다가 다시 제자리에 꽂아두었습니다. 강렬한 호기심이 나를 몹시 자극했으므로 그 곁에 있는 몇 권의 책을 뽑아 보았습니다. 그러나 나의 호기심은 꺼지지 않고 더 치열히 내 몸을 태우는 것이었습니다. 읽고 나서 안 읽어본 척하지 뭐, 괜찮을 거야. 나는 의자를 밀고 일어섰습니다. 나는 발끝으로 조용히 소리 나지 않게 사백육 호실을 나와 사백칠 호실의 문 앞에서 잠깐 서 있어 보았습니다. 조용했습니다. 어쩌면 구로다씨도 나처럼 남의 일기장을 훔쳐 읽진 않을까. 그러나 곧 나는 안심했습니다. 언니와 나는 서로를 못 믿는 건 아니지만, 각각 다른 서랍에 일기장을 넣고 자물쇠를 채우니까 아무 걱정 없었습니다. 저만큼의 복도로부터 게다 끄는 소리가 딸가닥 딸각 들려왔습니다. 그 소리가 내 온 신경을 긁는 것 같아서 얼른 구로다씨의 방에 들어와 문을 안으로 잠가 버렸습니다. 그리고 다시 한번 구로다씨의 방을 주욱 훑어보았습니다. 다다미의 군데군데 담뱃불에 탄 자욱이 내 눈에 들어왔습니다. 나는 가만히 웃었습니다. 아무도 없는 방에서 웃는다는 게 쑥스러워 니또가쓰 아파트 아래로 오가는 사람들을 눈여겨보았습니다. 기모노를 입은 여자가 둘 가도를 건너는 게 보였고 검정 제복을 입은 더부룩한 머리의 남학생들이 보였습니다. 어쩌면 오늘 가네다 이노미에가 날 찾아오지 않을까.

도오꾜 타워가 보였습니다. 엊그제 구로다씨가 무엇엔가 골몰하여 하루를 보낸 도오꾜 타워. 구로다씨는 그 전날 밤 왜 그처럼 만취하지 않으면 안 되었을까.

잊고 있었던 그 일에 생각이 미치자 나는 그의 일기장을 읽지 않고서는 못 배겼습니다.—

×월 ×일

소고 백화점까지 가는 마루노우찌 가(街)는 답답하다. 높이 치솟은 빌딩과 빌딩 사이에 끼어 나는 숨이 막힐 듯했다. 백화점의 삼 층에 갔다. 오모짜(完具)를 파는 가네무라 유끼꼬가 그린 듯이 서 있는 앞에 가면 나는 아무 말도 할 수 없다. 점심시간인데도 가네무라 유끼꼬는 그 자리에 있다. 「차 한 잔 살까」하고 내가 말을 걸으면 그는 웃기만 한다. 「밥 먹으러 가자」고 내가 끌면 그 여자는 이따금 내 권유를 받기도 한다. 그 여자는 이나리스시를 제일 좋아한다. 나도 그게 좋다. 오늘은 갈 수가 없었다. 가또오(加藤)과장이 내가 그린 설계가 돼먹지 않았다고, 다시 그려보라 해서 나는 시간을 놓쳐버린 것이다.

×월 ×일

신쥬꾸(新宿)에서 큰 화재가 발생했다고 한다. 한국인이 이상기후를 벌미삼아 보험료를 타기 위해서 자기 집에 방화를 하고 체포되었다고 한다. 왜 그들은 자기들이 저지른 잘못보다 죠센징이 저지르는 잘못을 더 크게 떠들어대고 꼬집는지 모르겠다. 간사한 녀석들. 기후 탓이다. 다만 그것은 이 도오꾜가 가지고 있는 기후 탓이다. 도요꾜가 가지고 있는 것은 최악의 기후.

×월 ×일

가또오 자식이 눈치를 샌 모양이다. 아차, 하는 순간 모면은 했지만, 요주의. 자식은 개처럼 내 냄새를 맡고 있으니까.

×월 ×일

올림픽, 올림픽, 올림픽, 가는 곳마다 올림픽 붐이다. 아오야마(青山)에 유끼꼬들과 함께 갔었다. 가네무라 다로오 씨는 오랜만에 딸들과 즐기는 하루였을 것이다. 게이오 대학생에게 나는 자리를 비켜줬다. 그는 틀림없는 죠센징일 것이다. 그 게이오 대학생 앞에서 나는 얼마나 부끄러웠는가. 나 자신이 얼마나 부끄러웠는가. 그런데 나는 왜 숨기는 것일까.

×월 ×일

크리스마스 이브. 유끼꼬와 사다꼬에게도 크리스마스 이브는 즐거워야 한다. 점심시간에 소고 백화점에 갔다. 유끼꼬는 나에게 자그마한 유끼 다루마 상(雪達磨像)을 주었다.「이게 유끼꼬예요」라고 그 여자는 말했다. 나는 유끼꼬에게 내가 그린 수채화 한 폭을 주었다. 사다꼬에게는 간다(神田)로 데리고 나가 이와나미분꼬(岩波文庫) 중에서 그가 고른 헷세의 소설「나르씨스와 골드문트」를 사 주었다.

×월 ×일

눈이 내렸다. 심바시에도 마루노우찌 가에도. 스미다가와와 아라가와의 더러운 강에도 내렸을 것이다. 유끼꼬의 보가 깃에도 눈은 내려앉았을 것이다. 구로다. 구로다. 구로다는 이제 다시는 죠센징이 될 수 없을까.

×월 ×일

우에노(上野)에서 한 화가가 젊은 청년의 초상을 그려주는 걸 보았다. 그렇게 될망정 내 약점을 노리는 가또오의 앞에서 죠센징이노라고 나서볼까. 용기. 용기. 용기를.

×월 ×일

의외에도 부드러운 목소리로 가또오 녀석이 날 불렀다. 「재미 좋다면서?」 녀석의 말버릇은 항상 그 모양이다. 그리고 그는 내 귀에 대고 속삭였다. 「소고 백화점의 아가씨가 이세(二世) 죠센징에 틀림없던가?」 하마터면 나는 그 녀석의 빰을 때릴 뻔하였다. 참자.

×월 ×일

이 도오꾜에 있는 진자(新社)만이라도 모조리 불태워버렸으면 좋겠다. 모처럼 기다리던 편지가 왔다. 「대한민국 국민에 한한다」고. 내 그림을 일본 전람회에 내놓아야 할까. 그럴 수는 없다. 일본 국적을 빌리고 있지만 그럴 수는 없다. 오늘 놀라운 사실을 하나 알았다.

유끼꼬의 성(姓)이 가네무라(金村)가 아니고 이시가미(石神)라는 것이다. 가또오 녀석이 그렇게 말하면서 「오해를 해서 미안하다」고 능글맞게 악수를 청했다. 「사다꼬를 택하지 않은 건 현명한 일이야. 그 여자는 틀림없는 죠센징인 걸. 나는 가네무라 다로오가 유복자를 가진 여자와 결혼한 사실을 이제야 알았다네. 나는 구로다, 자네가 여태껏 센징(鮮人)인 줄로만 알았었는데.」 가또오를 이겼다. 그러나…. 그럴 수가 있을까. 그럴 수가 있을까. 슬프다. 취하고 싶다.

―나는 일기장을 덮어버렸습니다. 씨저 아저씨가, 아니 구로다씨가 나와 똑같은 죠센징이었구나. 언니가 니뽄진(日本人)이라니…. 너무나 놀랍고 무서운 것을 나는 읽어버린 것입니다. 나는 납덩이처럼 무거워진 머리를 힘껏 내저었습니다. 천천히 사백육 호실을 나왔습니다.

구로다씨는 목욕을 끝내고 담배를 피는 중이었습니다. 그는 내게 쪽지 하나를 전해 주었습니다. 그것은 가네다 이노이에 것이었습니다. 가네다 이노이는 지금 니또가쓰 아파트 □ □ 있는 빠찡고장에서 기다리□ □는. 가네다가 그동안에 □ □ 다녀간 모양이었습니다. 내가 그 쪽지를 읽는 것 □ □ 씨저 아저씨는 큰 소리로 웃었습니다.

『사다꼬. 역시 사다꼬는 정상이군.』

그렇게 말하며 웃는 구로다씨를 나는 뚫어지라고 바라보았습니다. 나의 그런 기색에서 무엇을 직감했음인지 그는 웃음을 뚝 그쳐버렸습니다.

『웬일이지? 사다꼬, 응?』

한발 다가온 구로다씨의 머리칼은 물기가 어려 있었고 온몸에서 신선한 비누 냄새가 풍겨왔습니다. 나는 잠깐 망설였습니다. 그러나 이내 힘을 얻어 말할 수 있었습니다.

『씨저 아저씨의 일기장을 사다꼬가 봐버렸어요.』

깜짝 놀라면서 구로다씨의 안색은 파랗게 질려갔습니다.

『그것을 읽고 말았다고?』

내게서 연민(憐憫)의 정을 구하는 듯한 눈빛으로 구로다씨는 떨리는 손으로써 나를 붙잡으려 했습니다.

『네, 그래요!』

나는 쾅, 하고 세차게 닫히는 문소리를 뒤에 하고 아파트의 층계를 요란스럽게 내려가고 있었습니다.

가네다가 지시한 빠찡고장 안은 흡사 양계장(養鷄場)을 연상케 하는 곳이었습니다. 많은 남자가 빠찡고 대 앞에 하나씩 촘촘히 들어박혀서 좌르륵 좌르륵 쇠구슬을 훑어내고, 그것을 또다시 쏘아 올리고 하는 소리는 자욱한 담배 연기와 함께 혼잡을 더했습니다. 가네다 이노이에는 그런 틈바구니에 끼어 있었는데 그의 앞에도 칠 팔십 개가 넘어 보이는 쇠구슬이 쌓여가고 있었습니다. 내가 곁에서 보고 있는 것도 모르고 그는 왼손으로 쇠구슬을 구멍에 쓸어 넣고 오른손으로는 단추를 튕기는 짓을 계속했습니다. 나는 그의 등을 손가락으로 꾹 찔러서 나를 돌아보도록 하였습니다. 그는 미안하다는 듯이 씨익 웃어 보였습니다. 가네다가 쇠구슬을 카운터에 안고 가서 계산하는 동안 나는 먼저 밖으로 나왔습니다. 머릿속이 온통 쇠구슬 쏟아지는 소리로 꽉 차서 울렸습니다. 좌르륵, 좌르륵, 쇠구슬이 굴러내리는 소리는 내 온몸을 번져갔습니다.

『안색이 좋지 않군요. 가네무라 양.』

먼 데서 구로다씨의 음성이 들리는 듯했습니다.

『가네무라 사다꼬! 내 말을 들어. 나는 죠센징이야. 니뽄진으로 귀화한 죠센징이야. 내 피는 더 많은 니뽄진의 피가 흐르고 있지만 저 스미다의 강물보다 더러운 니뽄진의 피가 흐르고 있지만, 나는 죠센징이야!』

어둡고 탁한 강물 속에서 구로다씨의 음성은 마구 소용돌이쳤습니다.

나는 가까스로 정신을 바로잡을 수 있었습니다. 내가 의식하는 잠깐 사이에 상당히 오랜 시간이 흘러간 모양이었습니다. 가네다가 언제 나를 아파트까지 데려다주었는지 모르지만 나는 니또가쓰 아파트 사백칠호의 침대에 누워 있었습니다. 내가 일어나 앉자 가네다는 주전에서 더운 차를 따라 주었습니다.

『어제 본국에선 수천의 학생들이 한일 협정을 반대하는 데모를 벌였다고 합니다. 두 개의 조국을 갖는다는 것도 서러운데 이 일본에 경제적인 예속을 당하는 걸 보면 가만히 앉아만 있을 수 있겠습니까? 양키들의 장단에 그저 앉아서 눈을 앗기는 조국을….』

주의 깊게 가네다는 내 얼굴을 들여다보면 말했습니다.

『가네무라 양은 도시바 대학에서 힘이 돼 주셔야겠습니다.』

나는 손짓으로 또 한 잔의 차를 청했습니다.

『금명간에 도오꾜에서, 오사까와 교오또에서 각각 조선 학생들의 전체적인 움직임이 표면화할 것입니다.』

나는 아무 말도 듣고 있지를 않았습니다. 가네다가 말한 두 개의 조국, 그것이 일본에 사는 센징에게 무슨 의미가 있는 것일까. 나는 아무런 조국도 가지고 있지 않고 또 바라지도 않을 거로 생각했습니다. 가네다 이노이에가 방을 나간 뒤 나는 커다랗게 소리치며 흘러가는 강물이 내 혈관 속을 지나가는 것을 느꼈습니다. 본국 말을 모르는 사람이, 일본어만 아는 사람이 일본인이 아니라는 억지가 통할 수 있을까. 제아무리 억지를 써도 아버지 가네무라 다로오 씨에겐 비굴한 한국인으로서의 생활이 있고 나에게는 떳떳한 일본인으로서의 생활이 있을 뿐이었습니다. 그것이 비록 더러운 강물일망정….

갑자기 내 온몸을 짓밟고 걷잡을 수 없는 오열(嗚咽)이 솟구쳐 올랐습니다. 더럽고 비굴한 센징, 아아 더러운 센징, 캠프 드레이크에서 양키들의 눈치 밑에서 일하고 있을 아버지가 머리를 스쳐 갔습니다. 어쩌면 이사가미 유끼꼬는 유락죠우에서 심바시를 향해 오고 있을 것이었습니다. 누군가를 꼭 만나보고 싶었습니다. 그치지 않고 눈물이 내 온몸을 지배해서 나는 지탱하기 힘들었습니다. 더러운 센징, 센징… 죠센징.

나는 니또가쓰 아파트를 나왔습니다. 거리는 어두워지고 있었습니다. 심바시 역까지 걸어서 나는 유락죠우까지의 차표를 끊었습니다. 그리고 열차에 탔습니다. 얼마 안 있어 열차는 유락죠우에 닿았으나 나는 내리지 않았습니다. 우에노를 지나고 스미다 강과 아라 강을 건너 니이가다 방향의 북쪽 산악지방을 향해 열차는 어둠 속을 움직이고 있었습니다. 끝.

제11회

문예상

•

1957~1969

1등

개교 14주년 기념-제225호 1966년 6월 8일

제11회 고교문예작품 : 현상소설

노을이 깔리는 곳으로

· 문두근 (전주상업고등학교 3학년) ·

「건문이 나 좀 보자.」

손을 씻고 방으로 들어오면서 이십이 일 날 건문이와 다툰 후 내가 처음으로 침묵을 깨뜨린 말이었다.

그는 식모와 큰 방에서 히히덕거리고 있다가 우리가 하숙 들어 있는 방으로 건너온다. 입을 꽉 다문채 취하는 행동들이 어색하게 보인다. 자기 딴엔 뭔가 태연하려고 자신한테 억지를 쓰고 있는 것 같았다.

「옷 입어.」

나는 손을 닦으면서 온화하게 말을 했으나 나도 모르는 사이에 목청이 떨리고 있는 걸 의식할 수 있었다. 괜스레 산을 올라갈 때처럼 가슴이 벌렁벌렁하게 저며 온다.

혀를 질끈 깨물었다.

건문이는 옷을 입는다. 작업복을 걸치는 포옴이며 표정이 이글어져 있다. 째푸린 채 갸름하게 치뜬 눈동자를 사납게 나를 한번 뚫어져라 쳐다보더니 먼 천문을 열고 나간다.

「타아악」

방문이 다치는 소리에 건문이의 마음을 조금을 알 수가 있었다.

건문이는 나 이상으로 흥분하고 있는 것 같았다. 그러나 나는 아까보단 퍽이나 마음이 가라앉고 착잡하던 심정도 풀리는 것 같았다.

나는 여전히 이때까지도 손을 닦다가 발을 씻기 위해서 걷어올렸던 쪼봉을 내리며 헤식게 웃었다. 비웃는 것 같은 웃음이 자꾸만 부서져 나온다.

건문이는 옆 방으로 들어가는 눈치 더니 영곤이와 뭐라고 지껄이는 소리가 어렴풋 들린다. 그러나 볼륨이 잘 맞지 않는 스피커에서 들려오는 소리처럼 잘 알아들을 수가 없었다.

내가 쪼봉을 바꿔 입고 구두끈을 야무지게 졸라맬 때, 건문이는 대문 밖에서 내가 나오길 기다리다가 아래쪽으로 어슬렁 어슬렁 걸어 나간다. 어깨를 좌우로 몹시 흔들어 신을 직직 끄시며 걷는 건문이의 모습은 어느 때나 볼 수 있는 모습이었다.

「왜 그리여.」

우리의 살벌한 분위기를 직감한 식모는 질겁한 목소리로 황급히 물어온다. 나는 살포시 웃어 주었다.

「언제 쌈 힛써.」

「썸언……아무것도 아녀야.」

「쌈 하지 마.」

하는 식모의 말소리를 뒤로 아무렇게나 흘리면서 나는 혁띠를 졸라맸다.

건문이는 노송동과 풍남동 쪽으로 헤어지는 삼거리에서 시선을 먼 데로 떨구면서 서 있다.

 나른한 햇살이 내리는 밤 이랑으로 아지랑이가 연연히 오르고 있었다. 얼었던 땅이 녹아서 거리는 질퍽하고 신발에 흙덩이가 들어붙어 감촉이 둔하게 느껴 온다. 건문이도 아무 말 없이 따라온다.

(흥, 자식 그래도 약 코는 있다고.)

어느덧 건문이와 나는 기린봉 기슭을 오르고 있었다.

뒤 따러 오는 건문이와는 역시 침묵이 강물처럼 흐른다. 비탈을 오르는 발길을 억지로 가볍고 상쾌하게 옮겼다. 건문이가 보라는 듯이, 캠핑할 때처럼 훌쩍 뛰고 작란기 어린 행동으로 나 스스로를 애써 돋보이게 했다.

(참새가 곧 죽어도 짹 헌다더니… 저걸 여기서 팍 차 버려)

나는 울화가 치밀어 올랐다.

제까짓 게 어데가 힘이 있다고 졸래졸래 따라오는 게 아니꼬왔기 때문이다.

나는 순간 이런 걸 느꼈다.

〈건문이는 내가 따라오라고 하니까 어쩌면 의무감에서 따라오는지도 모른다. 따라오라고 해놓고도 나는 건문이가 잘못했다고 실실 피해서 안 내려간다고 해 짜증을 내는 것일까. 설령 건문이가 잘못했다고 피해 내려간다고 해도 못 가게 붙잡을 것이 틀림이 없으면서도.

(저걸 섣불리 건드려 실수를 하는 때는 내가 밟리지, 여기서 옆자기로 역습을 할까)

나는 이런 생각으로 자꾸만 짜릿한 흥분을 자아내 숨을 더욱 가쁘게 한다.

(지리적 조건이 내게 유리하다. 위쪽에 있으니까 조금만 짬프를 해서 발을 뻗어도 틀림없이 건문이는 나가떨어질 것이다. 그때 달겨들어 몇 번 강타하면 끝나는 것이고 그래서 나의 위세를 보여줄까)

이런 집념 속으로 순간순간 수심찬 어머니의 표정이 나의 뇌리 속으로 무섭게 휘말려 들어온다.

「너는 남이 뺨 때리거든 그 사람 손을 만쳐줘라.」

하시던 어머님이

「그저 참아라.」

하시는 것만 같았다.

이런 생각 속에서도 나의 발길은 질퍽한 비탈길을 오르고 있었다. 여전히 건문이는 큰기침을 하며 뒤따라 온다. 것도 내가 하고 난 뒤 꼭 꼭 받아야 한다. 나는 의식적으로 또 한 번 기침을 해봤다.

「험」

「허어험」

나의 기침소리에 비해 건문이의 기침소리는 역시 큰 소리로 나의 고막을 떨떠름하게 찢었다.

나는 왈칵 뭔가 토해 버리고만 싶다. 나중에야 어쩔망정, 내가 실수를 해서 건문이 한테 두들겨 맞는 한이 있더라도, 그러나 순간 나의 행동을 제지하는 예감이 있었다.

중학교 때 이삼이와 다투다가

「이백이 나 좀 보자.」

하고 이삼이가 밖으로 나갈 때 나는 펜대와 과도를 한 손에 하나씩 가지고 아래 봉창에 넣고 나갔었다. 나는 평퍼짐한 곳에서 걸음을 멈췄다. 묘를 쓰고 난 앞에서 나는 손을 들어 내 앞을 가리키며 그리로 오라는 시늉을 했다.

건문이는 역시 입을 꽉 다문채 내 앞에 와 우뚝 선다. 나는 눈을 아래로 내려 깔고 숨을 한번 크게 몰아 내쉬며 거친 호흡을 조정하고 있었다. 건문이는 퍽 태연하려고 의식적인 노력을 하는 것 같다. 먼 곳으로 시선을 떨구고 있는 건문이의 눈매는 아까와 달리 희미한 것 같았다.

「꿇어앉아.」

「…………」

나는 손으로 땅을 가리키며 꿇어앉으라는 시늉을 몇 번 되풀이했지만, 건문이는 아까와는 또 달리 우리우리한 눈동자를 사납게 굴리며 매섭다는 듯한 표정으로 나를 찔러본다. 나도 눈알을 곤두세운 채 험악한 표정으로 쳐다봤다. 건문이와 눈동자가 마주쳤다. 한참을 서로가 매조질러 봤다.

「안 꿇어앉을래.」

「………………」

「야 임마, 꿇어앉아.」

「………………」

나는 신경질 적으로 한 옥타부씩 볼륨을 올려 사뭇 명령조로 말했다.

역시 우뚝 선채다.

「허어 그래.」

나는 차게 웃었다.

그리고 내가 먼저 꿇어앉았다. 잔디 위라고 하지만 물기가 차갑게 온몸으로 스미어 들어온다. 건문이도 나를 이상하다는 듯이 쳐다보더니 내 앞에 꿇어앉는다. 순간 눈이 마주쳤다.

나는 어찌나 입을 질끈 다물고 있었는지 입술이 아래로 까지고 양미간에 주름살이 담뿍 잡힌 채 무섭게 건문이를 쳐다보면 눈길을 놀리지 않았다. 순간일 테지만 험악한 시간이 지루했다. 어느 공간에서 건문이의 눈빛과 나의 눈빛이 부딪치고 있을 거라고 생각할 여유가 생긴다.

「미안하지만 니 호주머니 좀 보자.」

이 말을 하기도 전에 나의 손은 건문이의 호주머니를 뒤지고 있었다. 크막한 작업복 주머니엔 아무것도 없다. 아까 집에서부터 손을 깊숙이 집어넣고 온 채로 꿇어앉은 아랫 주머니를 더듬으니까 길쭉한 게 들어 있다는 걸 감촉으로 알 수가 있었다.

건문이의 손을 억지로 주머니에서 빼게 하였다. 순간 또 눈이 눈을 튀기었다. 그 찰나 건문이는 뭔가를 훌쩍 아래쪽으로 집어던지는 것이 햇빛에 반짝 빛났다. 과도였다. 아까처럼 양미간을 잔뜩 찌푸려 건문이를 쳐다봤다.

「조금만 앉아 있어라.」

좀 다정스러운 말투였다.

나는 일어서서 과도가 떨어진 아래쪽으로 내려가려고 하는데 건문이가 먼저 일어나 내려가려고 한다.

나는 다시 꿇어앉았다.

건문이는 아래쪽으로 내려간다.

「야 내려가지 마, 이리와 꿇어앉어.」

듣는 둥 마는 둥 내려간다. 쳐다보지도 않고.

「야이 새끼야 이리 안 올래.」

「………………」

「야아 올라 와.」

나는 거의 목청이 찢어져라 하고 건문이가 내려가는 걸 제지했다.

건문이는 힐껏 뒤돌아 보고 나의 표정이 살벌했던지 언제나처럼 어깨를 좌우로 흔들며 올라온다. 와 꿇어앉는다.

「야 너 뭣하러 칼 갖고 왔냐?」

「………………」

「뭣하러 칼 갖고 왔어 임마, 찌를래?」

나는 다그쳐 물었다

「정당방위로.」

속으로 기어들어 가는 목소리가 떨리기까지 한다.

「정당방위로, 야 정당방위가 너 뭔지나 아냐.」

나는 어이가 없었다 살그레 웃으면서 또 다그쳐 물었다.

「내가 널 때린다고 했냐?」

침묵이 흘렀다.

「내가 널 때릴 힘도 없지만, 설령 내가 널 때린다면 정당방위가 될는지 몰라, 그것도 주먹 대 주먹으로 대해야지 내겐? 칼이 없으니까.」

또 침묵이 무겁게 잠시 흘렀다.

「하기야 너같이 멍청한 놈은 모를 것이다.」

항시 건문이가, 「나같이 멍청한 놈은 뭘 알아야지 공부도 못하는 주제에 할 수 있가디」하면서 지껄이는 말은 겸손이 아니고 자기를 내 세우고 자랑하고 뽐내는 것이 그 말속에 내포되어 있다고 느꼈다. 거기에 대한 반박이었다.

건문이는 항시 뽐내기를 좋아하고 자기만 잘 난 줄 알고 융통성이 없는 우쭐한 심리. 것도 내포한다. 어떤 권력에 대들다가도 꽁무니를 빼버리고 만다.

〈나바론〉 영화를 같이 볼 때의 일이었다. 문자 그대로 만원이었다.

나와 건문이의 키는 비교적 큰 편이어서 뒷사람에게 방해가 되었다. 작은방 사람이 큰 방 차지하는 격으로 늦게 들어와서 앞을 가로막으니까 상대방이 좋을 리가 없었다.

「어이 거기 앞에 좀 앉지.」

누군가가 뒤에서 우리가 앉기를 요청해 왔다. 당연한 일이었다. 그런데 대뜸 건문이가

「어떤 후리아들 놈의 새끼야.」

하고 뒤쪽에다 씨악을 질렀었다. 그때

「누가 그렇게고 상하게 짓냐.」

하고 사뭇 타이르는 말투가 어른스러웠다. 그리고 상대방도 굽힐 리 없었다. 누군가 한 명이 우리 있는 쪽으로 내려와 라이타를 켜더니 우리의 얼굴을 비치며

「누가 그랬야, 아저씨가 그랬어?」

나를 덥치며 시비 조로 말을 한다. (학생인데 무슨 라이탈까)

그때 건문이는 애써 화면에 열중하는 척 아무렇지도 않다는 표정으로 상대방과의 충돌을 피하는 걸 여실히 엿 볼 수가 있었다. 나는 상대방을 아니꼽살스럽게 쳐다보며 입맛을 쩍쩍 다셨다. 라이타 불이 꺼졌다. 험악한 표정들이 사라졌다.

「찰칵찰칵」

다시 켠다.

상대방은 나의 왼쪽 어깨를 현관 쪽으로 끈다. 나는 오른손으로 상대방의 손을 가볍게 뿌리치면서

「괜히 날 치지 마.」

한마디 하고 태연히 화면에 시선을 줬다.

「야 데리고 나가, 어떤 놈인가 쥐어박아 줘라.」

하는 소리가 위쪽에서 들린다.

「꿇어앉어.」

상대방은 5명이었다.

벽돌을 한 장씩 들고 건문이와 내가 꿇어앉기를 강요했다.

「왜 쳐다봐 새끼야.」

마구 욕설을 하면서 워카를 신은 발로 나의 무릎 부분을 툭툭 차는 것이다.

건문이는 이미 꿇어앉아 있었다.

「안 꿇어 앉을래.」

고성이 높아 왔지만 정말로 맞아 죽는 한이 있더래도 꿇어앉기는 싫었다.

「좋아, 꿇어앉게 해 주지.」

누군가가 이렇게 말하더니 앞차기로 나의 턱을 강타한다. 나는 느닷없이 비칠비칠하다가 벽에 기댔다. 또 한 번 턱이 돌아갔는가 했더니 복부로 발길이 사정없이 들어 온다.

뒤틀어 땡기는 뱃살을 움켜쥐고 안간힘을 하여 일어섰다. (정신을 차려야지) 희미하게 생각 키워졌다.

앞에 놈 한 놈만 꺼꿀어 뜨리면 골목을 빠져나와 내가 유리한 장소를 찾을 수 있었다. 그러나 건문이가 문제라고 생각할 때 나는 이미 또 거꾸러져 있었다.

「내가 잘못 했는디 어떻게 한 번만 봐 주시오.」

발길이 겹치는 걸 보고 안쓰러웠던지 건문이의 말소리였다.

나는 울화가 복받쳤다. (일을 벌인 건 누구고, 의기양양하게 떠들 때는 언제고 또 빌 때는 무슨 생각으로 비는 것일까. 지조가 없는 노무 새깽이. 비겁한 놈) 상대방에게 맞는 것보다도 건문이의 행동에 더욱 설움이 복받쳤다. 나까지도 건문이 같이 생각할까 두려웠다.

그들은 건문이를 다시 꿇어 앉히더니 벽돌로 무릎 위 장딴지를 사정없이 내려치는 것이다. 일어나면 죽인다는 소리에 일어나지도 못하고 맞고 있는 건문이가 그때처럼 가엽고 불쌍하고 바보 같고 병신같고 겁쟁이로 느껴진 때는 없다.

「야 내가 그렇게 밉냐?」

얼마간의 시간이 딱딱하게 흐른 뒤 내가 건문이 한테 묻는 말이었다.

「그러면 이백이는 내가 그렇게 미운가?」

타협 조로 되묻는 건문이다.

행동했다고 하드래도 상대

「묻는 건 나여 임마.」

「………………」

말소리는 살벌했지만, 표정은 누그러져 있었다.

「묻는 건 나니까 묻는데에 대답만 해, 내가 그렇게도 밉데.」

「………………」

「야 내가 그렇게 밉냔 말야.」

고성이 높아진 채 되풀이해 물었다.

건문이는 힘없이

「아니.」

「그럼 왜 외면을 하냐, 어째서.」

숨 가쁘게 물었다.

그러나 건문이는 역시 아무 말도 없이 침울한 표정을 깊숙이 짓는다. 아까보다 나의 표정은 긴장이 풀렸다.

「건문이 너도 생각해 봐라, 한방에 있으면서 왜 남남답게 외면을 하면서 살아야 하냐, 어째서 외면을 함서 살아야 하냔 말이야.」

열띤 음성은 흐느끼는 듯도 했다.

「그제보다는 어제가 어제보다는 오늘이 더욱더 너는 나를 외면했어.」

「그건 이백이가 모르는 소리여, 뭐 이백이는 내가 큰 방으로 가서 밥을 먹었던 것 가지고 오해를 했는가 본데, 밥 비벼 먹으려고 그랬었어, 이리로 온 뒤로는 한 번도 안 비벼 먹었거든.」

「어 그래, 그면 그건 그렇다고 하고, 너 왜 내가 들어서자 확 고개를 돌렸냐. 거기까지도 좋아 뭐 때문에 밖으로 휭하니 나갔냐.」

건문이는 뭔가를 깊숙이 생각하는 것 같더니 무슨 말을 하려고 하는 걸 가로챘다.

「물론, 너는 본의가 아닌 데서 방인 내가 생각할 때는 어떻게 생각하겠냐. 나뿐이 아니라 누구든지 오해하고도 남을 것이다. 너도 생각해 봐라. 내가 들어서자 고개를 확 돌렸지, 그것도 무의식적으로 돌리는 것이 아니고 의식적으로 확 돌려 버렸고 내가 책을 꽂을 때는 너는 이미 휭하니 밖으로 나가버렸고 문도 야박스럽게 탁 닫고 나갔지, 그랬지?」

「………………」

「내가 그렇게 밉데, 나하고 함께 있기가 그렇게도 싫데.」

잠시 말을 멈추고 건문이의 표정을 살폈다. 입술을 깨물고 있는 게 침울하였다.

「생각해보면 내가 너한테 서운하게 한 게 없는 것 같다 몰라 네가 서운하게 생각할 게 있다면 저번 날 저녁에 내가 너한테 헌 행동과 언사가 너무나 지나쳤는지 몰라, 그렇지만 전연 근거 없이 한 말은, 나 아닌 네가 더 잘 알 것이다. 밖에만 나갔다 오면 니 물건이나 책꽂이를 유심히 살피길래 한방에 있으면서 사람을 못 믿어서 어떻게 한방에 있을래 하고, 조금 듣기 싫은 소릴 한 것 가지고 그 뒤부터 줄곧 너는 어쨌을망정 내가 생각하고 받아들이기엔 나를 외면한 것 같았고, 그건 시간이 갈수록 두드러지게 내포하고 있는 걸 바보가 아닌 이상은 다 알 수 있을 것이다.」

나는 하나도 거침새가 없이 술술 말했던 데에 스스로가 놀랐다. 그 내용이 충실하고 절실한 것인지 아닌지는 생각지 않더라도 마치 높은 곳에서 아래로 물이 흘러 내리듯이 그렇게 말을 할 수 있었는가 하는 데에 정말 놀랬다.

나는 여기까지 말을 마치고 대화거리가 옹색했다. 손을 씻을 때는 할 말이 많은 것 같더니만 부딪치고 보니 밑천이 드러난 것 같아 애써 대화를 찾았다.

과도를 주워 왔다.

건문이의 손에 쥐여주고 내가 때릴 테니까 정당방위로 찌르라고 했다.

「에이 이백이 그만두지.」

내가 때릴 테니까 찔러 하면서도 건문이를 차마 때릴 수가 없었다. 그러면서도

「정당방위로 찔러라 찔러봐라」

하고 말했다.

「에이 참 이백이도 이백이 어머니를 생각해 보소.」

말투는 짜증 비슷했지만 뭔가를 애원하고 있었다.

이학년 종업식 날이었다.

꽁초(별명)가 우리들의 행동을 너무나 제지하니까 골목에 지켜섰다가 역습을 하든지 집에 가서 간접적인 피해를 주러 가는데에 협조하라

고 R한테 은근히 강요당했다. 싫었다. 그래서 못하겠다고 했다. 선생님(꽁초)을 위하는 것보다는「우리 몇몇이 상의한 결과 오늘 밤에 꽁초네 집을 습격하기로 했는데 너도 맘 있으면 협조해」이런 식으로 나에게 제안해 왔다면 그래도 조금은 생각해 볼 일인데 강제성을 띠워 협조를 안 하면 다음에 좋지 못하다는 언사로 협박해 오는 게 싫었기 때문이다. 거기에 응하면 걔들의 힘이 무서워 수긍하는 것이 된다는 내 나름대로 생각도 있었지만, 상대방의 창의에 동의한다는 건 내 성격에 융합되지 못하기 때문이었다. 그래서인지 R의 행동을 방해하고 싶어 그걸 제지했다.

「엠마 남자 새끼가 그런 일도 한 번 못 하고 그걸 제지해.」하고 R이 야유하고 딴 애들도 비웃었다. 어떤 애는「네가 그런다고 꽁초가 이뻐하고 알아 줄줄 아냐.」하는 치사한 말도 했다. 그러나 나의 마음은 동요되는 게 없었고 웃음만 헤식게 나왔다. 그 웃음 속엔 나를 비웃고 있는 애들을 불쌍하게 생각하고 예쁘게 미소 짓는 것이라고 해석하고 싶다. 그리고 생각해 봤다. 우쭐한 영웅심으로 자신을 왜 망각해 버리는가 하고 서글퍼 했다. 결국, R과 나 사이에 싸움이 벌어졌다. R은 대뜸 의자를 들어 나를 향해 여지없이 내려쳤다. 그러나 무의식중에 나는 잽싸게 R과 접근하여 R의 허리를 잡고 허리치기로 R을 넘어뜨려 의자를 뺏어 도리어 R의 머리를 내려쳤다. 순간적으로 향하여진 행동들이었다. 넘어진 R의 뒤통수에서 흐르는 검붉은 피가 교실 바닥을 붉게 물들였다. 재차 내려치려는 나에게 친구들이 달겨들어 의자를 뺏는 것으로 일단 싸움은 끝났다. R은 뇌진탕을 일으킬 뻔했다고 하면서 삼 주간의 치료를 요했다.

학교에선 퇴학을 시킨다고 야단법석이고 특히 훈육주임인 꽁초는 따귀를 때리면서 엄포로 나의 감정을 이죽거렸다. 전보를 받고 올라오신 어머니의 표정은 말이 아니었다. 거의 실신하고 있는 어머니의 표정을 볼수록 가볍게 흥분한 걸 절실히 후회했다. 그러나 이 후회는 마음속에서 일기장으로 번졌지 내포되지는 않았고, 잘했다는 표정을 지었다. 어머니는 나에게 애원하였다. 만약 상대방이 고소를 하는 날엔 살림 망하는 건 당연하지만 네 앞길에 여지가 없다는 것이었다. 남이 뺨 때리면 손 만져주라는 것이었다. 그리고 사소한 일에 쉽사리 흥분하지 말고 남자라면 묵직한 데가 있어야 한다고 하셨다. 거의 절규에 가까운 목소리였었다. 이때 나는 그 날 같이 절실하게 슬퍼한 때는 없었다

건문이는 이때의 어머니를 생각해 보라는 것이었다.

건문이가 우리 어머니를 그때 처음 봤기 때문에 나는 이때의 우리 어머니를 다시 말해서 자진 복통하고 평지를 가면서도 휘청거렸던 걸 생각해 보라는 말에 또 하나 생생히 클로즈업되어 오는 게 있었다.

나는 뒤틀리는 배를 움켜쥐고 땅바닥에서 안간힘을 하고 있었고, 건문이는 그들에게 벽돌로 무릎 위 장딴지를 두들겨 맞으면서 마구 빌고 있었다. 눈물을 찔찔 짜면서 누구도 알고, 누구도 알고 소위 힘깨나 쓰는 애들의 이름을 팔면서 빌고 있는걸 보니까 외역질이 나 견딜 수가 없었다. 어떻게 일어나서 어떻게 찼는지 모른다. 짬프와 동시에 옆차기로 발을 길게 뻗고 떨어지면서 왼손으로 또 한 놈의 복부를 치고 오른손으로 냅다 턱을 돌려 버렸다. 덕분에 벽돌 세례로 또 땅바닥에서 뒹구는 신세가 되었지만 속은 좀 후련했다. 그러나 뭔가 억울한 생각으로 설움이 가슴을 찢었지만 내 자존심은 혀를 질끈 깨물고 있었다. 건문이는 그때까지도 꿇어앉아 빌면서 이름을 열심히 팔고 있었다.

「나의 어머니를 생각해 보라」

고 말하는 건문이의 표정은 그때 빌고 있을 때와 표정과 영락없이 똑 같다.

나의 약점을 노려 행동하려고 하는 게 가엽고 불쌍하고 비겁하게 느껴지자 측은한 생각도 들었다. 그러나 나는 또 야박 서럽게도

「왜 못 찌르냐? 야 찔려 봐 칼 갖고 왔을 때는 뭔 맘 먹고 갖과디, 못 찌르냐, 정말 못 찌르 겄냐, 내가 한번 찔러 보래.」

했다.

건문이는 잠시 뭔가를 생각하는 것 같더니 큰마음이나 먹고 선심이나 쓰는 듯이 칼을 내밀면서 나의 표정을 살핀다.

「이백이도 내가 그렇게 미운가?」

「내가 언제 밉다고 하데, 네가 미우면 이런 데 데리고 오지도 않았을 거다.」

「그렇게도 미우면 나를 찌르지.」

칼을 쥔 손을 한번 추슬러 나를 빤히 쳐다보면서 내 쪽으로 더 내민다.

내가 찌른다고 엄포는 했지만 사실 본의의 말이 아니었던 걸로 나는 나도 모르게 당황하고 있었다.

(자식 나 못지않게 당황해 봐라)

칼을 받아 쥐었다. 잔인스럽게 칼에 붙은 흙을 손바닥에다가 쓱쓱 닦아냈다.

건문이는 작업복 아래 단추 하나를 풀고 옷을 걷어제쳐 배를 내밀어 준다. 그리고 눈을 감는다. 느닷없이 웃음이 풍선처럼 터질 뻔 했으나 참을 때까지는 상당한 시간이 흘렀다.

교회 주일학교 다닐 때 주일학교 선생님께 예수그리스도가 만민의 죄를 십자가에 걸머지고 골고다 언덕을 스스로 올라갔다는 이야기를 듣고

막연히 숭고함을 느꼈었다.

그러한 숭고함을 건문이는 애써 표정을 지으려고 하는 것 같았다.

그때 예수는 두려워하지 않고 누굴 원망하지도 않고 더구나 자기를 처형하려는 사람을 불쌍히 여겼다 했다.

그러나 건문이한테서는 그런 걸 찾아볼 수가 없었다. 그러기 때문에 더욱 웃음이 자꾸만 자꾸만 빚어 나왔다. 그는 분명히 알아볼 수 있을 만큼 떨고 있었다. 두툼한 눈썹도 쩌르르 경련을 일으키고 있었다.

「왜 안 찌른가, 왜?」

이 이상 더 못 견디겠다는 듯이 황급히 물어오는 소리도 두드러지게 떨리고 있었다. 살며시 눈을 뜨고 쳐다본다.

「왜 안 찌른가.」

이번엔 볼멘소리로 다급하다. 가라앉아가는 감정을 자꾸 돋구어 온다. (이걸 확 찔러 버려) 살인죄로 재판을 받는 전경이 선연히 떠오른다. 그리고 그 위로 어머니의 얼굴이 겹쳐온다. (찌르고, 나도 죽어버리면 되지)

멍청한 생각에 코웃음이 나왔다. 이런 사소한 일로 생명을 버리려고까지 생각하는 내 자신의 단순함에 대한 비웃음 같은 것이었다.

「야 내가 널 때리겠냐, 그리고 어떻게 찌르겠냐. 내가 너를 찌른다고 한 건, 물론 남을 테스트한다는 건 못쓸런가 모르지만 너를 한번 시험하기 위해서였어.」

나의 말소리는 어린애를 달래고 타이를 때처럼 매우 부드러웠다. 손을 씻을 때 생각한 것을 말하고 나니 마음이 가벼웠다.

「너, 그리고 나를 잘못 인식했어, 그래도 여러 달 한방에서 좋은 싫든 같이 생활해 온 너를 해칠 것 같데? 내가 일루 널 데려온 건 어떻게 하면 한방에서 좀 더 다정다감하게 생활할 수 있을까 하고 한번 물어보고 싶어서였다.」

건문이는 고개를 숙이고 잠잖고 듣고만 있는 게 어수룩하게 보였다.

「그런데 왜 우리는 남남답게 외면하면서 살아야 하냐, 우리 둘만이라도 물질적인 동정은 없더래도 마음만이라도 다정하게 주고받아야 할 게 아니야.」

「………………」

「그래서 내 딴엔 노력도 해봤지만 그게 잘 안 되더라, 너도 자존심이 있고 나도 너 못지않은 자존심이 있어. 그 자존심이라는 건 특히 우리 세대에서는 강하지 않냐. 그렇지만 네가 외면한다고 나까지 그래서는 안 되겠다는 생각이 들어 너도 알 것이다. 내가 웃으면서까지 말을 붙이려고 한걸.」

건문이는 손으로 얼굴을 감싼다. 더는 건문이를 난처하게 만들고 싶지 않아 내가 말을 붙일 때마다 앵 돌아갔던 일은 「지나간 건 더 생각지 말자」하고 캄푸라지 시켰다.

「지나간 일에 미래를 비춰봐 행동하는 게 더욱 중요하니까.」

변명까지 해줬다.

「한방에서 지내면서 말도 안 하고 살아서야 쓰겠냐 앞으로 잘 지내보자.」

나는 손을 내밀었다. 조금 경련이 이는 건문이의 차가운 감촉이 뜨겁게 전해와 온몸을 감싼다. 건문이는 뭔가 절실히 느끼는 것 같았다.

「일어서자.」

손을 잡아 일어 내켜 줬다. 어깨를 나란히 하고 서서히 기슭을 내려오면서

「이백이 동생 없지.」

뜬금없이 건문이가 말을 물어 온다. 나는 쳐다보고 웃었다.

「나도 동생도 없지마는 형도 없어 앞으로 동생같이 대해 줘.」

나보고 형이 되어 달라는 것이었다. 그 소리에 나는 괜한 짜증이 났다. 그러나 내포하지는 않았다.

「건문이」

불러 놓고 머뭇거렸다.

이 말을 듣고 건문이의 기분이 상한다면 안 하는 것보다는 못하기 때문에(할까, 하자. 그러나… 괜찮어 서로를 이해하고 또 이해시켜 준다는 게…)

이렇게 생각이 비약되자 나는 건문이한테 동급생으로서 어떻게 형이며 동생이 있겠냐고 말했다. 그리고 오늘 일로써 내 뜻에 맞게 행동하려고 하는데 그럴 필요는 없다고 했다. 연령의 차이가 설령 있다고 해도 한 클래스의 동급생으로 그 테두리 안에서 존재하는 것이지 어떻게 형과 동생으로써 우정을 주고받으며, 그래서 분위기가 어색해지면 자연히 이보다 더 거리가 멀어질 수가 있다고 했다. (나를 형으로 정해야겠다는 건문이의 자존심은 이럴 때 얼마나 많은 양일까)

「그러나 건문이」

하고 나는 말을 계속하였다.

「건문이가 날 형으로 꼭 해야겠는데 내 말대로 할 필요는 없어 거기에 대한 신념이 서 있다면 건문이 마음대로 해줘. 그러나 나는 싫군.」

건문이는 아무 말이 없다. 그저 씁쓰름해 웃는 듯도 했다. 나는 건문이가 고맙게 느껴졌다. 환하게 웃으며 내려오는 발걸음은 가벼웠다. 나는 걸으면서 K와 있었던 일을 생각해 봤다. K와 나는 의견 충돌이 잦았었다. 그때마다 나는 우격다짐으로 내 의견을 내세웠다. 나는 그때 뿐으로 그걸 곧잘 잊어버리지만, 그걸로 K는 나를 매우 미워한다. 그리고 그는 꼭 반항해왔다. 나 이상으로 자기의 힘을 과시하려고도 했다. K는 지금까지도 나를 굉장히 꼼꼼하게 생각하는 눈치었다. 만약 오늘같이 K한테도 우격다짐이 아닌 말로서 서로의 인격을 생각해 줬다면 찢고 받고 하면서 자기의 인격을 높이려고 노력한 것보다도 더 효과적으로 각자의 인격이 존중되지 않았을까. 내일 아니 지금 당장 K를 찾아가 상대방을 미워하는 건 자기를 미워하고 기만하는 것이라고 말을 해주며 내가 먼저 꿇어앉고 싶다.

멀리 그리고 높게 뛰려면 일단 뒤로 물러나듯이.

서산에 사알짝 걸린 태양 빛에 노을이 내리깔리는 곳으로 가슴은 더욱 부풀어 올랐다.

「건문이 먼저 들어가, 나 여기 좀 들렸다 곧 들어갈게.」

건문이는 고개를 끄덕인다.

내가 가리키는 손 쪽으로 멀리 K의 집이 보인다. 〈끝〉

당선

개교 14주년 기념-제225호 1966년 6월 8일

제11회 고교문예작품 현상소설 : 시

맥랑(麥浪)

· 조영호 (전주상업고등학교 3학년) ·

계절의 흐느낌 속에
누런 얼굴로 주름 잡혀
목마름이 자라온 터전에
바람은 일렁이고
두세 모가지
피는 보리는 이야기한다.

치마끈이 유달리 긴 그 바람 자락은
허리띠를 졸라매고
씨알의 알찬 눈빛을 밝혀 오던
잠 깬 농부의 머리맡으로
보리는,
환희의 모가지로, 땅 깊이에서 절여져 오는 뿌리로
뺨을 비비며 고갤 든다.

인고(忍苦)의 가슴을 앓아온
이 헐벗은 산하를 껴안고
푸른 파도처럼 흔들어 가는
벌판에서
하루해가 긴 농부는
덜 여문 보리를 애타게 애타게 으깨려 보거늘

이야기하는 보리는 서로 서로 외쳐
땀은 힘이 아니래도
눈물이 피(血)란 대도
좋은,
허기진 오(五)월, 보리 밭골에서는
맨발로 바람 바람은
운다.

당선

제239호 1966년 12월 21일

교내문예작품현상 : 소설

커피 한 잔의 무게를

· 김정희(金貞姬) (문리과대학 국문학과 2학년) ·

실재성(實在性)과 상징성(象徵性). 이 두 특성의 차이를 어떻게 동일한 작품에 투입할 수 있을까? 하나의 공간적인 형체로서 표현되어야 하는 그 실재와 상징의 완전한 결합체를.

표상은 사물이나 이미지의 진상을 정확히 보여 주어야 할 것이다. 그리고 구상 중에 있던 사유로부터 독립해 나와 시간과 공간에서만이 그것은 자체의 생명을 발현할 수 있을 것이고……

나는 삼 층 조각실에서 마지막 손질이 끝난 작품 〈오색의 동심〉을 별 감동 없이 바라보다가 창문을 통해 넓은 캠퍼스를 내려다보며 이런 생각들을 하고 있었다.

그것은 요 며칠 다음 작품의 구상이니 나의 머릿속에서 언제나 분주스럽게 오가고 있는 어려운 과제였다.

캠퍼스에는 십일월의 얄팍해진 태양이 뜨겁지 않게 내려앉고 있었으며 따글따글하게 투명하게 뭉쳐서 떠다니는 공기의 알맹이들로 꽉 찼고 또 나뭇잎들의 낙엽 지는 색조는 선명하였다.

나는 뭉클하게 전해오는 가을을 절감하며 다시 작품구상에 골몰했다.

—이번엔 대리석과 점토와 석고를 떠나서 보다 생동하는 입체의 움직임이 살 수 있는 굴곡과 용접이 용이한 플라스틱과 유리를 재료로 할 계획이었다. 이 작품은 되도록 생명체에 가깝게, 반절쯤의 추상을 통해서 전해오는 생에의 톤과 리듬을 특징으로 할 참이었다.

나는 열심히 이런 생각들에 잠겨 있었다. 그러다가 문득 오늘은 일찍 집에 돌아가고 싶다는 생각으로 갑자기 내 가슴은 꽉 메워졌다.

정말 왜 그렇게 별안간에 그런 생각이 떠올랐는지는 모르겠다.

그러자 즉시 그 생각은 하나의 집념처럼 또는 하나의 약속처럼 강하게 다짐 되었으며 오늘의 제3강좌인 차종영 교수의 〈모빌조각〉 특강이 끝나자마자 집으로 돌아가리라고 생각했다.

그렇게 해서 항상 아르바이트를 구실로 오후 다섯 시가 넘어야 엄마에게 돌아갔던 나는 오늘 일찍 들어가서 엄마의 조금 놀라면서 미소 짓는 얼굴을 보면서 한량없이 많은 일을 해 주신 내 어머니에게 조그만 효도로 엄마의 머리에 웨이브를 내어 드리고, 내 철 지난 가을옷들을 손질해서 나후타링을 끼워 장롱 속에 개어넣고 그래도 시간이 난다면, 일주일도 더 걸려 읽고 있는 모음의 〈면도날〉도 말짱히 읽어 낼 생각을 꼭꼭 접어놓았다.

이러한 이른 귀가의 생각은 나로하여금 참으로 오랜만에, 이른 봄날 얼음 풀린 시냇물의 흐름처럼 푸근함과 고요로움과 질서와 느릿한 쾌감을 맛보게 해 주었다.

나는 오십 초 씩 두 번 울리는 다음 강의시간 시작 벨 소리를 들으며 조용히 자리에서 일어섰다.

이때 조각실의 문 닫히는 소리가 조심스레 났다.

「언니이, 엽서 왔네.」

네모난 카드를 들고 영애가 들어오고 있었다.

「그래? 으응, 고마워.」

나는 영애에게 가만히 웃어 주곤, 평소에 싫어하는 엽서를, 더욱이나 학교로 보낸 그 유쾌하지 않은 발신인을 보았다.

〈성진훈〉. 생면부지—글세 그런 말이 있었다면 그렇게나 표현할 수 있을까?

나는 조금 어릿어릿하면서 엽서를 읽어내려 갔다. 아니 보담은 그 엽서는 나에게 읽히우도록 써져 있었던 것이다.

왜냐하면 단정하고 깨끗하게 가득 써진 조그만 글씨들이 퍽 귀엽다고 느껴졌기 때문이리라. 비록 엽서이긴 했지만 서도……

〈드센 계절의 여울이 겨울의 문턱에 들어서고 있는 듯합니다, 조금은 쉬어야겠다는 마음으로 귀향길에 올라 곧바로 이곳의 조용함에 잠겨버렸습니다.

풍요한 추수의 풍경이 있을 만한 곳이라는 느낌을 가지면서.

매사에 조급함이 앞서고 있는 저는 자못 어리석어 보여서 엽서를 메우면서도 말을 찾아 주억거리고 있는 모습을 어쩌지도 못하고 마는가 봅니다.

이것이 군인으로서 마지막 귀향이 아닌가 하는 생각이 들어서 오는 7일엔 한번 뵙고 싶습니다. 퍽도 어른스럽던 고교 시절의 누나인데 지금도 그럴 거라는 생각과 함께 이 후배는 그날 오후 다섯 시에 〈가림〉을 찾으렵니다.

어수선해진 엽서로 후배 성진훈 올림〉

내 머릿속은 갑자기 멍멍해왔다. 성진훈, 진훈……진훈, 어떤 애였던가, 무엇을 공부한 애였던가. 나와 같은 미술반이었나, 글쎄 잘 모르겠는걸.

까마득한 기억이라고 생각하며 나는 한 후배가 선배를 보고 싶다는 그 엽서의 내용을 새겨보며 가만히 웃을 수 있었다.

졸업 후 몇 년이 지난 지금, 서로 얼굴도 기억이 나지 않는 한 선배와 한 후배가 만나 본다는 것이 어쩌면 재미난 장면이 될 것 같아서였다. 나는 잠깐 생각을 망설였다.

나에 대해서 이만큼 알고 있는 후배, 당돌하고 거침없이 기다린다고 끝맺음을 한 그 엽서의 주인공.

암튼 나는 만나주기로 했다. 그리고 오늘이 바로 그 날짜인 것을 알자, 모처럼의 자잘한 계획도 작품구상도 일단 중지하기로 했다.

우스운 일이지만 나는 갑자기 한 선배로서의 의무감과 책임 같은 걸 조금 느꼈다.

내가 집에 갈 계획을 바꾸어서 넷째 강좌인 〈그리스 조각사〉를 받고 났을 때는 네 시 반이 좀 더 넘어 있었다.

나는 미리 물어서 알고 있는 지식, 그러니까, 호남 빌딩 앞에서 시내뻐스를 내려서 아테네 극장 가는 길로 가면 극장 채 못 가서 오른쪽에 자리 잡은 이층집. 그 집의 층계를 올라가면 그 이 층이 바로 다방 〈가림〉이라는 것을 아까 강의시간에—영애 〈가림〉 다방이 어디쯤 되지?—라고 물었을 때 그녀는 자세히 가르쳐 주었었다.

나는 그 다방을 찾으면서 재빨리 걸음을 옮겼다. 그리고 성진훈의 모습을 생각해 내려고 고개를 갸우뚱거리기도 했고 열심히 눈을 깜빡이기도 했으나 그의 모습은 좀처럼 내 뇌리에 떠올라 주지 않았다.

슬랙스에 하프코트를 입은 나는 걸으면서 후끈한 더움으로 피로웠지만 그대로 꾹 참으면서 내 갈색의 단화 속에 담긴 두 발을 정확히 잽싸게 움직였다.

나는 걸으면서 심호흡을 가만히 몇 번 하고 나서 약간조급해졌던 마음을 차분히 가라앉히려고 했다. 그러자 나는 놀라울 정도로 침착한 마음이 될 수 있었고 부드러운 마음이 되었다.

내가 〈가림〉이라는 두 글자를 발견하고 그 층계를 올라가고 있을 때는 다섯 시에서 이십 삼 분이 지나고 있었음을 알았다.

나는 코트 깃을 단정히 여미고 어떻게 그를 찾을까 망설이면서 천천히 도어를 밀었다.

실내는 의외로 넓었고 군인 옷을 입은 사람은 둘이 있었는데 그 중의 한 사람은 맨 구석 자리에서 어떤 빨간 코트를 입은 여자와 나란히 앉아 있었다. 나는 그 나머지 한 사람의 군인 쪽으로 시선을 돌리며 그쪽으로 걸어갔다. 그는 내가 가고 있는 쪽으로 비스듬히 등을 보이고 앉았는데, 그때 그는 서서히 팔을 올려서 구부리고 그의 팔목에 헐렁하게 둘러 있는 커다란 흰 시계를 아주 여유 있게, 천천히, 잔잔한 눈길로 오랫동안 보고 있었다.

오랫동안이라고 하지만 실은 일 분 이상은 되지 않을 것이다. 왜냐하면, 내가 그의 탁자 앞에 가서 걸음을 멈추었을 때 그는 얼굴을 올리고 일어서서 군모를 벗었으니까.

「저어 성진훈이라고 합니다. 몰라보시는 군요.」

그는 먼저 굵은 베이스의 음성을 내었다.

「네에. 전 강연주에요.」

그의 맞은편 의자에 편안한 자세로 앉으면서 나는 좀 어색하게 인사를 했다. 많이 본 얼굴이긴 한데……. 기다란 속눈썹을 꿈적이는 모습과 날카로워서 좀 싫은 한 코 그리고 훌쭉한 키라든지.

내가 이런 거의 기억을 떠올리고 있을 때는 그는 다섯 손가락으로 이마의 짧은 머리칼을 매만지고 나서 정중히 말을 했다.

「추억이란 사랑이니 인생이니 하는 어휘만큼 보편화하여서 저는 그것의 정말 의미를 모르게 되었습니다. 단지 많이 변해 있을 거라고 생각했던 누님의 모습이 그대로 남아있어서 참 즐겁습니다.」

그래서 나는 갑자기 즐거워진 기분이 되어 친밀해진 태도로 그를 정면으로 바라보고 말을 시작하였다.

「아 알겠어요, 생각이 나는군, 진훈군은 그동안 공부를 열심히 했었지요, 근데 입대는 언제 하셨에요.」

「스물아홉 달 전, 앞으로 삼십일 후에 제댑니다, 안양 국교에 일 년 있다가 사표를 내고 입대했죠. 그런데 누님 대학생활은 어떻습니까.」

그는 성인(成人)의 냄새를 풍기며 짐짓 나에게 다정하게 물어왔다.

「글쎄요, 자기 생활에 순응하려고 노력만 한다면 재미도 있고 보람도 있겠지. 그러나… ….」

그때 주문을 받으러 온 레지의 슬리퍼 소리가 우리 탁자 앞에서 멎자 나는 이유 없이 말을 그쳤다.

서슴없이 커피 두 개를 시키고 난 그는 의자 등을 기대고 나서 퍽이나 어른스런 태도를 보이며 묵직한 시선으로 나를 잔잔히 내려다보았다.

그러자 나는 다방을 들어섰을 때와 같은 어색한 몸짓이 다시 살아나곤, 애써 선배로서의 의무감을 간직하고 있던 내 마음은 어처구니없이 모호해 져버렸다.

그것은 그를 처음 보았을 때 느껴왔던 군인이라는 전혀 이질적인 세계와 뜻밖에도 너무 성숙해져 앉아 있는 커다란 남자를 보았기 때문이었을까?

그래서 나는 표면에 나타내지는 않았으나 속으로 조금 당황하고 있었다. 동생처럼 친구처럼 스스러움 없이 지난 일을 얘기하며 웃어보리라던 내 생각은 모조리 물러가 버렸으니 말이다.

그는 갑자기 그토록 점잖은 자세를 부숴 버리고 앞으로 상체를 굽히며 장난기 어린 귀여운 웃음을 소리 없이 웃고 있었다.

「연주 누님, 이 귀중한 해후에 왜 그렇게 불안한 표정입니까? 그러지 말고 재미난 이야기 해 주십쇼, 저어 제가 먼저 해 볼까요?」

나는 까불까불히 억양 있는 그의 말을 들으며 어설프게 웃었다. 조금씩 마음을 풀어야겠다고 생각하며.

「누나 웨딩 · 마취는 언제 올리시겠어요? 졸업하고 바로, 아니면……」

「그런 거 생각 안 해 봤어.」

「그러지 마시고 한번 얘기해보세요. 분위기가 익을 때까지만, 네?.」

「글쎄요. 난 결혼은 하나의 투자라고 생각해, 아무 때나 어설프게, 확신 없이 투자를 할 순 없을 것 같애. 그리고 결혼은 하나의 관문 즉, 결혼 자격 시험에 합격한 사람들만이 그 문을 통과해야 한다고 생각해요. 어떤 종류의 각오와 인내와 계획과 성실이 없이는 한 가정이 튼튼하게 뿌리를 뻗쳐 가리라고는 생각할 수 없거든요. 암튼 지금 내게 그런 문제는 아주 요원해요.」

「한때 저도 그 비슷한 생각을 한 적이 있는데……」

나는 화제를 돌려야 할 필요를 느꼈다.

「그런데 사표는 왜 냈어요?」

「네에, 처음엔 캡틴이 사표 수리를 안 해 주더군요. 경망한 짓이라구. 무리해서 반드시 대학을 나올 필요는 없다는 거죠. 사실 저는 그들을,

몇십 개의 순진한 그 눈들을 의식할 때 도저히 그들을 감당할 힘이 없다는 것을 거의 날마다 느꼈거든요. 저는 책임을 다할 수 없었습니다. 상처 나지 않도록 키워야 하는 그 책임이 너무 무서웠던 거지요. 물론 목표는 견실한 진학이었습니다만……. 그런데 결국은 방황하다가 지원입대를 해버렸습니다.」

「……」

「군에 입대 후 우연히도 연주 누님을 생각하게 됐죠. 말하자면 조언 같은 것을 얻을 수 있을 거라고.」

「그랬군요.」

나는 가볍지 않은 마음으로 그가 한 말을 깊이 생각하고 있었다.

레지가 저만큼에서 커피잔을 들고 우리 쪽으로 왔다. 곁눈질로 보니 레지의 매니큐어가 짙은 손톱이 보였다. 그때 나는 비로소 다방 안을 살짝 둘러 볼 수 있었다. 그러자 여태 들리지 않았던 음악이 갑자기 내 귀에 크게 울려옴을 느꼈다. 곡명도 모르는 음악을 들으며 나는 다방의 벽으로 시선을 주었다.

길 쪽으로 창이 난 듯한 벽 쪽에는 전부 빨간 두터운 커튼이 내려져 있었는데, 아마 소음 방지나 라이트의 효과를 위해서겠지. 다른 쪽의 벽들은 아—그림이 있었구나, 나는 기뻐하며 그것들을 잠깐씩 스쳐보았다. 둘레둘레 오래 볼 수는 없었지만.

거기에는 이십 호짜리의 수채화가 네 점. 오십 호짜리의 유화가 두 점 있었다. 그중의 하나는 눈에 익은 〈세잔느〉의 것이고 나머지는 모르는 작품이었다.

나는 그 그림들의 초점을 마치 새로 바른 천정지의 초점을 바라보는 것처럼 오랫동안 물끄러미 바라보았다.

괜찮은 풍경이었다. 그림 사이사이에 두 그루의 파초와 솔칠이 산 듯이 놓이고.

「드세요, 누님.」

「…….」

「으응.」

그와 나는 김이 오르는 커피잔을 들었다. 카네이션은 없었지만, 인스턴트커피를 진하게 탄 것이 괜찮았다.

그도 나도 아무 말 없이 몇 번 잔을 들었다가 놓았다.

그의 표정은 조금 괴로운 듯 보였고 나의 마음은 이상하게 한없이 가라앉아 손도 까딱하지 않고 앉아 있었다.

음악이 바뀌었다. 낮은 트럼펠 소리. 아 가슴을 파고드는 저음률. 〈Day is done〉 어느 영화였던가? 숨을 거둔 친구의 앞에서 서 트럼벨을 불면서 눈물을 흘리던 〈몽티〉. 그날 〈몽티〉의 눈물 흘리는 모습을 볼 때, 나는 아마 숨을 쉬지 않았는지도 모른다. 음악은 낮아지고 있다. 〈저문닐〉.

나는 이 음악을 들을 때마다 〈뭉크〉작인 〈절규〉를 생각하고, 그리고 〈몽티〉의 모습을 생각함은 웬일일까? 마음이 가난한 나에게 음악은 항상 가장 순수한 감각을 일게 해주기 때문일까?

「누나, 저는 오랜 세월을 울지 않고 열심히 살아왔습니다.」

진훈이 갑자기 순진한 소년처럼 눈빛을 빛내어 내 코트의 갈색 단추들을 바라보며 이야길 시작했다.

그는 담배를 피워 물었다. 오른손 둘째손가락에 노오란 니코틴이 배 있다.

「어떤 가을에 지는 경춘가도의 소양강 계곡 길을, 새벽 달빛이 자욱한 강안을 따라 백팔십 킬로 짚을 달렸었죠. 머리에 무겁게 얹힌 헬멧에 희뿌연 먼지가 쌓였고 콤퍼스, 지도, 쌍안경이 있어 저는 하나의 거인인성 싶었지요. 계곡 평퍼짐한 어느 곳에 정이 서고 새벽의 분주가 조용히 흐르는 소읍에서 차를 내려 잠깐 들려 본 어느 찻집에서는 그날 여유롭게도 〈어떤 미소〉의 음조가 조용한데 낯선 여인이 반기며 날라온 커피의 진한 향기를 전 잊을 수 없군요. 그때 제 머릿속은 연상 작전명령의 서두에서부터 말머리까지를 더듬어 나가고 있었습니다. 그 시간엔 내가 곧 조국이요, 전투요, 승리자인 것처럼. 그리곤 제 임무와 저의 생의 의지에 숙연해야 한다는 생각을 줄곧 외우고 있었음을 지금 어렴풋이 기억하고 있습니다.」

「훌륭한 기억들을 가지고 계시군요.」

「전 한 달 후면 제댑니다. 진학을 생각하고 있었죠. 줄곧. 수 없이 그 생각을 부정도 해보고 또 긍정도 해보았습니다만…모르겠군요. 지금은, 단지 무엇인가 구하고 있다는 그것뿐입니다. 아직은 제 마음, 제 정신하나도 다스리지 못하지만, 그러나 무언가를 열심히 해 보고 싶습니다. 아주 열심히 자신을 위해서, 생활을 위해서, 도안공부를 계속할 것인가를……. 절 도와주시겠습니까?」 폐에서부터 목구멍까지의, 소리가 나오는 문들을 꼭 닫고 간신이 힘들여 토해내는 듯한 눌러진 소리를 뚝 그치고 그는 내 입술을 뚫어지게 바라보았다.

나는 주춤했다. 한 선배로서 어떤 위안과 격려와 따듯함을 주어야 한다고 열심히 생각하고 있던 나는, 아침에 엷게 바른 루즈가 지금쯤 지워져서 창백해 있을 내 입술을 생각하고, 또 그를 위해서 언어를 찾기 위한 몸부림으로 더욱 적어지고 있는 내 말수로 해서 꼭 다물어져 있을 나의 입술을 생각하며 몸을 움츠렸다.

나는 할 말을 찾지 못했다. 아니 생각해 낼 수가 없었다. 밝히면 아픔을 탓하기보다는 더 많은 용기와 갈구들로 돌아앉을 수 있는 그런 말들이 도무지 생각나지 않았다.

나는 애를 태우기 시작했다. 무언가 어떤 힘인가를 그에게 불어 넣어 주어야겠는 데라고 생각만 하고 있을 뿐이었다.

그러면서도 나는 그를 위해서 정말 진실한 조언자가 되어 주어야 한다는 그 사명감을 버릴 수는 없었다. 생각하면 그것은 코트에 있는 내 조언자가 되어 주어야 한다는 그 사명감을 버릴 수는 없었다. 생각하면 그것은 코트에 있는 내 조그만 단춧구멍보다도 더 작은 마음이 될지도 모르지만.

나는 이 순간에 있어 출구 없는 정육면체 속 같은 적막을 못내 겨워서, 아니 보담은, 아직도 내가 해야 할 그 가치 있을 만한 말을 발견하지 못한 망설임으로써 손가락 두 개를 포개어 꼬아보기도 하고 괜히 더부룩해질 염려도 없는 내 단발 머리를 쓰다듬기도 하고 쵸코렛 색의 내 시곗줄을 만지작거리기도 했다. 자세히 보니 내 시곗줄에는 짤막한 검정 실밥이 한오리 나풀거리고 있었는데 아마 그것은, 일센치 쯤 밖에 안되는 내 가느다란 시곗줄 나비의 반쯤이 지난 주일에 갈라졌기 때문에 그걸 이어 놓느라고 검정실을 몇겹 꼬아서 꼬메어 놓은 것이 그중에 한 오리가 벌써 떨어진 것 같았다. 나는 그 실밥을 끊어 버렸다.

이때쯤 해서 나는 별로 가치 있다고는 생각되지는 않으나 단어 몇 개를 생각해 내고 있었다.

지금까지 내 얼굴은 긴장되어 양 볼이 아팠다.

「아마 산다는 건 다른 말로 하면 배운다는 건지도 모르겠군요.」

「…….」

「느리지만 쉬지 않는, 그런 인간이 되기를 저는 빌고 싶어요.」

나는 겨우 찾아낸 이 말들을 그가 들었을까 안 들었을까 할 정도로 조그맣고 낮게 그러나 힘주어 말했다.

「인간의 결산은 죽는 그 순간의 만족에 있는 게 아니겠어요? 무슨 일이거나 계단을 오르듯 층계를 밟아 끝까지 올라가 보아야겠어요.」

갑자기 나는 지금 별로 뜻도 없는 말을 하고 있다는 걸 생각하고, 그리고 아까부터 나에게 줄곧 우리 옆 좌석의 중년 남자의 시선이 느껴졌기 때문에 까닭 모를 노여움이 일었다.

나는 진훈에게서 시선을 돌려서 카운터 옆 조그만 밀창에 달린 커튼을 바라보았다. 두 조각으로 된 그 커튼에는 노란 바탕에 감색의 낙엽들이 구르고 있었다. 그 속에는 커다란 벌레 먹은 이파리도 있고 조그만 이파리도 있었다. 그것을 정신없이 바라보고 있노라니까 그것은 마치 노란 땅 위에 몇 그루의 나무가 있어서 그 이파리들이 낙엽져 뒹구는것처럼 생각되었다. 나는 듯 거기에서 가을을 생각하고, 그리고 지나버린 여름을 생각했다.

그러다가 나는 음악의 고저가 심한 이상한 음을 들으며 진훈을 보았다.

그는 어떤 집념에서 헤어나려고 무진 애를 쓰는 그런 표정을 하고 있었다. 눈동자는 움직이지 않았으나 그의 안면 근육은 더할 수 없이 굳어져 있었다.

그의 꾹 다문 입모습과 찌푸린 두 눈과의 그의 두 손이 바스러지게 움켜쥔 빈 찻잔을 바라보며 나는 내 가슴 속에 전류처럼 전해 오는 어떤 강렬한 아픔을 느꼈다. 어쩌면 그것은 성진훈의 내부에서 끓고 있는 핏줄의 뒤엉켜진 고뇌의 불꽃인지도 모른다. 아니면 뼈아픈 모색일는지, 안간힘일는지, 발버둥 같은 것인지 나는 모르겠다. 암튼 그것은 어떤 의

지때문에 솟구치는 맹렬한 움직임이었다.

그는 지금 어떠한 마음이 되어 있을까? 어깨를 부딪치고도 외면하는 싸늘함과 저마다 우물우물하는 사람들 속에서 자신은 한없이 침체하여 누군가의 전정한 손길이 받고 싶은 마음. 아마 그런 마음일 게다. 나 역시도 그랬었으니까.

「진훈. 제대하시면 진학하세요. 늦지만 공불 계속하셔야 하지 않겠어요? 그리고나서 어떠한 역경에 처했다 할지라도 능히 살아 나갈 수 있도록 하는 거예요. 하나만 유의하시면 돼요. 가령 동안이나 조각이나 무엇이든 자신의 손을 거쳐 제작이 마친 작품은, 어느 한 인간의 언행을 회피하는 데 대한 변명의 소산물이 아니라는 것을. 그것들은 우리의 심장이고 우리의 핏줄이고 미래이며 발걸음이라는 것을 명백히 아셔야 해요. 다시 말해서 진훈군의 진학이 절대로 사치가 되어서는 안 된다는 것이에요.」

「……알겠습니다.」

그는 천천히 대답하고 군모를 집어서 만지작거리며 이리 돌리고 저리 돌리고 하였다.

나는 여러 가지 표식이 달린 그의 군복이며 모자며 군화며 혁띠 같은 것을 유심히 보았다. 물론 아무리 보아도 내가 그것들에 대해서는 아는 것은 하나도 없긴 하지만. 다만 탁자 옆쪽으로 보이는 긴 구두만이 유난히 번쩍거린다는 것을 겨우 알 수 있었을 뿐.

그의 긴장이 조금 풀린 듯한 표정을 보자 나는 코트 칼러를 세우면서 말했다. 헤어질 때는 부드러운 분위기가 필요할 것 같았기 때문이었다.

「일어나실 것.」

「네? 네에—.」

「나가셔야 하지 않겠어요?」

「네. 그런데…….」

「역시 나가셔야죠.」

다방 안의 공기가 별안간 탁해져 버린 것처럼 나는 숨을 소리내 쉬고는 그를 재촉했다.

저녁 여섯 시 오십 분의 하늘 밑은 이미 어둠이 내려 있었다. 사람들은 붐볐고 밤의 축복과 자만에 들뜬 호사스런 거리는 물결처럼 출렁거렸다. 우리는 시청 앞길을 지나 시가 중앙지에 있는 다동 공원 옆을 걸었다.

희미한 불빛을 받아 공원 주위의 술렁이는 나무들은 〈스라의뎃상〉처럼 어둡게 수런거리며, 나무들은 앙상했고 그 가지들은 조금씩 흔들리고 있었다.

「이젠 가셔야죠?」

「네. 잘 알겠습니다. 가죠. 으음, 오늘 이렇게 누님을 찾은 것이 제게 행복이 될지 혹은 불행이 될지 모르겠습니다만, 우선은 행복합니다. 그리고 기쁩니다. 자신 있게 용기를 낼 수 있을 것 같습니다. 부디 연주 누나의 즐거운 생활을 빌면서 이만 가겠습니다. 정말 감사했습니다, 오늘.」

내가 의미 있고 멋진 인사말을 찾느라고 잠깐 서성거리고 있을 때 그는 단숨에 이렇게 말하고는 두 발을 딱 소리가 나게 모으고 거수경례를 하고 있었다.

「네, 그럼 안녕히, 전투를….」

우스꽝스럽게도 간단한 인사를 한 내게 그는 손을 한번 올렸다가 내리고는 정확히 뒤로 돌아서 오던 길을 뚜벅뚜벅 걸어나갔다.

나는 잠깐 희미한 가로등 불빛에 비치는 그의 뒷모습을 바라보았다.

참으로 많은 사람들은 다면체.

나는 넓지 않은 아스팔트 길 위를 걸으면서 다방 안에서 그가 그토록 꽉 쥐고 있었던 그 빈 찻잔과 그가 보여 주었던 한 줄기의 줄기찬 파닥임을, 안간힘을, 줄곧 생각했다.

그러자 그 파닥임의 형상은 문득 나로 하여금 내 다음 작품의 구상 전체를 실로 섬광처럼 빠르게 뜨겁게 나의 뇌리를 스치게 했다. 그렇다. 빨리 다음 작품을 시작해야지. 내일은 손을 대야지…….

남쪽으로 떼 지어 나르는 기러기들의 날개를. 그 날개들을 소재로. 생활을 위해서 내일의 준비를 위해서 남쪽 나라를 향해서 몇 날이나 끊임없이 파닥이며 나르는 그 기러기 떼의 피맺힌 날개를. 파닥이는 날개, 모색하는 인간의 날개 그것을 상징시켜야지.

가로등이 있는 거리에서 나는 거의 흥분해져 있었다.

실재(實在)와 상징(象徵). 상징(象徵)과 실재(實在).

이제야 그것들은 두 개의 핏줄로서 이루어지는 한 개의 심장임을 나는 알 수 있을 것 같았다. 〈끝〉

가작

제239호 1966년 12월 21일

교내문예작품현상 : 시

간주곡의 서정

· 박종수 (문리과대학 국문과 2학년) ·

돌아서는
너의 곁에서
가을이 일고

하락(下落)하는 눈
그 동자 속에
가을이 가고

먼ㅡ 이정표 맺혔던 생각
이런
저녁 어스름.

투성이로 밀려드는 혼돈(混沌)에
스스럼없이 방황하다
한 아름

안겨 줄 행운이 있다면
그것은 하안(下安)

실신(失神)한 애무처럼
내려가고.
수평(水平)의 여린 기억들의 둘레 밖을
내려가고.

뼈마디 안으로 스며들면
파리를 뿜고
쓰러지는
생채기.

어느 날
추방(追放)되던
비정(悲情)의 하이얀 꽃잎.

가작

제239호 1966년 12월 21일

교내문예작품현상 : 수필

내 눈

· 이희천 (문리과대학 국문학과 4학년) ·

이 세상에서 내가 맨 처음에 본 것은 어머니의 눈〈目〉이었다.

그다음에 본 것은 어머니의 젖이었다. 차차 커가면서 내 눈은 많은 것을 보아왔고, 여러 가지로 변했었다.

국민학교 시절엔 술이 너무나 과하신 아버지를 원망하였고, 나를 낳으신 어머니를 그리워하게 되었었다. 어머니는 내가 네 살 되던 해에 아버지와 헤어지게 되어 집에 계시지 않았었다.

어렸을 때의 어머니에 대한 기억은 안으시고 옆집에 가서 딸기를 얻어주던 시절 어머니의 눈이었다.

아버지가 술을 자시고 올 때마다, 나는 윗방에 혼자 누워서 고요히 눈을 감고 환상의 어머니 얼굴에 싸이곤 했었다, 그 뒤 내가 중학에 들어와 어머니 곁에 왔을 때본 어머니의 눈은 너무나도 세련된 눈으로 빛나고 있었다, 지금도 다정하시면서도 엄하시다.

내가 어머니 곁에 오면서부터 나는 더욱 많은 눈물을 흘렸다, 집에 두고 온 작은어머니와 철(喆), 옥(玉)이, 숙(淑)이, 동생들이 안쓰러워서였다, 밤에 어머니 곁에 누워서 눈을 감으면 된장찌개의 밥상에 모여 앉았던 동생들이 몹시도 보고팠다.

그 뒤 집이 모두 다 전주(全州)에 이사를 와서 숙(淑)이가 죽던 날 밤 나는 얼굴을 비비며 울었다. 내가 대학교 일학년이 되던 해에 아버님이 한 많은 세상을 떠나셨다. 거센 폭풍이 지나간 듯 고요했다. 그러나 폭풍 뒤에 오는 그 고요함은 더욱 애절한 슬픔을 가져다주고 말았다. 너무나도 많은 가지가지의 사연에 가슴은 그저 우울하기만 하였다. 그때부터 내 눈은 무엇인가 깊이 생각하는 눈이 되고 말았다.

인간의 미묘한 감정을 표현해 주는 것은 눈이다. 눈은 마음의 창문이라고도 한다. 눈이 맑은 사람은 마음도 맑다고 한다. 그래서인지 몰라도 눈의 흰창이 하야한 것을 미인의 삼백(三白)의 하나라고 한다. 무엇인가를 의미해 주는 까만 눈의 웃음 정말 다정하다. 모든 것을 다 속인다해도 사람의 눈만은 속일 수가 없는 것이다. 이와 같은 눈은 모든 비밀을 간직한 무언의 언어이기도 하다.

내 눈은 웃으면서도 슬픔에 싸여 있었고 울면서도 웃어야 했다. 그러나 울면서도 웃는 때는 너무나도 기막힌 사연 때문이었을 것이다.

할머니는 내 눈을 보시고 눈 속에 사나움이 들었다고 하신다. 그러나 지금의 내 눈은 그리움에 쌓여있다.

어려서 보아 왔던 고향의 산천은 그리움의 대상이다. 시냇가의 뛰노는 물고기며, 뽀얀 자갈들, 수숫대의 부딪는 가을바람 소리며, 우리 집 뒤안의 빨간 수수감, 우물가 〈승기〉네 누님의 머리 위에 얹어진 물동이며, 모두가 그리움의 여운인 것이다.

지금은 가고 안 계시는 아버님이 몹시도 그리워진다. 나이를 먹어 갈수록 더한 모양이다.

 작은어머니가 수양딸로 보낸 우리 옥(玉)이가 몹시도 보고파진다. 너무나도 야박스런 운명의 장난에 내 눈은 저주스러워지는 때도 있다. 너무나도 슬픈 내 눈이다.

거리를 가다가 희(熙) 같은 아가씨가 앞에 가고 있어 아름다운 착각에 몰려 내 눈이 바삐 따라가서 보면 희(熙)가 아니다. 지금은 멀리 가 있기에 아니었을 것이다. 그땐 공연히 내 눈이 의심스러워지고 안타까워 진다. 차라리 눈을 감아보는 편이 훨씬 의식적이다.

의식미(意識美)를 간직한 지성적인 눈이 나는 좋았다.

지금은 그때 살며시 감아 주던 희(熙)의 눈이 그립다.

내 눈은 항시 다정한 생각에 잠겨 있다.

제12회
문예상

•

1957~1969

입선

개교 15주년 기념-제254호 1967년 6월 24일 토요일

제12회 고등학교 문예작품 현상

바다의 서정(抒情)과 화원(花園)집 사람들

· 진영금 (전남구례농업고등학교 2학년) ·

「이거, 내가 새봄부터 가을까지 꼬박 모은 건데, 시시한 거지만 꼭 간수해 가지고 가아. 그리고 이건, 〈하이네의 서정 시집(抒情 詩集). 벌써 탐독했을 줄 믿지만, 이따금 틈이 나면 이 파아란 바닷가의 서정과 꽃이 핀 화원(花園)〉, 그리고 시간이 지나면 잊을지도 모를 몹시도 시시했던 바닷가의 머슴아도 같이 생각해 줘요.」

현수(賢秀)는 꽃무늬가 놓인 책갈피에 네 잎 크로바며 자운영, 노란 민들레, 단풍잎들을 차곡차곡 끼워주며 혼자 중얼거리는 것처럼 나직이 말했다.

채경(彩京)은 뜨거운 액체가 흘러내리는 얼굴로 한참 현수의 정성스러운 손길이 움직이는 걸 보고 있다가 고개를 들어 멀리 수평선을 바라보았다.

수평선 저쪽에선 지금 막 조그만 범선이 빨간 깃발을 펄럭이며 다가오고 있었다.

이따금 갈매기가 떼를 지어 날아갈 뿐 바다는 고요했다.

채경은 이 평화스럽고 아름다운 바다를 떠난다는 생각에 가슴이 막히

는 것 같았다.

숱한 아름다운 인정(人情)이 맺힌 곳.

더구나 이곳엔 지금 나를 위해 무척도 시시한, 더구나 창백한 가슴앓이 가시내인 나를 위해, 이토록 정성스레 풀잎을 꽂아주는 현수가 있다.

현수, 현수, 현수….

일 년도 되지 못한 짧은 바닷가에서의 생활 동안 현수와 채경은 서로를 사랑하고 있었다. 마음 한구석에 자리한 서로의 영상(影像)을 떨어버릴 수 없도록, 마음과 마음이 가까워져 있었던 것이다. 숱한 바닷가의 서정과 파도 소리, 맺힌 추억(追憶)들을 간직한 채.

채경이네 집은 서울. 지금 여고 2학년, 현수는 바닷가 시골 고등학교 3학년.

너무 고와서 오히려 불행하다는 어머니와 늙은 할머니, 셋이서 바닷가 화원의 꽃을 가꾸며 살고 있었다.

작년 봄부터 시름시름 알던 채경의 가슴 병이 악화하면서부터, 병원 원장 선생님은 자꾸 요양을 해야 된다고 권하셨다. 그렇지만 학교 문제도 있고, 그보다 채경이 죽기로 집을 떠나기 싫어했기 때문에 모두 걱정하며 주저하고 있었는데, 무슨 마음에선지 채경이 학교에서 늦게 돌아온 어느 날, 갑자기 시키는 대로 요양을 가겠다고 나서는 데서, 부엌 아줌마와 같이 화원이 있어 이름이 났다는 이 바닷가를 찾았던 것이다

채경은 자포자기한 마음으로 모든 게 귀찮은 생각뿐이어서 집에서 해주는 대로 모두를 맡겨버렸으나, 바닷가에 아름다운 화원이 있다는 말에는 번쩍 호기심이 일었었다.

아직도 쌀쌀한 겨울바람의 잔 음향(音響)이 남은 이른 봄.

바닷가로 내려오자마자 처음 채경이 화원을 찾았을 때는 꽃은 아직

피지 않았었고, 화원 집 사람들은 봄을 맞아 한창 화분 청소며 꽃씨 파종(播種), 해 묵은 꽃나무의 손질들을 하고 있었다.

늙은 할머니와 젊고 고운, 이런 시골에서는 좀체 보기 드물 정도로 하얀 피부를 가진 여인이 다소곳이 앉아서 꽃나무를 손질하다가, 처음 오는 곳에 낯익지 않아 두리번거리는 채경을 반갑게 맞아 주었었다. 이 해 들어 처음 오는 손님이라며, 긴 겨울 동안 사람을 보지 못해 쓸쓸했었는데 오랜만에 인적(人跡)을 들으니 무척 기쁘다며 채경이 보기에도 민망할 만큼 극직히 대해 주었었다.

그날 종일을 채경은 화원에서 꽃밭을 둘러보며 보냈지만, 할머니와 고운 여인 외의 사람들은 누구도 볼 수 없었다.

두 사람뿐 가족이 없을까?

왜 이렇게 이쁘고 젊은 여인이 이토록 쓸쓸한 바닷가에서 홀로 살고 있을까?

돌아오는 길에서 곰곰 생각하며 고개를 갸우뚱거리던 채경은 도무지 이해가 가지 않아 공연히 길가에 버려진 돌멩이만 툭툭 찼었다.

이튿날, 또 놀러 오라는 화원집 할머니와 여인의 시종(始終) 말이 없는 미소를 생각해냈지만 채경은 부엌 아줌마와 집에서 부쳐온 짐을 풀어 방을 꾸미고 나자 온몸이 솜처럼 피로해져 그냥 쉬기로 했다.

다행히 아버지 어머니의 배려로 빌린, 아버지 친구분의 별장이 깨끗하고 아담했고, 이 층엔 창이 많이 달려 있어 처음부터 밝고 깨끗한 인상을 주어 즐거웠다.

채경은 피로한 몸을 쉬기 위해 창 가까이 있는 침대에 누워 화원집 이쁜 여인을 생각하고 일정한 간격을 두고 철썩거리는 파도 소리를 듣다가 잠이 들었다.

한참 자다가 걷어 둔 커튼 위로 쏟아지는 햇빛에 눈이 부셔 부스스 잠을 깨어 누워 있는데, 갑자기 휘파람 소리가 휘익— 들려 왔다.

채경은 의아심과 호기심이 뒤범벅된 심정으로 벌떡 일어나 커튼을 걷었다.

창 아래 별장 문 앞으로 터진 조그만 오솔길을 따라올라 가면서 휘파람을 부는 훌쩍 키가 큰 남학생.

검은 학생복이 얌전하고 머리 위에 올려진 모자가 단정해, 몹시 매력을 준다고 생각하며 채경은 오솔길 저쪽으로 그 남학생이 보이지 않을 때까지 지켜보고 있었다.

남학생은 단정한 뒷모습만 별장 집 창을 향해 채경에게 안겨준 채 가벼이, 시원스레, 명쾌하게, 그러면서도 한 가닥 여수(旅愁)를 불러일으키는 휘파람을 남긴 채 사라져 갔다.

사람도 없는 것 같고 집도 없는 것 같은데 어디에 학교가 있을까?

학생이라는 어휘에 잔뜩 호기심이 생긴 채경은 창문에 턱을 받힌 채창 너머로 휘파람을 불며 사라져 가던 남학생을 제멋대로 상상하며, 문득 서울 동무들 생각을 했다.

효숙. 지영. 청란. 모두 학교에 잘 다니고 있겠지. 즐거울 거야 날마다.

나는 이렇게 병들어 있지만, 걔들은 다 건강하니까.

모두 같은 반이 됐을까? 아님 뿔뿔이 흩어졌을까?

오늘쯤은 반편성도 끝나고 새 선생님들도 모두 배치되었을 텐데. 계집애들 함성을 올리며 야단이겠지.

청란인 미술 선생님 반이 되면 좋겠다고 꽤 열심이었었는데 어떻게 됐을까?

채경은 새 학년이 시작되기 전에 바닷가로 내려왔기 때문에, 그 뒤의 일은 아무것도 알 수 없었다.

채경인 꼭 훌륭한 문학가가 될 수 있을 거라며 유난히도 귀여워 해주시던 문예반 이(李)선생님, 예술가는 역시 외모부터 특별 난다고 저마다 수군댔던 미술반 장선생님. 채경이만 보면 언제나

「이놈아 왜 그리 기운이 없노? 힘을 내라. 힘을 내.」

선생님 특유의 경상도 사투리로 어깨를 툭툭 치시며 걱정스레 빤히 얼굴을 들여다보시던 소박하고 검소하기로 여학생들의 입에 곧잘 오르내린 남(南)선생님.

모두 잊을 수 없는 좋은 사람들.

서울 생각에 열중해 있는 채경에게 아까 그 가볍고 경쾌하던 휘파람 소리가 먼젓번보다는 세게, 그러면서도 경쾌하게 채경의 고막을 때리며 울려 왔다.

금방 올라가던 남학생이 T셔츠에 낚싯대를 든 채, 이쪽을 쳐다보면 불고 있었다. 아마, 이제까지 꼭 닫혔던 창문이 열리고 거기 생판 못 보던 가시내가 고개를 내밀고 있으니 조금쯤 호기심이 일었겠지.

채경은 공연히 얼굴이 붉어져 얼른 창문을 닫았다.

그 뒤로 매일 아침, 채경이 창밖으로 파도 소리를 듣고 있을 때면 예의 그 남학생은 언제나 휘파람을 불다 이 층을 훌쩍 쳐다보며 지나갔고, 해 질 무렵 하학길에 좁게 트인 오솔길을 오라 갈 때도 별장 집 창문을 오래오래 쳐다보며 서 있곤 했었다.

채경은 그러지 않아야겠다고 다짐하면서도 휘파람 소리가 나면 저도 모르게 고개를 쑥 내밀었다가 시선이 서로 맞부딪치려면 얼굴이 온통 홍당무가 되어 황급히 커튼을 내리우곤 했었다.

누굴까? 저쪽으로 올라가면 화원밖엔 없는데. 화원집 고운 여인의 아

들? 그러고 보니 어쩌면 닮은 것도 같다. 왜 저렇게 잘 생긴 사람들이 이런 쓸쓸한 곳에서 사는 걸까? 무슨 사연이 있는 거겠지. 어쨌든 알 수 없는 일이다.

X X

별장 집 울타리엔 선 포푸라가 짙은 초록 손을 벌리고, 훈훈한 바닷바람이 소금 내음을 몰고 불어오는 오월의 초하(初夏).

어제저녁부터 내리던 비가 소나기처럼 퍼붓더니 오후에는 맑게 개었다.

비가 한 차례 지나가고 난 바닷가는 여느 때보다 깨끗하고 선명한 색채(色彩)를 띄우고 있었다.

비가 갠 바다가 너무 아름답다고 창문에 턱을 괴고 뇌까리던 채경은 스카프를 질끈 동여매고 바닷가로 나왔다. 싱그러운 해풍이 짭짤한 바다 내음을 싣고 몰려와서는 채경의 슬프도록 하얀 목덜미를 어루만지며 지나간다.

기분이 상쾌하다.

채경은 바닷가에 앉아 먼 수평선을 바라보며 모래성을 쌓았다.

모래를 손등에 올려 쌓아놓으면 스러져버리고 또 쌓아놓으면 스러져버리는 모래성을 보고 우리 인생도 모래밭에 세운 모래성과 흡사할 거로 생각했다.

문득, 사그락거리는 모래 소리와 함께 하얀 고무신, 하얀 버선 기인 하얀 치마.

채경은 모래를 움켜쥔 채 벌떡 일어섰다. 화원에서 나무를 손질하던 그 이쁜 여인.

눈부시리 만치 하얀 소복(素服)이 하얗게 부서지는 초하의 햇빛과 조화되어 강렬한 빛으로 채경에게 부각되어 왔다.

「어마!」

채경은 기쁨과 놀라움으로 갑자기 나타난 소복의 여인에게 경탄하면서 짧게 소리쳤다.

그러고 보니 두 달 남짓. 처음 화원을 찾은 이후로는 여태껏 잊고 있었다는 생각이 뇌리를 스쳤다.

여인은 가만히 채경의 어깨를 누르며 모래밭에 앉았다. 그리고 한참을 조용히 바다만을 응시했다.

무한한 우수(憂愁)가 담긴 무한한 깊이가 있는 조간 된 석상(石像)의 한마음을 메우기엔 너무도 서글픈 눈빛으로.

정좌(靜坐)한 하나의 정물처럼 영.―. 움직이지 않을 것 같은 모습.

우수에 석화(石花)된 여인상 그대로였다.

채경은 너무도 조용한 여인 곁에서 할 말을 잃은 채, 오래도록 여인을 따라 바다만을 응시했다.

「학생을 뭐라고 부르면 좋을까?」

차분하게 가라앉은 목소리로 여인이 말을 꺼냈다. 오오랜 침묵을 깨뜨리고, 그러나 눈빛은 여전히 바다만을 향한 채.

「채경. 서 채경이에요.」

갑자기 당황해진 채경이 조그맣게 대답했다.

「학교는 어떻게 하고 바닷가엘 왔을까?」

처음 대답을 무시하듯 여인은 다시 물었다.

채경은 대답하지 않았다.

대신 머언 바다로 고개를 돌린 채 수평선과 맞닿은 하늘로 가로질러

가는 구름 저만큼 쯤엔 서울이 있을 거로 생각했다.

여인은 더 묻지 않았다.

그리고 채경의 손목을 잡은 채 일어섰다.

모래밭을 해가 지도록 걸었다.

채경은 이 고운 여인에 관하여 물어야겠다고 생각하면서도 도무지 입을 뗄 수가 없었다.

여인은 한 송이 수선과도 같이 청초하고 아름답고, 세련되고 조용했다.

채경의 손목을 잡고 한참 거닐면서 여인은 자기의 이야기를 했다.

남의 일처럼 담담하게 표정(表情) 하나 바꾸지 않고, 꼭 남의 일처럼.

여인의 집은 서울이라고 했다. 아버진 정명 있는 K대학 교수. 지금도 가끔 바닷가 화원엘 들르시고 꼬박 생활비를 보내 주신다고 했다.

어머닌 M여대를 나온 정숙한 현모양처. 여인은 딸만 둘인 가정에서 부러울 것 없이 행복하고 구김살 없이 살았다고 했다.

그러다가 여인은 가슴을 앓았다고.

한창 꽃잎을 주워 모으던 서정적인 가시내 였던 여고 이학년 때.

그래서 이 바닷가를 찾았고 여기서 사랑을 했다고.

항상 해설픈 미소 속에 말이 없이 바닷가에 나와 앉아있곤 하던 창백한 가시내에게 당시 대학 일학년이던 오빠 같던 머슴애가 몹시도 다정스레 보살펴 주고 위해 주더란다.

그래서 날마다 여인은 화사한 감정의 소용돌이 속에 환희와 가슴 벅찬 의욕으로 즐거웠다고 했다.

그러다가 여인은 병이 낫고 서울로 돌아가고 대학엘 가고….

그럴 때 대학생 머슴애는 씩씩한 청년이 되고 대학을 졸업하고 고향인 바닷가에 여인이 소원처럼 말하던 예쁜 화원을 꾸미고 찾아 왔더란다.

여인이 대학을 나오자 청년과 결혼을 해서 이 바닷가로 내려왔을 때, 여인은 마냥 행복 했었다고 했다.

오빠 같던 머슴애는 어른이 되어서도 끔찍이 여인을 위해 주고 딸이 없던 시어머닌 친딸처럼 귀여워해 주고. 꽃향기가 그윽한 화원에 스스러움 없이 여인은 소녀적 꿈을 펴기도 했었는데.

삼 년 전 여름 여인은 갑자기 병을 얻어 자리에 누운 적이 있었단다.

어른이 된 청년은 안절부절 어찌할 줄을 모르더니 좋은 약을 사러 서울로 갔다가 뜻하지 않은 교통사고로 영— 가고 말았다고.

여기까지를 조용히 말하던 여인은 기인, 애절하도록 기인 한숨을 휴—. 내쉬더니 옷 빛만큼이나 하얀 손수건을 꺼내 빗은 듯한 이마를 조용히 훔쳤다.

오빠 같던 청년은 여인을 알면서부터 여인을 위해 살다가, 끝내는 여인을 위해 죽어 갔다고 시작할 때와 같이 담담하게 끝을 맺은 서글픈 이야기의 주인공. 이쁜 여인은. 내일 꼭 화원엘 들러 화분을 몇 개 줄 테니 방에 갖다 놓아 보라고 했다. 그리고는 하얀 치맛자락을 살포시 잡더니 가만히 손을 놓고 뒤돌아섰다.

채경은 여인의 깊은 눈의 우수와 서글픈 미소의 뜻을 안 것 같았다.

도시 남의 일 같지 않게 슬픈 생각이 들었다.

채경은 여인이 돌아서 가는 뒷모양을 지켜보고 있다가 문득 휘파람을 불며 지나가던 학생은 틀림없이 저 여인의 아들일 것이라는 마음이 다시금 뇌리를 스쳤다.

이튿날은 일요일이었다.

오랜만에 별장을 나선 채경은 화원에 가는 길목에 피어 있는 들꽃을 보고 탄성을 올렸다.

민들레랑 자운영, 제비꽃들이 색(色)을 다투어 피어 있는 모습들은 서울에서는 볼 수 없던 진풍경이었다.

채경이 자운영을 한 아름 꺾어 들고 화원에 닿았을 때는 점심때가 훨씬 지나 있었다.

여인은 말은 없지만, 활짝 밝은 미소로 맞아주었고, 할머닌 왜 한번 훌쩍 왔다 간 뒤론 오지 않았느냐고 손을 잡아 마루에 앉히며,

「이렇게 고운 처니가 어째 학교는 안 가고 여그를 왔노? 처니 집은 어디고? 어무이랑 아버지랑은 다 뭘 하길래 처니만 이 쓸쓸헌 갯가로 보냈노?」

오랫동안 오지 않던 채경을 붙잡고 할머닌 이렇게 이쁜 서울 처녀가 왜 이 쓸쓸한 바닷가에 들어왔는지 알 수 없다는 듯 자꾸 물었다.

「할머니 집 꽃이 곱다고 소문이 나서 서울에서 꽃구경을 왔어요. 이제 여름 가을까지 날마다 와서 구경하겠어요. 그래도 괜찮아요?」

「괜찮고말고. 처니 날마다 올라 말고 우리 아랫방에 와서 살지그래. 빈방이 있으니. 그러면 나도 말벗이 생겨서 좋겠구마. 아가 니도 그렇지?」

할머닌 곁에서 열심히 화분을 손질하는 여인에게 말을 건넸다.

여인은 잠깐 채경을 보고 웃더니,

「어머니만 좋으시다면 저도 좋아요.」

하더니 흙을 털고 일어나 채경이 곁에 앉았다.

수건을 가볍게 눌러 쓴 여인은 시골 아낙네처럼 순박하고 아름다우면서도 우아한 매력을 발산하는 위력이 있었다. 마음씨 좋고, 가엾은 며느리를 사랑하고, 웬만큼 수다스러운 시어머니에, 참하고, 얌전하게 꽃을 가꿔가는 젊은 인테리 며느리.

채경은 화원집 여인과 할머니에게서 서로 의지하고 도우며 사는 인정(人情)의 표상(表象)을 본 것 같았다.

「어머니 뒤뜰 화단이랑 꽃나무랑 이 아가씨 구경시켜 주기로 해요. 노란 진달래랑 개나리가 곱게 피었었는데. 진즉 왔더라면 좋았을 걸 그랬어.」

「참 내가 오랜만에 처니를 보니 반갑아서 구경도 못 하게 붙들고 앉았었구마. 그래라. 우리 야아랑 있을 끼다.」

꽃밭으로 둘러싸인 마당을 돌아가니 앞마당만큼이나 커다란 꽃밭에 갖가지 꽃나무들이 싱싱한 초록 잎들을 바람에 나부끼며 저마다의 향기를 발산하고 있었다.

채경은 아—. 하고 탄성을 올리다 말고 재빨리 손으로 입을 막았다.

싱싱한 초록 풀들 가운데 하얀 살결에 훌쩍 키가 큰 예의 휘파람을 불던 남학생이 삽을 받쳐 든 채 채경을 바라보고 있다가, 채경이 당황해하며 입을 막자 학생도 멋쩍었던지 다시 흙을 파기 시작했다.

여인이 채경의 손을 잡고 흙을 파고 있는 곳으로 데리고 갔다.

「덥지? 쉬어 가면서 하잖고.」

물을 추겨 온 수건을 내밀며 여인이 말했다. 수건을 받아 땀을 닦은 학생은 채경과 여인을 번갈아 보더니 자꾸만 싱글싱글 웃었다.

「우리 집 머슴애 현수. 고등학교 삼학년이야. 진즉부터 별장에 어떤 아가씨가 있더라고 말하던데 아마 채경을 보고 그랬던가 보지?」

현수라는 남학생은 연신 땀을 닦아 내며 싱글싱글 웃었다.

너무 순진한 애기같이 싱글거리는 모양이 하도 우스워 채경이 쿡 하고 웃음을 터뜨리자 여인도 현수도 따라서 웃어댔다.

「이 아가씬 채경이래. 서울서 학교에 다니다 바다가 보고 싶어 내려 449

왔다나.」

「앞으로 자주 폐를 끼치겠어요.」

「날마다 와서 폐를 끼치세요. 우린 폐를 끼치러 오는 손님은 무조건 환영하니까요. 어머니 그렇지요?」

X X

채경인 날마다 화원을 찾았다.

여인이랑, 현수랑 꽃잎을 보살피고 콧노래를 부르며 꽃밭에서 일하는 것만큼 즐거운 일은 없었다.

채경은 어느덧 화원의 한 식구가 된 느낌이었고 여인이랑 할머니, 현수 역시 그랬다. 며칠만 들르지 않아도 여인은 현수를 별장으로 보냈고, 그럴 때면 현수는 오솔길을 넘어오면서 휘파람을 불었다.

채경은 무섭도록 고독하던 화원집 사람들의 마음을 온통 붙잡아 놓았던 것이다.

채경과 현수는 일요일이면 곧잘 바다로 낚시질을 나갔다.

그리고 그런 날이면 밤이 깊도록 모래밭에 앉아 이야기를 했다. 화원집 이야기, 서울 이야기, 상상을 살린 제멋대로의 이야기, 머언 앞날의 이야기들을.

달이 몹시도 밝던 어느 날 밤이었다. 바닷가의 모래 하아얀 달빛을 받으며 끝없이 펼쳐 진 바닷가에서, 진하게 풍겨오는 소금 내음을 마시며 채경과 현수는 이야기를 하였다.

현수는 어머니가 불쌍하다고 했다. 어머니의 잔잔한 눈망울 속에 숨겨진 우수를 읽을 때면 자신이 한없이 쓸쓸해져 마구 바다로 뛰어나온다고 했다.

그리고는 밤새도록 시를 외우며, 휘파람을 불며, 어머니의 슬픈 눈망울 속의 우수를 잊기 위해 몸부림친다고 했다.

잔잔한 미소 속에 단긴 서글픔이며 쓸쓸하도록 기인 목덜미, 하얀 살결이랄지 조용한 몸매. 어느 것 하나 현수를 슬프게 하지 않는 것이 없다고 했다. 언젠가 채경을 모래밭에서 만났던 날밤 여인은 현수에게 이야기를 들려주더라고. 좀처럼 입을 열지 않는 어머니가 갑자기 긴 이야기를 해서 현수는 어리둥절했었다고.

여인은 채경을 보는 순간 꼭 자기의 소녀적 환상을 보는 느낌이더란다.

우수가 가득 찬 커다란 눈망울. 생전 열릴 것 같지 않은 꼭 다문 입술, 투명하도록 새하얀 피부, 매섭도록 깔끔하게 빗어 넘긴 머리, 온통 서글픈 느낌이 드는 표정(表情).

그래서 여인은 채경에게 자기의 모든 이야기를 들려주고 싶었다고.

현수는 여자가 눈이 너무 맑고 크면 슬픔이 많고, 너무너무 아름다우면 행복할 수 없는가 보다고도 했다.

할머니가 그러는데 어머닌 너무너무 아름다웠기 때문에 불행해진 것이라고, 아버지가 빨리 죽은 것이라고 하더라고. 현수는 채경이 바다를 떠나면 화원집 사람들은 큰 상처를 받을 것이라고 했다. 오래오래 살아달라고. 영—. 떠나지 말아 달라고.

갑자기 나타난 채경이 잔잔한 화원집 사람들의 마음에 큰 파문(波紋)을 던져 주었다고.

그 후로도 채경과 현수는 바닷가에 나가서 이야기를 하곤 했다.

손을 잡고 모래밭을 거닐기도 하고, 화원집에 가는 오솔길에서 들꽃을 한 아름 따다 여인에게 안겨 주기도 했었다. 그럴 때면 여인은 자못 흐뭇한지 함빡 고운 미소를 지으며 현수와 채경을 번갈아 바라보고는 했던 것이다.

현수가 잡아 놓은 작은 고기를 팔딱팔딱 뛰는 것이 재미있어 함성을 올리는 채경을 현수는 꼭 친오빠처럼 놀려 주기도 했었고.

누구든 다정스런 오누이라고 생각하기 십상이었지만, 그러는 사이 현수도 채경이도 차츰차츰 사랑을 배우고 있었다. 조그마한 소용돌이가 결국은 큰 회오리바람을 일으키리라는 것을 생각하기엔 그들에겐 너무 너무 즐거운 날들이었고, 아름다운 날들이었다.

해수욕객으로 떠들썩하던 바다가 조용해지고, 이제 화원을 찾던 사람들도 다 가버린 초가을!

여름 내내 사람을 삶을 것 같던 더위도 저만큼 물러서고, 알맞게 서늘한 바람이 미끄러운 감촉을 몰고 싱그럽게 불어 왔다.

해수용객이 붐비는 여름이 오면 언제나 그렇듯이, 화원집 고운 여인의 이야기가 여름이 끝날 때까지 사람들의 입에서 오르내렸고, 무슨 까닭이 있을 거라고 저마다 수군거렸다.

여름이 오면 현수는 언제나 어머니가 어디론지 훌쩍 떠나가 버릴 것 같은 불안감에 초조해진다고 했다.

어머니가 없는 바닷가는 생각할 수조차 없다고. 채경은 꼭 저희 어머니를 닮았다고.

현수가 그런 말을 할 때면 채경은 담담히 눈을 들어 푸른 바다를 응시한 채 저대로의 생각에 잠기곤 했었다.

언제든 나는 이곳을 떠나게 될 테지. 몹시도 착한 화원집 사람들을 두고. 나는 모든 것을 미련 없이 툭툭 털고 돌아갈 수 있을까? 내가 가지 않는다고. 떼를 쓴다면 아버지 어머닌 어떻게 할까? 만일 이대로 두어

준다면 학교는? 아니 돌아가야 한다. 학교엘 가기 위해서도.

내가 이곳을 떠난 후 현수는 어떻게 될까? 시시한 가슴앓이 가시내쯤 곧 잊어버릴지 몰라. 그러나 나를 잊지 않는 동안은 쓸쓸할 거다.

무척도 고운, 너무 고와 오히려 불행하다는 현수 어머니. 말벗이 생겼다고 좋아하던 늙은 할머니, 떠나더래도 나는 이들을 잊지 못할 거다. 언제까지나, 언제까지나.

바닷가. 화원. 현수. 고운 여인, 창백한 가슴앓이 가시내인 나.

우리 각자 어떤 관계일까?

X X

시들어진 꽃을 거두며 이쁜 꽃을 따다 목에 걸어보던 채경은, 이런 바닷가 화원에서 오래오래 살고 싶다고 생각했다.

「나도 아주머니네처럼 꽃을 가꾸며 이렇게 살 수 있다면 좋겠어요.」

채경은 즐거워져 명랑하게 지껄였다.

「그것도 지금 생각이지 나처럼 오래오래 살게 된다면 곧 싫증을 내고 말걸.」

「어머 그럼 아주머닌 이 바다가 이 화원이 싫으세요?」

「싫을까? 아니 싫지 않아. 나는 언제 까지나 이곳에서 이렇게 살고 싶은걸. 우리 현수랑 오래오래.」

잠깐 채경을 바라보더니 한없이 시들어진 적(赤)빛 칸나 위로 고개를 돌리는 여인의 모습을 바라보던 채경은, 공연한 말을 했다고 뉘우치며 미안해했다.

읍내에 다니러 간 현수가 휘파람을 불며 오솔길을 올라오다, 채경을 보자 손을 흔들었다.

「야 아가 인자는 오는구만.」

방문을 열고 담배를 피우고 있던 할머니가 아랫길 쪽을 보며 중얼거렸다.

채경은 현수의 손에 든 짐 뭉치가 무겁겠다고 생각하자, 여인을 한번 쳐다보고는 훌쩍 오솔길을 뛰어내려갔다. 여인은 바람에 펄럭이며 내려가는 채경의 하얀 스카트로 눈길을 주고 있다가 한숨을 쉬며 흰 구름이 흘러가는 파아란 하늘을 올려다보고 있었다.

무엇인가를 잃은 것 같은 공허한 얼굴. 한없이 서글픈 울음이 터져 나올 것 같은 일그러진 표정.

옛날에 지금의 채경이처럼 마냥 즐거웠던 자기를 회상하듯.

지금은 영원히 가고 없는 오빠 같던 청년을 그리워하듯.

「쯧쯧 너무 곱아서 너무 곱아서 고생을 하는구만.」

며느리의 모습을 한참이나 바라보고 있던 할머니는 문지방에 담뱃대를 툭툭 털더니 문을 닫았다.

현수가 가져온 보퉁이엔 치약이랑 비누, 여원이랑 사상계, 채경을 위해 사 왔다는 여학생(女學生), 할머니 담배와 현수 참고서 몇 권이 들어 있었다.

채경은 여학생을 보자 별장에 내려온 뒤로는 보지 못했던 책(册)을 대하는 기쁨에 어머, 어머를 연발했다.

거리가 너무 먼 탓인지 모두 철이 지난 책들이었지만 마냥 즐거웠다.

여인은 파아란 원색 화려한 드레스를 입은 표지 모델을 한참 들여다보고 있다가 책장을 넘겼다. 언제나 그랬듯이 표정을 바꾸는 일이 없이 담담하게.

뒤뜰에서 푸득푸득 세수하는 소리가 들리더니 현수가 말갛게 상기된 얼굴로 나타났다.

「구경도 할 겸 채경이도 같이 갈 걸 그랬구나.」

「참 그 생각을 미처 못했었군. 심심해서 혼났는데.」

「정말 다음부터는 꼭 데려가 줘요. 학교도 구경시켜 주고.」

X X

별장 울타리에 심어진 포푸라가 노란 잎을 날린 지도 오래.

화원으로 향하는 오솔길에도 이젠 완연한 만추(晩秋)가 채색(彩色)되어 있었다.

채경은 그동안 몸도 거의 완쾌되자, 곧잘 돌아가야 한다는 생각에 못내 슬퍼지곤 했다.

그러나 빨리 이곳을 떠나야지. 더 깊은 정(情)을 남기기 전에. 더 아픈 상처를 간직하기 전에.

오늘은 현수가 읍내에 들러 학교랑 구경시켜 주기로 약속한 날.

청색 나비 리본이 달린 하얀 모자를 쓰고 청색 스카트에 하얀 스웨터, 하얀 목양말에 하얀 운동화를 신고 청색 실로 얽어 만든 바구니를 든 채경은, 새로운 곳에 대한 호기심과 오랜만에 별장을 떠나 본다는 생각에 마음이 온통 부풀어 올랐다.

하얀 잠바에 하얀 농구화를 신은 현수는 시골 머슴아답지 않게 멋이 있었다.

현수는 채경을 보더니 바다에 어울리는 차림차림이 퍽 매력적이라고 감탄사를 연발했다.

X　X

아직 서울에서만 살아온 채경에게 거리는 보잘것없이 초라했다. 좁은 도로 양쪽으로, 듬성듬성 심어진 가로수의 앙상한 가지만 싸늘한 바람을 따라 흔들거리고, 하얀 포장으로 한참 기세를 올리는 뜨거운 햇볕을 막은 가게가 띄엄띄엄, 사람들도 별로 보이지 않았다.

이따금 부우연 먼지를 날리며 털털털 소리를 내고 빈 트럭이 지나갈 뿐, 거리는 쓸쓸하도록 조용했다.

책 가게에 들렸더니 커다란 남학생 둘이 주인인 듯한 젊은 사람과 이야기를 하고 있다가 들어서는 현수를 보고 아는 체를 했다.

뒤이어 채경이 들어서자 호기심이 가득 찬 눈으로 누구냐는 듯 현수와 채경을 번갈아 바라보았다.

책 가게도 거리의 가게들처럼 초라하고 보잘것없었다.

잔뜩 기대를 걸었던 채경은 모든 게 시시해져서 주인이 내놓은 달 지난 여원책만 뒤적뒤적 뒤적거렸다.

현수는 저번과 마찬가지로 여원, 사상계, 여학생을 싼 뭉텅이를 들고.

아마 현수네의 부탁으로 다달이 부쳐 오는 것인 듯싶었다.

풀쩍 키가 큰 포푸라가 빽빽이 울타리를 이루고 서 있는 곳에 아담한 목조건물이 단층으로 놓이고, 거기 고 일(一)이나 중 삼(三) 정도의 남학생들이 배구를 하고 있었다.

여기가 현수네 학교.

건물에 비해 탁 트이게 넓은 운동장이 이 학교의 유일한 자랑이라고 했다.

「모든 게 시시하지?」

떠날 때와는 달리 시종 시무룩한 채경에게 미안하다는 듯 현수가 말했다.

채경은 대답하지 않았다.

무엇인가 아름다운 새로운 것을 예상했던 기대가 무너진 뒤의 허탈감.

갑자기 떠나고 싶다는 생각이 온몸을 엄습했다.

오늘쯤은 집에서 소식이 있을 때도 됐는데…

막연한 바람이 어떤 땐 뜻밖에 기적(奇蹟)처럼 들어맞는 때가 있었다.

집에 돌아오니 아버지 어머니 해경(海京)의 정성스러운 솜씨가 배인 겨울옷을 담은 하얀 소포 뭉치와 편지가 책상 위에 놓여 있었다.

이제 겨울이 되면 추울테니 집으로 돌아오라는 것과 새 학기엔 학교엘 가야 할 것이니 준비를 하라는 내용(內容)이었다.

그리고 겨울만 지나면 여고생이 된다고 자랑스레 늘어놓은 해경의 깔끔한 글귀들.

이제 돌아가자. 그리고 학교엘 가자. 내일은 모든 준비를 해야지.

현수에게는 뭐라고 말할까? 고마운 사람. 외로운 사람.

부엌 아주머닌 서울집으로 돌아가자는 말에 짐을 챙길 것이냐고 서두르며 기뻐했다.

그동안 무척도 쓸쓸했던가 보다.

X X

채경은 현수와 나란히 바닷가에 앉았다.

무슨 말부터 꺼내야 할지 몰라 자꾸만 조약돌을 주워 바닷물에 던지고 또 던지고 했다.

현수는 아무것도 모르고 요즈음은 꼭 중요한 무엇을 잃은 것 같은 초조감에 한결 불안해진다고 하며 채경이 오래오래 이곳에서 살아주면 좋겠다고 언제나 똑같은 말을 했다.

그리고 먼 훗날, 지금처럼 꽃을 가꾸며 살 수 있다면 좋겠다고.

그렇게 된다면 채경은 다소 쓸쓸하겠지만 현수는 채경이 있어 쓸쓸하지 않을 거라고 했다.

채경은 현수의 말을 흘려 들으며 울고 있었다.

울고 있다고 의식하자 벌떡 일어났다.

마음이 약해져선 안 된다고 생각했다.

갑자기 일어서는 채경을 쳐다보던 현수도 따라 일어섰다.

둘은 한참 바다를 바라보고 서 있었다. 현수는 채경이 결국은 가고 마는구나 짐작했고 채경은 현수를 두곤 갈 수 없다고 도리질을 하다가도 학교엘 가야 한다고 마음을 도사려 먹었다.

「나 내일 서울 간다.」

서울! 사랑하는 부모가 있고 이제까지 정을 붙이고 살았던 곳 그러나 전혀 생소한 느낌이 드는 어휘.

「내일?」

예상은 했으나 그렇게 빨리라는 생각에 당황한 현수가 급하게 되물었다.

「응, 내일.」

내일이라는 낱말에 힘을 주며 고개를 끄덕이는 채경의 얼굴이 굵은 눈물 자국을 나타내고 있었다.

「내일! 내일! 내일 채경이가 간다. 다시는 다시는 오지 않을 거야. 그리고 나를 영 잊을 거야. 그렇지? 시시한 시골 머슴아쯤 잃어버릴 거고 이곳엔 이제 영 오지 않을 거지?」

현수는 슬픔으로 가득 찬 자신을 달래려는 듯 마구 채경의 어깨를 잡고 악을 쓰듯 외쳤다.

악을 쓰듯 외치는 부르짖음이 채경의 공허한 가슴 저편에 부딪혔다가 생생한 메아리가 되어 다시 들려 왔다.

내가 내가 무엇이길래 착하고 순진한 현수의 마음에 이토록 큰 상처를 남기고 떠나야 하는가?

너무 고와서 오히려 불행하다는 현수 어머니. 며느리가 불쌍하다고 곧잘 혀를 차시는 늙은 할머니. 아버지의 죽음 때문에 시골학교를 다니며 어머니를 돕는 현수.

운명(運命)을 향해서 돌을 던지며 자기들의 손으로 스스로의 운명의 계단을 쌓고 나아가서는 한 계단 더 높은 차원을 위해 발버둥 치는 사람들과는 담을 쌓은 듯 한낱 주어진 운명에 순응하며 차라리 체념하고 사는 사람들.

사랑하고 싶다. 사랑하고 싶다. 오래 오래도록, 모두를.

채경은 먼바다만을 응시한 채 자꾸만 터져 나오려는 울음을 참고 있었다.

이따금 작은 돛단배가 돛을 펄럭이며 지나가고, 일정한 간격을 두며 거품을 흘리고 바닷물이 쏴아아 밀려왔다 밀려갈 뿐 바다는 언제까지나 고요했다.

당선

개교 15주년 기념-제254호 1967년 6월 24일 토요일

제12회 고등학교 문예작품 현상 : 시

바람이 과(果)밭을 지난 뒤

· 최대남(崔大南) (충남고등학교 3학년) ·

여름 해가 싱그런 밭에서
놀 빛
잘 익은 가슴.

손 위에 포개지는 언어(言語)가
한밤 별같이
뜸이 잘 든 향기를 낸다.

숲을 지나가는 소리로
지금은 가슴에서 자라는 바람
한참씩 흔들리는 생각.

바람이 과(果) 밭을 지난 뒤,
과피(果皮)여
하 많은 불티가 오르는 밤에

나의 깊은 도랑에도 비로소 불이 밝는다.

눈이 별을 닮는데
돌아와

요정(妖精)처럼, 바람은
나의 잠 속의 반려(伴侶)였으면 하는데

속눈썹을 자주 적시는 풀꽃
꽃잎을 따서 잘잘 깨물기도 하다가
흰 마음은 필까.

발에 밟히는 풋풋한 바람
손 모으며
저기, 말을 낳던 까닭들이 여울져.

오래 마르지 않는 가람이듯
더듬이 몸담고, 싶은 아쉬운 것,
그것은 연(軟)한 손짓이다.

그리하여, 바람이 과(果) 밭을 지난 뒤
뜰을 왔다 갔다 하며
조금씩
추억을 쓴(掃)다.

당선

개교 15주년 기념-제254호 1967년 6월 24일 토요일

제12회 고등학교 문예작품 현상 : 수필

햇병아리의 첫방학

· 유상열(서라벌고등학교 1학년) ·

기다란 줄기에 글라디올러스의 소박한 꽃이 한 송이 한 송이 피어 올라가면 여름은 한걸음 다가온다. 시원한 물결 소리가 그리워져 꿈결인 양 그려보기도 한다.

후줄근한 땀, 무던히 더운 오후엔 역시 낮잠 잘 생각이 간절하지만 차마 그럴 수야….

어쩌다 수업시간에 안경 쓴 선생님이 들어오시면 마음이 놓인다. 눈이 나쁘실 테니까 뒤쪽에 앉은 내가 약간 머리를 숙인 채 눈을 감고 있어도 책을 보는 줄로 아실 테니까 말이다. 어쩔 수 없이 고개가 끄덕여졌을 때는 첫째 당황하지 말아야 하고 그다음엔 머리를 크게 뒤로 젖혀야 한다. 그래야 머리 운동을 하는 줄로 아실 테니까. 이러던 내가 시험 때가 되면 당황하지 않을 수가 없다. 하여튼 시험 기간은 고역을 치르는 때라고 스스로 인정하긴 하지만, 옆 방에서 코 고는 소리를 들으면서 밤늦게까지 공부하기란 보통 고심이 아닌 것이다.

어떻게 하든 시험을 잘 보아야 기분 좋게 여름방학을 맞이할 텐데, 아무래도 께름칙하다. 진작 공부를 해 두었더라면 하고 한탄을 해본들 아

무 소용이 없다. 하여튼 방학이란 이런 고역을 치른 다음에야 오는 것이니까. 고진감래의 표본이라고나 할까? 방학! 눈앞에 시험이 있어도 그 뒤에 있는 방학을 생각하면 가슴이 부풀어진다. 고등학교를 갓 들어온 병아리로서 처음 맞이하는 방학이었기에 계획도 많았다. 외갓집을 찾아갈 일, 산으로 들로 돌아다닐 생각을 하니 가슴이 벅차다. 그런 계획에 뒤 따라다니는 또 한가지 것이 있다. 다음 시험부터는 좋은 성적을 올리기 위해서 이렇게 한가한 동안에 공부를 많이 해야 하겠다는 것이다.

들뜬 마음이 며칠 전부터 가방을 챙겼다. 국어, 수학, 그리고 틈틈이 보다 다 읽지 못한 소설책도… 이러다 보면 책꽂이가 텅 빈다. 땀을 흘리면서 그 무거운 책을 양쪽 손에 들고, 20원에 5원 거슬러 주기를 잊지 않는 빠스를 탔다. 그것이 고교 1년생인 햇병아리의 첫 방학인 줄 알았다면 5원을 받아 쥐며 나 혼자 씹어 삼키던 쟁그러운 미소를 눈치 빠른 차장이 그저 흘려 놓치지는 않았을 거다. 첫 방학의 설렘은 아예 가슴 밑바닥으로 자분히 가라앉고 서울역으로 달려가 기차에나 몸을 던져야 긴 한숨이 휴.—

반짝이는 모표를 다시 닦고, 전봇대가 하나둘 지날 때마다 고향이 가까워져 오는 것을 느끼면서 거북이처럼 느리게 가는 시계를 다시 들여다보았다.

〈이리〉가 지나면, 이제부터 낯익은 풍경. 우뚝우뚝 솟은 산도, 잔잔히 흐르는 강물도… 국민학교 삼학년 때까지 줄곧 함께 다니던 옆집 숙이도 여학교 제복을 어떻게 입었을까 궁금하다.

시골뜨기던 서울 1년생은 여러 생각에 잠기다가 정말 잠이 들어 버렸다.

까딱했으면 정거장을 그냥 지나칠 뻔 했다.

시골은 역시 내겐 다정한 곳이었다. 물씬하게 풍겨오는 시골 내음. 마중 나온 소꿉친구들이 무척 반가웠다. 그리고 뒤에서 눈물 어린 눈으로 반가워하시는 외할머님… 무어라고 말씀을 드려야 할지를 몰랐다. 서울에서 얼마 전에 편찮으시다는 편지를 받고도, 나는 외할머님 생각보다도 다른 일들을 생각하기에 바빴던 것이다. 주름진 외할머님의 늙으신 얼굴엔 불편한 표정보다도, 이런 혹독한 무더위에 십 리 길이나 걸어 나와 나를 맞이하는 즐거움이 더욱 큰가 보다.

그날 밤, 외할머님은 더욱 편찮으셨으나 다음날에 일어나셨다. 그리곤 맑은 웃음을 지으셨다. 아마 나의 걱정을 덜기 위함이리라.

아쉬운 대로 철 따라 꽃 피우는 조촐한 뜨락과 아직 잊지 않은 동심들.

오직, 선하기만 한 진실을 느낄 수 있는 이곳에 나는 추억을 쌓아 놓고 싶다.

맞고 보내는 인간 천리를 따라, 이제부터 방학은 시작되리라. 다시 눈 내리는 먼 훗날, 거기 아담한 인간 역사들이 창조되리라. 웃으련다. 이토록 방학을 바랬던 마음은 결코 문학 소년의 사치스러운 센치에서가 아니었다. 달걀을 깨고 나와 놀랍도록 눈 부신 태양을 노래하던 환희가 사그라진 뒤에 문득 병아리가 느껴 보았던 권태가 온다 할지라도 그저 방학과 함께 조용히 햇병아리 6개월을 정리하고 싶었기 때문이다.

준 당선

개교 15주년 기념-제270·271호 1968년 1월 1일 월요일

제12회 고등학교 문예작품 현상 : 소설

등대가 있는 마을

· 김수화 (문리과대학 국문학과) ·

소년이 다니고 있는 학교는 황토가 벌겋게 드러난 언덕바지에 있었다. 꽤 경사 언덕바지를 깎아 만든 여러 개의 계단을 내려오면 바로 신작로였다. 신작로엔 이따금 희뿌연 먼지를 일구며 버스가 질주해 갔다. 소년은 그 장난감 같은 버스를 무척 좋아했다. 버스는 멀리서부터 항시 조그마한 점으로 나타났었고 그건 점점 가까워지면서 온통 햇빛을 받아 하얗게 온 빛을 내고 있었다. 달려오는 버스를 보며 소년은 때 묻은 책보를 팔에 쑥 끼워 넣고는 미칠 듯이 흔들어 댔다.

짙은 먼지와 기름내를 풍기며 버스가 지나갈 때면 소년은 곧장 버스 뒤를 따라 뛰곤 했다.

어느새 소년은 숨이 찼고 얼굴엔 땀방울이 맺혀 있었다. 버스는 언제나 소년을 뒤로 버리고 아물아물 사라져 가는 것이었다. 그때마다 소년의 눈에 축축한 습기 같은 게 머물곤 했었다.

그러나 소년은 그러한 것에 별로 마음이 없는 상 싶었다.

「쪼그만 게 오지게 빠르데이.—」

소년은 어느새 히죽이 웃고 있는 것이었다.

어느 날 인가였다.

소년은 한번 버스에 돌을 던진 적이 있었다. 쪼그마한 돌이었는데도 그것은 엄청난 소리를 내며 유리창을 바수고 있었다. 소년은 겁결에 정신없이 신작로를 내달리다 가는 방파제 끝에 서 있는 등대 뒤에 몸을 숨기고 말았었다. 소년의 조그만 생가슴은 터질 듯 도래질을 하고 있었다. 온몸이 흥건히 땀에 젖어 들고 있었다.

소년은 유리창이 깨질 때 기겁을 하고 있었던 모자를 푹 눌러 쓰고 꺼멓게 굴레수염이 늘어붙은 어른의 얼굴을 잠깐 생각해내고는 그만 울음을 터뜨리고 말았었다. 굴레수염이 당장에라도 등덜미를 잡아채서는 바다에 내던질 것만 같은 착각에 숨까지 컥컥 막혀 드는 것이었다.

소년은 왜 자기가 그토록 좋아하는 버스에 돌은 던졌는지 모른다고 생각했다. 언제 자기 손에 그런 돌멩이가 들려 있었는지조차 알 수 없다고 생가가 했다. 그러다가도 소년은 또 자기는 오지게 나쁜 아이라고 생각해 보는 것이었다.

학교를 내려와 해변을 끼고 똑바로 뻗은 신작로를 따라 마을을 내려오느라면 방파제가 거기에 있었다.

방파제에는 파도가 끊임없이 부수어지며 하얀 물방울을 튀기고 있었다. 하얀 물방울은 때로는 햇빛을 받아 예쁜 무지개를 만들어 놓기도 했다. 소년은 언제부터인가 날마다 이 방파제를 찾는 버릇을 가지고 있었다. 마을을 마주 바라보며 길쭉하게 뻗어 나간 방파제 맨 끝엔 곱게 다듬어진 등대가 우뚝 서 있었다.

소년은 학교가 끝나기 무섭게 이 등대를 찾아오곤 했다. 일렁이는 검푸른 파도가 밀려와서 부서지는 소리와 간간이 통통거리며 지나가는 뱃소리가 있었을 뿐 언제나 봐도 거긴 조용했다. 소년을 그게 더없이 좋았다. 사람이라곤 얼씬대지도 않는 오직 자기뿐이라는 깊은 안도감은 소년을 말할 수 없이 기쁘게 해 주었다. 그 기쁨 속에서 소년은 되도록 오랫동안 그곳을 지키곤 했다. 때로는 어둠이 조수처럼 밀려와서 바다와 소년을 덮어버리고 등대의 불빛이 유난히 빨갛게 깜박일 때까지도 자리에서 떠날 줄 몰라 했었다.

소년은 대부분 땟국이 쩔은 보자기로 둘둘 뭉친 책보를 등에 깔고는 등대에 기대어 멀거니 바다를 바라보거나 아니면 쪼그리고 앉아 낙서를 했다.

소년은 특히 낙서하기를 좋아했다. 낡아서 구멍이 나기 시작한 소년의 호주머니에는 언제나 하얀 분필토막들이 한 움큼씩 들어차 있었다. 매끈하게 다듬어진 방파제는 소년에게 더없이 좋은 화판이었다. 하얀 그림들이 짙은 갈색으로 퇴색해버린 콘크리트 위에 선명하게 진을 치기 시작한다.

돛단배 한 척이 수평선 위에 보기 좋게 떠 있다. 그 위로 갈매기 몇 마리가 구름 속으로 파묻히고 있었다. 다시 돛단배 옆으로 군함 한 척이 위험스럽게 기울어지고 있었다. 군함 밑으론 버스가 달리고……,

버스 옆엔 이제 이름도 알 수 없는 고기떼 들이 꼬리를 문다.

아까부터 소년의 코에서 위험스럽게 대롱거리던 말간 콧물이 그림 위에 살짝 내려앉았다. 소년은 반지르르하니 때가 쩔어 줄어든 옷소매를 손으로 끄집어 잡고는 코밑을 몇 번 문질러 댔다.

소년의 작업은 다시 계속되는 것이었다. 머리통만큼이나 큰 군인 아저씨의 주먹 앞에 묘하게 찌그러진 여인의 얼굴을 그려 놓았다. 군인 아저씨의 주먹은 사정없이 여인을 강타하고 있는 듯했다.

여인의 머리엔 혹이 돋아났다. 아니 그것은 이상하게 생겨 먹은 뿔이었다. 그 뿔은 한 개 두 개 자꾸 늘어갔다. 여인은 괴물이었다. 보지도 듣지도 못한 흉측한 괴물이 되었다. 소년은 호주머니에 아직도 몇 개 남은 분필토막을 모조리 꺼내서는 여인의 눈에다 대고 마구 비벼대기 시작했다.

소년의 창백한 얼굴이 일렁이는 바다처럼 찌일그러져 갔다. 하얀 분필 가루는 여인의 얼굴을 거침없이 잠식해 갔다. 그래도 소년은 손바닥을 펴서는 거칠게 이깨어 댔다. 어느새 여인의 얼굴은 하얀 분필 가루 속으로 사라져 갔다. 소년의 유난히 오뚝한 콧잔등에 이슬처럼 송골송골한 땀방울이 맺혀 있었다. 소년은 하얀 얼굴에서 눈을 들었다. 끝없이 퍼져 나간 검푸른 바다. 하늘이 맞닿은 아득한 곳에 수평선이 길게 드러누워 있었다.

자갈투성이 신작로는 방파제 입구를 지나 마을을 용케 가로질러 놓고는 산모퉁이를 몇 번 돌아가 사라져 갔다. 소년의 집은 신작로가 굽이치는 마을의 맨 끝에 있었다. 바람이라도 한번 불면 폭삭 주저앉을 것 같은 초가지붕엔 듬성듬성 잡초가 돋아나기 시작했다. 초가의 왼편엔 엉겅퀴가 무성한 언덕이었고 그것은 이내 갈잎나무를 뒤집어 쓴 산으로 치달았다.

산들이 이마를 맞대고 잠잠이 이어간 등성이에 노을이 빨갛게 물들기 시작하면 바다는 빨려 들어갈 듯한 연둣빛 거울이었다. 짙은 땅거미가 밀려들기 시작한 갯바람은 소년의 고운 피부에 오한을 일구어 놓게 했다. 넓게 퍼진 노을이 어느새 가냘픈 선이 되어 산물에 걸리고 바다와 숲과 마을이 한꺼번에 어둠 속으로 사라질 때쯤이면 소년은 그제야 어정어정 집을 찾아 들었다.

초라한 오두막엔 남포등이 그런대로 훙칭거려 보였고 문간에 쳐놓은 꺼먼 포장이 바람에 제법 펄렁거렸다.

소년의 어머닌 보통 낡아빠진 유행가를 부르고 있었다. 그것은 부른다기보다는 질질 이어가는 읊조림이었다. 혀가 꼬부라진 그 웅얼거림은 언제나 소년의 가슴을 철렁 내려앉게 했다. 느긋한 분노가 가슴을 갈가리 짓이겨 놓다가는 그것은 끝내 감당할 수 없는 슬픔으로 변해 가는 것이었다. 간 내와 습기가 코를 찌르고 햇볕에 그을려 흙빛이 된 뱃사람들로 오두막은 대부분 초저녁부터 비좁게 붐비었다. 짙게 화장된 여인의 얼굴은 취기에 더욱 붉었고 눈은 언제나 가느스름하니 치켜져 있었다. 그러나 술을 따르는 여인의 손놀림은 재빨랐고 정확했다. 여인의 얼굴은 언제나 함박꽃처럼 웃음이 피어 있었다.

「이 보레이 덕수네. 인제 몇이재?」

「스물일곱 아닝교…」

「와…정말 이팔청춘 아잉가, 엉이?」

몽롱한 취기 속에서도 그들은 여인의 청춘과 인물을 꽤 아까워했고 그러다가도 딴에는 엉뚱한 생각에 여인의 하얀 손목을 잡아 쥐고는,

「덕수네 이보레이…니 나하고 살자. 엉이? 나하고 살믄 덕수놈도 그리 슬퍼하지 않을 끼구만.」

두꺼비 같은 손은 어느새 여인의 펑퍼짐 하게 처진 엉덩이로 옮아갔고 그러다가는 거칠게 여인에 사타구니를 더듬기가 일수였다.

「아이고 답답데이… 이 무슨 짓이고? 손 치우소그마. 술이라 캉컨 혼자 묵으면 치하는 기라요. 퍼뜩 퍼뜩 들고 나도 한 잔 주시소.」

교성과 웃음이 자욱한 연기 속에 말려들고 여인의 질질 이어가는 어설픈 가락은 다시 계속되는 것이었다. 제 각기의 리듬을 과시하며 고조되는 주객들의 그럴싸한 홍.

이어 자지러지는 듯 한 여인의 교성이 한데 어울려 이 조그마한 먼지 투성이의 오두막은 또 하루를 갉아먹고 있었다.

여인은 처음 늦게서야 집이라고 기어드는 소년에게 주의와 힐책을 아끼지 않았었다. 그것은 동정받을만한 모성애의 발로, 당연한 부모의 도리로서 의젓한 권위와 포용 같은 것이었다. 때로는 손수 소년을 찾아 나서기도 했었고, 어느 때 인가는 등대 밑에 쪼그리고 앉아있는 소년을 부둥켜안은 채 시간 가는 줄 모르고 목청 놓아 울기도 했었다. 그때 여인의 품속에 안긴 소년은 여인의 쿵쿵거리는 가슴에서 밀려 나오는 따뜻한 체온을 의식하고 있었다. 따뜻한 체온 속에서 물씬거리는 간 내 같은 것을 바삐 호흡하며 소년은 여인보다 더 슬프게 훌쩍이고 있었다.

「어므이요, 그만 우소, 내 내일부터 일찍 들어 갈 끼라요.」

그러나 다음 날 소년은 웬일 인지 전날보다 더 늦게까지 등대 밑에서 쪼그리고 있었다. 이제 늦게까지 집에 돌아오지 않은 소년을 초조하게 기다려 보거나 찾아 나선다는 일은 옛날의 이야기 되고 만 셈이다.

눈처럼 하얀 와이셔츠 칼라가 진한 곤색 상의를 걸친 담임선생의 목덜미에 조금 삐져나와 소년의 눈을 부시게 했다.

소년은 담임선생이 몇 번인가 자기 이름을 부를 때까지도 홀린 듯 그 눈처럼 하얀 칼라에 눈을 주고 있었다.

「임마야 선생님이 부른다.」

옆의 놈이 사정없이 옆구리를 찌를 때서야 소년은 얼결에 후다닥 일어섰다.

소년은 지금 담임 선생이 퍼렇게 목줄을 세워 가며 열심히 묻고 있는 게 무엇이라는 것을 잘 알고 있었다. 새 학기가 시작되거나 담임선생이 바뀔 때마다 으레 있었던 일이었다.

붉게 상기된 담임선생의 얼굴이 갑자기 험하게 굳어진 듯하다가는 쾅, 하고 교탁을 두드린다. 벌집을 쑤셔놓은 듯 수렁 거리던 교실이 일시에 조용해진다.

「이제 떠드는 학생은 매를 좀 맞아야겠어…」

대굴대굴 눈알을 몇 번 부라리다 가는 교탁 위에 놓아둔 짤막한 댓가지를 집어 들었다.

담임선생이 또 무엇인가 묻고 있었다. 몽당연필을 손에 쥔 채 엉거주춤 서 있는 소년의 목 자락이 자꾸만 밑으로 기어들고 있었다. 담임선생의 탁한 목소리가 귓전에서 윙윙거리는 듯했다.

「즈그 아부지 없심더.」

분명 영도란 놈의 목소리였다.

「죽었심더.」

「그건 모릅니더. 즈그 어므이 뿐입니다.」

「저 하청에서 술장사 안 하는 기요. 술장사라요.」

소년의 얼굴이 불덩어리처럼 화끈 달아오르다 가는 일시에 심한 오한을 일으키고 있었다. 몽당연필을 쥔 주먹이 자구만 떨리고 있었다.

「선생님요.― 사람들이 그러칸데 예 갈보라 안 합니꺼? 똥 깔보라꼬 예.」

키득 키득 여기저기서 묘한 웃음들이 터져 나오고 있었다.

순간 소년은 힘껏 머리를 쳐들었다. 핏기가 가신 입술이 뒤틀리듯 일그러지다가는 마치 다람쥐처럼 잽싸게 몸을 날려서는 영도란 놈의 등덜미에 착 들러붙고 있었다. 소년의 눈엔 아무것도 보이지 않고 있었다. 죽어라 영도란 놈의 등덜미에 늘어붙은 채 사정없이 주먹을 휘두르고 있었다.

어둠이 밀리기 시작한 방파제엔 파도가 무섭게 부수어지고 있었다. 구름이 내리덮은 하늘은 온통 잿빛이었다. 소년의 얼굴엔 아직도 눈물이 마르지 않고 있었다.

「짜식 두고 보레이 지가 갈보라 했지를… 짜식 두고 보레이…」

자꾸 쏟아져 나올 것만 같은 눈물 때문에 소년은 거칠게 주먹으로 눈두덩을 문질러댔다. 어선 한 척이 통통거리며 방파제를 따라 지나가고 있었다. 소년은 책보를 든 팔을 마구 내 젓다가 배와 경주라도 하듯 얼른 뛰고 있었다.

시컴한 파도가 밀려와 부서지다가는 방파제까지 기어들어 소년의 발목을 적시고 있었다.

「짜식 두고 보래지를 갈보라꼬? 갈보라꼬?」

소년의 눈이 어심프레 하게 벋어간 수평선 윙에서 어지럽게 배회하고 있었다.

폭풍. 그날.—. 폭풍. 그날.—.

황토가 벌겋게 드러난 언덕바지에서 학교가 박살이 나 있었다. 꺼먼 굴레수염이 늘어붙은 아저씨.

「짜식.—.」

소년은 몇 번 야무지게 진저리를 처댔다.

담임선생의 하얀 Y셔쓰 칼라.

빼쓰. 빼쓰.

하얀 물방울.

영도.

「짜씩이—」

전신주가 윙윙 울고 있었다.

무서웠다.

소년의 고사리 같은 손목이 여인의 손에 꼭 쥐어져 있었다.

그날.

하늘을 온통 내리덮은 잿빛 구름이 얕게 흘러내려 산을 감추고 바람이 산더미 같은 파도를 휘몰아 와서는 마을까지 들이쳤다. 판장이었다.

거기 사람들이 웅성거리고 있었다. 사람들의 표정은 하나같이 무거워 보였고 어느 쪽에선가 왁왁하는 울음이 파도 소리와 바람 소리에 뒤범벅되고 있었다. 칠이 벗겨지고 깨져버린 고깃배들이 갯가에 흉물스럽도록 조랑조랑 매달려 있었다.

잿빛 하늘을 닮아버린 여인의 어두운 얼굴에 횡하니 들어간 눈자위가 무서웠다. 그것은 생판 처음 보는 듯한 더없이 약한 얼굴이 돼 있었다. 소년은 자꾸만 여인의 품에서 빠져 나려고 생각하면서도 더욱더 여인의 손을 잡아 쥐고 있었다. 이 시간 무엇인가가 불시에 일어나고 있다는 것을 어렴풋이나마 소년은 느끼고 있었다. 조그만 새가슴이 가쁘게 쿵쿵거리고 있었다. 소년은 말없이 여인의 손에 매달려 웅성거림으로 붐비고 있는 판장 안을 헤집고 들었다.

낯익은 아저씨.

방금 배에서 내린 듯 온몸은 물에 젖어 있었고 표정 없이 굳어버린 얼굴은 사색이었다. 그 아저씬 몇 사람의 어깨에 떠받히듯 부축 되어 있었다. 순간 여인이 허우적거리듯 낯익은 아저씨 곁으로 달리고 있었다. 그리고 그 낯익은 아저씨와 몇 마디 이야기를 나누던 여인이 펄썩 흙바닥에 주저앉아 울기 시작했을 때 소년은 이내 참았던 울음을 터트리고 말았었다.

고기잡이 나갔던 아버지가 파도에 휩쓸려 죽었다는 말을 몇 날이 지난 뒤 여인으로부터 들었을 때 소년은 울지 않았다. 대신 슬프게 눈물을 찍어 내는 여인의 얼굴을 신기한 듯 멀거니 바라보고만 있었다.

소년에겐 모든 것이 전과 다름없었다. 바다는 언제나처럼 조용해졌고 하늘은 티 없이 맑아 있었다. 박살이 나버린 학교는 언제 그런 일이 있었느냐는 듯 깨끗이 단장돼 있었다.

그렇게 밤마다 소년을 부둥켜안고 울어 쌌던 여인도 이젠 울지 않았다. 여인은 금이 가고 얼룩진 거울 앞에서 되도록 오랫동안 늘어붙어 얼굴을 매만지고 있었다. 어느날인가였다.

방안 가득히 들어찬 흐느낌 같은 것을 소년은 꿈속처럼 듣고 있었다. 간헐적인 신음 위로 거친 호흡이 마냥 헉헉거리고 있었다. 소년의 까만 눈망울이 어둠 속을 한동안 더듬고 있었다. 시야가 어슴푸레해 질 때 서야 소년은 윗목에 혼자 누워 있다는 것을 의식 하고는 흠칠 놀랬다.

뒷문으로 달빛이 뽀얗게 부서지고 있는 아랫목이었다. 소년의 눈이 그곳에 얼어붙은 듯 머물고 있었다. 철렁 내려앉은 소년의 가슴이 주체할 수 없이 쿵쿵대고 있었다. 컥컥 숨이 막혀 들고 손가락 하나 움직일 수 없었다. 온몸은 땀으로 흥건히 젖어 들었고 자꾸만 목이 타왔다.

하얀 달빛을 타고 벌거벗은 몸둥아리가 흐물거리고 있었다. 여인의 팔이 개구리처럼 납짝 엎어진 남자의 목을 휘감고 있었다.

소년은 여인이 개처럼 쉴새없이 남자의 얼굴을 핥고 있다고 생각했다.

벌거벗은 남자가 옷을 들춰 입고 나갈 때까지도 소년은 숨 한번 크게 쉬지 못하고 죽은 듯 누워 있었다. 매일 밤을 남자는 소리 없이 찾아 들었다. 그리고 또 여인은 남자의 얼굴을 개처럼 자꾸만 핥고 있었다.

일요일이었다. 아침 일찍 남자가 목수를 데리고 왔다. 목수는 하루 종일을 통탕거리다 가는 가버렸다. 다음날 꺼먼 포장이 문지방에 나붙어 펄렁거리고 있었다. 새빨갛게 칠해진 여인의 입술을 바라보던 소년은 그만 놀랜 듯 학교로 줄달음치고 말았다.

여인은 항시 술 냄새를 풍기고 있었다. 여인의 눈에 퍼렇게 멍이 앉고 손톱자국이 얼굴에 무성하던 날 남자는 오지 않았다.

다음날도, 대신 며칠 뒤 여인은 또 다른 남자의 얼굴을 개처럼 징징거리며 핥고 있었다.

「두고 보래지를 짜식이 갈보라꼬?」

소년은 또 영도란 놈을 생각하고 있었다. 바람이 너무나 거칠게 불어 젖히고 있었다. 어시므레 하게 벌어간 수평선에서 소년은 문득 눈을 들었다. 파도가 방파제로 밀려와 소용돌이치다 가는 찬 물방울을 소년의 몸에다 뿌려놓고 갔다.

등댓불이 유난히 빨갛게 깜빡일 때서야 소년은 어슬렁 어슬렁 집을 찾아 들었다.

뱃사람들로 항시 붐비던 집안이 조용했다. 바람에 밀리는 파도 소리와 포장이 문간에서 비비 거리는 소리가 유난히 컸다. 소년은 붙여놓은 문짝을 조용히 밀쳐놓고는 안으로 들어섰다. 부엌에 벌겋게 불이 지펴 있었다.

소년은 몇 번 손을 비비다가는 부엌 앞에 쪼그리고 앉았다.

「아이고 성질도 급하제 와 이러능기요. 퍼뜩 술이나 드시소.」

여인의 목소리였다. 이어 걸걸거리는 남자의 웃음이 새어 나왔다. 다시 방안은 조용해졌다. 창백한 소년의 얼굴에 불빛이 발갛게 얼룩지고 있었다. 소년은 부지깽이로 몇 번 부엌을 헤집다가는 그만뒀다.

짤막한 여인의 비명같은 것이 잠깐 기어나오다 가는 이내 자지러질 듯한 웃음으로 바뀌고 있었다.

순간 소년은 무엇에라도 놀랜 듯 벌떡 자리에서 일어섰다. 까만 눈망울이 뻘겋게 달아오른 불빛에서 무섭게 번득였다.

갈잎나무를 온통 뒤집어쓴 산들이 쏴쏴 거리며 굴러오고 있었다. 파도가 귓전에서 쿵쿵거리고 있었다. 소년은 정신없이 벽에 걸린 남포동을 잡아들고 있었다.

둔한 소리가 한번 짤막하게 바람에 휘말려 간 뒤였다.

커다란 불덩어리가 한꺼번에 부엌에서 쏟아져 나오고 있었다. 불덩어리는 곧장 쌓아둔 나뭇단으로 옮아갔고 어느새 천정에서 훨훨 거리고 있었다. 소년은 겁결에 밖으로 뛰쳐나왔다.

「어므이 요.—」

소년은 여인을 부르고 있었다.

바람이 사정없이 소년을 휘갈기고는 지나갔다. 전신주가 윙윙 울고 있었다.

「어므이요. 어므이요.—」

등대의 빨간 불빛이 눈에 들어왔다. 불빛이 깜박일 때마다 길게 벋어간 방파제가 희미하게 드러나고 있었다.

그곳을 소년은 뛰고 있었다.

「어므이요.—」

소년은 또 여인을 부르고 있었다. 소년의 조그마한 몸둥아리가 방파제 끝에서 위험스럽게 비틀거리고 있었다. 등대의 빨간 불빛이 또 한 번 방파제를 희미하게 드러내고 있었다.

움직일 줄 모르는 짙은 어두움만이 파도 위에 말없이 내리깔리고 있었다.

당선

개교 15주년 기념-제270·271호 1968년 1월 1일 월요일

제12회 고등학교 문예작품 현상 : 시

야시(夜市)

· 김평식 (법정대학 정치학과) ·

맨 높은 곳에서
환히 불을 밝히고
한 번에 밤의 투영(投影)을 손바닥에 얹어
모두 마음을 나눌 수 있다면
나에게서 외로움은 떠날 게다.

교외(郊外)로 빠지는
다리 밑 움막에서
열 살배기, 하루를 셈하다가 잠이 들 무렵

떼 지어 희미한 빛 수(繡) 놓아
시장(市場) 거리는 퍽이나 넓고
거기 오가는 상품(商品), 꽃 상품(商品).

해처럼 길이 열리며

어깨를 끼고 주점(酒店)을 나서는
비틀걸음들, 젊은 대화(對話).

그 앞에,
자녀(子女)의 손을 이끄는 모정(母情)이
유억(幼憶) 에의 꿈을 선사(膳事)하는 시간(時間).

어느 양옥(洋屋)에
머무는 지목(知睦),
음악(音樂)을 들고 케익파티로도 푸짐한
그린 한 가족(家族).

골목에서 군밤이 익고
가두모금(街頭募金)에 나선 이웃 소녀(少女)들
다정한 웃음, 고운 눈길.

명멸(明滅)하는 야등(夜燈)처럼 숱한 사상(思想)과
빛과 어두움 새 표정(表情)을, 모두 한자리
서로 보며 한밤 내 새울 수 있다면
나에게서 외로움은 떠날 게다.

가작

개교 15주년 기념-제270·271호 1968년 1월 1일 월요일

제12회 고등학교 문예작품 현상 : 수필

내 책꽂이에

· 문두근 (문리과대학 물리학과) ·

나는 서점엘 곧잘 들린다. 이젠 버릇일지도 모른다. 꼭 책을 산다는 이유에서만이 아니다. 이달에는 어떤 사람의 작품이 발표되었으며, 누구의 추천으로 누가 어떤 작품을 가지고 문단에 등장했나, 또는 신간 서적은 무엇일까 하는 것을 얼핏 눈여겨 두는 것이지만, 나에겐 관심 밖의 것일 수가 없기 때문이다.

그래서 돈이 없어도 좋았고, 책을 안 사더라도 서점엘 곧잘 들리는 것이다. 곧잘 들려서 책을 뒤적이다 보면 눈이 쓰리도록 박히는 곳이 자연 생기기 마련인데, 그런 시간이 어떨 때는 실히 20여 분 남짓 되는 때도 있다.

미안스럽다.

그렇게 꾸물거리다가 그냥 책을 놓고 나오려면 여간 미안한 일이 아니다. 그렇다고 항시 짜백이로만 서점과 거래를 하는 것은 아니다.

요행 돈푼이라도 생긴 날엔 고 까무잡잡 한게 어른스런 꼬마 주인에게「엠마 그렇게 지레 겁을 먹을 필요는 없어, 오늘은 책을 보고만 가는 것으로 그치는 것이 아니라 나도 오늘만큼은 니놈의 신주 모시듯 해야

할 걸, 당당한 손님 행사를 할 수 있으니깐 결코 걸거치는 한이 있더라도 제발 오늘만큼은 그 칼칼스러운 듯한 표정이며, 쥐어박는 소린 아예 하지도 마, 요 깽보놈아. 나도 오늘은 돈이 생겼단 말야.」 하고 속으로 한 번쯤은 걸판지게 으스대며 서점엘 들어서는 때도 있다. 그럴 때는 여득천금이나 한양, 더욱 생기가 솟는다.

추측건대 서점 그 꼬마 주인은 서점에서 들어서는 나의 행동이나 표정으로「오늘은 저 학생 돈이 없나 보군, 혹은 오랜만에 책 한 권 팔아먹겠군.」하는 것을 점칠 수 있을 것이며, 경기 전 아무개 봉사 점쟁이가 잘 맞히네 해도 그 꼬마 주인의 추측은 못 당해낼 것이다.

한 번은 이런 웃어버릴 수만은 없는 일이 생겼다.

나는 그날도 번연히 호주머니가 비어 있는 것을 너무나도 잘 알고 있으면서도 서점엘 갔었다.

매달 20일께 모 잡지가 나오는데 언제나처럼 그달 그 잡지의 내용이 여간 궁금스런 일이 아니었기 때문에 일부러 갔었던 것이다.

그 잡지엔 나와 서너 번 접촉이 있었던 분의 단편이 게재 되었기에 반가운 마음에서 눈여겨본다는 것이 그런 일을 초래했던 것이다.

「이봐요 학생, 지금 도대체 뭐 하는 거예요. 한쪽으로나 좀 비켜서지요.」

나는 그때야 꽤 많은 시간이 죽어갔다는 것을 어름 할 수 있었으며, 그걸 직감한 순간 반사적으로 나는 책을 후다닥 되나 캐나 놓고 서점엘 나와 버렸다.

그러나 서운했다.

미안스럽다는 생각보다는 우선 그 단편을 죄 읽지 못한 게 시퍼런 돈 몇 장을 잃어버린 그것보다 더 서운했다.

그 단편을 마저 읽고 싶은 내 집요한 집착은 마침내 엉뚱한 생각을 데불러 줬다. 그때 나에겐, 학급을 내가 맡아 운영하고 있었던 관계로 학급비가 다소 있었는데, 그것으로 우선 책을 사보자는 그것이었다.

그렇게 생각이 비약되자 서점으로 아니 갈 수가 없었다. 그러나 나는 또 다른 생각 하나를 발견해 냈다. 그 서점에 가기 전에 있는 서점을 지나치며, 그때의 나로선 좋은 생각이다 라고 밖에 할 수 없는 그 좋은 생각이 떠올랐던 것이다.

그것은 곧 내 돈도 없는데 구태여 책을 살 필요 없이 전 서점에서 같이 얼마 남지 않은 그 단편을 마저 읽고 책을 사는 건 다음 기회로 미루자는 그것이었으며, 그것은 그 생각과 동시에 행동으로 변동했다.

나는 그때 왜 진즉 이런 생각을 못 했던고 하여튼 멍충이었어 하고 나 자신의 우둔을 탓하기도 하며, 뒤늦게나마 이런 생각을 모색한 나 자신의 기발을 한켠으로 칭찬도 했다.

그러나 이보다 더 나 자신마저 놀랠만한 것은 앞으로도 이런 방법을, 미처 책을 사 볼 수 없을 경우엔 얼마든지 이용할 수 있잖을까 하는 속셈이었다.

그 속셈 속에는「이젠 그 깽보놈의 눈치를 많이 받지 않아도 되겠구나.」는 안도가 한 몫을 단단히 한 것은 물론이다.

아 그런데 이렇게 될 줄이야.

내가 한참 그 뿌듯한 책 속의 매력에 나를 완전히 잃어버렸을 때, 다시 말해 주객 비분의 세계라고나 할까 그런 세계에서 헤매고 있는데.—.

「허얼래 이 학생 봐 굉장히 재밌는데…기껏해야 이런 꿍꿍이 속이 있었구먼.」

내가 고개를 들었을 땐 아아 그 깽보놈이 헛 웃고 있지 않은가. 고개를 까댁까댁하며 이제 알았다는 듯이.

어느 누가 나에게 「이제까지 최고의 무안을 당한 일이 있다면 어느 때냐」 고 물어 왔다면, 나는 일 푼어치도 에누리 없이 그리고 주저도 없이 그때 서점에서의 일을 들 수 있다.

그래도 나는 서점엘 곧잘 들려고, 들리고 있다.

지금은 며칠 전에 보와 둔 그 책이 읽고 싶어 안달이 나 있다.

우선 짜백이라도 좀 읽어 볼까. 그보다 언제쯤 꽂힐까. 그 책은, 내 책 꽂이에 내 꽂이에.

가작

개교 15주년 기념-제270·271호 1968년 1월 1일 월요일

제12회 고등학교 문예작품 현상 : 수필

글쎄

· 최양일 (문리과대학 국문학과)) ·

시험이 끝나던 날이다.

저녁을 마치고 그동안의 시험으로 인하여 착잡해진 머리를 좀 쉬어 볼까(?) 하고 막 대문을 나서려다 마침 나를 찾아오고 있는 식(植)이를 만났다.

우린 시가를 거닐기로 했다. 밤하늘을 장식하고 있는 별들의 깨알 같은 사연들을 음미하며 일정한 목적지도 없이 그저 발길이 가는 대로 천천히 옮겨 보는 것이다.

나눌만한 대화가 없는 것은 아니지만, 어쩐지 말을 건네고 싶지가 않아 별로 오가는 대화는 없다. 차라리 침묵 속의 여행이 더욱 즐거운 일이기 때문이다.

「너 지금 무엇을 생각하고 있니?」

지나친 침묵이 오히려 어색한 분위기를 자아내는 것 같아 오랫동안의 침묵을 깨뜨리고 질문을 던졌다.

그는「글쎄. ―」하고 대답할 뿐 그 이상의 대답은 없었다.

급작스러운 나의 질문에 대답하기가 퍽 어색했던 모양이다. 하지만

나는 글쎄라는 대답으로 만족했다.

만약 그가 먼저 내게 질문을 던졌어도 난 역시 글쎄라고 대답했었을 것이다.

하고많은 단어들의 잔상이 입 주변을 감돌기는 하나 오늘 밤의 대답엔 모두「글쎄」로 단일화하고 싶다.

오늘 밤의 사색의 결과란 모두가「글쎄」이다.

사전을 들추어 의미로 찾아보면「대답할 말이 똑똑히 생각나지 않을 때에 확실히 단정할 수 없다는 뜻으로 쓰이는 말」이라고 적혀 있다.

아무튼, 그 의미가 뭐래도 좋다.

오늘 밤의 시간은 나의 시간이기에 내 멋대로의 해석을 하고 싶다. 아니 해도 무방할 것이다.

첫째,「글쎄」란 말은 그 언어의 어휘에 있어서 순수해서 좋다.

「글쎄」란 단어에는 과장이나 가식이 없고 순수해서 좋다는 것이다.

어느 날이다.

오후의 강의를 마치고 맨 뒤 늦게 나오는 나의 눈에 책상 속에든 노오트 한 권이 띄었다.

주워 들고 보니 K의 일기장이었다. 그대로 책가방 속에 집어넣고 막 강의실을 나가려다 장본인과 마주쳤다.

무언지 열심히 찾고 있었다.

슬그머니 일기장을 내밀었더니 당장에 얼굴이 붉어져 가지고「보았느냐, 보지 않았느냐」고 묻는 것이었다.

무어라 대답하여야 좋을까(?) 하고 한동안 망설여 보았으나 별로 신통한 생각이 없어「글쎄요.」하고 대답하고 말았을 뿐이었다.

분명 난「K」의 일기장을 보지 않았다고 대답하는 데도 하등 양심의 가책을 받지는 않았을 것이다.

하지만 어떤 의미에서 보지 않았다고 완강히 부인하는 것은 오히려 긍정을 자아낼지도 모를 일이었다. 내가 보지 않았다고 대답해서 그가 어느 정도까지나 믿을 수 있느냐가 문제였다. 어쩌면 더욱 의심 받을 지도 모르는 일이라 생각하였기에 「글쎄」라는 대답뿐 그 이상의 적당한 답변을 생각할 수가 없었는지도 모른다. 둘째로, 「글쎄」란 양보와 순종의 뜻을 내포하고 있으며 상대방의 의사를 존중하는 말이기도 하다.

우리가 시가를 한 바퀴 돌아 〈로타리〉 같은 길에 이르렀을 때다.

우리는 서로가 약속이라도 한 듯 똑같이 발걸음을 멈추었다.

「어느 쪽으로 돌아갈까?」하고 내가 묻자 그는 「글쎄」하고 나를 바라볼 뿐이었다. 나는 그의 대답 속에서 나의 의견을 기다리는 그 어떤 의미를 충분히 포착할 수가 있었다.

아무 말도 없이 우린 거의 동시에 발걸음을 옮겼다.

우린 마주 보고 서로 빙그레 웃었다. 비록 주고받는 대화는 없어도 우리의 맘과 마음은 서로 통하고 있음이 틀림없었다.

우리는 「글쎄」라는 단어의 표현 속에서 서로를 존중하고 아끼며 아무 말 없이 우리의 우정을 살찌우고 있는 것이다.

제13회

문예상

1957~1969

당선

개교 16주년기념, 본사주최-제283·284호 1968년 6월 20일 목요일

제13회 전국고교생 문예작품현상 : 소설

어느 공간(空間)

· 김인화 (기전여자고등학교 2학년) ·

안개 같은 비는 산허리를 천천히 휘감으며 내리고 있다.

내 얼굴에 와 닿는 차가운 감촉은 가슴에까지 스며드는 것 같았다.

나는, 희뿌연 안개에 싸인 시내와 어두운 회색빛 굴뚝을 등지고 검은 우산, 빛바랜 파라솔, 한쪽 귀퉁이가 달아나버린 종이우산, 푸르스름한 비닐 우산 속에 끼어 학교로 향했다.

그 우산 속에는 아침부터 미리 피곤함에 젖어버린 모습과 날씨와는 어울리지 않게, 웃음을 머금고 재잘거리는 모습들이 긴 행렬처럼 내 앞을 스쳐 지나갔다. 나도 그들의 몸에 끼어 교문을 들어섰다.

파랗게 보이는 운동장의 사과들이 여느 때보다도 더 무성했다.

비에 섞여 그 진한 내음이 풍겨왔다.

그것은 내가 어린 시절에 〈뱅베르크〉의 치마저고리를 입고 철없는 동무들이랑 뛰놀던, 집 뒤 언덕에서 풍겨오던 바로 그 냄새였다.

그건 설명할 수 없는 우울한 희열을 안고 가슴으로 서서히 스며드는 향수(鄕愁) 같은 것이었다

나는 사과 풀의 진한 내음이 풍겨오는 〈테니스 코트〉를 바라보았다.

가느다란 빗줄기 속으로 그림자처럼 하얀 〈유니폼〉이 뛰고 있었다.

나는 머리 속이 텅 빈 것처럼 멍하니 그쪽만을 바라보았다.

「비가 오는데도 저렇게 〈테니스〉를 하시다니…」

선생님의 상대는 여학생이었다.

공이 〈라켓〉을 맞아 튀는 소리가 우울한 종소리처럼 가슴을 때렸다.

아이들은 자꾸자꾸 나를 지나갔다.

나도 그들의 틈에 밀리어 〈테니스 코트〉 옆에 쳐 놓은 철조망에 머리를 기대고 섰다.

갑자기 선생님의 높은 음성이 들렸다.

공은 내 머리를 때리고 철조망에 부딪히더니 풀밭으로 떨어졌다.

나는 온 신경이 써늘하게 식어버리며 풀썩 주저앉고 싶을 만큼 몸 전체가 후들후들 떨렸다.

그리고, 가슴 한쪽에서는 서서히 희열이 끓어 올랐다.

선생님은 굵고 높은 음성으로

「거기—. 학생! 공 이리로 던져!」

하고 말씀하시더니, 여학생 쪽으로 다시 고개를 돌리며 뭔가 커다란 소리로 이야기를 하셨으나, 나에게는 아무것도 들리지 않았다.

나는 내 발밑에 떨어진 하얀 공을 소중히 집어 들고, 사과 풀 냄새가 풍겨오는 〈테니스 코트〉를 바라보았다.

그 옆에는 비에 축축이 젖은 그넷줄이 늘어져 있고, 그 아래 시계꽃(크로바꽃)들이 하얗게 보였다.

날씨가 좋은 날, 아이들은 상긋한 풀냄새를 맡으며 시계꽃을 땄다.

그리고, 좋은 동무의 팔목에 시계꽃을 감아주며 즐겁게 웃곤 했었다.

나는 언제나 혼자서 내 팔목에 시계를 감고, 참 어리석게도 약간은 외로워지곤 했다.

아이들은 시계꽃보다도 그 잎새를 더 좋아했다.

꽃의 모가지를 젖히고 부지런히 네 잎의 잎사귀를 찾을 때, 한쪽에서는 환희가, 한쪽에서는 실망의 낮은 소리가 뒤섞이곤 했다.

나는 시들어가는 하얀 시계에 귀를 대고 멍하니 그 애들을 바라보았다.

나는 한 번도 네 잎의 행운을 따 본 일이 없었다.

몇 번이나 그것을 시도했었지만, 나에게는 언제나 평범한 잎사귀만 발견될 뿐이었다. 그런데 어느 날, 나는 그 〈테니스 코트〉 옆 사과 풀밭에서 네 잎의 행운을 찾아냈다.

내가 뒤적이던 〈크로바〉에 지쳐 멍하니 그넷줄을 바라보고 있을 때, 그넷줄 사이로 보이는 〈테니스 코트〉에서 하얀 햇빛을 받으며 뛰는 사람을 나는 보았다.

흔들리며 서서히 울려 퍼지는 햇볕 속에서, 헤엄을 치듯 공을 따라 움직이는 모습은 내게 경악을 금치 못하게 했다.

나뭇잎을 흔드는 바람을 따라 나부끼는 그의 머리칼은 무지개색으로 빛났고, 〈라켓〉을 맞아 튀는 공의 소리는 투명했다.

그리고, 가끔 지르는 환호성은 공간으로 울려왔다.

나는 이제 시들어 갈색이 되어 가는 내 팔목의 흰 시계를 감은 채, 박제(剝製)된 것처럼 움직일 수가 없었다.

나는 운동장 한쪽에 늘어진 두 개의 그넷줄의, 네모로 된 공간에서 네 잎의 〈크로바〉를 발견했던 것이다.

그리고, 나는 그날 이후로는 그넷줄을, 그리고 그 옆의 〈테니스 코트〉를 바라보는 것조차도 두려워졌었다.

아니, 바람에 섞여 오는 사과 풀 냄새, 멀리 보이는 시계꽃의 하얀 모가지들만으로도 나는 벅차올라서 고개를 돌리고 말았다

학교가 파한 뒤에도 많은 아이는 그네를 타고, 운동장에서 돌 차기 놀이를 하며 놀았지만, 나는 교실 한구석에서 오도카니 서 있었다.

느릿느릿 어두움이 밀려오는 교실 창 변에 서서, 내 입김으로 흐려지는 창을 자꾸 닦으며, 그쪽만을 바라보았다.

어두움과 풀냄새와 흙먼지가 섞여 날리는 운동장에서 항상 그 선생님은 〈테니스〉를 했다.

공을 따라 뛰는 하얀 〈유니폼〉과, 가끔 튀어 오르는 환희의 소리는 내가 선 창유리에 부딪히곤 했다.

그때마다 나는 오그라드는 가슴으로 숨을 죽였다.

나는 이 무렵 모든 것에 가치를 잃고 있었다.

마치 무수한 세 잎의 〈크로바〉처럼 한결같은 나의 주위에 갑자기 권태를 느끼기 시작했다.

내가 여고 2학년이 될 때까지 한 번도 변하지 않은 내 집 마당과 방의 위치와 내 가족들의 생활 방식과, 똑같은 언어들은 나를 보이지 않은 줄로 얽고 있었다

그리고, 그런 것들보다도 더 견딜 수 없는 것은 나 자신이었다. 국민학교에 입학한 뒤로 거의 십 년 동안, 단 한 번도 변화가 없는 아침에의 등교와 저녁때의 하교, 휴일과 방학, 그리고. 매일 같은 방식의 생활과 생각은 갑자기 나를 답답하게 했고 또 그것들은 나를 혼란 속으로 빠뜨렸다.

아무 변화도 없는 내 생활, 그것은 주둥이가 막힌 유리병 속 같았다.

나는 모든 것에 대해 실증을 느끼기 시작했고, 알 수 없는 모든 〈바깥

〉에 대한 동경과 갈구에 매달리기 시작했다.

나는 사실 너무나 평범한 아이였다.

조금은 엄하지만, 인자하신 아버지, 자애로운 어머니, 항상 활발하고, 투정을 잘 부리는 형제들, 계절이 바뀌면, 가족끼리 그리 멀지 않은 곳에 소풍도 할 수 있고, 아버지의 월급날이면 외식을 하고 영화관에 가는 정도의 화평한 집에서 자랐다.

나는 내가 사는 생활에 소원이나 불만도 없었다.

아니 그런 것은 사실 내게 전혀 불필요한 것이었다. 그런데, 바로 그런 것들이 나를 숨 막히게 하고, 그런 것들이 참으로 무식한 평화라는 생각이 들기 시작한 것이다.

내가 이런 생활에서 발버둥을 느끼고 있을 때, 나는 〈그〉 선생님을 본 것이다.

「뭘 생각하니?」

누가 내 어깨를 가볍게 치며 밝은 소리로 불렀다.

나는 갑자기 소스라치듯 놀라 숨이 막혀버릴 것 같았다.

「뭘 그렇게 놀래니? 어린애처럼」

규혜(揆慧)는 한 손에 〈라켓〉을 들고 밝게 웃으며, 젖은 머리칼을 손으로 쓸어 올리고 있었다.

나는 무의식중에 그에게 불쑥 공을 내밀었다.

규혜는 고개를 갸우뚱하며 낮은 소리로 웃더니, 공을 받아들고 〈라켓〉을 흔들며 선생님에게로 뛰어갔다.

규혜는 언제나 밝은 쪽이었다.

그 애는 나처럼 소극적이며, 많은 것을 소유하고 있는 것 같은데 사실은 아무것도 없고, 또 그렇지만, 내가 서 있는 위치 이외의 모든 것들에 대한, 극심한 두려움에 빠진 게 아니었다.

그는 자기 앞에 닥쳐온 지극히 작은 일에도 예리하게 분석하고, 거의 정확한 판단을 내리는 것이었다.

그는 오래전 내가 혼자서 팔목에 시계를 감고 있을 때 갑자기 다가 왔다.

무한한 힘과 의지를 가진 나무처럼 싱싱한 웃음을 머금고

「혼자서 시계 걸다니. 내가 걸어주지.」

하며 시계꽃을 빼앗아 갔다.

그리고 내 여린 팔목에 시계를 걸어 주며 웃었다.

「시계꽃은 말야 좋은 동무랑 둘이서 걸어야 해. 너 혼자서 시곌 만든 다는 건 좀 미안하지 않니?」

규혜는 오만해 보이는 웃음을 띠고 제 팔목을 내밀었다.

그의 왼팔, 오른팔에는 몇 개인지 모를 시계들이 하얗게 걸려 있었다.

「아이들이 달아 준 거야.」

규혜는 뱉듯이 말하며 풀밭에 누웠다.

하얗게 드러난 그의 목에는 긴 시계꽃의 화환이 걸려 있었다. 그는 무슨 일에도 적극적이며, 항상 자신에 차 있고, 의욕적이었다.

「내가 못 하는 일이 있어선 안 되거든. 무슨 일이고 다 할 수 있다.」

하고 싱긋 웃는 그는, 나처럼 교실 한구석에 파묻혀, 아무 특이성도 없는 아이와는 너무도 판이한 아이였다.

그런데, 이런 규혜가, 갑자기 팔목에 시계를 걸어주고 내 옆에 누워 노래를 부르는 것이, 나를 이상스런 감격으로 끌고 갔다.

규혜는 갑자기 몸을 반쯤 일으키고 크게 말했다.

「넌, 참 이상한 애야」

나는 얼마나 놀랐는지 모른다.

「이상하다니, 내가—?」

참으로 평범한 생활 속에서, 그에 습관이 되어버린 내게 하는 그의 말은, 나를 흥분시켰던 것이다

「너는 말야, 존재 없는 돌멩이나 미미한 냇물 같다는 생각도 드는데 너한텐 아주 이상한 게 하나 있어. 얼마 전에 느낀 건데—.」

규혜는 잠시 입을 다물고 그넷줄을 바라보았다.

아이들이 재미있게 타고 있었다. 그리고, 운동장은 아이들로 뒤얽혀 평화로운 소음을 일으키고 있었다.

「네 눈 참 집요하드라. 항상 무엇인가에 대한 무한한 동경과 집념 같은 게 많은 것 같고 넌 〈그〉 무엇인가에 대한 환상을 지닌 것 같더라.」

나는 떨고 있었다.

그 뒤에도 나는 규혜에게서 내가 닿을 수 없는 어떤 세계(世界)를 느껴 왔었다.

비가 건힌 오후는 청명했다. 사과 풀은 유난히 푸르고, 그 향기는 살속으로 스며들어 나를 취하게 했다.

점심을 마치고 규혜와 나는 운동장으로 나갔다.

갑자기 규혜는 내 손을 잡아끌고 운동장을 뛰기 시작했다.

나는 거절할 수 없는 어떤 힘에 이끌리듯이, 머릿속으로 따뜻한 그의 체온이 흘러듦을 느꼈다.

규혜는 항상 힘찬 저돌(猪突)을 지니고 있었다.

그 애는 나처럼 어떤 상황(狀況)의 변두리에서 기웃이 넘겨 드려다 보며, 얼굴은 기대와 동지 않으려는 안간힘으로 버둥이는, 이상스런 위치에 서 있는 게 아니었다.

규혜는 언제나 바르고 꼿꼿이 앉았다.

그리고 항상 우월한 자만이 지닐 수 있는 폭넓은, 어찌 보면 교활한 것도 같은 웃음을 지니고 있었다.

나는 언제나 그런 상태를 부러워했다.

그는 자기의 마음속에서 결정이 지어진 대로만 행동하는 것 같은, 자신과 패기에 차 있었다.

그렇지만, 그의 단발머리에서 풍겨오는 연한 머리 냄새는 왜 그렇게도 유약하게 보이고 서글프게 느껴졌는지 모른다.

규혜는 역시 소녀(小女)라는 것을 긍정하려는 것인지도 모른다.

햇발이 쫘아하니 내려 퍼졌다.

규혜의 머리칼이 무지개색으로 빛났다.

아—. 나는 언젠가 이 빛으로 나부끼던 머리칼을 본 일이 있다.

하얀 〈유니폼〉이 나뭇그늘 사이로 뛰어오르고, 그 공의 부딪히는 소리와 맑은 환호성이 섞인 오후의 햇빛, 그림자, 공, 웃음소리…이런 것들이 갑자기 나를 혼란 속으로 빠뜨렸다.

운동장은 너무 하얗게 타고 있었다.

모래의 가루들이 내 머릿속에 가라앉았다.

나는 갑자기 온몸의 힘이 발끝으로 내려가 흩어지고 있는 것 같았다. 손을 놓고 풀밭에 주저앉았다.

우울한 환희가 서서히 끓어 오르고 그보다도 더 짙은 피로가 밀려왔다.

규혜는 하얀 이를 내놓고 웃었다. 마치 좁은 범주(範疇) 안에서 바둥이는 나를 힐난하듯이

「넌 뭔가에서 벗어나려는 것 같애.」

하고 말했다.

「규혜야, 나는 〈이상한〉 점이란 하나도 없단다. 나는 너무나도 평범한 마치 기성복 같은 생활이 무료해진 거야. 정말이지 이상했으면 좋겠다. 지금 내가 바라는 건 이상하다는 것, 오히려 정상적이 아닌 상태로 내가 변화되는 거란다. 정말 산다는 것이 참 지루하더라—」

규혜는 또 웃었다. 아주 냉찬, 그리고 객관성이 담긴 그의 웃음은 나를 당황하게 했다. 나의 지극히 유치한 내면이 비웃음을 받는 것 같았다.

「움직여 봐. 너의 힘으로, 그러면 지루하지 않을 거야.」

나는 갑자기 전율을 느꼈다. 지금까지 나는 주어진 환경과 조건에서 그들의 일부(一部)로 살아왔다.

어떤 의미나 가치의 계산이 전혀 없던 생활이었다.

〈너 스스로 힘에 의해서〉

규혜는 입술을 굳게 다물고 있었다. 불어오는 가느다란 바람이 머리칼을 흔들고 있었다.

규혜가 갑자기 나직한 소리를 내며 웃었다. 그리고, 손가락으로 사과 풀밭을 가리켰다. 선생님은 풀 속에 묻히듯 누워 두꺼운 책을 보고 있었다. 책을 넘기는 빠락 빠르륵 하는 소리는 여기까지도 들려 왔다.

「무슨 책일까? 원서(原書)인 것 같애.」

규혜는 장난스러운 얼굴을 하며 폴짝 일어섰다. 그리고, 고양이 걸음으로 상금 상금 걸어갔다.

선생님은 두꺼운 책을 가슴 위에 놓고 팔베개를 하며 높은 곡조의 휘파람을 불었다.

하늘에는 두어 개의 구름이 흐르고 있었다.

오도카니 앉아서 〈그〉쪽만을 바라보는 내가 너무나 조그마했다.

규혜는 홀짝 뛰며 밝은 소리를 질렀다. 선생님은 고개를 돌려 규혜를 바라보며, 한 손을 들었다. 규혜는 선생님에게서 책을 받아들고 빠르르 빠르르 넘겼다.

그리고, 무엇인가를 질문하는 듯한 선생님에게 고개를 갸우뚱하다가는 갑자기 커다란 소리로 웃었다.

그리고는, 책을 다시 원래대로 놓아두고 팔짝팔짝 뛰어왔다.

선생님은 몸을 반쯤 일으키고 커다랗게 규혜를 불렀다.

규혜는 앉아있는 내 손을 움켜쥐고 뛰기 시작했다. 그리고, 손잡은 내 팔을 세차게 흔들었다.

나는 내 혈관으로 서서히 차가운 슬픔이 흘러가는 것을 느꼈다.

「너어…」

규혜는 갑자기 고개를 획 돌리며 나를 바라보았다. 무한한 의지에 차 있는 그의 큰 눈은 지극히 냉랭하고 집요했다.

무엇에나 그는, 저렇게 예리하고 깊은 눈으로 끈질기게 파고들었다. 그리고, 그의 눈에 판단 되는 것은 모두 정확하게 분석되었다.

나는 놀란 사람처럼 신경이 곤두섰다.

「나는 너를 안다. 예희(藝希)야, 허지만 너는 환상과 현실을 구별 못해, 네가 지금 보는 건 그냥 환상이야.」

나는 공간을 비잉빙 도는 규혜의 말소리가 나를 휘감는다고 느꼈다.

「뭘. 뭐얼—?」

나는 당황하여 두 번이나 연거푸 물었다.

「저 선생님 말야—. 사실 속은 텅 비인 사람이야. 껍질만 있고 속은 딱딱하고 찬 흙덩어리일 뿐인 조직이나 공예품 같아.」

규혜는 고개를 뒤로 젖히며 다시 뺄 듯이 말했다.

「나는, 그래서 좋아. 그 단순성, 나는 복잡하지 않은, 아무것도 모르는 사람에게 흥미를 느껴. 너한테 내가 느끼는 것도 마찬가지야. 그냥 평범한 아주 평범한, 단순하게 말야. 먹고 놀고, 그리고 상쾌하게 웃는 기력만 있는 사람이 내 곁에 있음…해, 안경이 커다란 울 언니의 정신 분석학책을 좀 훔쳐보다가 핀잔을 맞았었지. 제발 너는 그냥 여자가 되라 그러더라. 밥하고 빨래하고 아이들하고 여유 있는 생활을 하는—. 나는 대학에 강의 나가시는 아버지, 종일 사회단체에 돌아다니시느라 짤막한 치마만 입는 어머니, 그리곤 묘하게 말을 상실하고 눈만 휀하니 번쩍거리는 울 오빠며 울 언니—. 피로해, 피로하다기보단 그 세계가 지겨워.」

나는 엄청난 속도로 쏟아지는 규혜의 말소리에 깜짝 놀랐다.

그 보다 그 내용은 갑자기 나를 긴장하게 했다.

규혜는 싱긋 웃더니 말을 하고 난 뒤의 공허한 표정으로 걸어갔다. 나는 점점 모든 것에 혼란을 느끼기 시작했다.

그리고, 나는 지금 알 수 없는 어떤 물살에 휩쓸리고 있다는 생각이 들었다.

나는 소리를 지르고 싶었다.

나는 수업을 받다가도 문득 숨이 막혀 와 한참씩 헐떡이곤 했으며, 지나치리만큼 냉랭하게 앉아 있는 규혜의 옆 모습에 압박을 느꼈다.

그리고, 그런 모든 테두리 속에서도 〈그〉 선생님은 상징처럼, 햇빛을 받는 대리석처럼 빛났다.

그것은 어떤 판단이나 지식에 의한 것이 아니라 막연한 환상처럼 나의 주위에 마구 흩어져 있었다.

하늘이 햇빛으로 막막해 보이는 날 오후, 나는 겨운 한낮을 이고 운동장을 나왔다.

〈페인트〉가 벗겨진 낡은 간판들, 먼지를 쓰고 있는 유리병 속의 알사

탕들이 즐비한, 길모퉁이를 지났다.

그리고, 언제나 산뜻한 〈페인트〉 냄새로 설레는 영화관 앞에서 나는 성난 신성일과 울고 있는 문희의 그림이 그려져 있는 광고판을 훑어보고 있었다.

내가 디뎌 본 일이 없는 지역에 성큼 발을 디디고 마구 뛰어보고 싶은 욕망에 사로잡혔다.

나는 단호하게 입장권을 샀다. 내가 지금껏 지키고 살아온 〈하잘것없는〉 규칙을 깨뜨리고, 또 하나의 다른 규칙으로 발을 딛는다는 것이 묘한 감정으로 나를 풀고 갔다.

극장 안은 희미했다.

일부러 그런 조명을 한 것일까? 약간은 보라색이 도는 등불과 화면과 웅성이는 사람들의 말소리가 한데 어울려 묘한 조화를 이루고 있었다.

웅성이는 사람들의 틈으로 웃음소리며, 껌 씹는 소리가 탁탁하게 갈라진 채 튀어 왔고, 광고의 만화가 큰 입을 쩍 벌리며 무어라 외치고 있었다.

「참 합죽합죽 말도 잘한다. 그림이.」

나는 쿡 웃으며 여기저기를 둘러 보았다.

빽빽이 들어박힌 머리들 틈으로 이가 빠진 것처럼, 여기저기 몇 개의 자리들이 보였다.

나는 묘하게도, 견딜 수 없는 불안에 섞인 감미로움을 마셨다.

나는 무엇인가 큰일을 장하게 해낸 사람처럼 한숨을 몰아쉬었다. 그때 입구 쪽에서 세련된 웃음소리가 들렸다.

그의 웃음의 속도만으로도 그가 규혜라는 것을 알아냈다.

그리고, 그 선생님이 규혜의 곁에서 무슨 말인가를 하는 것도 바람 소리처럼 들려 왔다.

나는 갑자기 지금껏 부풀어 올랐던 공기가 터진 풍선처럼 꺼지는 것을 느꼈다.

나는 내가 부피 없이 일렁이는 것을 애써 참았다.

선생님은 규혜를 빈자리에 앉히고 뒤쪽으로 걸어왔다.

뒤설레어 발을 구르고만 있는 나의 어깨를 선생님은 툭 쳤다.

「너, 우리 학생이지?」

나는 너무 가슴이 차올라 고개를 떨어뜨렸다.

「몇 학년 몇 반, 누구야?」

아주 냉랭하고 교활한 자의 음성이었다. 나는 마구 뒤엉키는 혼란으로 비틀거렸다.

겨우 더듬거리며 말을 마치고, 나는 팽개치듯 뛰어나왔다.

「내일 아침 훈육실로 와—.」

내 뒷목으로 말소리가 꽂혀왔다.

나는 하나의 세계가 무너지고 있는 것을, 그 소리를 들었다.

우렁차고 가엾도록 큰 소리를 내며 무너지는 소리는 나를 먹먹하게 했다.

「환상이라 그랬잖니? 내가—」

하는 규혜의 음성이 모랫자루처럼 날아왔다.

「나는 그 선생님의 아무것도 아닌, 텅 빈 껍질뿐인 점이 좋은 거야. 넌 매달리고 있어. 내가, 아무것도 아닌 사람에게 넌 환상을 지니고 있다고 내가 말했잖니?」

규혜는 자꾸 말을 했다.

나를 말 속으로 떠밀어버렸다.

나는 내게 부딪히는 공기가 실 가닥처럼 가닥가닥 잘려버리는 것을 느꼈다.

이튿날, 훈육실은 탁한 공기로 싸여 있었다.

손바닥만 한 〈시매트〉 위에 낡은 의자 두 개가 뒹굴고 선생님은 그런 분위기와는 어울리지 않았다

나는 아직도 설레는 나를 보고 미워졌다.

너무 나의 가까이에 있었다.

선생님은 내가 멀리서 보던 머리칼, 짙고 시원한 그늘이 가리어진 눈, 어느 날 풀밭에서 원서(原書)를 읽던 손, 아아—, 그리고 〈테니스 코트〉에서 그림자처럼 하얗게 그넷줄 사이에서 뛰어오르던 그 〈유니 · 폼〉이 너무 가까이, 내 가까이에서 지금 내게 흘러오고 있다. 나는 울음이 배어 나오는 것을 느꼈다.

손끝이 시려 왔다.

「임마. 학생이 영화관에 다니게 됐어? 생각해 보면 알 게 아니야? 너 따위 문제아는 잘라버려야 돼. 우리 학교에서는 필요 없단 말야. 선생의 눈이나 살살 속여 가지고선 영화관에서 서성거리고 뭐야 임마. 너는 무기정학 깜이야. 여지 없어—.」

나는 어지러웠다.

너무 어지러웠다.

마구 뒤범벅이 된 말소리의 토박들이 제멋대로 퉁겨져 날아다녔다. 나는 현기증으로 이마를 짚고 일어섰다.

어젯밤의 보라색 공기로 더러워진 극장 안과, 나직하던 규혜의 웃음소리와 그의 곁에서 울리던 선생님의 말소리들이 빙글빙글 돌았다.

나는 정신없이 휘도는 머리를 감아쥐었다. 나가야겠다. 여기서 나가

야겠다.

이 네모난 방에서 나가야겠다. 미친 것처럼 눈물이 흘러내렸다.

온몸에서 눈물이 흘러내렸다.

「어딜 가려고 일어서 임마?」

「어지러워서…어지러워서…너무 어지러워서 견딜 수가 없어요.」

나는 휘청이며 밖으로 나갔다.

나는 두웅 뜬 풍선처럼 〈테니스 코트〉로 갔다. 사과 풀은 진한 향기를 뱉고 언제나처럼 그넷줄은 늘어져 있었다.

나는 그네를 잡았다.

정신없이 그네를 탔다.

ㅡ그래, 나는 너무 집요한 아이였다. 정말이지 규혜의 말대로 나는 환상을 보고 있는 거다.ㅡ

나는 그네를 타고 실꾸리처럼 엉켜오는 생각에 혼미해졌다.

지금까지 나의 생활은 밀폐된 상자 속과 같았다.

너무나 지루하고 갑갑하기만 하딘 나의 생활ㅡ.

여기서 벗어나면 어디로 가게 되는 걸까? 여기서 벗어나기만 하면 아무래도 좋을 것 같다.

차라리 한 마리의 새나 돌멩이 같은 것이었다면…

운동장에는 구름처럼 피어버린 햇살에 무수히 반짝이는 모래와 가는 바람에 나부껴 흩어지는 먼지로 가득했다.

이 밀폐된 상장 안에서 벗어나면 난 어떻게 될까?

상자 밖으로 나간대도 무덤과 같은 침묵과 메꿀 수 없는 공허가 기다리고 있을 것이다.

아니다. 아니 그럴지도 몰라.

모르겠다. 나는 아무것도 모르겠다.

오후의 운동장에는 사과 풀 내음만이 무한한 공간을 메꾸어 주고 있었다.

나는 미친 것처럼 울었다.

나의 온 시야는 부옇게 범벅이 되어 뒤흔들렸다.

세계가 빙글빙글 도는 것 같았다.

아니 내가 돌고 있었다.

내가 지금 울고 있는 이유는 무엇일까…. 아니 아무것도 생각하지는 말자. 생각 같은 건 말자. 말자.

나는 머리를 세차게 흔들었다.

바람이 불어왔다.

불어오는 바람 속에 그 선생님이 묘한 눈으로 나를 바라보고 있었다.

나는 처음의 지점으로 다시 돌아가 버리고 만 걸까?

나는 그네 위에 현기증을 일으키며 아득한 공간으로 떨어지고 있었다. 〈끝〉

당선

개교 16주년기념, 본사주최-제283·284호 1968년 6월 20일 목요일

제13회 전국고교생 문예작품현상 : 시

가을 울음

· 한정목 (전주상업고등학교 3학년) ·

우주는 커다란 항아리.
지구 끝 어느 외진 뒤안길에서
종은 흔들리고
계절은 발꿈치를 들다.

숲속 새로운 아침을 여는
애탄 노을의 연가.
악성(惡聲)의 건반이 일제히 낡으면
한 가닥 홍건히 젖은 시심(詩心)을 밝혀
비로소 잠 깨는 음악.

몰라요
빈 수수밭을 구르는 낙엽은
젖은 나의 손수건인지.

키 큰 나무들의 피리에 젖어
울고 싶도록 그리운 사람들,
긴 전설의 행렬 속에 날은 저물고
몰래 사념의 꽃씨를 물주는 밤에
싱싱한 곡조는 하늘까지 낭랑하다.

시리도록 가득한 시야에서 외따로
예지의 투명한 이슬 속
반짝이는 푸른 눈시울.
항아리 안에서 쩡쩡 이는
내면의 몸부림으로
해가 진 골짝을 쓸어가는
잠잠한 빗소리.
내 창가에선
사철 벌레가 울다.

입선

개교 16주년기념, 본사주최-제283·284호 1968년 6월 20일 목요일

제13회 전국고교생 문예작품현상 : 수필

겨울 아이들

· 배의천 (대구상업고등학교 3학년) ·

겨울 오후의 얄팍한 햇살이 나불거리며 내려앉고 있었다. 장독의 따뜻한 부분에 얼굴을 대고 쪼글치고 있는 석(石)이의 마음은 불안하기만 하다.

이제 해만 지면 엄마는 경아(京我)와 함께 나를 찾으러 다니실 테지…………

발이 시려 온다.

아직 덜 마른 한쪽 운동화에서 모락모락 김이 나오는 것만 같다. 손바닥만큼이나 탄 바른쪽 바짓가랑이를 보이지 않게, 몸을 고쳐 앉을 때마다 소름이 끼친다.

털을 바짝 세운 장닭이 모가지를 꾸역꾸역 흔들며 집으로 들어가고 있다.

산 그늘이 마을을 덮었다. 회색의 초가지붕 위로 난 굴뚝에는 하얀 연기가 흩어져 나온다. 학교에 달린 석이네 집 굴뚝에도 그랬다.

이때쯤 엄마는 반드시 장독대에 오신다.(이제 조금만 있으면 된다. 참아야지.)

입술까지 흘러내리는 콧물을 주먹으로 썩 문지른다. 손등에서 잔디불 그을음 냄새가 구수하게 풍겼다. 혀를 날름 내밀어 코 밑을 한번 휘둘러 본다. 이상하게도 맛이 있는 것만 같다.

찬 바람이 한 번씩 불 때마다 옆집에서 풍겨 나오는 찌개 냄새가 자꾸 뒤꿈치를 들먹이게 하지만 참아야 했다. 그때다.

「경아야 밥 되었는데 학교에서 가서 아부지 저녁 잡수로 오시라카고 오빠도 불러 온나」하는 부엌 그름이 잔뜩 낀 엄마의 목소리가 들렸다. 경아가 헐렁한 구두를 딸딸 끌며 대문 밖으로 나가고 부엌문 여는 소리가 난다.

(엄마가 오는가 보다, 무엇이라고 말 할까) 괴로운 듯이 얼굴을 찡그려 보였다.

「이게 누구고? 석이 아이가 야야 니 거기서 뭣하노?」

엄마의 수다스러운 물음이다. 생각해 두었던 말이 하나도 나오지 않는다.

눈을 감아 버렸다. 눈물이 두 뺨을 타고 내렸다. 깜짝 놀란 엄마가 들었던 그릇을 팽개치고 석이를 껴안아 일으킨다.

「석아 왜 이라노? 어디 아프나?」

겨우내 얼음판에서 터진 꺼칠한 손을 잡으며 얼굴을 비빈다. 온몸에서 그을음 냄새가 난다. 석이는 어깨를 들먹이며 「엄마 이 옷…」하고 더듬거린다. 이제 사 알았다. 엄마는 석이의 눈가를 〈골덴〉 옷 고름으로 닦아 주며

「얼음판에서 미끄러졌구나. 이제 얼음판에선 놀지 말아라, 그리고 빠지면 집에 와서 얼른 옷을 갈아 갈아 입어야지. 그랬으면 옷도 태우지 않고 떨지도 않체 그제?」

하신다. 석이는 엄마의 따뜻한 말이 살금살금 옷 속으로 기어들어 오는 것이라고 생각했다.

눈물이 자꾸자꾸 흘렀다. 그러나 이젠 걱정 안 해도 좋다. 회초리를 들고 호롱을 칠까 봐 겁이 났던 것이다. 그것보다 돌이가 고무 얼음판으로 떠밀어서 빠진 것을 알면 돌이 마저 호통을 칠까봐 더 두려웠다.

그러나 눈물이 마르는 눈가의 돌이 모습은 가엾기만 하다.

「돌인 참 불쌍해, 낮에도 날 일부터 떠민 것은 아니다. 매를 맞아도 돌이가 떠밀었다고. 고해바치지는 않았을 거다.」

딸딸 경아의 구두 끄는 소리가 가까워진다.

「이ㅡ오빠는 울보, 엄마! 오빠가 또 배고프다고 울재?」

「뭐래?」

한 손을 들고 대들려는 석이를 보고 경아는 아버지께 안겨 버린다.

「하하하 호호호」

어둠이 가만히 내려앉고 있었다.

아버지가 거울 앞에서 넥타이를 매고 계셨다. 책가방을 겨드랑 밑에 끼고 어깨너머에서 머뭇거리며 바라보던 석이의 눈과 마주쳤다. 아버지가 빙그레 웃는다, 석이도 씩 따라 웃으며 아버지 곁에 앉는다.

「아버지예」

「와」

소매 단추를 잠그면서 일어나시는 아버지의 얼굴은 아까 웃을 때와 꼭 같다.

「오늘이 월요일입니다.」

「누가 모르나」

「아이차암! 오늘까지 나뭇값 안 내는 사람은 매일 청소 시킨다고 합디다.」

「그래야지 학교에 낼 것은 빨리 내어야 돼」

석이는 아버지가 이럴 때 제일 싫다.

웃옷을 입으시는 아버지의 다리를 꽉 깨물어 버리고 싶었다.

「그라믄 아버지는 왜 나무값을 안 줍니껴?」

퉁명스럽게 말하는 석이를 보고 아버지는 어깨를 두드려 주시며

「그건 말이다. 우리 석이가 착하고 공부 잘한다고 그런 것 안내기로 선생님과 약속을 해왔어. 선생님께서 너 보고도 내라 카시더나?」 말이 없다.

모두가 거짓말이다. 석이 보다 공부 잘하는 혁이도 벌써 냈다. 지난겨울에도, 그리고 가을에 운동회비를 낼 때도 아버지는 그렇게 말씀하셨다.

그러나 어쩌면 정말일지도 모른다고 생각했다. 이제 석이네 반에는 나뭇값을 안 낸 사람이 다섯뿐이다.

반장인 석이도, 석이의 단짝인 돌이도 끼어 있다. 그 때문에 석이는 반장이면서 난롯가에 둘러앉은 아이들에게, 서 있는 애들과 고루 쬐라고 하거나, 떠들어도 조용해 달라는 말을 잘 못 한다.

아버지가 나가 버리신 미닫이 쪽으로 가만히 보고 있는 석이 눈앞에는 밝은 햇살이 보이지 않는다.

「선생 아들이면 최고가? 야들아 우리 이제는 나무 안 낸 사람은 불 못 쬐기로 하자」하던 왕 눈깔의 희멀건 눈이 동글동글 굴러가고 있었다.

「오빠 또 울어?」

방바닥에 엎드려 1, 2, 3, 4를 쓰고 있던 경아가 이마에 흩어진 머리카락을 조그만 손으로 쓸어 올리면서 묻는다.

「으으응」

눈시울이 뜨거워 온다. 미닫이를 꽝 닫고 나오는 석이의 눈에는 어느새 눈물이 떨어지고 있었다

부엌에 계시던 엄마가 부르는 소리가 등 뒤에서 가느다랗게 들렸다.

운동장 쪽으로 난 일곱 개 굴뚝에는 허연 연기가 뭉개져 나오고 있다.

끝에서 둘째 3학년 교실에도 신나게 나오고 있다.

그래도 아침나절의 교실은 춥다. 왕 눈깔을 비롯해서 기운이 센 놈들이 난롯가에 쭉 둘러앉고 작은 애들과 계집아이들은 햇볕이 들어오는 창문에 붙어 있다. 돌이도 그렇게 하고 있다.

내복도 입지 않고 홑 바지 주머니에 두 손으로 찌르고 연신 입김을 창면에 토해내고 있었다. 석이는 가만히 곁으로 다가갔다. 그리고는 주머니 속에 든 흰 목장갑을 만져 본다.

이것이라도 저 언 손을 덮으면……

「나는 학교도 가깝고……」

더 생각할 시간도 없이 얼른 주고 싶었다.

「돌아」

「으응」 돌아보는 눈이 쪼그마하다.

입술이 파리하다.

「손 내 봐라」

얼어서 빨간 손이 붕어 등처럼 거칠다.

「돌아, 이거 내가 끼던 건데 나는 새 장갑이 생겼으니 이것이라도 괜찮으면 니 해라」하면서 깨끗이 빨래질 한 흰 목장갑을 내밀었다. 돌이는 선뜻 받지 않는다. 석이는 장갑을 두 손에 끼워 주면서

「아침에 우리 아부지가 카는데 나는 나뭇값을 안 내도 된다고 하니 내 그 돈 받아서 네 것 내줄게」 하면서 씩 웃어 보였다. 그래도 돌이는 말이

없다. 이러한 돌이가 더 좋았다. 언제 생길지 모르는 「새 장갑」과 아직까지 더 들어야 할 왕 눈깔의 그 말이 앞을 가로막았지만 가슴은 훈훈하게 더워 오고 있었다.

아버지도 그렇게 해 주실 것만 같다.

돌이가 장갑 낀 손을 양 볼에 대고 또 입김을 토해 낸다. 앞이 흐려진다.

석이는 주머니에서 손을 꺼내 둘째 손가락으로 글씨를 쓴다.

봄, 꽃, 나비라고.

둘은 마주 보고 씽끗이 웃었다

잎이 하나도 없는 은행나무의 부품 할 그림자가 글씨 위로 가늘게 흔들리고 있었다. - 끝-

당선

개교 16주년기념, 본사주최-제283·284호 1968년 6월 20일 목요일

제13회 전국고교생 문예작품현상 : 수필

한해 의연금

· 권선중 (대전보문고등학교 3학년) ·

무더운 오후였다. 교실에는 아이들이 모여 앉아 제각기 왁자지껄하고 한참 〈컨디숀〉이 나서 떠든다. 더위도 잊은 모양이다.

「한 푼만 보태 주십시오.」

여기저기서 갑자기 거지 풍년이 든 듯, 모두 한 푼씩 보태 달라는 말뿐이다. 나는 〈노트〉와 책을 집어넣고 도대체 무슨 영문인가 하고 주의를 기울였다.

「깡통을 차고 거리에 나서 구걸을 한다더라.」

「얘, 그러자면 누더기 옷을 걸쳐야 할 게 아니냐?」

「그럼 멋쟁이 너는 어떻게 할래? 네를 보고는 단돈 일월도 안 줄 테니…」

와하하핫! 걸작인 운섭이의 말에 모두들 웃음보를 터뜨렸다.

「남자가 그런 짓을 어떻게 하냐?」

「난 죽어도 못하겠네」

하고 벌써 몸을 비꼬는 아이가 있는가 하면, 어느새 아이들 앞에 다가서

「불쌍한 한해민을 위하여 한 푼만 보태 주십쇼.」

하고 짓궂게 따라 다니며 제스츄어를 부리는 익살꾸러기도 있다. 나는 하도 궁금해서 옆에 앉았던 인호에게 물었다.

「얘 인호야, 쟤네 하는 소리가 뭐니?」

「너는 그것도 몰라? 요번에 가뭄을 당한 사람들을 위해 의연금을 모으러 나간대! 그래서 저렇게 떠들고들 야단이란다.」

「언제 가는데?」

「우리 학년은 오늘서부터 사흘 동안 한 다나 봐.」

「안 하면 안 되나?」

「그런 것 하기 좋아하는 사람이 어디 있냐?」

아닌 게 아니라 마지막 시간이 끝난 후 다른 학년은 다 집으로 가고 우리 동급 반들만 운동장에 집합하라는 명령이 내렸다.

이것 참 잘못 걸렸구나 싶었다.

「오늘 우리가 하는 일은 결코 부끄러운 일이 아니다. 오히려 자랑스러운 일일 것이다. 지금 영호남 지방에서는 보리를 한 톨도 먹을 수 없어 여간 곤란한 상태에 처해 있지 않다. 이것을 같은 동포로서 보고 있을 수만은 없다.」

한참 훈육 선생님이 주의하시는 동안, 애들은 여기저기서 귓속말로 웅성거리기 시작했다.

「잔소리 고만하고 빨리 해산이나 하라지. 아이 더워…」

「부끄러운 일이 아니면 선생님도 해보시지.」

날씨마저 무더워지고 불평불만이 많다.

드디어 훈육 선생님의 주의가 끝난 후 제각기 배치된 구역으로 해산되었다. 나도 할 수 없이 통을 가지고 거리로 나왔다. 목척교 앞 〈로타리〉를 지나자니까 제법 말쑥하게 차린 여자가 걸어온다. 나는 그 여인이 앞을 막아서며 차마 나오지 않는 말을 용기를 내어 뱉어 버렸다.

「불쌍한 한해민을 위하여 성의껏 보태주십시오.」

말을 마치자 고개가 절로 숙으려 졌다. 얼굴이 달아올랐기 때문이다. 그 여인은 아무 말 없이 잠시 굽어보더니 〈핸드빽〉에서 이십 원을 꺼내 주고는 제 갈 길을 가 버렸다.

처음 이십 원을 통에 집어 놓인 나는 웬지 불쾌했다. 꼭 모욕을 당한 것만 같았다. 목이 졸아들고 다리는 후들후들 떨렸다. 길가는 모든 사람이 나만을 쳐다보는 것 같았다.

〈오늘 우리가 하는 일은 결코 부끄러운 일이 아니다. 오히려 자랑스러운 일일 것이다. 지금 영 · 호남 지방에서는……여간 곤란한 상태에 처해 있지 않다. 이것을 같은 동포로서 보고 있을 수만은 없다.〉

이렇게 훈육 선생님의 말씀을 속으로 외이면서 마음을 고쳐먹으려 했으나, 어쩐지 용기가 나질 않는다.

나는 풀이 꺾인 걸음으로 다음은 역전 통에 있는 다방 위층으로 올라갔다. 거기서도 같은 심정으로 구걸하고는 아래층으로 내려왔다. 아래층 문 앞에는 구두를 닦는 구두닦이 애들이 한데 모여 앉아 제멋대로들 지껄이고 있었다. 나는 그들이 혹시 놀리지나 않을까 하고 그곳을 얼른 지나가 버리려 하였다.

이때 한 소년이 내 뒤를 따라 오는 것이 아닌가. 나는 소스라쳐 뒤를 돌아다 보았다. 열 두어 서넛쯤 되어 보이는 소년이었다. 물론 남루한 차림이다. 나는 의아스런 생각으로 그 자리에 서기는 했지만, 한편 경계하는 시선으로 쏘아보고 있을 때 그 소년은 바른손을 말없이 내미는 것이었다. 손에는 무엇인가 쥐어져 있었다. 꼬깃꼬깃 접힌 십 원짜리 돈이었다.

영문을 알 수 없었다.

〈나를 놀리는 것일까?〉

이런 생각도 들었다.

「이것을 받아 주세요. 적은 돈이나마 저의 성의로 돕고 싶어서 그러니 받아 주세요.」

소년은 정색한 표정이었다. 분명히 놀리는 것은 아닌 상 싶다. 나는 돈 받을 생각보다 그 소년의 차림을 다시 훑어보았다. 다 떨어진 옷도 그러하려니와 어깨에는 구두닦이 통이 미어져 있지 않은가. 그러면 이 돈은 자기가 피땀 흘려 번 돈이 아닌가.

「너도 애써 번 돈을 날 주면 어떻게 하니? 나는 돈 많은 사람에게 모을 수 있으니 그냥 넣어 둬.」

나는 이렇게 거절하는 수밖에 없었다. 차마 그 돈만은 받아서는 안 될 것 같았다.

「아니에요. 저는 이 돈이 적은 줄은 알지만, 조금이나마 불쌍한 사람들을 돕고 싶어서 하는 일이니 받아 주세요」

하고 소년은 손에 쥐었던 돈을 재빨리 집어 넣고는 가려 하였다. 그렇게까지 나오는 애틋한 성의를 굳이 물리칠 수는 없었다.

「네 이름이 무어니?」

「그런 것은 알 필요 없어요.」

하고 소년은 골목길로 총총히 사라지는 것이었다.

나는 한참이나 그 소년이 사라진 골목길을 지켜보다가 다시 발걸음을 옮겼다. 발걸음을 옮기는 나의 마음속엔 형용하지 못할 감성이 뭉클하게 파동치는 것이었다. 구두닦이 애라면 모두 버릇 고약한 장난꾸러기로만 알았던 내가 도리어 죄스럽게 여겨졌다.

〈이것은 결코 부끄러운 일이 아니다.〉

이것은 선생님의 말씀이 아니라, 바로 내가 나 자신에게 타이르는 준엄한 신념이 되어버렸다. 가슴에서 소용돌이치는 뜨거운 용기로 발걸음은 한결 가벼워졌다. -끝-

입선

개교 16주년기념, 본사주최-제285호 1968년 7월 3일 수요일

제13회 전국고교생 문예작품현상 : 소설

긴 차

· 신진 (부산도래고교) ·

봄이었다.

새싹으로, 촘촘히 단장된 산들과 골짜기마다 띄엄띄엄 벼 모종이 준비된 못자리는, 연두색 봄의 빛깔을, 충분히 나타내고 있었다.

얼어붙었던 개울에는, 송사리 떼가 줄을 이었고, 산에는 뻐꾸기 울음이 메아리치고 있었으며, 논에는 생선 새끼 같이만 느껴지는 올챙이도 얼마든지 있었다.

그러나, 웅(雄)이는 봄이 싫다.

따뜻한 햇볕의 감촉은, 진달래를 따 먹고, 올챙이 잡는 흥을 돋겨 주기도 했지만, 훈풍은 잠자리채로 모조리 거두어 버리고 싶도록, 웅이는 봄이 싫었다.

겨울은 추위 때문에, 물긷기가 고되기는 했지만, 고구마 썩는 냄새가 나는 방구석에라도 한가하게 앉아 있을 때가 많았다.

그런데, 밭일이 한층 바쁘고, 못자리를 마련해야 하는 봄이 되면, 겨우내 때가 묻고 터서 갈라진, 웅이의 감자알 만한 손은 풀리기는커녕, 피가 터질 듯이 빨개지는 것이었다.

꺼멓게 썩은 초가집 두 채의 맞은 편에서 기차〈레일〉이 햇빛을 반사하며 산허리를 휘감고 있을 뿐, 눈에 비치는 것은 산, 논밭 등 보기만 해도 귀찮아지고 미운 것들뿐이었다.

전쟁 불구자인, 웅이의 아버지는 노동을 못 한다.

그러나, 항상 전쟁 당시의 부지를 자랑하면서, 어려서 약한 웅이의 힘을, 날마다 회초리로 재촉하는 것이었다.

웅이는, 허연 얼굴에 아무렇게나 살이 붙은 아버지를 생각하다가, 며칠 전, 밤새도록 흉측한 울음소리를 내던 산짐승은, 틀림없이 아버지를 닮았을 것이라고, 생각하며 몸을 떨었다.

이 세상에서 가장 좋은 것이 엄마였다. 아버지 대신, 장정일을 해야 하는 엄마의 살갗은, 언제부터인지도 모르게 구릿빛으로 타 있었지만, 짜임 있는 몸이며, 예쁜 얼굴이었다.

엄마는, 남자 어른이 건장한, 옆집 옥이네보다, 적지 않은 논의 소작을, 거의 혼자 해내면서도, 가끔은 웅이 대신 물을 긷고, 도랑을 파는 등, 힘을 덜어주기도 했다.

못자리 만들기가 끝난 이튿날이었다.

웅이는 옆집에서, 옥(玉)이와 둘이, 벽에 비스듬히 몸을 기대고, 오랜만에 따스한 봄기운을 쬐고 있었다.

상의(上衣)의 허리는 겨우 배를 덮고, 소매는 팔꿈치에 중단되고, 군데군데, 허옇게 색 바랬던 자리에는, 때가 묻어 꾀죄하니 얼룩져 있었다.

이는, 무심히 찢어진 코고무신으로 발아래 흙을 파고 있었고, 웅이는 헤어진 조막손을 만지작거리면서, 어젯밤에 엄마가 울어야 했던 이유를 머릿속으로 캐고 있었다.

전날 밤, 얼마 남지 않은 못자리를 마저 만들어버리고 자자고, 모자

(母子)는 안간힘을 쓴 덕분으로, 밤늦게나마 다 마치고 돌아올 수 있었다.

봄이었지만, 산촌의 밤은, 겨울 날씨처럼 추울 때가 더러 있었다. 웅이는 발을 구르면서, 손을 호호 불었다가는 호주머니에 넣고, 다시 빼어 입김을 불어 넣는 짓을, 되풀이하고 있었다.

눈 아래 집이 보일 때 엄마가

「되게 춥재?」

하며, 어린 아들—어깨는 얼굴까지 쪼그라들고, 두 다리는 구르듯이 엄마를 따르는—을 내려다보았다.

잔뜩 찌푸리고 가던 웅이가, 엄마를 올려보고는, 힐긋 웃어 보이자, 엄마는 갑자기 엎드리며 웅의 뺨을 부여잡았다.

웅이는, 엄마의 눈에 눈물이 고이는 것을 보기 전에, 엄마의 아버지의 그것보다 더 깔끄럽다고 느꼈다.

「어메야, 빨리 가재이. 아! 어메. 우네? 와? 춥어서?」

웅이의 이 말에, 엄마는 더 소리를 내어 울었다.

아무래도, 단순히 추워서 운 것은 아니고, 그것을 말로는 표현할 수 없는 퍽 고마운 울음이었던 것 같았다.

웅이는, 어제의, 엄마 울음 생각에서, 언젠가, 밖에서 김을 매던 엄마가 갑자기 호미질을 멈추고는 조심스레 흙을 살픈 내려치더니

「웅아, 메띠기(메뚜기)잡았다. 크재?」

하면서 옆에 있던 웅이에게 큰 메뚜기 한 마리를 건네주던 일을 생각했다.

그때는 그냥 좋아라만 했지만, 끝없이 뻗쳐간 〈레일〉에 눈을 두고, 새삼 생각하니, 그렇게 바쁘게 김을 매던 엄마가 별안간 숨을 죽이고 메뚜

기를 잡아주었던 까닭도 궁금하다.

잘은 모르지만 그게 역시 무척 고마운 행위였음에는 틀림없었다. 지금 옆에 선, 옥이에게는 엄마가 없다. 가끔 아랫동네 어른들과 아버지가 얘기하는 것을 들으니 준성이란 사람과 배가 맞아 도망갔다고 했다.

배가 맞는다는 말의 뜻은 확실히 알 수는 없지만, 지극히 나쁜 짓일 거라고 생각되었다.

그것이 작년 봄, 꼭 일 년 전쯤의 일이었다.

그 일이 있기 전까지는 옥이가 절름발이 흉내를 내며 웅이를 놀려대었고, 웅이는 놀림을 받을 때마다, 찌뿌둥하게 서서, 목에 붉고 푸른 핏대를 세워, 고함지를 줄밖엔 모르는 아버지와, 옥이네의 건강한 아버지를 함께 연상하며 몹시 분해했었다.

그러나 옥이 엄마가 집을 나간 뒤, 웅이도 옥이의 멸시에 대항할 구실을 얻었다.

「절뚝절뚝 쩌얼뚝, 아베도 쩌얼뚝, 자식도 쩌얼뚝!」

「가시나야, 내가 언제 절더노! 너그 엄마는, 어떤 놈하고 배가 맞아서 도망갔다, 아이가?」

이렇게 서로 싸우다, 지금은 어느새 서로가 놀리지 않게 되어 버린 것이다.

웅이는 저희 엄마가 옥이 엄마보다 훨씬 좋은 엄마라고, 새삼 짙은 고마움마저 느끼며 벙긋이 웃어버린다.

옥이는 여전히 발끝으로 땅을 파고 있었다. 그때 엄마가 웅이를 찾는 목소리가 들렸다.

웅이는 엄마의 목소리만 들어도 반가운 듯 뛰어가면서 대답한다.

「아, 그게 있었나? 내, 마실에서 가서 쌀 뽀사(빻아)오께. 웅이 떡 좀 해주야 안 되겠나?」

떡을 먹는다는 것은, 남의 얘기로 느껴질 만큼, 떡을 구경한 지는 오래 됐다.

웅이는 기쁨에 어쩔 줄 몰라서, 떠밀기까지 하며 재촉한다.

「어메, 참말로 떡 해주나? 와! 신나데이, 어메야, 빨리 갔다온나.」

엄마도 함빡 웃음을 담고 내려갔다. 기쁨에 찬 눈길로 한참 동안 엄마를 바래고 있는데 〈디젤〉소리가 들렸다.

「긴 차 온다. 긴 차!」

옥이는 소리치며, 벌써 저만큼 뛰어가고 있었다.

웅이도 〈레일〉을 받치고 있는 벼랑옆으로 뛰어가며 소리쳤다.

「긴 차다! 긴 차!」

기차가 다가오자 웅이와 옥이는 두손을 휘저으며 욕질을 하기 시작한다.

승강구에 나와서 벼랑 밑의 두 꼬마에게 손을 흔들던 사람들은 심한 모욕을 받자, 흔들던 손을 멈추고, 무어라 고함을 지르며 지나간다.

기차가 지나간 뒤에도, 두 꼬마는, 손을 휘저으며 욕질을 계속했다.

기차를 보기만 하면 욕질을 해대는 데는, 멋있게 달려가는 기차란 물체의 신비와, 그 속에 탄, 멋있는 차림의 여행객들에 대한, 자학과 반항이 잠재되어 온 까닭도 있겠지만, 가장 뚜렷한 이유는 옥이 엄마가 도망 갔다는 사실이다.

그리고 기차를 타고 갔음이 분명한 것이었다.

그 일이 있는 뒤에 옥이가 먼저 욕질을 시작하여, 이제 기차는 이곳을 지날 때마다 두 어린이의 지독한 푸대접을 받아야 한 것이었다.

웅이는 욕을 해댄 뒤에도 싱글벙글 웃고 있었고, 옥이는 기차가 일으키고 간 먼지가 사라질 때까지 멍청하게 바라보고 있었다.

웅이는 집 쪽으로 걸어가면서 엄마가 내려간 언덕길을 내려보고, 옥이를 바라보며, 어떤 우월감 같은 감회에 웃음을 참지 못했다.

그러다가는 갑자기 당황하는 웅이, 방문 앞에서 날카롭게 노려보고 있는 아버지를 발견한 것이다.

지팡이를 짚고, 눈에는 광적인 살기를 띠고, 찌뿌듯이 선, 아버지의 모습은 무서운 공포를 느끼게 했다.

「이리 와!」

침이 튀도록 고함지른다.

웅이는 고개를 푹 숙이고, 흘끔 눈치만 살피면서, 조심스레 다가서다가 빰에 불이 붙듯, 화끈하다고 느끼며 쓰러져 버린다.

그 위에 아버지의 지팡이가 또 들이친다.

「이놈의 자석! 암만 불러도 대답이 없더만, 기차에 욕질이나 하고 댕겨?」

웅이는 재빨리 꿇어앉아 빌기 시작했다.

「아베요, 인자부터는 절대 안그라겠심더.」

입술을 파르르 떨면서, 손바닥을 불이 나도록 부벼댄다.

「말만! 입만 살아서…. 요놈아, 벌씨로(벌써)몇번째고!」

몽둥이는 연이어 날아든다.

웅이는 개구리처럼 팔딱팔딱 뛰면서, 피하려고 애쓴다.

꿇어앉은 자세에서, 몽둥이가 내려오면 손으로 땅을 짚고, 옆으로 폴짝 뛴다.

그러고 나면 두 손은 자동으로 다시 비벼진다. 아버지는, 잘 맞지 않자, 더 사납게 휘둘렀다.

「아야 아야! 아베요, 참말로 인자 안그라께요.」

입술이 터져 피가 흐른다.

그 위에 눈물이 번지고 있었다

「뒈져라. 니같은 놈은!」

아버지는 도무지 사정이 없다.

이때, 옥이 아버지가 달려와서 몽둥이를 붙잡고 말린다.

「와 이라노, 이 사람아. 아(아이) 직일 라카나?」

「놔! 이거 놓으란 말이야. 안놔?」

아버지는 발버둥을 쳤지만, 옥이 아버지의 힘에, 어쩔 수 없이 방안으로 끌려 들어갔다.

「조놈의 새끼가 지그 에미를 닮아서 소같이 말도 못알아 듣는단 말이야.」

방안에서도 그치지 않는 아버지의 고함을 들으며, 웅이는 몸을 일으켰다.

조그만 두 다리가 휘청거렸다.

겁에 질려 구경만 하던 옥이가 뛰어와서 부축한다.

웅이는 옥이에게 기대어 걸으면서도 몹시 비쓱거렸다.

그런데 웅이는, 옥이가 저희 집에 가자고 끌어도, 자꾸만 산 위로 향하는 것이 아닌가.

옥이가

「우리 집에 가자카이, 어데 가노?」

「옥이야. 저 높은 데 올라가자. 우리 어메 오믄 떡해주께」

겨운 목소리였다.

「피 좀 봐라, 그마 우리 방에 가자.」

웅이는 콧물이 묻어서 햇빛에 파란빛까지 반사하는 소매쭉지로 피를

씩 닦으면서

「그라몬, 니혼자 너그집에 가라. 나는 조끔밖에 안 아푸단 말이다.」

한사코 언덕으로 향한다.

옥이도 할 수 없이 웅이를 따른다.

옥이가 돌멩이를 헛디뎌, 둘이 같이 넘어져 버린다.

겨우 조그만 동산의 잔디밭 위에 둘이 앉았다.

「웅아, 되게 아푸재?」

「웅야(그래), 쪼끔 마이(많이) 아푸다.」

「………」

「옥아, 우리 어메 언제 오겠노?」

얼마의 손에서 메뚜기 한 마리가 달룩그린다.

아버지의 간익한 얼굴이 엄마의 미간을 지우려 하자, 웅이는 다급하게

「옥아, 우리 어메 참마로 좋재?」

「……」

급작스러운 공포와 고통으로 웅이는 온몸이 저리는 듯, 잠을 자고 싶어졌다.

「우리 여게서 안 잘래?」

하고는 졸음을 이기지 못하여, 금세 잠들어 버렸다.

「웅아, 너그 어메 온데이」

옥이가 깨우는 바람에 웅이는 벌떡 일어섰다.

벌써 어스럼한 저녁때였다.

저 아래, 정말 엄마가 오고 있었다.

건넛산 허리를 기차가 질러가고 있었다.

「어메야―.」

뛰던 웅이는, 몇 발 못 디뎌 넘어지고 만다. 엄마도 뛰어오고 있었다.

옥이는 언덕 위에서 내다 보고만 있었다.

「어메!」

엄마는 웅이를 꼭 껴안아 주었다.

「웅아, 마이 기다렸재?」

엄마의 아늑한 품속에서, 웅이는 그만 울음을 터뜨렸다.

엄마의 가슴을 파고들며, 올려보니, 엄마도 웅이 이상으로, 섧게 울고 있는 것이 아닌가.

「어메야, 떡쌀 해왔재? 어메니는 머할락고 우노?」

엄마는 쌀포대를 올려 보이면서,

「그…그마, 안 우나!」

했다.

「어메야, 떡 해갖고, 옥이도 마이 주재이.」

옥이는 저만치 오려다 말고, 부러운 눈으로 보고만 있었다.

질투마저 이는 것 같은 눈빛이었다.

「웅아, 니 또 아베한테 맞았는가베.」

엄마는 웅이의 모습과 태도에서 넉넉히 짐작된다는 듯, 산 너머로 조용히 한숨을 내쉬었다.

웅이는 대답 대신 더 섧게 느껴 울었다.

「갔다 왔심더」

엄마가 떡쌀을 내려놓으며, 방안의 아버지에게 한 말이었다.

방문이 열리고 아버지의 다 허연 얼굴이 나와, 엄마에게 무어라 말하려다가 웅이를 보고, 어이없다는 듯이

「하一! 요놈의 자석 어데 갔다가一」

「아베요, 한 번만 용서해주이소」

모기만 한 소리로 용서를 빌었다.

아버지는, 기가 찬다고, 중얼 걸리면서, 사납게 방문을 닫아버리고 말았다.

엄마는 바삐 떡쌀에 쑥을 섞어 부엌으로 들어갔다.

웅이도 엄마 옆에 웅크리고 앉아서, 불을 지피는 엄마 얼굴을 물끄러미 바라보았다. 어쨰 엄마의 얼굴빛이 밝지 못한 것만 같았다.

「어매, 내는 배고파 죽겠다.」

말을 붙여보았다.

「아, 참, 웅이 배고프겠네, 빨리 떡 해갖고 마이 묵재」

엄마는 환하게 표정을 바꿔주었고, 웅이도 입만으로 따라 웃었다.

완전히 어두워서야, 엄마는 조금만 더 있으면 되겠다면서 아궁이에서 타던 나무 몇 개를 빼내었다.

그때 엄마를 부르는 아버지의 그 괄괄한 음성이 또 들렸다.

「이봐!」

「야?」

「물 좀 갖고 와!」

엄마가 방문을 열어, 물그릇을 들여놓고 나오자, 아버지는 이상한 것을 본 것 같이 재차 부른다.

「어이? 니 방에 좀 들어와 봐?」

어머니가 방에 들어가자 아버지는 성급하게

「니 가슴팩이가 와 이래 꾸기 졌노?」

하는 것이었다.

웅은 정짓간에서, 아버지가 또 괜한 트집을 잡는다고 생각했다.

엄마의 옷이 구겨진 것은 아까 웅이가 울면서 얼굴을 비벼댄 까닭이 아닌가.

「이거! 바로 째(찢어)졌데이, 깨졌어 이년아, 말해! 어떤 놈이야, 엉?」

단박에, 아버지가 엄마를 뒤흔들어대는 소리가 들렸다.

웅이는 잘못하여 엄마의 옷을 찢기까지 했는가 싶어 적이 불안했다.

그런데, 엄마는, 왜 웅이가 찢었다고, 변명하지 않는지 답답했다.

「별일은 없었심더, 정말 예」

엄마의 변명은 고작 이것뿐이었다.

「끝까지 바른말 안 할래? 직인다?」

방문이 왈칵 열리고, 무척 당황한 엄마와 새파래져서 떠미는 아버지가 보였다. 웅이가 뛰어나가 아버지의 손을 잡아떼면서

「아베요, 엄마 옷은 내가 그랬심더.」

한 덕분에 엄마는 잠시라도 풀렸지만, 웅이는 몽둥이로 호되게 머리를 얻어맞았다.

「아야!」

단번에 큼직한 혹이 솟았다..

아버지도 방 밖으로 내려섰다.

「같이 못 가겠어? 이년이 오늘 병신취급 오라지게 해네, 빨리 가자.」

「.........」

엄마는 말도 없이 울고만 있었다. 옥이 아버지가 또 뛰어와서, 아버지를 빼어 안았다.

「이 사람, 오늘 또 와이라노으의?」

「놓아다고…던러운…더러운 세상이었구나, 야 이년아! 안 갈래? 그라

믄 좋다. 혼차라도 가. 혼차라도 가. 혼차라도 가서 잘 살어… 가란 말이야!」

아버지는 별로 발버둥하지도 않고, 어두운 하늘을 올려다보며, 통곡하는 것이었다.

아버지의 울음은 처음 보는 것 같았다.

「저년이… 저년이 서방질을 하다니…놓아주기… 이 서방, 이 손 놓아주가. 괜찮아.」

엄마도 얼굴을 가린 채 울었고, 웅이도

「아베요. 참말로 엄마 옷은 내가 짼심더.」

해놓고는 울어버렸다.

아버지의 얼굴에 더 굵은 핏대가 섰다.

「이 놈의 새끼야, 니가 멀할락고 온 옷을 다 짼겠노! 너그 어미 안 닮았다 카바, 자꾸 거짓말 이가!」

「가세, 가! 오늘은 우리 집에서 가서자.」

옥이 아버지가 잡아끌었다.

「내가 와 가? 저년이 가야지 내가 와 간단 말이고?」

「암말 말고, 우리 집에 가서 이야기하세.」

억지로 끌고 간다.

「놔! 놔! 저년부텀 쫓아야 돼!」

하면서 끌려가는 아버지는, 긴 울음을 그치지 않았다.

「어메야, 니 와 내가 쨌다 안카노?」

엄마는 자꾸만 울기만 했다.

「어메야, 방에 들어가자 으?」

엄마는 방에 들어가려다 말고,

「배 고프재?」

하며 정짓간으로 들어가, 광주리에 떡을 담아왔다. 이런 엄마를 공연한 트집으로 나무라는 아버지가 한 번 더 혐오되었다.

엄마는 방안에서도 넋 잃은 사람마냥, 천정만 올려다보고 있었다. 머리맡에는 그렇게 기다리던 쑥떡이, 김을 모락모락 내고 있었지만, 먹을 생각이 나지 않았다.

「어메, 그만 울어라.」

웅이는 엄마의 등을 두드리며 달래었다. 엄마는 눈물을 훔치며 웅이 쪽으로 누워 주었다. 두 눈이 빨갛게 충혈된 엄마가, 한없이 측은하게 느껴졌다.

「어메야, 아베 참 밉재? 나는 아까 어메가 진짜 가뿌몬 어째 살꼬, 겁나더래이.」

「자석도, 내가 어째 혼차 가겠노.」

「그래도 아베가 쫓으면 어짤끼고.」

「그라믄, 아랫마을 동무 집에 갔다가 아베 성(화)이 풀리 때 쭘(쯤)도로 오믄 안 되나, 내가 웅이 없이 어째 살겠노.」

엄마는 일부러였지만, 웃어주었다.

「어메, 내가 머리가 되게 아푸다.」

「그라몬 일찍 자라, 큰 병 나겠다.」

「어메, 내 자께 성나도 가지 마래이.」

「안 간다. 내가 어데 가겠노?」

불쌍하지만 좋은 엄마—. 옥이 엄마보다 훨씬 좋은 엄마 옆에서 웅이는 벌떼에 쏘인 듯이 무겁게 울울그리는 머리를 감싸고 잠을 청했다. 자다가, 심한 고통으로 깨어보면, 엄마는 자지도 않는지, 거룩한 모정의 자세로, 웅의 가슴을 살며시 눌러주었고, 수심에 찬 표정은 한결같았다.

그러면 웅이는, 까칠까칠하긴 하지만, 무엇보다 믿음직스러운 엄마의 손을 꼭 쥐고 다시 잠드는 것이었다.

새벽녘이었다.

웅이는 또 심한 진통을 느끼고 손을 내저으며 엄마를 찾았다.

「어메야……」

어른의 손이 웅의 조막손을 쥐여준다. 웅이는 거의 무의식중에서도 자기의 손을 잡은 것은 엄마의 손이 아니라는 느낌에 눈을 떠 보았다. 아버지였다.

예쁜 엄마가 아니고, 무서운 산짐승을 닮았을 아버지가, 눈물을 머금고 내려보고 있는 것이 아닌가. 웅이는 벌떡 몸을 일으켰다.

날카로운 불안이 전신을 엄습했다.

「아베 아잉교?」

아버지는 눈물로 흠뻑 젖은 눈으로 내려보고만 있었다.

「어메야—. 어데 있노?」

비틀거리며 방문으로 향하는 웅이를 아버지가 와락 부여안는다.

「으흐흑! 이놈의 자석아.」

때리는 것이 아니라, 부둥켜 안고 울기만 한다.

「어메는… 내가 보냈다.」

「야? 아베가 쫓았능교? 이거 놓으시소. 내사 어메 찾으러 갈랍니더.」

「지금 나가봐야 몬 찾는다. 웅아, 아베하고 살자, 으? 인자는 절대로 안 때리께.」

웅이는 문득, 아버지의 표정에서 여태껏 보지 못한 진실을 가늘게나마 느끼는 것 같았다.

「아베요, 어메 언제 나갔읍니껴? 어메 찾아갖고 셋이서 더 잘 살믄 안 됩니꺼.」

「어메는 아까 밤에 갔다. 부잣집에 갔을 끼다. 웅아, 어메는 잊어뿌라.」

「어메가 부잣집에 어째 가능교? 아베는 어메가 밉어 죽겠읍니꺼.」

「어메는 좋은 여자 아이었나, 그래도, 인자는 안 울 끼다. 웅아, 그마 자라, 으?」

그러자, 웅이는 어젯밤에 엄마가, 잠들기 전에 한 말을 기억해 냈다.

(아베 성이 풀릴 때, 오믄 안되나, 우리 웅이 없이 내가 어째 살겠노.)

아베지에게, 조금의 두려움도 있었고, 머리도 아찔해 왔기 때문에, 웅이는 돌아오리라든, 엄마의 말을 믿고 다시 누울 수밖에 없었다.

아버지는 한 달쯤 전 엄마가 장날에 사 온 머큐롬으로 부은 자리를 찾아 발라 주었다.

점심때가 지나도, 엄마는 돌아오지 않았다. 말도 없이 가버린 엄마에 대한 불안이 일기 시작했다.

아버지 말대로, 부잣집에 살러 갔지나 않을까 하는 마음마저 들었다.

막 방문을 여는데, 바로밖에 아버지가 서 있었다. 얼마 전에 논을 둘러 보겠다면서 나간 아버지였다.

「아베요, 어메 안 오능교?」

「그래.」

아버지의 대답이 왠지 힘없고 초라한 것 같다.

「어메가 영 안 오믄 어짭니꺼.」

「어짜기는 어째, 그만이지.」

「내 어메 찾아보고 오겠심더.」

「안 돼, 몸도 지대로 못 움직이믄서 어째 찾을라꼬.」

「산우(위)에 올라가믄 빌(뵐)겁니더.」

「허ㅡ그놈 참, 안온다카이. 그마 눕어 있어라, 떡이나 묵고.」

방 한구석에는 쑥떡이 그대로 있었다. 먹기도 싫었고, 곧 엄마가 와서 같이 먹어줄 것만 같았던 것이다.

지금쯤, 언덕을 지나 그리고 논두렁을 따라 바로 방문 앞에 올 것이라는 꼬리 없는 추리를 하는 가운데 저녁때가 되었다.

그래도 엄마는 오지 않는다. 어제, 떡쌀 해오는 엄마에게 안겨, 웅이가 느껴 울자, 엄마도 따라서 울던 모습과 이상하게도 어두운 빛이었던 엊저녁의 엄마에게는 아무래도, 무언가 잘못된 것이 있는 것만 같았다.

웅이는 무서운 의혹을 뿌리치고, 언덕 위에만 올라가면 엄마가 보일 것 같은 생각이 들었다.

「아베요, 내 잠시만 나갔다 오께요.」

「어데 갈락고?」

「산우에 올라가 볼랍니더.」

아버지는 한참 동안 웅이를 훑어보더니 힘없이,

「그래, 가겠으믄 가봐라.」

하고 마지못해 허락한다.

오랫동안 누워있었던 까닭으로 일어서면서, 아찔한 빈혈을 느꼈다. 전신이 절인 것 같았지만 걸을 수는 있었다.

마침 옥이가 집 앞에서 땅바닥에 무언가 그려대고 있었다.

웅이가 부르자 곧 뛰어왔다.

「옥아, 우리 어지(어제)갔던 데에 안 올라갈래?」

「머 하려고?」

「우리 어메 오는 거 보러.」

「네사 안 갈란다.」

「와?」

「너그 어메 안올낀데 머할락고.」

「안 오기는…저 우애가 보믄 올끼다.」

옥이는 무엇을 아는 듯한 눈치였다.

「너그 어메도 배가 맞아 도망갔다 하더라, 그런데 어째 오겠노?」

웅이는 버럭 화를 내어 달려들었다.

「머? 가시나 이기 머락하노!」

「너그 어메도 어지 서방질했다 카대.」

옥이의 음성은 너무도 또록또록했다.

서방질이 무엇인지 모르지만, 아버지가 어제 고함을 지를 때부터 굉장히 나쁜 짓이라고는 짐작했다.

의심스럽고 어색했던, 어제의 엄마 표정의 이유가, 바늘 끝처럼 따갑게 찔러왔다.

「야 이 가시나야, 우리 어베가 너그 어베하고 같은 줄 아나?」

「너그 어베도 배가 맞아 도망갔어, 너그 아베가 그라데!」

웅이의 얼굴이 빨개진다.

「저 우에 올라 가볼래? 우리 어메가 보이는가 안 보이는가.」

「좋다, 그라믄.」

옥이의 대답이 무섭게, 웅이는 옥이의 손목을 잡고 뛰어 올라갔다. 몇 번이고 미끄러졌지만, 그때마다 아픈 줄도 모르고 다시 뛰었다.

언덕 위에 올라섰다.

 그러나 엄마는 보이지 않는다.

「바라! 너그 어메 어데 오노?」

옥이의 경멸에 변명할 길이 없다.

얼굴이 하얘져 갔다.

엄마의 까닭 모를 울음과 근심 낀 표정은 무엇을 의미하는 것이었던가!

그것은 지극히 나쁜 죄였음이 분명하다.

그때였다.

디젤 소리가 들렸다.

고개를 돌려, 뱀처럼 산허리를 타고 오는 기차를 보았다.

옥이가 소리쳤다.

「너그 어메도 긴 차 타고 도망갔어! 어짜몬 저 긴 차에 탔을지도 몰라.」

온몸을 전율시키는 이 저주스런 음성.

기차를 노려보는 웅의 눈빛은 무서운 살기를 쏘았다.

갑자기 휙 돌아선 웅이는, 언덕 아래로 기차를 향해 뛰기 시작했다.

실신해 버릴 것만 같은 몸이 넘어져 뒹굴고는 다시 뛰고….

한쪽 손에는 뾰족한 돌멩이 하나가 힘있게 쥐어졌다.

(조놈의 긴 차, 박살내 놓을끼다.)

달려가는 웅이 눈에는 눈물보다 엄청난 실망에서 오는 분노가 피를 쏟을 것 같았다.

기차는 웅이 벼랑 밑에 도착하기도 전에 지나가 버렸지만, 웅이는 몇 번이고 미끄러지면서 한사코 기어올랐다.

가까스로 레일 위에 올라섰다.

오른손에는 여전히 돌멩이 하나가 쥐어져 있었다.

기차는 흔적도 없었다.

웅이는 기차가 사라진 쪽으로 걷듯이 계속 뛰었다.

미친 듯이 두 손을 휘젓고, 욕질을 해대다가 넘어져 버린다.

레일 위에 주저앉는다.

(악착같이 부수고 말게다!)

다음 기차를 기다리자는 것이었다.

이때쯤이면 매일 기차한 대가 올라간 뒤 잠시 후면 다른 기차가 내려왔다.

산을 돌아 사라진 레일 끝을 응시하며, 기차를 기다리는 웅이의 눈에, 엄마 손에 잡힌 메뚜기 한 마리 달룽그린다.

(너그 어메도 긴 차 타고 도망갔어!)

옥이의 음성이 귀청을 찢는듯하다.

아이다! 우리 어메는 너그 어메하고는 다르다.

두 뺨을 어루만지며 눈물짓던 엄마— 솥 안에서 쑥떡이 거세게 김을 내뱉는 것도 보인다.

아버지의 맹수 같은 얼굴—

아, 그것이 일그러질 때는 두 손이 절로 비벼지더라.

웅이를 감싸 안고, 아버지의 회초리를 말려주던 엄마가 보인다.

「우리 어메는 옥이 어메하고는 다를낀데…」

웅이는 그만 울어버리고 말았다.

(아베는 쩔룩배이, 어메는 서방질재이.)

경멸하고야 말 옥이의 음성이 높이 고조되어 온 머리를 흔들었다. 흙투성이 고무신 안의 시커먼 발이 내다보였다.

언젠가 따뜻한 날, 개울가에서 발을 씻겨주던 엄마가 눈에 어린다.

집 쪽을 바라보았다.

주인 없는 집처럼 쓸쓸하다.

그기에는 웅이와 엄마의 피어린 손질로 유지되어 온 산천이 있었다.

얼핏 디젤 소리를 듣고 웅이는 고개를 들었다.

바로 눈앞에, 뭉텅한 대가리를 밀고 내려오는 것을 기다리던 기차가 아닌가.

그러나 웅이는 깜짝 놀라는 동시에, 자신도 모르게 옆으로 몸을 비꼈다.

바로 옆으로, 커다란 쇠바퀴가 쉭 지나가는 것이 겁난다.

두 손에 온 힘을 모아 땅을 박차고 옆으로 굴러버렸다.

세 길이 넘는 벼랑 아래로 굴러떨어진다. 그러고도 또 두 손으로 땅을 민다.

왼손은 힘이 가자 뼈가 밖으로 튀어나오는 것같이 아프다.

그 바람에 몸이 바로 누워지면서 논두렁에 빠져버린다.

흙투성이 된 웅이는 바보 같은 얼굴로 기차가 멀어지는 것을 바라보았다.

뱀이 꼬리를 감추듯 기차는 산을 돌아 서서히 멀어져 갔다.

기차가 완전히 사라진 뒤에도 웅이는 벙어리마냥 소리도 내지 못하고 입 모양으로만,

「긴차… 긴차, 어메야… 어메.」를 되풀이하고 있었다. -끝-

당선

제300호 1969년 2월 28일 금요일
제13회 전북대학교신문 학예상 : 소설

눈사람

· 형문창 (문리과대학 국문학과) ·

「느네 엄마는 바람나서 도망갔대. 히히 약 오르지? 약 오르지 약 오르지……」

역사(驛舍) 맞은편, 초라한 잡화상을 왼쪽으로 비켜 새로 지은 창고의 벽돌담에는 으스스한 겨울 날씨를 포근히 감싸주는 햇볕이 들고 있었는데, 준이 또래의 꺵비리들은 거기 올망졸망 붙어서서 연신 준이를 골려대기가 일쑤다.

나는 담배를 한 개비 꺼내물고 한번 길게 호흡을 한 뒤, 역사 오른쪽에 바짝 달라붙어 있는 게딱지만 한 변소로 들어간다. 소변을 보고 선 동안에도 듬성듬성한 판자 칸막이 사이로 꺵비리들이 재잘거리는 모습이 시선을 끈다.

언제부턴가 나는, 한 손으로는 하복부에 엄지손가락만 하게 삐져나온 그것을 치켜세워 배설을 돕고 한 손으로는 담배를 피우면서 시선을 들어 막연히 꺵비리들을 주시하는 버릇이 생겨 있었다.

꺵비리들은 그러한 나의 버릇을 알기나 한 듯이 거의 날마다 창고 벽돌담 주위에 모여들어 수작을 부린다.

따지고 보면 이것은 막연한 재미가 아닌 것으로, 나는 공사장에서 틈이 나는 대로 이 변소를 찾아와서 무슨 큰 관심거리라도 생긴 듯 지극히 열심히도 그들의 일거일동을 주시하게 되었는데, 그때마다 용케도 준이와 녀석들 사이에 일어나고 있는 야릇한 거리감 같은 것을 포착하곤 했다.

「느네 엄마는 바람나서 도망갔대. 히히 약 오르지? 약 오르지 약 오르지……」

깽비리들은 저마다 손가락 끝을 입술에 배비작거리고 고개를 실룩실룩하면서 일제히 준이를 놀려댄다.

준이는 유독 햇볕이 들지 않는 구석지에 쫑그리고 서서 그들은 노려본다.

「눈 오면 임마! 우리 엄마가 빵모자랑 땅콩이랑 많이 많이 사 온대. 느네들은 주는가 봐라. 씨.」

준이도 지지 않겠다는 듯이, 두 팔을 길게 벌려서 한 아름 원을 그려 보이며 기를 쓰고 변명한다.

「바보새끼, 병신새끼, 거렁뱅이 새끼, 즈네 엄마 도망간 것도 모르는 천치 새끼, 멍청이새끼……」

녀석들은 준이의 변명을 한사코 인정하려 들지 않는다. 도대체 녀석들이 준이에게 바라는 그 저의를 모를 것이, 그들은 하나같이 준이를 놀릴 뿐으로 아무도 그에게 별다른 무엇을 요구하지는 않았기 때문이었다.

「약 오르지? 약 오르지 약 오르지……」

녀석들은 더욱 거칠게 준이를 놀려댄다.

「이런 씨……」

준이가 갑자기 맨 앞에 서 있는 녀석의 얼굴을 여지없이 쥐어박는다. 퍽 짧은 동안에 일어난 일이었다.

나는 담배가 시멘트 바닥으로 떨어져 버린 것도 모르고 있었다. 아직 다 태우지도 못한 새마을 꽁초가 시멘트 바닥의 오줌 기에 묻어 피시시 꺼져 버린다.

하얀 줄무늬가 든 파란 털샤쓰의 땅딸막하나 그 깽비리와 준이는 맞붙어 서서 탁구공 만씩 한 주먹을 잽싸게 휘두른다. 다른 깽비리들은 뻥 둘러서서 신이 나 있었다. 준이가 열세(劣勢)이기 때문일 것이었다.

노상 있는 일지만 나는 그때마다 멍청히 있을 뿐이었다. 그들을 어떻게도 할 수가 없는 것이다. 그들이 나를 〈시켜주지 않는다〉는 식의, 우선 그런 일종의 소외감 같은 것이 찌릿하게 내 가슴을 들고 일어나 마침내 나는 고개를 돌려 시멘트 벽의 여기저기 흩어져 있는 낙서를 언뜻언뜻 보아 넘기거나 벽에 씩씩 문질러져 있는 꾀죄죄한 코딱지 같은 것들을 지극히 못마땅하게 바라보거나 하고 만다. 다시 말이지만 나는 그들로부터의 아주 멀찍한 거리를 느낀다.

따지고 보면 녀석들이 얄밉기는 하다. 한결같이 준이는 녀석들에게 결국 얻어맞지 않는가. 바보 같은 자식. 어데 바늘 찌를 구멍 하나 제대로 없는 누더기를 그나마 잘기 잘기 찢어가지고 실타래같이 축 늘어져 나와 있는 누런 콧물을 보기에도 민망스러울 정도로 훌쩍훌쩍 들이마시면서 풀이 죽어 돌아오는 준이. 노상 맞기만 하는 자식. 병신같이…….

그러나 준이는 그렇게 얻어맞고 돌아와서도 그런 기색을 보이지 않았다. 준이는 얻어맞을 때보다도 집에 돌아와서 더 크게, 더 서럽게 울만한 그런 나이가 아닌가 하고 나는 종종 나의 챙피한 경험을 들추어내고는 했다.

하기야 준이가 처음 한두 번 그런 짓을 하지 않은 것은 아니지만, 그것이 아버지나 내게 하등의 관심도 불러일으키지 못하고 말았다는 데서 일종의 잠재의식 같은 것이 꿀꺽 들어올라 준이는 그만 제풀에 지쳐버렸는지도 모를 일이다.

자명한 일이지만 나는 진실로 그렇게 준이에 대해서 무관심하거나 무책임하지 않다. 오히려 준이에 대한 나의 관심은 너무 지나치다.

그렇지만 준이의 하나하나 행동에 들고나서서 왈가왈부할 수는 없다. 그것은 누가 시킨 일이 아니다. 고의적인 회피는 더욱 아니었다. 확실히는 나도 모르지만 준이를 대하기가 어쩐지 민망스럽고 불안해져 버려서, 실로 나도 어찌할 바를 몰라 어리둥절한 틈에 용기를 잃어버리지나 않았을는지…. 아무튼 준이는 나를 제게 야무지게도 밀착시켜 놓고, 그러나 표면적으로는 어쩔 수 없이 고개를 돌려버릴 만큼 나를 안절부절못하게 만들어버린다. 이상하게도 준이에게는 그런 힘이 있다.

나는 오줌 기에 묻어 피시시 꺼져버린 꽁초에서 눈을 들어 벽돌담 주위를 바라보았다.

깽비리들은 아직도 삥 둘러서서 옥신각신하고 있었다. 준이의 모습은 잘 보이지 않았으나 깽비리들의 표정으로 보아 아직도 싸움질이 계속되고 있는 모양이었다.

나는 슬금슬금 게딱지 같은 변소를 빠져나갔다. 공사장엘 가야 한다는 생각이 머릿속을 찡 울렸기 때문이었다. 되도록 깽비리들이 보지 않도록 슬금슬금 공사장을 향하려 했을 때 문득, 호주머니에 얄팍한 허전함이 미쳤고 이내 집에서 담배갑을 빠뜨리고 온 생각을 해냈다.

깡말과 비틀어져 으스스 떨고 선 가로수 밑을 지나서 집으로 걸음을 옮겼다. 누런 가로수 잎 한두 개가 깐장깐장한 가지 끝에 악착같이 달라붙어 팔딱거린다. 나는 거기서 문득 아버지의 핼쑥한 얼굴을 생각해냈다.

덜컹덜컹한 판자 대문을 밀고 들어서자 주인집 아주머니의 부스스한 얼굴이 드르륵 열린 방문 사이로 쑤욱 삐져나 왔다가 사라진다. 나는 가느다랗게 헛기침을 한두 번 〈헉헉―〉하고 나서 아버지와 준이, 그리고 내가 기거하는 찌들어버릴 듯한 식당 방으로 두어 발 걷다가 섬찟 멈춰섰다. 아버지를 보았기 때문이다.

아버지는 거무튀튀한 자갈이 듬성듬성 깔려 있는 장독 받침대에 올라서서 거의 떨어져 나가 말뚝만 댕그르르 남아있는 판자 울타리를 넘겨다 보고 있었다. 먼 산을 응시하듯 멍하니 서서 한동안 꼼짝도 않고 있던 아버지는 내가 다시 걸음을 옮겨 방문을 열었을 때에사 나를 발견하고는 퍽 당황해 하고 있었다. 아버지는 여지껏, 내가 변소의 듬성듬성한 칸막이 사이로 벽돌담 근방의 깽비리들을 주시한 것과 마찬가지로 댕그렁한 판자 울타리 너머로 그들을 주시하고 있었음을 나는 몇 차례의 경험으로 쉽사리 알 수가 있었다.

아버지는 나보다도 훨씬 심각하게 그들을 주시하곤 했다. 사실 어머니가 쾨쾨한 냄새가 쿡 찌르는 비좁은 우리들의 단칸방에서 맨몸으로 (사실 아버지나 준이나 또 나나 다 그렇듯이, 어머니만의 소지품이란 떨어진 옷가지 두어 벌과 머리를 빗어 넘기는 빗 한 벌 뿐으로 그녀가 아침저녁으로 꺼내 보는 손바닥만 한 거울까지도 우리들의 공동소유였지만)훌쩍 빠져나간 얼마인가 후부터 나머지 우리들에게는 새로운 버릇이 하나씩 생겨 있었는데, 준이는 눈 오면 어머니가 돌아온다는 것을 믿고 그것을 아버지나 내게 자꾸만 확인하려 드는 버릇, 그리고 아버지나 나는 그러한 그의 행동을 멍청히 지켜보는 버릇이 그것이었다. 이제사 말이지만 나는 그때마다 가슴속에서 찌릿한 것이 사정없이 곤두박질치는 듯한 심한 충격으로 마침내 코허리가 찡 울리고는 했다.

아버지는 맥없이 장독에서 내리셔서 방 쪽으로 으슬렁으슬렁 다가오고 있었다. 나는 담배를 얼른 호주머니에 입어 넣고 방을 나섰다. 섬돌 아래서 아버지를 한쪽으로 비켜 두어 걸음 걷다가 슬며시 고개를 뒤로 돌렸다. 어느 사이 돌아서서 멍하니 나를 응시하고 있던 아버지가 허리를 구부정해가지고 방으로 들어간다.

나는 다시 발을 옮겨 놓았다. 아버지의 그렁그렁한 눈초리가 자꾸만 작업복에 묻어오는 것만 같았다. 방금 길에서 보아온 가로수의 누런 이파리를 다시 생각해냈다.

벽돌담 근방에는 잔뜩 웅크리고 앉아서 무슨 꼬챙이 같은 것으로 땅바닥을 끌적끌적하고 있는 준이를 제외하고 다른 깽비리들은 보이지 않았다. 덜렁 혼자 남아 있는 준이를 보자 나는 거의 반사적으로 역사(驛舍) 쪽으로 시선을 돌렸다.

연둣빛 낡은 트렁크를 든 중년 사내와 나란히 붙어서서 검정색 오바 밑으로 치렁치렁한 치맛자락을 펄럭이며, 부인이 사내에게 뭐라고 소곤거리며 걸어온나. 그리고 부인의 손을 잡고 사방을 휘휘 둘리보며 준이 또래나 됨직한 꼬마가 껑충껑충 뛰면서 따라온다. 열차가 도착한 모양이다. 하루에 십여 차례나 열차가 지나가지만, 종일을 두고도 내리고 타는 사람이 그리 많지 못한 이 조그만 읍역(邑驛)에서는 보기 드문 일행이었다.

깽비리들은 열차가 도착하자마자 또 무슨 반가운 손님이라도 오는 것처럼 우르르 달려가 대합실 주위를 빙빙 돌며 신이 나 있을 것이고 그중 두어 놈쯤은 또 구접스럽게 역원의 눈초리를 살살살 피해 기차에 오르내리면서 숨바꼭질이나 하는 듯이 신명이 나 있을 것이었다.

준이는 여전히 햇볕도 들지 않는 구석에 웅크리고 앉아서 땅바닥을 끌쩍거리고 있었다. 그러나 그가 지금 손짓과는 달리 시선은 들어 역사를 빠져나오는 사람들을 하나하나 유심히 훑어보고 있을 것임은 이제 새삼 생각할 여지도 없는 일이었다. 그리고 그가 만일에 다른 깽비리들만 아니었다면 선뜻 대합실로 달려갔을 거라고 나는 누차 생각해 온 터였다.

내가 공사장에 도착했을 때는 이미 모두 점심식사를 마치고 인부들은 저마다 작업을 계속하고 있었다. 김 감독은 자기 팔 길이만 한 막대기 하나를 주워들고 공사장 주위를 어슬렁어슬렁 돌아다니며 안경 너머로 날카로운 시선을 번득이고 있었다. 내가 도착하자 그는 팔목을 바짝 안경 앞으로 끄집어가더니 옷소매를 걷어 올려 무엇이라도 헤집어 팔 듯이 시계를 본다. 나는 그의 찌를 듯한 시선을 의식하며 작업장으로 걸어갔다. 내가 할 일이란 지금 거의 완공되어가는 건물의 둘레로 부록크담을 쌓아 올리는 일이었다.

공사장에 도착해서도 나는 줄곧 준이 생각을 하고 있었다.

「형! 눈 오면 엄마 꼭 오지? 응?」

준이가 나지막한 소리로 투덜거리듯 물어본다. 나는 잠자코 있다. 준이가 힐끔 나를 치켜본다.

「그래 꼭 오실 거다.」

풀이 죽은 소리로 내가 대답한다. 그러나 입안에서 뱅뱅 돌아버리고 만다. 날이 갈수록, 그래서 날씨가 점점 추워질수록 나의 대답도 점점 맥이 빠져간다. 도대체 나는 누가 준이에게 그런 생각을 불어넣었는지 모른다. 그러나 그러한 생각이 요즈음 그에 있어서 가장 절실한 한 오라기의 위안이며 제 나이 또래들에 대하여 가장 먼저 내세우는 변명인 것만은 틀림없다. 내게는 그걸 부인할 수 있는 용기가 없다. 정말 없다. 그래서 결국은 〈그래그래〉하고 대답해버리고 만다. 갑자기 확 밝아지는 준이의 얼굴이 눈시울을 무겁게 찍어누른다.

나는 시멘트 반죽을 홰홰 저어 쇠 손으로 하나 푹 퍼다가 부록크 위에 씩씩 문질렀다. 또다시, 아직껏 창고 벽돌담 아래 쭈그리고 있을 준이의 얼굴이 눈두덩을 짓누른다.

「바람난 게 뭐야?」

잠이 들었던지 한동안 조용하던 준이가 부스스 일어나 앉으며 말한다. 나는 잠자코 있다. 준이가 다시 말한다.

「엄마가 바람났어? 응?」

「뭐? 어떤 놈이 그런 소릴……」

잠자코만 있을 수 없다고 생각한 내가 가까스로 대답한 말이다.

「메기랑 다 그러는 걸 뭐.」

다시 한번 조금 전의 그 땅딸막한 깽비리의 탁구공만 한 주먹이 준이의 머리를 따닥 두들기고 지나간다.

「남자하고 같이 손잡고 가는 게 바람이지? 메기네 엄마가 봤대. 먼저 먼저께 엄마가 어떤 남자하고 손잡고 영화도 보고… 또… 형! 그게 바람이야? 응?」

준이의 말이 채 끝나기도 전에 어머니의 얼굴이 덮쳐온다.

「제발 당신두 이러구만있을 게 아니라 뭘 좀 해보라우요.」

노상 아랫목 차지만 하고 있는 아버지를 보다보다 못한 어머니가 말한다.

「뭐라고? 누군 싫어서 안 하는 줄 아는가베, 홍!」

아버지는 두 다리를 쭉 뻗고 번 듯이 누운 채 콧방귀를 핑, 뀌고 나서 한동안 천정을 우두커니 바라보고 있더니 갑자기 벌떡 일어난다.

「저런 배라먹을 년이 아침부터 속을 쎄겨……주둥아릴 그저, 이 그……」

방문을 펄쩍 열고 금세 뛰쳐나갈 듯한 기세로 소리를 지른다.

흔히 있는 일이었다. 아침부터 심하면 투당탕하는 소동까지 벌어지는 날이면 으레 아버지는 일찌감치 집을 나간다. 그리고 저녁 늦게 잔뜩 비틀거리는 걸음으로 홍얼홍얼 콧노래까지 부르며 돌아와서는 가무잡잡한 조끼 주머니에서 꼬깃꼬깃한 쪽지 몇 장을 끄집어 내놓기가 일쑤다. 껌 껍질이나 라면 봉지에서 나온 경품권들이 보통이다.

「제길헐 놈의 것 한밑천 잡기만 해봐라.」

하고, 중얼중얼하면서 그것들을 조심껏 봉투에 넣어 두었다가 이튿날 잠에서 깨기가 바쁘게 준이를 들볶아 경품 계로 부치게 한다.

「에구 당신두 속 좀 차리라우요.」

어머니는 새벽부터 준이를 들볶고 있는 아버지에게 핑 튕기듯 한마디 쏘아붙이고 나서 부엌으로 간다.

「저런 배라먹을 년이 아침마다 속을 쎄겨. 그래 이년아 네년은 속채려시 놀아나냐, 속채려서 놀아나 이 갈보 같은 년아? 에이그흐……」

아버지가 주먹으로 땅바닥을 쿵, 쿵, 쥐어박으며 소리친다.

「어이 진군!」

김 감독의 쩌르렁한 목소리에 내가 퍼뜩 정신을 차렸을 때 김 감독은 갈팡질팡한 걸음걸이로 다가오고 있었다.

「이건 피사의 사탑(斜塔)인가?」

김 감독이 막대기 끝으로 내가 쌓고 있는 담을 톡, 톡, 톡, 튕기며 따끔하게 한마디 뱉었다. 담이 삐뚤어졌다는 이야기다. 안경 너머로 번득이는 그의 시선이 한번, 햇빛에 반짝 빛났을 것이었다.

배시시 웃음이 흘러나왔다 나는 그걸 참지 못하고 한줄기 실낱같은 침과 함께 재르르 흘려내고 말았다. 갑자기 준이의 생글생글한 얼굴과 함께 퍽 옛날 일만 같은 일말의 기억(記憶)이 간지럽게 눈두덩을 지나 머릿속에 살짝 안착했기 때문이었다.

준이가 찌적찌적한 코딱지 하나를 떼어서 어머니의 저고리 깃에 살짝 붙여놓고 방구석으로 살금살금 달아난다 어머니는 그걸 모른다. 준이는 배시시 웃으며 폼(사실은 폼이랄 것도 없는 것으로, 전봇대에 싹 붙어서 배설하고 있는 바둑이 같은 자세로 손뼉을 치는 정도지만)을 잡고 서서 「엄마 옷에 묻었네, 코딱지가 묻었네.」하고 놀린다.

이 하찮은 일말의 기억이라는 것은 나를 배시시 웃겼는데, 그것은 마침내 김 감독의 비위를 몹시 거슬리고 말았다.

「웃어어? 장난으로 생각하나?」

「아…아니 …죄송합니다.」

「아무튼 좋아. 자네 성질은 기계적 조작을 절대 필요로 하는 우리 공사장엔 도시 안 맞는 모양이군. 알았어요, 알았어.」

김 감독이 핏발이 선 그의 표정과는 달리 능글능글하게(사실 그것이 더욱 꼴사납다) 내뱉고 나서 보라는 듯 옴박지(그의 궁둥이를 공사장에서 그렇게 부른다)를 휘휘 내두르며 공사장 안으로 사라지자 나는 삐뚤어진 부분을 떼어내서 다시 쌓아 올리기 시작했다.

불그레한 서너 줄기 광선으로 길게 수평을 이룬 채 뉘엿뉘엿하던 해가 완전히 시야를 벗어나고, 또 한 번 으스스한 추위가 전신을 감싸고 있을 무렵 공사장 일은 끝났다.

「진군! 나 좀 보고 가도록!」

담배를 한 가치 물고 막 집으로 향하려던 나를 김 감독이 불러 세웠다. 나는 극히 잠시 동안, 솔직히 말해서 지극히 못마땅한 생각으로 멈칫했으나 곧 신바닥으로 담배를 비벼버리고 사무실로 성큼성큼 걸어갔다.

그는 얄팍한 백 원짜리 지폐 한 뭉치를 내 앞에 툭 던져놓으며 자못 오만하게, 캐엠—하고 침을 뱉어내듯 한마디 내뱉고는 사무실을 나가버린다.

「진군의 간조는 전부 끝났네.」

돌아오는 길에까지, 김 감독이 쏘아 뱉은 한마디는 찌걱찌걱하게도 나를 따라오고 있었다. 계산은 끝났으니 내일부터는 나오지 말아줬으면 좋겠다 이거겠지. 흥, 더럽고 치사한 자식….

이튿날은 바람이 몹시 불었다. 이따금씩 빗방울도 날렸다. 찌뿌둥한 하늘은 온통 차디찬 금속의 파편 같은 것들로 차 있는 것만 같아서, 그것이 금시 눈이 되어 내릴 듯한 예감이 나를 초조하게 하고 있었다.

나는 여느 때 같으면 공사장으로 가야 할 꼭 그런 시간에, 말하자면 예나 다름없이 아침 설거지를 마치고 집으로 나섰다. 그러나 공사장으로 가고 싶은 생각은 도무지 없었다. 어제 김 감독이 뱉어낸 한마디로 나는 솔직히 말해서 그 알량한 일거리나마 잃게 된 것이다. 그러나 지금 그런 것쯤은 문제도 아니다. 오늘은 눈이 내리고야 말 것이라는 예감이 점점 들어맞아가고 있지 않은가. 한아름의 엄청난 실망을 안고 준이의 머리 위에 수북이 쌓이고 있을 눈.

이런 생각을 하며 거리로 나섰다. 깡그리 말라비틀어진 가로수의 앙상한 가지를 윙윙거리고 바람이 지나간다 가랑비가 이따금씩 바람에 날려 옷 가락에 휙 달겨든다. 바람 끝이 더욱 차다. 인적이 드문드문한 거리를 어디서 굴러왔는지 낙엽 한 이파리가 매섭게 달음질쳐 간다. 후줄근한 갈색 이파리 위로 아버지의 얼굴을 덮어 씌웠다. 준이의 얼굴도 그리고 막판에 가서는 나의 얼굴이 떼굴떼굴 굴러가고 있는 것이라는 생각이 차라리 야릇한 쾌감을 준다.

이따금씩 지나치는 사람들은 저마다 분주하다. 빗방울을 피해 간신히 처마 밑에 비켜 앉은 군밤장수 할머니의 그렁그렁한 눈초리가 끈적끈적한 작업복을 꾹 찌른다. 꼬마들 두셋이 손을 호주머니에 쑤셔 박고 서서 군밤을 지켜본다. 예닐곱 개씩 무더기를 지어놓은 군밤이 너무 썰렁해 보인다.

작업복이 더 끈적끈적하게 몸에 달라붙는다. 손을 쑤셔 박은 호주머니까지 바람 끝이 파고든다. 손등이 우끈우끈하다. 사람들은 여전히 잽싼 걸음으로 지나쳐간다. 간혹 허술한 택시가 털털거리며 지나간다.

처마 끝에 게딱지처럼 올망졸망하게 달라붙어 있는 함석 간판들이 카랑카랑한 금속성을 내면서 흔들리고 있는 저만치 앞에서 뿌우연 먼지가 일어 우중충한 하늘을 요란스럽게 난무하며 날아다닌다.

그 요란스러운 날씨의 변화에 말려 들어가기라도 하듯 나는 천천히 걸어서 똑바로 나갔는데, 불행하게도 고물 택시 한 대가 내 앞에 깨액—하고 급정거를 한다.

「이게, 야! 눈구멍도 없어?」

문이 덜컹 열리면서 택시 속에서 광대뼈가 툭 불거진 운전수의 얼굴이 불쑥 튀어나온다.

「아……아니……죄송합니다.」

「재수 없게…찌찌찟 젊은 놈이……」

말도 채 끝마치지도 않고 운전수는 문을 쾅 닫고 내뺀다. 그제사 나는 휴우—하고 길게 한숨으로 내쉬었다. 나는 의식적으로 주춤주춤 하면서 길 한쪽으로 비켜 노점의 올망졸망한 간판들 밑에 바짝 달라붙어 걸었다. 잡화상에 걸려 있는 오징어 다리를 흔들고 안으로 휘익 들어간 바람 끝이 노점 주인의 퀭한 몰골을 움찔하게 한다.

「워언 참! 날씨도……」

노점 주인은 상점 안을 대충 한번 빙 둘러보고 나서 방문을 드르륵 열고 들어간다.

나는 싱겁게 또다시 눈을 돌려 잡화상에서 서너 집 건너 있는 〈차(茶)와 음악(音樂)〉이라는 간판을 찾아냈다. 김이 무럭무럭 올라가고 있는 찻잔의 노오란 색깔이 이상하게도 마음을 끈다. 들어가 볼까 하고 간판 밑에서 주춤주춤 하다가 포기해버렸다. 주루루 달려와서 빨리 마시고 꺼져 버리라는 듯이 입을 샐쭉하며 흘기고 달려들 레지의 꼴사나운 눈초리가 불쑥 튀어나오는 것만 같았기 때문이었다.

나는 다시 걸음을 옮기고 있었다. 방금 상점에서 보아온 오징어 다리같이 쭉쭉 늘어져 팔랑거리는고 있는 대폿집 포장을 발견해냈다. 포장 밑으로 훈김이 훅훅 기어 나오는 것만 같다.

「어서 오세요.」

포장을 들추고 들어서자 술집 아주머니가 행주를 들고 쭈루루 달려와서 술자리를 닦아낸다.

「막걸리요.」

의자를 끄집어다 놓고 앉으며 내가 말했다. 작업복이 여전히 끈적거린다.

마흔이 조금 넘었을까 한 주인아주머니의 꺼치르르한 손이 뎅겅 올려

놓고 간 번데기를 바짝 코 앞으로 끄집어다 놓고 나는 술을 따라서 단숨에 마셔버렸다. 텁텁한 액체가 가슴속을 싸늘하게 적시고 쪼르륵 내려감을 느낀다. 후련하다. 다시 주전자를 들었다. 누런 액체가 잔에서 주르르 흘러내린다.

「나주댁!」

나는 고개를 들어 소리 나는 쪽을 본다. 아까부터 연신 잔을 기울이고 있던 구석지의 손님이 주인아주머니를 바라보고 있다. 언뜻 보아 날품팔이 일꾼 같다. 쉰다섯이나 됐을까? 그의 낡아빠진 야전 모자가 유난히도 굴곡이 많을 얼굴에 썩 어울린다.

나주댁(그가 그렇게 부르니까)이 하나도 흥미 없다는 듯이 힐끔 그를 쳐다본다.

「나 허구 아들 하나 낳자구……」

술이 가뜩 담겨 있는 잔 옆에다 팔을 받혀 턱을 괸 채 그가 말한다. 나주댁은 잠자코 있다. 처음 듣는 소리가 아닌 모양이다.

「제길헐 놈의 팔자라, 늘근 말년에 에이구……」

그는 체념한 듯 술잔을 입으로 가져간다. 퍼뜩 아버지의 얼굴이 떠오른다. 의식적으로 그걸 지우려 한다. 다시 잔을 비우고 두 손가락 끝으로 번데기를 꼬옥 집어 올린다. 어머니가 돌아올 것 같은 예감이 든다. 그러나 이내 머리 속에서 세찬 도리질이 일어난다.

「야아! 눈이 온다아.」

밖에서 아이들의 환호성이 들려온다. 나는 벌떡 일어나고 있었다. 그리고 곧 밖으로 나왔다. 하늘이 온통 하얗다. 함박눈이다. 이리 뛰고 저리 뛰고 야단인 꼬맹이들의 모습이 함박눈 사이로 얼른거린다.

나는 함박눈이 펄펄 내리고 있는 거리를 마구 뛰고 있었다. 비로소 내가 그걸 발견했을 때, 나는 그 자리에 멈칫 서고 말았다. 집으로 뛰어가고 있다는 사실이 하나도 즐거울 것이 없는 것으로 나를 불안하게 만든 때문이었다.

나는 그 자리에서 한참동안 어색하게 서 있었다. 솔직히 말해서 준이가 그토록이나 기다리던 눈이 온 것이 내게는 하나도 기쁠 것이 없는 것이다. 눈이 오면 어머니가 온다는 준이의 커다란 종교(그것은 넉넉히 그러고도 남았다)가 함박눈에 무너지는 날을 사실 나는 오래전부터 두려워하고 있는 터였으니까. 말하자면 지금쯤 비참한 꼴이 되어있을 준이의 그 큰 눈이 내 가슴속에서 지극히 원망스러운 표정으로 껌벅이고 있음을 나는 비로소 확인하고 있는 참이었다.

나는 결심했다는 듯이 걸음을 옮기기 시작하였다. 여전히 함박눈은 어지럽게 시야를 흔들고 있었다. 뽀드독 뽀드독한 감촉이 발 밑에 잡힌다.

(얼마치를 살까……)

땅콩집 앞에서 걸음을 멈추고 잠시 머뭇머뭇했다. 30원어치, 그리고 군밤을 조금 사고는 다시 걸었다. 빵모자를 살 속셈으로, 하얗고 털이 부실 부실한 빵모자가 머리에 떠오른다. 모자의 꼭지에 붙어 있는 주먹만 한 방울이 덩그렇다.

이런 것들을 사서 호주머니에 소중히 넣고 집에 도착했을 무렵에는 길바닥에도 눈이 제법 쌓여 발등을 넘고 있었다. 고개를 들어 하늘을 한번 휘—둘러보았다. 아까보다도 훨씬 큰 눈송이가 마치 바람에 날려 낙엽이 내려 앉듯 너울거린다.

쾨쾨한 냄새가 코를 쿡 찌르는 땅에는 준이도 아버지도 없었다. 그래도 혹시 하고 바랐던 어머니가 있는 것은 더욱 아니었다. 방 한가운데 덜렁 놓여 있는 재떨이에 손톱만씩한 꽁초가 수두룩하다. 그리고 그 옆에는 태우지 않은 담배 몇 개가 동강이나 있다. 나는 얼른, 담배만 연신 피워대다가 나중에는 몇 개 남은 나머지마저 동강이를 내버리고 말았을 아버지를 생각해냈다. 꼭 그랬을 것만 같았다.

나는 문도 닫지 않은 채 깽비리들이 재잘거리던 창고 벽돌담 쪽으로 걸어갔다. 아무도 없다. 깽비리들은 한 길가로 옮겨 좋아라고 퐁당거리고 있었으나 준이는 보이지 않는다.

두 손을 호주머니에 쑤셔 박고 역사로 갔다. 역사 안에도 아무도 보이지 않는다. 덩그렇게 놓여 있는 의자 주위로 썰렁한 기운이 맴돈다, 초조해진다.

게딱지 같은 변소로 들어갔다. 나는 거의 무의식적으로 아랫도리의 단추를 열고 내가 항시 소변을 보던 자리에 섰다. 듬성듬성한 칸막이 사이로 보이는 창고 주위에는 아무도 없다. 창고의 합석 지붕 위에 소복한 눈이 시릿하다.

나는 마침내 풀이 죽어 버려서, 어깨를 힘없이 축 늘어뜨리고 변소를 나와 무심히 변소 오른쪽으로 쭉 뻗어나간 철로를 바라보았는데, 이때 언뜻 아버지를 찾아내었다. 아버지는 산모퉁이까지 기다랗게 이어간 철로를 주시하고 있었다. 그 뒷모습은 보기에도 퍽 측은한 것이어서 나를 더욱 찌릿하게 했다

나는 잠자코 두어 걸음 다가갔다. 그리고 아버지가 주시하고 있는 그 구체적인 객체를 발견해냈다.

그것은 철로 곁에 바짝 쭈그리고 앉아서 기다랗게 뻗어나간 철로가 희미해지는 산모퉁이를 멀거니 응시하고 있는 준이었다. 그는 함박눈을 흠뻑 뒤집어쓰고 있었다. 꾀죄죄한 그의 옷차림새도 보이지 않았다. 그것은 흡사 눈사람을 연상하게 했다.

나는 아버지와 그 앞에 쭈그리고 있는 눈사람 같은 준이와 그리고 거기서부터 쭈욱 뻗어나간 철로를 뭉클하게 바라보고 서 있었다. 함박눈이 공중에서 한 바퀴 보기 좋게 원을 그리며 준이의 머리 위에 살포시 내려앉는다.

호주머니에 군밤이 썰렁하게 식어 있었다.

당선

제300호 1969년 2월 28일 금요일
제13회 전북대학신문 학예상 : 시

외출과 겨울속 그네 이야기

· 문두근 (문리과대학 국문학과) ·

눈이 내린다.
호롱불 심지 돋우며
돈 짝만큼씩이나 뚫린 추위를
꿰매는
거북등 같은 그 여인의 손살로,
모처럼의 외출 길
무언가 허탈한 도시의 어귀를 빠져나올 때
이느 움집 문이 열리고
허기로 뒤틀리는 배를 검어 쥔
맨발의 앙바틈한 사내
그 사내의 인고한 동자 속으로.
내린다. 자꾸만 내린다.
아까부터 목덜미 속으로 헤집고 드는 눈송이
그 보다 더 차웁고 썬듯한 느낌으로
그네 어무찬 삶을

감지한 가슴은
화적 가락에 찔리듯, 아푸고
그만 왠지 목이 메어
하늘을 본다.
찢어진 하늘 사이로 눈은 여전히 쏟아지고
자꾸만 자꾸만 쌓이는
생활의 두절,
아, 진정
무엇인가. 우리가 사는 이유는 진정 무엇인가?
그네는
때로, 살고 싶은 만큼 죽음을 생각하다
죽고 싶은 만큼 살고 싶어
그 기진한 사내는
나선다.
석유마저 떨어져
캄캄한 밤
꿰맨 온기를 걸치고
그래도, 빈창자 속까지 쓸며 가는 바람
그 바람에 나부끼며, 나선다.
눈은 내린다.
생명의 불씨
굼뜬 한 줌의 싸라기라도 바람 하는
그 여인의 동자 속으로,
모처럼의 외출은 끝나

무언가 허탈한 도시의 어귀에 접어들 때
까무러치는 의식을
끝간 의지로 가누어 가는
그 사내의 파인 발자국마다에,
쌓인다. 자꾸만 쌓인다.
공복이 없는 조국을 바라며
걷는, 나의 어깨에도.

가작

제300호 1969년 2월 28일 금요일
제13회 전북대학신문 학예상 : 수필

자물쇠 이야기

· 최인옥 (문리과대학 국문학과) ·

I

나의 세계는 주둥이가 막혀버린 병이라는 것을 언제부터인가 나는 나의 답답해지는 호흡으로 느끼고 있었다.

가슴 밑바닥에 깔리는 어떤 중압이 숨 막힘을 절정에 이르게 하는 순간에 나의 생존본능은 무의식 속에서 그저 벽을 더듬게 한다. 더듬으면서 어딘가에는 작은 입구가 있을지도 모른다는 생각을 한다. 그러나 나는 이미 그 작은 입구마다 자물쇠들로 차단되어 있음을 보았다. 인습(因習)의 자물쇠.

불신의 자물쇠.

나의 무지(無知)로 인하여 아직도 알지 못하는 그 많은 자물쇠들로—.

서성거리는 나에게 그것은 아무 말 없이 열쇠를 요구한다. 「되돌아가시오」라고 그 싸늘한 금속 빛은 말한다. 자물쇠.

그것은 「키」 없이는 건너갈 수 없는 나의 어떤 대상과의 차단된 세계이며, 그 앞에서 나를 절망일 수 없는 절망과 혼돈으로 이끄는 깊은, 깊은 심연이다.

오래 사귄 친구의 가슴에서 내 가슴으로 부딪혀와 나를 우울하게 만들어 버리는 그 은밀한 쇳소리. 그것은 어쩌면 그가 되고 싶은 그의 〈에고〉이며 무뢰한에게 짓밟히게 할 수 없는 단 하나 그가 소중히 지켜야 할 밀실인지도 모른다고 나는 나의 우울함에 변명한다.

그렇지만, 그것은, 아, 그것은 내가 너를, 적나라한 너를 요구했을 때 가만히 나에게 흘기는 네 의심의 눈초리며, 너 혼자가 되고 싶은 하얀 고독을 부르는 손짓이다. 내가 너의 가슴과 부딪치며 느끼는 그 자물쇠의 의미는—. 그러기에 자물쇠 앞에서 나의 상상은 한없이 부풀어 간다. 어쩌면 그 건너편엔 한 번도 내가 볼일이 없고 느껴본 일이 없는, 오랜 목마름 끝에 내리는 단 이슬비로 하여 어린 풀 이파리처럼 나를 떨리게 하는 끝없는 신비와 동경이 일렁거리고 있을지도 모른다는 나의 부푼 상상은 나를 그것 앞에서 언제까지나 서성거리게 만들고야 만다.

그래, 서성거린다.

절망일 수 없는 나의 절망과 밝고 높은 계단을 향하여 한걸음 내디디고 있다고 느끼는 순간에도 다시 본래의 나도 환원시키고야 마는 혼동과 이 숨 막힘, 나의 세계가 막힌 주둥이의 병이라고 언제나 깨닫게 하는 이 숨 막힘, 이런 것들을 지니고 나는 자물쇠의 둘레를 돈다.

아, 건너가고 싶다. 이 모든 것에서 도망쳐 저편으로 자물쇠의 저 건너 편으로—.

나를 둘러싸고 있는 공간 끊임없이 내가 더듬고 있는 벽, 인간의 벽.

모든 것이 불분명하다. 그리고 모든 것이 아직은 미명(未明)인 채로다.

내게로 도달해야 할 빛은 가로막고 있는 것.

어딘가에 열쇠가 있다는 가능함을 제시하며 그러나 불가능인 채로 나를 머물게 하는 것. 이것들을 나는 자물쇠라고 밖에 부를 수 없다.

열쇠는, 온갖 수수께끼를, 내 앞에 버리고 선 벽 위의, 그 작은 입구 마다 자물쇠를, 이 공간에 가득한 미명을 밝힐 신비의 열쇠는 어디에 숨어 있는 것일까? 나는 언제까지 배회해야 하는가,

나의 삶은 다만 열쇠를 구하기 위한 서성거림만으로, 그러다가 서성거리는 이유조차도 잊어버린 채 그냥 끝나고 마는 것은 아닐까?

이 모든 의문의 해답이 또 하나의 커다란 자물쇠에 의하여 차단되어 있음을 나는 또 느낀다.

창조주여.

이들 앞에서 나는 끝내 신(神)을 부르고야 마는 가—.

II

친구를 만난다. 젊음의 특전이 괴로움인 듯 「괴롭다」는 단어를 피하면서 그러나 마냥 우리는 괴로운 이야기를 한다.

저항 없이 잠깐 내가 그의 마음속에 들어가 볼 수 있는 시간이기도 하다.

그가 내 마음을 기웃거려 볼 수 있는 시간이기도.

이윽고 더 참을 수 없다는 듯 그는 말한다.

「옥아, 죽고 싶다. 그냥 죽고 싶다.」

이지러진 얼굴로 그는 가만히 가만히 내 마음으로 걸어 들어온다. 내 마음이 그의 무게로 흔들린다. 그처럼 그를 괴롭혔을 저 넓은 바깥의 소음도 이 순간은 우리를 떠나 멀리 물러난다.

그의 아픔을 함께 공감하고 싶은 내 뜨거운 눈물이 잠시 그와 나 사이의 차단된 자물쇠를 열리게 한다. 두 개의 내면이 잠시 부딪친다. 아, 그러나 그뿐이다. 그 순간뿐이다. 짧은 불꽃이 일어나는 순간에 우리는 둘

사이를 차단하는 자물쇠의 무게를 느끼지 않을 수 없다.

너는 나일 수 없고 나는 너일 수 없는 우리 에고의 자물쇠. 그 앞에서 나는 그를 잠잠히 돌려보내어야 한다. 그럼, 내가 어떻게 할 수 있을까?

단 하나 나의 무게만 지탱하는 나의 밀실로 너를 어떻게 부를 수 있을까? 자물쇠 속에 깊게 깊게 감추어 키우고 싶은 나의 진실을 아직은 네게 내놓을 수 없다.

너는 내 마음에서 또 나는 네 마음에서 자물쇠로 깊게 감추어진 내가 나일 것을 주장하는 〈에고〉의 심연을 함께 건널 수 없는 이방인이라는 사실에 어쩌면 우리는 또 이 차단된 자물쇠 앞에서 절망하고 절망해야 할는지도 모른다.

「죽고 싶다—」 너의 슬픈 목소리가 파문이며 온다. 그렇지만 친구여, 그것은 네 자신의 문제다. 너의 절망은 네 스스로의 밀실에서 네가 열쇠를 구해 열어야 하는 너의 또 하나의 자물쇠다.

친구야, 그렇게 슬프고 괴로운 얼굴로 어떻게 우리는 죽을 수 있을까? 그 어둠 속 흉측한 괴물의 냄비에서처럼 온갖 것이 들끓고 있는 너의 죽음 속에 다 어떻게 너를 던져버릴 수 있을까? 정말 죽고 싶니? 살고 싶다. 죽고 싶도록까지—. 언제인가 너는 이렇게 실토하리라. 그래, 사는 거다. 더듬어 보는 거다. 서성거려보는 거다. 절실한 마음으로 자물쇠를 마구 두들겨보는 거다. 맑아질 때까지, 밝아질 때까지,

그래서 네 죽음의 〈이미지〉가 단물처럼 순수해질 때까지 거르며 기다리는 거다, 친구야.

모든 의문의 자물쇠를 열어가며, 우리가 우리일 수 있는 자물쇠를 단속하자.

우리 밀실의—. 그것 하나만이 정말로 우리의 소유인지 모른다. 우리

는 인간의 벽 위에 주렁주렁 매달린 저 허깨비 같은 자물쇠의 시위에 너무 괴로워하지 말자.

친구야.

정말로 우리가 건너야 할 자물쇠와 그 자물쇠의 열쇠를 찾고 우리가 그 속에서만이 자라날 수 있는 진실한 우리 〈에고〉의 자물쇠를 단속하자. 아직은 보이지 않도록 눈치채이지 않도록.

III

잠에서 깨어날까, 허(虛)하게. 의식 없는 세계로부터 한밤을, 잊었던 듯, 벽 위의 괘종이 시간을 때린다. 나의 의식을 때린다.

그리고 명령한다.「Let's go!」라고, 어둠 속에 누워서 자물쇠와 자물쇠가, 열쇠와 열쇠가 맞물고 돌아가는 가벼운 갈댓잎의 마찰음 같은 수런거리는 소리를 나는 듣는다. 그 소리는 나의 의식 속에서 톱니 소리로, 톱니바퀴가 세차게 돌아가는 소리로 자꾸 확대된다.

나는 그 소음을 듣고 있다. 지금 어둠 속에서.

제14회

문예상

•

1957~1969

당선

제310호 1969년 6월 10일 화요일

제14회 전국남·녀 고교생 문예작품현상 : 소설

서로 다른 세상의 사람들

· 이민숙 (전주여자고등학교 2학년 4반) ·

몇 년 전인가 내가 기차를 탔을 때처럼 기차 속은 굉장히 만원이었다. 내 바로 옆에는 25세 전후의 장사꾼인 듯한 사람이 서 있었다. 그 사람은 며칠이나 세수를 하지 않았는지 눈곱이 붙은 대로였고, 머리는 고슴도치마냥 엉성했으며 면도를 하지 않아서 수염이 거뭇거뭇 자라 있었다. 그 사람은 무슨 기쁜 일이라도 있는 듯이, 곁에 선 자기 친구 또래의 사람과 차에 올랐을 때부터 싱글거리며 이야기를 하고 있었다.

내 앞에는 어떤 여인이 서 있었는데 그 여인도 장사를 하는 사람인 모양이었다. 여인은 아기를 업고 있었는데 그 아이는 코 밑에 지저분하게 코가 말라붙어 있었지만, 눈망울만은 참 총명했다. 나는 그때 앞에 선 여인의 얼굴을 보려고 무척 애를 썼으므로 그렇게 복잡한 속에서도, 가까스로 여인의 얼굴을 볼 수 있었다.

이마에 석 삼자를 비틀어지게 써 놓은 듯 주름이 깊게 잡히고, 볼이 약간 아래로 처져있고, 눈꼬리는 위로 치켜 올라가 있어서, 꽤 인상이 좋지 않게 보였다. 또 살결은 구릿빛으로 그은 것 같았으나 결코 생기가 도는 얼굴은 아니었다. 그 여인의 남편은 매우 총명한 눈동자의 소유자일 것이고, 약간 멋쟁이 일 거라고 생각하며 여인의 등에 업힌 아이의 맑은 눈동자를 쳐다보고 있었다.

그동안 여인은 곁에 선 시커먼 두루마기를 입은 노인과 종내 이야기를 하고 있었다.

나의 시선이 우연히 그 여인의 저고리 동정에 닿았다. 그 여인의 동정은 꺼멓게 때에 찌들어 있었다. 등에 업힌 아이놈은 그 여인의 저고리를 막 위로 쳐들어 올리고 있었으므로 속샤쓰가 보였다 속에 입은 샤쓰도 저고리 동정처럼 땟국이 흐르고 있었다. 나는 저 여인이 게으르기 때문에 그럴까? 아니면 갈아입을 옷이 없기 때문에 그럴까? 하고 내 나름으로 생각해 보았으나, 나의 영리하지 못한 두뇌로는 정답을 얻을 가망성이 없었다.

내가 그런 생각을 하면서 고개를 숙이고 있을 때 그 여인과 할아버지는 더욱더 신이 났는지 성량까지 높여 가면서 이야기를 했다. 그 사람들의 말은 누구의 귀에나 거슬리는 독특한 남도 사투리였다. 그네들은 자기 동네의 할아버지들에 관한 이야기를 하는 모양이었다. 나는 기차가 움직이는 소란한 소리와 주위에서 떠들어 대는 소리 속에서 겨우 그네들의 이야기를 들을 수가 있었다.

그러는 동안 다음 역에 도착했다. 두루마기의 할아버지 옆에 앉았던 어떤 사람이 내렸다. 그 할아버지는 재빠르게 그 자리에 손을 짚고서 여인에게 앉으라고 권했다. 그러나 여인은 사양했다. 할아버지는 권했다. 또 사양했다. 그 할아버지께서는 마지 못 해서 자리에 앉았다. 자리에 앉을 때의 할아버지 표정은 조금 겸연쩍은 듯했고, 자신의 다리가 아픔에도 그 여인에게 권하는 일종의 봉사 정신도 나타나 있었으나, 다리가 덜 아프게 되니까 기쁜 빛도 보였다.

이러한 것은 순 나의 주관적이고 재미없는 생각들이었다.

좁디좁은, 말하자면 통로라고는 조금도 없는 그런 속을 위대한 사람인 모양, 껌 장수가 리드미컬하고도 허스키가 섞인 목소리로 껌을 사라고 외치면서 다가왔다. 내 옆에 섰던 고슴도치 머리의 사람이 껌을 샀다. 그리고 옆에 있는 사람이 나한테도 껌을 하나 주라고 고슴도치 머리에 시키는 소리를 듣자 나의 고개는 자연적으로 그 사람들과 반대편으로 돌려졌다.

나는 분명히, 그때 적어도 그 사람들에게는 절대로 껌을 받지 않겠다는 다짐을 했다. 내 곁에 섰던 사람이 나를 불렀다. 나는 못 들은 척 했다. 그랬더니 그 사람은 큰 소리로 또 나를 불렀다. 나는 그때 그 사람이 나를 부른 말을 잊어버렸는데 그의 태도는 아무리 참으려고 해도 참을 수 없는 그런 우스운 행동의 하나였다. 주위의 사람들 시선이 동물원의 원숭이를 구경하는 듯 나를 향했다.

앞에 서 있는 여인이 좁은 틈에도 몸을 뒤틀고 멀건 눈빛으로, 두루마기의 할아버지는 어이없다는 듯이, 저켠에 서 있는 머리에 모자를 푹 눌러쓰고, 단추가 세 개나 잠겨지지 않은 교복을 입고, 무척이나 키가 커서 다른 사람들의 머리보다 훨씬 위에 떠 있는 것 같은 머리를 지닌 고등학생도 재미있다는 듯이 나를 쳐다봤다. 나는 순간 귓불이 붉어지고 당황을 했다.

도리어 저쪽에서는 성의를 무시한다고 화를 내고 있었다. 나는 어처구니가 없어서 누군가에게 밟혀 있는 발을 빼내려고만 무척 애를 쓰고 있었다. 그 사람은 단념도 않고 친절하게 나한테 자꾸 껌을 들이댔다.

나는 정말 별수가 없어서, 받는 것이 지금으로써는 가장 현명한 행동이라는 처신을 내렸기 때문에 껌을 받았다. 그리고 「고맙습니다.」라고 말을 하려고 했는데 엉뚱하게도 「미안합니다.」라는 말이 되고 말았다.

나는 괜히 그 사람들에게 화가 났다. 그 사람들은 지나친 친절이 오히려 불친절이 되는 것을 모르는 모양이었다. 그 사람은 껌 한 개를 내 앞에 서 있는 여인의 총명한 눈을 가진 아이에게도 주었다. 그 아이는 껌을 받아 들고는, 요리조리 훑어보더니 입에다 껍질도 벗기지 않고 집어넣으려고 하였다. 그러니까 그 사람이 또 친절하게도 그 아이에게 껍질을 까서 넣어주려고 하였다. 그 기척을 안 여인은, 고슴도치 머리에 아이한테는 껌을 주지 말라고 하였다.

고슴도치 머리가 왜 그러느냐고 물으니까 그 여인은 껌을 아기가 먹으면 그냥 삼켜버리기 때문에 껌이 뱃속에 들어가면 창자에 달라붙어서 아기가 죽게 될지도 모른다는 대답이었다.

고슴도치 머리는 그 말에 마음이 움직였는지 잠자코 있다가 다시 여인에게 껌을 권하였다. 여인은 「원, 별걸 다 주신다.」고 하면서도 껌을 두 손으로, 내 생각으로는 무척 빨리 받았다고 느꼈다.

그 여인은 껌을 받아서 절반으로 갈라서는 두루마기 할아버지에게 주고, 자기도 까서는 껌 반쪽을 매우 맛있게 씹기 시작했다. 나는 나도 껌을 씹을까 생각하다가, 별로 껌을 좋아하지도 않고 또 야금야금 씹으면 유치하게 보일 것 같아서 그만두었다. 나는 껌을 호주머니에 넣다가 무엇인가가 잡히기에 꺼내 보았다. 그것은 도장 두 개였다.

하나는 우윳빛이고 하나는 빨간빛이었다. 우윳빛은 내가 중학교를 졸업할 때 졸업 선물로 하급생들이 성의를 다해서 단체로 졸업생들에게 만들어 준 것이고, 빨간 것은 동생이 길 가다가 주운 것을 뺏은 것이었다. 그러니까 빨간 것은 내 이름이 아니다 내 이름은 이 민경인데 그 도장에 유 정숙이라는 글씨가 새겨져 있다. 그런데 나의 이름을 대기 거북

했던 경우에 유 정숙이라는 이름을 써 버린 적이 있었다.

그것은 내가 외갓집에 갔었을 때 혼자 강가에 나갔던 날의 일이었다. 어떤 여드름이 난 말라깽이 계집아이를 만났다. 그는 내 또래였는데 나에게 자꾸 말을 걸어 왔고 나는 그 애의 목소리가 어찌나 듣기 싫던지 내 목소리도 저 애에게 그렇게 들리면 어떻게 하나? 하는 노파심 때문에 「응, 응.」하고 대답만 하였었다. 그 애는 나중에 가서 나한테 자꾸 「이름을 가르쳐주면 좋겠다.」고 말을 해서, 나는 강가의 모래 위에다 엄지손가락으로 거추장스럽게 유 정숙이라고 초등학교 일학년 아이의 글씨같이 서투르게 써 놓고는, 그 길로 바로 외갓집으로 달려와 버렸다.

나는 갑자기 그 말라깽이 아이의 눈이 위로 치켜 올라갔던 것이 생각났다.

나는 어쩌면 그 계집아이의 엄마가 이 여인이 아닐까? 하는 생각이 났다. 그 계집아이는 틀림없이 이 여인에게 복종을 하지 않을 것이며, 여인은 그렇다고 해도 그녀를 꼭 사랑한 것 같았다.

내가 이런 생각에 잠겨 있을 때 기차는 캄캄한 굴속을 지나가고 있었다. 굴속에 들어가니까 귀가 조금 울렸다. 왈칵 비위가 상했다. 그렇지만 나는 손수건을 꺼내서 코에다 내지 않고 도장과 함께 만시작거리고만 있었다.

굴을 벗어났다. 화안한 세상이 나왔다.

유리창에는 김 같은 것이 서려 있었는데, 그것들은 엉켜져 물방울이 되어서 흘러내리고 있었다. 나는 거기에다 손가락으로 장난을 하고 싶은 마음이 솟아났으나 참았다. 사람들이 웅성거리는 소리가 커졌다. 아마 다음 역이 가까워졌나보다.

차가 역에 도착해서 정지를 할 때 차체가 많이 흔들렸다. 만일 사람이 꽉 차지 않았다면 서 있는 사람들은 곤두박질을 했을 것이지만, 사람이 빽빽이 차서 그런 염려는 없었으나, 사람들이 한쪽으로 밀리는 바람에 나도 밀려졌다가 겨우 일어날 수 있었다.

그 역에서는 많은 사람이 내렸다. 모두 한 개 이상이 보따리를 가지고 내렸다. 나는 아무것도 가지고 있지 않으니까 저 사람들보다 얼마나 편할까? 하는 생각을 했다.

나는 서너 개쯤 의자를 지나서 좀 사람들이 드문 곳으로 갔다. 그곳에는 대학생들 2명이 서 있었다. 그런데 그 사람들이 통로를 꽉 막고 있었기 때문에 더 갈 생각은 못 하고 그 자리에 서버렸다. 나는 거기서 바깥 경치를 볼 수 있었다. 나의 여행을 하느님께서 축복하여 주시는 듯 하얀 눈이 내렸다.

나는 눈을 좋아한다. 그렇지만 눈이 제일로 좋을 때는 내릴 때이고, 그다음은 쌓였을 때이며, 눈이 녹을 때는 정말로 싫다. 그 지저분함이야말로 말로는 표현할 수가 없기 때문이다.

나는 바람을 가장 좋아한다. 바람은 눈에 보이지도 않은 신성한 존재일 뿐만 아니라 태풍이라도 한번 불기만 하면, 모든 인가의 손에 의하여 만들어진 것은 흔적없이 되어 버리기 때문이다. 봄에 남쪽에서 불어오는 바람을 나는 엄마 바람이라고 부른다. 그 포근한 감촉은 먼 동경의 나라를 가져다주는 것 같다.

그다음에 내가 좋아하는 것은 비다. 비는 오고 난 후에 기분이 매우 상쾌하고, 우리 세상의 모든 오물을 깨끗이 씻어 내리기 때문이다. 초봄에 온실 같은 가랑비가 오면 연록의 새싹들이 고개를 든다. 그러면 나의 주위는 선명한 연녹색으로 꽉 차게 되고 금세 명랑하고 밝아지게 된다.

결국, 바람 · 비 · 눈 중에서는 눈을 제일 싫어하지만, 그래도 내리는 눈은 좋아하므로 하느님께서 나를 축복해 주시는 것이라고 단정을 내렸다.

언 내가 이런 것들을 생각하고 있을 때 철로 가에 있는 덕에서 열두 서너 살배기 어린이들이 잔디에다 불을 지르고 있는 것이 보였다. 나는 어렸을 때 생각을 하였다.

우리 집은 동네에서 꽤 떨어진 외딴집이었다. 나의 어렸을 때 생활을 돌이켜 보자면 일종의 고독한 생활이었다. 나는 겨울이 되면 엄마 아빠 몰래 성냥갑을 훔쳐 가지고 가서 잔디 위에 불을 피웠다. 곁에 서 있던 대학생들이 몇 시냐고 물었다.

12시 10분이라고 가르쳐 주었다. 그러나 시계는 12시 12분이었다. 나는 다시 가르쳐 줄까? 하고 생각하다가 입을 열기가 싫어서 그만두기로 하였다.

〈학생의 학교에서는 대학 예비고사에 몇 명 합격되었지?〉하고 다시 물어왔다. 나는 자세히 몰랐으나 「350명가량 된다.」고 말했다. 대학생들은 약간 놀라는 표정을 하였다. 이름 없는 지방 도시 여자고등학교에서 그렇게 많이 될까? 하고 의심하는 모양이었다. 나는 그네들의 의심하는 표정을 보고 매우 기분이 좋아졌다.

그네들은 아마 말투로 봐서 대학 1·2년생인 것 같았다. 아직 서울말은 완전히 하지 않았고 전라도 사투리와 서울말을 섞어 쓰기 때문이었다. 그 사람 중 한 사람은 키가 나만 했고 한 사람은 나보다 머리 부분이 더 있었다.

두 사람에게는 내가 퍽 홍미 있는 화제가 된 모양이었다. 나에게 자꾸 무엇을 물어보려고 하였다. 나는 괜히 그 사람들이 마음에 들지 않았기 때문에 입을 꼭 다문 채 창 너머 풍경에 시선을 집중하고 있었다.

소나무 위에 눈이 내리고 있었고, 까마귀들이 마치 저희끼리 무슨 회의를 하는 것 같았다. 그 까마귀들 사이에는 배가 하얀 갈까마귀가 너댓 마리 끼여 있었다. 저 갈까마귀는 참 외롭겠다고 느끼고 있을 때, 저쪽에서 어린 아이 울음소리가 났다. 고개를 돌리니 아까 그 총명한 눈을 가진 아이가 울고 있었다. 그리고 고슴도치 머리는 아이를 달래느라고 애를 쓰고 있었다. 아기를 쳐다보던 나의 눈과 고슴도치 머리의 눈이 마주쳤다.

그 사람은 빙그레 웃었다. 그 웃음은 천진난만하게 생긴 어린 아이 웃음과 닮았었다. 나는 왠지 반사적으로 눈을 돌렸다.

대학생들은「저 학생 입이 참 크지?」라는 말을 했다. 나는 순간 수치심 같은 게 불끈 솟았다. 무엇인가 말을 해야만 될 것 같았다.

국민학교 삼학년 때에 담임 선생님께서 나의 입이 메기입같이 크다고 자기보다 더 큰가 입을 대보자고 하였다. 나는 그때에도 수치심이 불끈 솟았고, 만일 그 주위에 아이들이 없었다면 나는 두 손을 꽉 쥐고 선생님을 힘껏 때렸을 것이다.

나는 대학생들에게 힘껏 눈을 흘겨 주었다. 대학생들은 나의 눈길이 매서워서였든지 아니면, 자기네들의 말이 그렇게 반감을 살 줄은 몰랐는데 그래서 매우 미안했든지 고개를 저쪽으로 돌려 버렸다.

빵을 사라고 외치며 장수가 왔는데 그 사람의 목소리는 아까 껌 장수의 목소리보다 매우 권태롭게 들렸으며 초라하게도 들렸다. 곁에 서 있던 대학생들이 빵을 샀다. 빵은 내가 보기에 돼지감자같이 맛이 없고 시큼한 맛과 목이 막힐 것 같은 성분을 지니고 있는 것 같았다.

대학생들은 어제저녁에 서울에서 차를 타고, 이제까지 아무것도 먹지 못했다고 자기네들끼리 중얼거리는지 혹은 나에게 양해를 구하기 위해서 그랬는지, 말하고는 빵을 매우 맛있게 먹기 시작했다.

내 곁에 앉아 계시던 할아버지께서 담배를 피우셨다. 꽤 담배 냄새가 나의 코를 상쾌하게 자극하는 것을 알았다. 노란색이 퇴색되어, 이제는 거의 짙은 갈색이 되어버린, 상수리나무의 잎들이 눈 사이에서 빠끔히 나와 있었다.

차 안은 역을 지날 때마다 비었지만 내가 앉을 만큼 비지는 않았다. 다리가 조금씩 쑤셔왔다. 하지만 그런 것쯤 나에게는 아무것도 아니었다. 나는 갑자기 지루해져서 차 안을 한 바퀴 둘러보았다.

총명한 눈을 가진 아이의 어머니는 자리에 앉아서 오징어를 씹고 있었다. 그 모습은 마치 어느 영화 장면에서 나오는 한 토막인 양 애처롭게 보였다. 나는 그만 그 여인에게 무엇인가 동정이 갔다. 아까 여인과 이야기를 하던 할아버지는 의자에 몸을 파묻고 벌써 꿈나라에서 헤매고 있었다. 고슴도치 머리는 여태까지도 싱글거리며 이야기를 하고 있었다.

나는 어떤 여인이 아마 시집갔다 사흘 만에 오는 길인 양 빨강 비단 저고리에 남색 치마를, 그 위에는 밍크코트를 입고 있는 것을 발견했다. 그 여인은 얼굴에 한 겹을 입힌 것 같이 진한 화장을 하고 있었다. 그 옆에는 남편인 듯한 남자가 떡 버티고 서 있었다. 그들은 퍽 다정해 보였나.

나는 다시 고개를 돌렸다.

내 옆에는 아까의 대학생들이 신문을 읽고 있었다. 기차는 덜커덩거리며 자꾸 달린다. 나는 힘껏 고함이라도 치고 싶었다. 앞에 계신 할아버지의 눈썹이 매우 짙었다. 그 할아버지는 매우 부잣집 할아버지인 모양이었다. 나는 이 할아버지가 딸네 집에 다니러 갈 것이라고 생각하였다. 그 딸은 삼 년 만에 오시는 아버지가 반가워서 버선발로 뛰어나와 맞을 것이고 이 할아버지는 이런 딸의 반가워함에 마음 흐뭇해서 점잖은 미소를 지을 것이다. 그와 동시에 할아버지는 삼 년 전에 딸을 이 집에다 데려다 주고 갈 때 어찌나 측은했던지, 딸을 붙잡고 통곡이라도 하고 싶었을 때를 생각할지도 몰라.

「에이, 지루해.ㅡ」하고 곁에 섰던 대학생들이 기지개를 켰다. 꼭 초등학교 학생이 재건체조를 하는 것 같았다.

작은 대학생이 「학생 교회에 다니나?」하고 물었다. 나는 지루한 시간이 이야기라도 하면 메꿔질 것 같아서 「네, 저는 교회, 원불교, 성당, 불교, 모두 다 다녀요.」라고 대답했다. 「그래? 참 그럴 수가 다 있나. 그런데 다녀 본 결과는 어때?」라고 작은 학생이 말했는데 큰 학생은 입가에 묘한 웃음을 띠고 나를 주시하고 있었다.

「다 똑같죠. 뭐. 모두 다 착한 일을 하라는 곳이잖아요?」라고 약간 쏘는듯한 말투로 대답했다. 「그 말에도 일리가 있어, 그렇지만 어느 한 곳만을 택하여서 다니는 것이 어떨지? 그게 훨씬 좋을 거야. 시간의 절약도 되고」라고 키 큰 학생이 매우 심각하면서도, 내가 꼭 그렇게 하기를 바라는 모양으로 말했다.

나는 갑자기 「시간은 돈이다.」라고 크게 말해버렸다. 그 학생들은 어이가 없다는 듯이 막 웃었다. 나도 재미는 하나도 없었지만, 따라 웃었다.

웃음을 멈추고 매우 진지하게 키가 큰 학생이 「내가 의인을 부르러 온 것이 아니요, 죄인을 부르러 왔노라. 마태복음 몇 장이더라?」하고 고개를 갸우뚱했다.

「9장 13절이야요.」

나는 싸늘함에 가까우리만큼 냉랭한 어조로 말해버렸다. 그들은 내게 〈예수 그리스도〉의 인자한 마음을 설명할 모양이었으나, 내가 더 잘 안다는 듯이 대답을 해버려서 서운한 듯했다.

한편, 그 학생들은 희한한 모양이었다. 나는 대학생들에 대하여 뭐라고 한마디 해주려고 하다가, 쓸데없는 말이 나올까 봐서 그만두고는 방향을 바꾸어서, 「원불교에서는 1등, 2등, 3등으로 인간의 종류가 정해져 있는데 1등 인간이란 남을 위하여서 자기가 죽는 사람이고, 2등 인간이란 남을 위하여 자기가 희생하는 사람, 3등 인간이란, 1등 인간도 2등 인간도 되지 못하는 사람이래요.」라고 꽤 힘있게 말을 마쳤다. 그들은 나의 뜻밖에 튀어나온 말에 동감을 표시했다.

그들은 내가 원불교에 대한 이야기를, 좀 더 해주면 좋겠다는 표정이었으나 내게 그 말밖에 자신 있게 할 말이 없었다.

차가 급정거를 했다. 나는 재빠르게 의자를 잡아서 가까스로 안 넘어졌으나 선 사람들은 거의 다 쓰러졌다. 날카로운 여인의 비명이 났고 귀가 째지는 듯한 어린아이의 울음소리가 들려왔다. 난로에다 여인과 총명한 눈을 가진 아이가 덴 것이다.

나는 문득 그 여인을 도와주고 싶다는 생각이 났다. 그 아이는 한쪽 볼을 데었고 그 여인은 이마를 데었는데, 그들이 변소엘 가려고 난로 옆을 지나게 될 때, 하필이면 그 당시 차가 급정거를 한 것이었다. 사람들이 연락을 하여 차장이 왔다. 순간 고슴도치의 머리가 보였다.

그는 인상을 쓰고 있었는데, 그 여인과 아이를 매우 걱정하는 빛이 얼굴에, 특히 눈가에 무척이나 나타나 있어서 퍽 성스럽게 보였다.

그 여인은 발을 동동 구르며 울고 있었고, 그러는 중에도 자기가 업었던 아이를 내려서 안아 들고는 어쩔 줄을 몰라 했다. 순간 나는 그들에게서 큰 벽을 초월한 모성애를 볼 수 있었다.

6·25사변 때 공산군들이 어떤 여인을 총으로 위협하니까, 그 여인은 자기 아이를 방패 삼아서 총을 막으려고 하였다는 이야기 생각이 났

다. 6·25 때의 여인과 비교할 때 이 총명한 눈을 가진 아이의 엄마는 얼마나 자식에 대한 사랑이 지극한가?「왜 조심을 하지 않고 이렇게 되었소?」라고 힐책하는 차장의 신경질적인 목소리가 들렸다.

여인은 아직 울고 있었고 차장의 눈초리는 얼음장같이 싸늘했다. 동시에 나는 반발심이 불끈 솟았다. 차장은 찬피동물인 것 같았다.

「다음 역에 내려서 치료하시오.」하고 매우 귀찮게 여기는 표정이 어린아이도 뚜렷하게 알아볼 수 있도록 차장은 말했다.

「여보세요, 차장. 이 아주머니가 데고 싶어서 데었나요? 열차에 〈스티임〉장치를 하지 않고 왜 난로를 피웠어요? 난로를 피우려거든, 안전한 장치라도 해놓을 것이지.」라고 곁에 섰던 대학생이 그 차장에게 덤벼들 듯이 소리를 질렀다.

그 차장은 별게 다 달려든다는 듯이 다시 말하면 메스꺼운 듯이 다음 칸으로 가버렸다.

나는 무엇인가가 마음에 부딪혀와 여인을 똑바로 바라볼 수 없어서 주위의 사람들만 둘러 보았다.

신혼부부인 듯한 사람들은 미래를 설계하는지 행복한 미소를 띄우고 이야기하고 있었다. 대학생들은 여인을 향해 매우 안타까운 표정을 짓고 있었으나, 어딘가 여인을 무시하는 태도를 하고 있었으며, 고슴도치 머리는 아직도 울고 있는 아이를 달래며, 차라리 자기가 데었던 것이 더 낫겠다는 생각을 하고 있었다.

나는 순간 고슴도치 머리의 눈가장자리에 나타난 엄숙하고도, 성스러운 빛에 눌려서 고래를 아래로 떨구었다. 기차는 서로 다른 세상이 사람들을 싣고 기적까지 커다랗게 눈 내리는 하늘을 향해 날려 보내며 다음 역을 향해 질주하고 있었다.

당선

제310호 1969년 6월 10일 화요일

제14회 전국남·녀 고교생 문예작품현상 : 시

종소리

· 안준근 (전주고등학교 3학년) ·

1

꽃 숨결 타오르듯
고옵게 무늬져 흐르는 하늘이 고와
저리 설레는 바람.
찬란한 해를 닮아가는 기원(祈願)임에
이토록 마음에 파문(波紋) 지는
싱싱한 음율(音律).
차라리 메마른 나목(裸木)에
부푼 봄의 꿈을 장식하는
먼 고향의 창(窓).
가슴 깊이 시려 드는 떨림으로
아득한 영혼을 일깨우는가.

2

계절을 향해 떨어지는

가랑잎 속에
내일에 깃발 지는 푸름이었지.
그리운 사람을 실어
태초(太初)가 열려있는 거기
투명하게 밝아 오는 꽃 속으로
발이 시도록 달려오는 사랑이었지.
무수한 꽃들이 지고
또 피는 이 지구의 변두리를
꽃바람 되어 돌아가는 음악이었지.

3
새벽종 음향이 잔잔히 흐르면
이슬이 터진 꽃망울과 함께
나의 슬기는 정상에 오르고
바싹 타는 입술을
가만히 무늬져 흐르는 그리움
그리운 이의 따스한 가슴에 여운이
시방 다시 피 돌듯 돌아가는 것일까.
미소(微笑)가 열리는 종소리.
음악 따라 고향이 출렁여 오고
어머님의 사랑이
훈훈한 체온이 되어 나를 부른다.

당선

제310호 1969년 6월 10일 화요일

제14회 전국남·녀 고교생 문예작품현상 : 수필

5월에

· 한상배 (대전여자고등학교 3학년) ·

개구리가 왕왕 댄다.

맹꽁이가 덩달아 갈갈댄다. 물살 흩어지는 평화로운 소리에 묻어나는 벌레들의 환한 함성들. 나무줄기마다 푸릇푸릇 물오르는 소리가 들리는 것만 같다.

씀바귀가 피어나고 민들레가 싹을 돋궜지만 피어날 기운이 엿보이잖는 쇠잔해버린 나의 영혼.

내 방에서 바라뵈는, 돋보기에 변화해버린 모든 것에 바람 속에 묻어비린 경이의 눈을 보냈지만 끝내 난 한층 너 피로를 음미한다.

오묘하신 조물주의 섭리, 생물과 무생물과의 무한대적인 상이점, 난 나의 무력을 다시 한번 웃어대는 용기를 보이는 것이고, 한참을 한참을 귀 기울여 개구리를 배운다.

창밖을 본다.

반짝이는 햇살에 잔디가 퍽은 고운 학교 교정, 나의 교실은 2층에 있다. 전망이 확 트였지만, 내 가슴은 항시 답답해 있다.

변화가 없는 단조로움, 변화가 있다는 건 발전이 기약되어 좋다. 항시, 좀 더 좀 득 하고 난 가쁜 숨을 모은다.

포르말린에 절인 실험용 사람의 시체 빛깔은 오징어 빛이란다. 신록의 빛이 오징어 빛이라면? 그렇다면 신록이란 말부터 이율배반적이지만, 정떨어지는 얘기다.

봄부터 우중충한 빛깔에 시신경을 피로시켜야 할 기연을 생각하면, 아예 생각하는 것만으로도 발이 동동 굴러진다.

새참 하게 파래진 잎들은 항상 들떠있는 나를 그때만이라도 차분하게 적셔줄 뿐 아니라 사이다를 마셨을 때처럼 가슴속 싸아한 시원함에 난 우쭐해지는 것이다.

〈푸라타나스〉의 새순을 보던 날, 난 가슴이 조여지는 듯 섬뜩했었다. 줄기를 비집고 빼끔히 내양빛에 부서질 듯한, 물기 어린 연녹색의 새이파리. 혀끝에 올려놓으면 금세 녹아 버릴듯한 안타까운 환희, 얼마만 한 격한 진통이 있었을까? 난 언젠가 익혔던 이 구절을 기억했다. 씨앗이 껍질을 벗을 때의 아픔은 출산 시의 진통과 다를 바 없다던.

날을 더해 교정의 〈푸라타나스〉 숲은 무성해 갔고, 까치는 보금자리를 꾸몄다. 어쩜, 저 까치와 같이 나도 잠시 쉬었다 새로운 곳을 찾아 떠나리니.

이제 저 새순 돋는 잎들이 땅바닥에 묻힐 때쯤 난 이 교정을 떠나야 한다.

항시 마지막이란 말엔 막지 못할 원시적인 힘이 작용하는 것 같다.

고교 시절의 마지막 봄, 나의 소녀의 봄은 이제 없을 것이라는 촉박한 관념에 난 몹시도 분주해 했고 나의 봄을 가꾸기에 나를 혹사했다.

나의 봄, 나의 봄 하며 난 무척 숨 가빠했지만, 하복을 입어버린 지금의 나에게선 이제 봄은 지난 것이다.

사람은 항시 테두리 속에서 벗어나길 원하지만 풀려난 후의 사람은 다시 얽히고 싶은 변덕을 지니고 있다. 고등학생이란 굴레에서 난 퍽 탈피하고 싶어 했지만 막상 졸업반이 된 지금 못다 이룬 아쉬움에 묻혀 성장에의 반항에 아연할 때가 많다.

참 며칠 전 난 학생 잡지에서 이달의 운수 난을 보았었다.

난 생일이 5월이기 때문 5월생만을 외우도록 익히 읽었는데「운수대통하는 달, 빨간 볼펜을 사용하면 더욱 행운이 겹칠 터」행운이란 말에 용기를 얻어 그날로 20원짜리 볼펜으로 연습은 물론 노우트 필기까지 지겹도록 사용했는데 노우트 검사에서 검정과 빨강이 뒤섞인 내 노우트엔「성의가 없다.」이런 선생님의 말씀과 함께 A점은 넉넉한 게 C로 전락 되었으니 겹치는 행운이란 게 이런 식인가?

5월이 다 가도록 행운은 겹치잖아. 결국 볼펜회사의 광고판일 것이라고 내 의견의 합의를 보았다.

이제 잎들은 더욱더 기승을 내어 파래질 것이다. 가엾게도 벌레 먹어 떨어져야 한다는 사실을, 항시 푸를 수만 없다는 철칙을 모른다.

그저 자기에, 현실에 충실해 있을 뿐이고 사람은 자기 편하게만 이용하는 현명함을 누리고 오만해 있는 것이다.

갖가지 진통 끝에 피어난 잎들에 자기의 절인 낭만을 노래하고 신작로 연변에 드리워진 가로수의 그늘을 골라 걷는 그들은 폭염에 땀을 흘리지 않아도 되고, 그리고 가랑잎, 비 온 뒤 그토록 반짝이던 잎들은 기름기를 박탈당한 채 버석해 있고, 끝내는 부엌 아궁이에서 태워져 온돌을 덮여준다.

자기를 길러준 자연에, 사람에 대한 최후의 보답일까?

재가 되고 다시 거름이 되어 나무를 기름지고 있은 윤기를 더할 것이다. 난 또다시 풋내나는 나의 윤회설에 골몰한다.

가작

제310호 1969년 6월 10일 화요일

제14회 전국남·녀 고교생 문예작품현상 : 시

과실주변(果實周邊)

· 이병호 (대전상업고등학교 3학년) ·

1

하루는, 늘
예리한 촉각(觸角)을 세우며 있는
꿈의 조심스런 음계(音階)이었네.

뿌리털 끝에서, 가지에서 신비스런
기능을 나눠 하는 갈구(渴求)의 손들
그 어디쯤에서 은은히 상승하여
내재(內在)로 가득하여 오는
완숙(完熟)의 마지막 빛은 쌓이는가.

단풍든 옷자락을 날리며
무너져 가는 시간의 먼 밖에서
불어오는 바람은, 서서히 날개 접는
잎새들의 마을에 돌아 와

사색의 현란한 물결을 풀어 놓는다.

새벽이면 금빛 결실을 지향(志向)하는
의지의 산맥에서 기상하여
끝끝내 저마다의 자리를 지키며
종교처럼 안으로 안으로
깊은 문을 여는 통찰(洞察)의 꽃 그림자
이제 식어버린 관능(官能)의 빈손을 흔들며
스산한 발걸음으로 돌아(退)가네.

2
생애(生涯)의 타오르는 숲에서
햇빛과 바람은, 무성(茂盛)한 일몰(日沒)은
겹겹 파도를 헤치며
여름내 하나같이 아름다운
집중의 하늘을 찾아 행진하였지.

슬픈 묵례(默禮)의 자세로 거부 없이 떠나는
소슬한 나부낀 속에 젖으면
지난날 한을 후회도 없이
활활 죽음에 싸여 가던 꽃들의
바쁜 걸음을 이제야 깨닫는가.
진실을 바치는 만치
진실을 다하시는 높으신 이의

은혜로운 밝히심이여.

바람 속에 모든 귀는 맑게 트이고
꽃이여, 우리들 작은 소망(所望), 그리운 혼은
이제 저 빈 가지마다에
줄기찬 생명의 높이로 남아
스스로의 중량(重量)을 조심스레 가누며
어진 이의 그윽하며 겸허(謙虛)한 손을
조용히 기다리고 있다.

가작

제313~314호 1969년 7월 22일 화요일~1969년 9월 16일

제14회 전국남·녀 고교생 문예작품현상 : 소설

머루가 익을 무렵

· 서난귀(부산데레사여고 2학년) ·

산에 산머루가 새까맣게 영글어 가고 소먹이는 애들의 발걸음이 한참일 땐 나는 항상 그 새까만 머루알의 새큼하면서도 달달한 맛이 입속에 가득 괴어 오는 것을 느낍니다.

그러면서 또 나는 그 새큼한 맛과 함께 가슴 깊숙한 곳에 숨어 있었던 아픈 생각이 되살아 나서 그때 나 자신이 그 돌산리개울의 징검다리를 건너다닐 때의 모습이 떠오릅니다. 그러한 나 말고 나보다 조금 더 작은 키에 얼굴이 유난히도 새하얗던 순복이가 검은 고무신을 신고 있었던 것도 생각납니다.

여름이면 역시 검은 물을 들인 짧은 광목바지와 가슴에 호랑이가 그려져 있는 소매 없는 런닝샤쓰를 입고 있었던 그 녀석의 모습은 이렇게 빨리 지나가 버린 시간 속에서도 사라지지 않고 있습니다.

내가 자라난 돌산리에서 5km쯤 떨어진 우리 국민학교에는 한 학년에 두 〈크라스〉밖에 안되는 아주 조그마한 단층 건물이 서 있었습니다. 돌산리 입구의 낮은 초가집이 땅에 붙을 듯 앉아 있는 곳에서 쭉 돌이 많은 작은 길을 따라 걸어가면 우리 이웃 마을인 성지부락이 있습니다. 그

리고 성지부락에서 또 1km쯤 거기서부터는 뛰어가면 바닥이 훤하게 들여다보이는 작은 시내가 흐르고 있는 것입니다.

그 시내 중간중간에는 푸른 이끼가 낀 내 한 아름보다 조금 더 커 보이는 돌이 놓여 있습니다. 그 돌 하나하나를 팔짝팔짝 뛰어 건너서 개울둑에 올라서면 학교가 멀리 바라다 보이는 곳에 가슴이 시원하도록 푸른 들판이 펼쳐져 있습니다. 돌로 만든 교사는 아무리 밝은 날씨에도 시커먼 빛을 띠고 있었는데, 비가 오는 날이면 더욱 음침해 보였습니다. 그런 우리 학교를 지을 땐 돌산리 부락에서는 물론 학교 주변의 모든 동리 사람들이 벽돌을 날라다 지은 것이라고 합니다.

「범수야 니 오늘도 이기겄나?」

학교가 파하면 으레 내게 명섭이는 이런 소리를 했습니다.

「순복이 자석 뭐가 그래 독종인지 모르겠드라. 어제 니하고 싸울 직에 내사 고마 미치겠드라이.」

영섭이의 이런 소리에 나는 「뭐 그깐 놈의 자석 오늘은 지옥행이다마. 진짜로 오늘은 끝장이라꼬.」

하며 의기양양해서 씨부렁거렸지만, 슬그머니 걱정이 되기도 했습니다. 순복이 녀석은 너무 질겼기 때문에 내가 때려 놓고 내가 울고 또 내가 때려놓고 내가 나자빠지고, 이렇게 되풀이하다가 결국 나는 코피가 잘 터졌기 때문에 모두 내가 진 것이라고 그렇게 단정을 하는 것이었습니다. 「명섭아 인자 오늘은 진짜로 보라고이. 꼭 이긴다. 단 한주먹에」 나는 이런 소리를 자꾸 지껄이며 순복이네들이 기다리고 있을 개울둑으로 줄 달음질쳐 갔습니다.

우리 돌산리에서 국민학교에 다니는 애들 중에 5명이 하급생 또 상급생이 3명 이렇게밖에 안 되었고 성지부락에선 우리 동리의 두 배나 되는 애들이 학교에 다니고 있었습니다. 마을끼리 패가 되어 자주 다투어 왔지만 나나 순복이처럼 좀체 승부가 나지 않는 싸움도 없었습니다.

특히 순복이는 우리가 일학년 때 나 때문에 자기가 선생님께 야단을 맞았다는 앙심이 있어 그런지 더욱 지독했습니다.

그러니까 내가 일학년에 갓 입학했을 때 순복이는 머리가 좋은 탓인지 퍽 산수를 잘했고, 또 여러 가지 과목도 시험을 치면 항상 성적이 우수했습니다. 수업시간에 그 야들야들하게 새하얀 얼굴로 그저 생글생글 웃으며 마음씨 좋은 여선생님.

(그때 우리 담임 선생님)의 말씀이라면 무조건 잘 들었습니다. 또 그는 학교에 입학하기 전 서울서 이사해 왔기 땜에 그 듣기 좋은 서울말로 물어라 지껄이면 누구나 귀여워하기 마련인 것입니다. 그 반대로 나는 순복이처럼 몸이 약한 편도 아니었고 그때까지 한 번도 앓아본 적이 없었습니다. 그래서인지 싸움은 우리 반에서 내가 최고였던 것입니다. 나는 학년 초부터 순복이의 고 간사스러운 웃음이 항상 못마땅해서. 또 여선생님께서 순복이만 특히 귀여워하는 것 같아서 그 녀석과는 말도 하기 싫었습니다. 그러다가 어느 날이었습니다. 그날은 심하게 아침부터 비가 내리기 시작했습니다. 바람도 함께 불었기 때문에 비닐우산으로 비를 피하기란 도무지 생각지도 못할 일이었습니다. 나처럼 학교와 집이 떨어져 있는 애들은 생판 비를 맞고 가야 할 형편이었습니다.

그런데 나는 징검다리 있는 데까지 가서는 찌그러진 비닐우산 마저 뒤집히고서 투덜투덜하며 책 보따리를 가슴 속에 싸안았습니다. 그러자 갑자기 내 뒤쪽에서 싸움 소리가 나고 또 빗소리와 함께 누가 첨벙하고 개울 속으로 빠지는 소리가 들려 왔습니다. 내가 재빠르게 머리를 돌려 보았을 땐 영섭이가 가방을 한 손에 들고 개울 속에 빠져서 아우성을 치고 있었고, 그 옆에 순복이가 하얀 비닐로 된 비옷을 입고 서 있었습니다.

「범수야, 내 좀 살리도. 에이구…푸우푸」

영섭이가 사색이 되어 굵은 빗줄기를 그대로 맞으며 허우적거리고 있었는데 그래도 순복이는 녀석은 눈 하나 깜짝하지 않고 영섭이를 노려보고 있었습니다.

그날 학교에 갔을 때 첫 수업이 시작되기 전이었습니다. 마음씨 좋은 여선생님께서 순복이를 불렀습니다. 우리와 함께 있으면 항상 싸늘하던 순복이의 표정이 스르르 풀어지며 선생님을 따라 밖으로 나갔습니다. 또 한참 만에 그 선생님께선 영섭이를 불러 갔습니다.

그러고 나서 순복이와 영섭이가 교실로 들어왔을 땐 그 새하얗던 순복이 얼굴이 조금 붉게 물들어 있었고 영섭이가 겸연쩍은 듯 머리를 벅벅 긁고 있었습니다. 아마 누가 순복이와 영섭이가 싸우고 있었던 것을 선생님께 말했는 듯싶었습니다.

정말 그때 순복이는 무슨 차가운 동물인지 눈썹 하나 까딱 않고 영섭이를 물속에 밀어 넣었던 것입니다. 누가 보아도 순복이의 그런 행동을 잘 했다고는 말하지 못했을 것입니다. 그다음부터 순복이는 그때 내가 선생님께 일러바친 줄 알고 나만 보면 그 차갑기만 한 눈초리로 나를 한참 노리곤 했습니다. 마침 마을끼리 싸움도 자주 했고 그래서 그 마을 하급생 주장이었던 순복이와 또 우리 마을 주장이었던 나는 곧잘 하루에 빠짐없이 한 번씩은 주먹다짐을 했던 것입니다.

싸움터는 언제나 성지부락에서 가까운 시내 둑에서 정해졌습니다. 「오늘 진짜로 신나게 한판 해뿌라. 그 자석 맛을 덜 바서 안 그라나.」 명섭이와 내가 시내 둑에 다다랐을 때 벌써 순복이와 그 동리 애들이 쭉 늘어서 있었습니다.

「아 범수, 이 녀석아. 오늘은 정말 한번 겨뤄보자. 니랑 나랑 누가 이기는지」

순복이의 이러한 앙칼스런 음성이 나의 신경을 더욱 곤두서게 했습니다. 내 주위엔 명섭이 밖에 없었지만, 순복이에게 주먹이 아주 센 상급생도 있었습니다.

나는 조바심이 났으나 항복하기는 죽기보담 싫었습니다. 나와 순복이가 엎치락뒤치락하고 있을 때 언제 몰려 왔는지 다른 학생들이 떼를 지어 우리를 둘러싸고 있었습니다.「헤헤 순복이 새끼 범수한테 진다. 저거 보래이, 저것 에이쿠 탁쳐.」이런 소리가 들리는가 하면,「범수 저 자석은 진짜로 빙신이드라. 오줌싸게, 똥싸게, 우히히히.」하고 순복이네들의 나를 비웃는 소리가 들립니다.

그런 소리가 들리면 순복이의 그 가는 팔에선 신경질적인 힘이 빠닥빠닥 나의 손아귀에서 몸부림을 쳤습니다. 내가 시내 둑까지 순복이를 끌고 올라가 녀석의 팔을 홱 낚아채서 발길로 엉덩이를 냅다 걷어찼을 때, 녀석은 넘어지면서도 악착스레 나의 발목을 물어뜯으며 일어났습니다.

나는 그런 녀석의 행동에 더욱 신경질이 올라서 비실비실 일어나려는 녀석의 따귀를 사정없이 후려갈겨 버렸습니다. 그러자 녀석의 핏기 하나 없던 그 창백한 얼굴에 온통 나의 손자국이 드러났습니다. 그때 나는 그만 그런 녀석의 얼굴을 보자 겁이 들컥나서「으아」하고 큰 소리로 울고 말았습니다.

「히히 저 자석 좀 바라. 지가 때리 놓고 지가 운다. 헤헤 병신 겉은 자석.」

이런 소리가 들리는지 안 들리는지 나는 울면서 자꾸 입술 언저리께로 스며들어 오는 짭짤한 액체가 무엇인지 모르고 있었습니다.

「범수야 코피 난다. 코피. 에이구 순복이 새끼…」

영섭이의 이런 소리가 다 끝나기도 전에 애들은 벌써 멀리 사라지고 안 보였습니다. 원래 누군가 코피가 터지면 싸움은 일단 정지되는 것입니다. 그리고 그다음 날 다시 시작하게 되어 있었습니다.

한참 만에 나는 징검다리 한가운데로 가서 얼굴을 씻었습니다. 자꾸 줄줄 흐르기만 하던 코피가 차가운 시냇물로 해서 금시 멎는 것 같았습니다. 나는 그날 영섭이와 함께 그 먼 길을 타박타박 걸어오면서 아무소리도 하지 않았습니다. 영섭이도 그러한 나에게 아무 말도 걸지 않았고 그저 길섶에 갓꽃봉오리가 피려는 애매한 코스모스만 비틀어 버리곤 했습니다. 나도 명섭이처럼 그중 가장 크고 귀여운 꽃봉오리 하나를 꺾어서 손으로 문질러 버렸습니다. 그런데 순복이와 싸운 것이 끝장이 나지 않아서 그런지 나는 마음이 개운하지 못했습니다. 초등학교 5학년이나 되는 다 큰 애들이 만나면 죽자 살자 싸우는 것도 나로선 이해할 수가 없습니다.

보통 때에도 순복이는 특별한 행동을 잘 했습니다. 어떤 때 학교 앞으로 상여 같은 것이 지나가면 괜히 머리를 책상에 처박고 그날 하루종일 말이라곤 한마디도 하지 않는 것입니다. 그러면 그 마음씨 좋으신 여선생님께서 녀석의 머리를 쓰다듬어 주시며 그에게만 들리도록 무어라고 말씀해 줍니다.

그럴 때마다 나의 마음 한구석에서 알지 못할 무엇이 꿈틀거립니다. 괜히 순복이가 죽이고 싶도록 미워지는 것입니다.

다음날은 일요일이었기 때문에 오전에는 둑 넘어 논에서 메뚜기를 잡았고 또 오후에는 이제 뿔이 솟아날 듯 말 듯 한 황송아지를 몰고 가 산으로 올라갔습니다. 풀도 누렇게 변해가고, 황송아지는 ㅁㅁ풀이 입에 맞지 않는지 이리저리 돌아다니다 뒷 바위 그늘에 앉아서 움메— 울면서 등에 붙어있는 쇠파리들을 쫓고 있었습니다.

나는 그런 송아지의 밧줄을 놓아 주고 범골로 올라갔습니다. 그 범골은 우리 동리 뒷산에서 한참 올라가면 성거 마을이 곧바로 내다보이는 곳으로 거기엔 산머루가 유난히도 많은 곳입니다.

혼자서 좀 무섭기도 했지만 해가 아직 한발이나 남아있는 것 같아서 빠르게 올라갔습니다. 산그림자가 아랫마을을 덮고 있었습니다. 나는 탐스럽게 익은 새까만 머루를 따서 가득 호주머니 속에 넣으면서 자꾸 올라갔습니다.

아무리 입에 넣어도 한없이 달콤하기만 한 그 새까만 머루알이 나를 그렇게 만든 것입니다.

호주머니가 두둑하게 불러와서 나는 기분이 아주 유쾌했습니다. 그런데 「저 자석 범수 아이가?」하는 갑작스러운 소리들이 내 바로 앞에서 들리며 순복이네들이 올라오는 것이 보였습니다. 아래쪽 왕소나무 가지 아래서 그들은 떡 버티고 서 있었습니다.

「헹야 여게가 너기 동네가? 저 자석 심퉁하믄 우리 동네에 와서 모래(머루)익은거 다 따가 드라이. 오늘은 그 모래보다 더 맛있능 거 처묵고 가래이 헤헤.」 이런 소리를 지껄이는 애가 있는가 하면, 또 순복이는 「이 병신자식 정말 병신같은 게 어제 쌈이 끝나지 않았었니? 이제 덤벼봐.」 하며 싸늘하게 웃으며 나를 노려보는 것이었습니다.

나는 언제든지 그런 순복이의 인상이 죽기보담 싫었기 때문에 고 간사하기 이를 데 없는 머리통을 부수어 버리고 싶었습니다. 나는 한참 멍청하게 서 있다가 순복이의 주먹이 사정없이 들어오는 것도 막지 못하고 얼떨떨해 버렸습니다. 물론 그때도 나는 코피가 터졌습니다. 막을 수 없을 정도로 심하게 코피가 흘렀습니다. 이러한 나를 본 그들은 비실비실 달아 나려고 했습니다.

나는 치오르는 분노를 억제하지 못하고 도망가려는 순복이의 뒷덜미를 움켜쥐고 잡아끌었다가 멀찍이 밀어버렸습니다. 그 바람에 순복이도 나도 돌부리에 채어 넘어졌습니다. 그러자 도망가려던 순복이 떼거리가 우루루 몰려와 나의 어깨와 허리 팔다리 쪽으로 사정없이 발길질을 하는 것이었습니다.

다만 나는 코피가 얼마나 흘렀는지 그것은 모르겠고 탐스럽게 가득 호주머니에 넣었던 그 새까만 머루알이 터져 범벅이 될까 봐 몹시 걱정이 되었습니다. 나는 아무도 알아듣지 못하게 꿍꿍거리다가 순복이의 발걸음이 멀어졌을 때까지 그대로 마른 풀 내음을 바로 코앞에서 맡으며 땅바닥에 엎어져 있었습니다.

산에는 더욱 어둠이 빨리 찾아오는지 내가 그대로 놓아두었던 황송아지가 울고 있었습니다.

그때야 나는 머리가 빙빙 돌고 허리께가 뻐근 거리는 것을 인식하며 비틀거리며 산을 내려왔습니다.

월요일에는 하늘도 더욱 높고 들에는 벌써 벼 베는 사람들이 하나둘 보였습니다. 전날 순복이네에게서 몰매 비슷한 것을 맞았기 때문인지 몹시 신경질이 올랐습니다. 아침 먹기 전 어머니께서 호주머니의 머루알이 터져 바지에 물이 들었다면서 야단하시던 것이 생각나서 나는 또 퍽 미안한 생각이 들었습니다.

요즈음 나에겐 학교 가는 날이 지겹고 두려웠습니다. 심지어 미칠 것 같기도 했습니다. 공부하러 학교에 가는 것이 아니라 매일 순복이와 싸움하러 가는 거나 마찬가지인 것 같았습니다. 그렇다고 나 자신이 먼저 고 간사하기 이를 데 없는 (이건 어디까지나 내가 생각하는 뜻에서) 순복이에게 잘못했다고 빌기는 죽기보담 싫었던 것입니다.

그날 수업이 파하는 즉시 나는 또 순복이와 싸웠습니다. 산에서의 그 녀석의 행동이 나의 신경을 긁었기 때문입니다. 교문 앞 배추밭에서 우리는 한동안 얼려 싸우고 있었는데 하교하던 애들이 모두 뺑 둘러 서서 구경을 하고 있는 것 같았습니다. 그런데 그날은 이상하게 애들이 내 편만 드는 것이었습니다.

「범수 이기라 고런 야시(여우)새끼는 한 주묵에 박살 내뿌라 떡을 맨들어라 죽을 맨들어라.」

「헤헤. 조 자석 범수한테 어림도 없는 기 거무리(거머리) 맨치로 달라붙네. 내 참 더러바서…」

「조 지독한 새끼 순복이가 아이라 악복이다. 악복이라…」

이런 소리를 들으면서 나는 순복이의 뺨을 마구 갈겼습니다. 가슴이 후련하도록 그래도 녀석은 악착스레 나에게 달라붙었습니다. 나는 하도 어이가 없어 잠시 손을 멈추었을 때 순복이가 재빠르게 나의 얼굴을 후려쳤습니다. 그러자 나의 코에서 또 코피가 흐르고 애들은 하나둘 사라져 가버렸습니다.

순복이도 저만치 떨어져 나갔습니다.

「이 녀석 개울둑에서 기다릴테다. 그때는 정말 결판을 내야 해. 그래넌 죽을 각오 해 가지고 와. 병신같은 자식.」

순복이가 이렇게 지껄이며 저쪽으로 가 버렸습니다. 그날 나는 두 번이나 싸우기도 지쳐서 영섭이와 같이 한 시간 동안 학교에서 기다리다가 집으로 향했습니다. 그러나 그 지독한 순복이는 그냥 기다리고 있었습니다.

나는 울컥 치밀어 오르는 무엇을 느끼며 윗도리를 벗었습니다. 영섭이가 그런 나의 윗옷을 받아들자 나는 거세게 순복이에게로 달려들었습니다. 나와 순복이가 이렇게 싸우는 것은 참말 어처구니없는 일입니다. 무엇 때문에 나는 언제든지 순복이와 싸워야만 하나 하는 생각이 들 때면 나도 알 수 없는 것은 사실입니다.

나와 순복이가 끝장을 내지도 못한 채 싸우고 있을 때 이웃 마을에 심부름 갔다 오던 우리 학교의 육학년 형이 나타났습니다.

그 형이 다가왔을 때 나는 손등으로 코피를 닦고 있었습니다. 그러자 그는 나만 순복이에게 얻어맞은 줄 알고 순복이를 아주 나무라며 나에게 코피를 그대로 손바닥에 대고 비비라고 했습니다. 나는 무슨 영문인지 몰라 그 형이 시키는 대로 했습니다. 그러자 「니 성질 풀어질 때 꺼정이 자석 빰따귀를 때리 주라.」하며 그 가는 순복이의 팔을 양손으로 꽉 잡고 있었습니다. 나는 그 형이 내 편을 드는 것이 한없이 반가워서 마구 순복이의 빰을 갈겨냈습니다.

코피가 묻은 나의 손이었기에 순복이의 그 하얀 얼굴은 말이 아니었습니다. 그 형이 순복이의 팔을 놓아 주었을 때 나는 녀석의 팔을 낚아채서 개울둑 아래로 밀어 버리고 또 엉덩이를 거세게 걷어찼습니다.

개울둑 모서리에 개구리처럼 엎어버린 순복이가 그래도 머리를 쳐들고 나를 노려보았습니다. 코피와 진흙에 범벅이 된 순복이의 얼굴이 꼭 문둥이처럼 부어올라 있었습니다.

나는 갑자기 무서워져서 징검다리를 급하게 건너서 허둥지둥 도망해와 버리고 말았습니다. 나는 집에 들어가기 전 집안의 조그마한 개울에 595

서 손을 씻었습니다.

맑은 개울물에 순복이의 부은 듯한 얼굴이 퍼렇게 비치는 것 같아서 또 겁이 났습니다, 그 뒤 며칠이 지나도 순복이는 학교에 나오지 않았습니다.

그렇지 않아도 마음이 이상한데 성지마을 애들이 나를 못살게 굴었습니다.

「순복이가 나서 몬니 그냥 안 둔다 카드라마.」

「진짜로 순복이 낯이 꼭 문디 겉드라이. 범수 니보고 저거 어매가 한 번질들인다 카드라이 히히히…」

이런 애들만 그러면 또 괜찮겠지만 5학년 때도 담임인 그 맘씨 좋은 여선생님께서는 순복이가 학교에 나오지 않으면 몹시 걱정을 하시고 그래서 나는 더욱 마음이 괴로웠습니다.

나중엔 학교에 나오는 것조차 싫어졌습니다. 아침 일찍 혹시나 순복이 어머니께서 길목을 지켜 섰다가 야단을 칠까 봐 일부러 늦장을 부리면서 학교에 가는 바람에 언제나 지각을 면치 못했습니다.

일주일쯤 지나서 순복이가 학교에 나왔습니다. 얼굴이 조금 나은 것 같았지만 아무래도 퍼렇게 멍든 자국이 없어지지는 않았습니다. 이따금 그는 무척 괴로운 듯 한쪽 손을 허리에 짚고 서 있기도 했습니다. 나는 하도 서먹서먹해서 그냥 순복이를 비실비실 피하고 말았습니다.

그런대로 가을이 후딱 지나가 버리고 바람은 차가워지고 어떤 날에는 눈이 오기도 했습니다. 그래도 순복이의 얼굴에는 멍든 핏자국이 없어지지 않았고 날씨가 추우면 추울수록 더욱 그 창백한 얼굴이 시큰둥하게 부어올라 있었습니다.

징검다리 사이사이 새하얀 눈이 얼음 위에 덮여 그것도 함께 얼어붙은 아주 차갑고 쌀쌀한 날이었습니다.

그날도 순복이는 결석을 했습니다. 나는 누구에게 이런 소리를 들었는지 몰라도 순복이는 의붓아버지 밑에서 자랐다는 말이 생각났습니다.

그 녀석의 어머니가 순복이만 데리고 살아나기가 벅차서 어떤 남자와 재혼을 했다는, 그리고 원래 그 남자 밑에는 다 큰 아들 딸들이 수두룩했었는데 결국 순복이 어머니는 몇 년도 못살고 쫓겨나서 순복이가 일곱 살 때 친정인 성지부락으로 왔다는 말입니다.

그래서 그런지 내가 보기엔 순복이 어머니의 얼굴은 항상 수심에 가득 차 있는 것 같고 끔찍하게 순복이를 사랑한다는 게 이상할 정도로 순복이는 그의 어머니에게 매정하다는 것입니다.

그런데 그의 어머니에 대한 애정이 마음씨 좋은 여선생님에게로 쏠리고 그래 언젠가 그날 나 때문에 야단을 맞았거니 하는 생각이 그렇게도 그 녀석의 마음을 상하게 했는지 모릅니다.

「순복이가 읍내 병원에 입원을 했다 안카나!」

그 후 나는 영섭이의 이런 소리를 듣고 괜히 가슴이 두근거렸습니다. 그러고는 그 날 학교가 파한 후 그때 순복이가 내게 얻어맞고 개구리처럼 엎어졌던 곳으로 갔었습니다. 그곳도 새하얗게 얼음은 얼어붙어 있었습니다. 흡사 순복이의 마음이 그렇게 굳어 있었던 것처럼….

순복이가 읍내 병원에 입원한 지가 한 달 가까워 왔습니다. 그날은 방학이 시작되는 날이었습니다. 우리 반에선 순복이 대신 내가 우등상을 탔습니다. 마음씨 좋은 여선생님께서 화사하게 웃으시며 꼭 옛날에 순복이에게 하시던 행동과 같이 나의 머리를 쓰다듬어 주셨습니다. 나는 눈물이 그렁그렁 맺혀 오는 것도 알지 못하고 그냥 그 자리에 못 박힌 듯 서 있었습니다.

무슨 힘이 나를 그렇게 만든 것인지 그저 멍하니 창밖만 바라보고 있었던 것입니다. 우등상을 타서 기분이 아주 유쾌하다고 할 수 없을 정도로 순복이 일이 걱정되었습니다. 상장을 가슴에 싸안고 징검다리를 건너 또 성지부락을 지나서 그저 총알처럼 나는 우리 집 안마당까지 곧장 뛰어들어 갔을 때였습니다.

사랑방 쪽에서 두런두런 얘기 소리가 들렸습니다. 「성지마을 청산댁한테도 아는(얘는) 그 아 하나 뿐이었지예.」

이건 분명 어머니의 소리입니다. 「그래 청산댁도 청춘을 그 아 하나만 믿고 살았는데 머슴 넘의 자석들이 장난도 별나게 치서 세상에 갈비뼈가 두 개나 금이 갔다 안 카요. 에이구 쯧쯧….」

「글쎄 말이지예, 요새 세상은 쪼개는 아들(아이들)이 더 무섭데요….」

「에이구 청산댁도 불쌍하지. 십이 년 동안이나 정신 디려 길렀는데… 그 아가 철들고 나서부터 어머니라고 불러준 때가 한 분도 없었답니더. 머슴아도 그런 아가….」

말끝도 채 못 맺는 우리 어머니의 말씀이 젖어 있는 것 같았습니다.

-끝-

입선

제322호 1970년 2월 9일 화요일

제14회 학예상 : 소설

편입이후

· 이상렬 (문리과대학 국문학과 2학년) ·

대학에서의 일과 중에는 도서관 들리는 게 큰 비중을 차지하는 일이었다.

점심을 먹고 식당에서 나오면 그 육중한 석조건물이 버티고 서 있어서 그냥 지나치면 어쩐지 대학생다워지는데 한걸음 늦은 거나 아닌가 하는 자각증상이 일어났다.

승우는 점심식사 후에는 꼭 도서관에서 용변을 하는데 그곳의 변소는 조용한 데다가 칸막이가 있어 분위기가 썩 맘에 들었다.

그러나 승우는 매일 도서관에 들르긴 하지만 그냥 아래층에서 머무르고 만다. 참된 도서관의 활용은 층계를 오라가 책을 빌린다든지 참고 열람실에 간다든지 해야 하는 줄 알고 있지만 승우는 소변이 끝나면 도로 현관으로 나와 신문 게시판에서 오후 강의가 시작될 때까지 머무르는 것이다.

대학에 들어온 뒤 승우가 빌려 본 책은 딱 두 권 뿐이다. 그의 열람증은 두 칸을 메꾼 채 넉 달 동안 비어 있다. 그나마 그것도 채 몇 페이지 읽지 못하고 반납해 버린 것으로 승우는 기억하고 있었다. 읽기를 원했던 책은 어떤 날랜 친구들이 계속 승우를 앞지르고 있었고 목록을 뒤져 그럴싸한 책 이름을 써넣었더니 그건 「하얗고」 하는 투의 한문투성이의 고물이었다.

참고 열람실은 승우가 더 가기를 꺼리는 곳이다. 그곳에 계시는 나이 든 분께서는 처음 그곳에 들어가 절차를 잘 모르는 승우를 꽤 오래도록 관찰했었다. 승우는 자꾸 신경이 쓰여서 몇 줄 읽지 못하고 눈을 들었는데 그때마다 그분의 시선과 마주쳤다. 삼십 분도 못 되어서 승우는 책 읽기를 포기했지만, 그 덕분에 더 수상한 느낌을 산 눈치였다. 그곳은 비교적 협소한 곳이었고 또 잡지 한 권을 읽기 위해 거치는 수속이 꽤 복잡했다. 대출증에 기입하고 도장을 찍고 또 열쇠를 받아 남들이 조용히 책을 보고 앉아 있는 의자 뒤를 어렵게 지나서 책장 문을 드르륵 소리내기에는 인간의 용기가 여러 차례 시험당하는 느낌이 들었다.

더 더구나 승우를 겁나게 하는 것은 두툼한 대학노우트로 된 대출 장부에 학년과 성명, 책명을 기입해야만 하는 일이었다. 승우는 기입하려다 우연히 같은 과의 아가씨 이름을 발견하고 긴장해서 그녀가 읽었던 책 이름을 흘낏 보았는데 꼭 일기장이라도 훔쳐보는 느낌이었다. 도대체 자기가 읽은 책을 남에게 밝혀야 하고 공공연하게 기록 보관된다는 사실이 승우를 주저하게 하는 큰 이유였다.

신문 게시판.

게시판은 국문과적으로 이야기할 때고 실제 그곳에는 「계시판」이라고 흰 페인트로 쓰여 있다.

승우는 참말 매일 그 「계시판」에서 하루 생활의 계시(啓示)라도 받고 있는 셈이었다.

대학에 들어 온 지 몇 달이 지나도록 이렇다 할 말벗을 찾지 못한 승우에게는 항상 너무 많이 남는 시간을 메꿔야 하는 초조가 따라 다녔다. 아침 두 시간 강의가 끝나면 오후 7,8교시까지 비어 있는 불우한 요인도 있었다.

직장을 걷어치우고 편입시험을 치러 대학에 들어오던 용기는 어디로 갔는지 강의가 없는 시간에는 자꾸 절망적인 분위기가 승우를 감싸는 것이었다. 마치 덫에 걸린 쥐가 영영 빠져나갈 수 없음을 스스로 알게 되었을 때의 심정 같았다.

승우가 신문 게시판에서 대부분의 쉬는 시간을 보내기 시작한 지가 꽤 오래 되었지만, 누구도 그런 그의 일과에 관심을 가져주는 사람은 없었다.

그러나 승우는 항상 게시판 앞에 설 때마다 계면쩍은 느낌이 들었다. 혹시 누가 신문 앞에서 우두커니 서 있는 제 꼬락서니를 주시하지나 않나 싶어 신문을 읽다가도 주위를 둘러보곤 했다.

승우는 각 일간지의 거의 모든 면을 섭렵하는데 어떤 사회면 기사는 신문마다 다른 이야기를 비교 종합하는 재미도 있었다.

「불론디」는 항상 승우에게 흐뭇한 미소를 준다. 어떤 때는 좀 소리를 내어 웃기도 한다. 누군가에게 그 유우머를 선하고 싶은 충동에 당황한다. 행복이라든가 안정이라든가 하는 것은 일상의 평범한 일의 반복과 잘 타협하는 것이라고 생각한다. 출근, 회사, 사장, 이발소, 음식점, 목욕탕, 밍크코트…. 승우 자신은 몇 가지의 반복 행위와 타협하고 있는가? 시내뻐스, 강의실, 도서관, 변소, 신문, 담배 피우기……. 만화 다음으로 승우가 빼놓지 않는 것은 연재소설이다.

각 일간지는 대개 두 개씩의 연재소설을 게재하고 있지만 승우는 이렇다 하게 더 좋아하는 소설이 있는 건 아니었다. 시대물이건 연애물이

건 불평 없이 잘 읽고 작자가 궁금해라 하면 궁금해하고 흥분해라 하면 흥분하는 선량한 독자로서 만족했다.

그러나 사람이 번번이 드나드는 통로 쪽에서 연재소설을 읽고 있으면 뒤가 불안했다. 누가 신문 아래쪽에 있는 소설을 읽기 위해 무릎을 반쯤 굽히고 가방을 뒷짐지어 잡고 섰는 자기 꼴을 보고 있을 것만 같아서였다.

현관 좌우에 비치된 이 신문 게시판은 유리 속에 신문을 끼워 놓은 것으로 뒷면으로 보기 위해서는 벽 쪽으로 돌아가서 좀 어둡고 좁은 공간에 서야 했다. 그곳은 어두울 뿐만 아니라 바깥쪽에서 빛이 투사되어 앞면의 활자가 어른거리기 때문에 여간 읽기에 힘이 드는 것이 아니었다. 승우는 학보 같은 곳에 투고라도 해서 신문 게시판의 뒷면에서 학생들의 시력이 얼마나 피해를 보고 있나를 밝혀주고 싶을 때가 한두 번이 아니었다.

하지만 그 게시판 뒤쪽으로 돌아가 좁고 어두운 곳에서 얼굴이 가리어진 채 등을 벽에 기대고 소설을 읽는 맛은 그만이었다. 그곳은 아늑하기가 골방에서 대낮에 이불을 쓰고 달 지난 잡지를 뒤적거리는 것만큼이나 아기자기했다.

D일보의 소설은 꼭 그런 분위기에 맞게 뒤쪽으로 정해져 있었다. 그 연애물은 요즘 한참 피치를 올리고 있었다. 승우는 민망스럽게도 강의 시간 중에까지 그 소설 내용을 생각하는 때가 있었다.

돈벌이를 제일 잘한다는 중견 작가였다. 좀 낯간지러울 때가 있을 만큼 통속이었지만 차라리 같은 신문의 다른 면에서 천 회도 넘게 흘러가는 시대소설보다는 훨씬 양심적이라고 생각되었다.

긴장과 이완의 수축작용이 아주 말초적인 데가 있어 박진한 리듬감을 갖추고 있거니와 미상불 잡화까지도 감칠맛이 있었다.

승우는 어떤 때 대한민국의 한 대학생이 자기의 신중한 독자임을 그 작가가 조금이라도 감안하고 있을까 하는 생각이 들기도 했다.

요즘은 그 소설이 갑자기 클라이막스로 치달리고 있기 때문에 승우는 도시락을 빨리 치우는 데 노력했다. 그러나 현관에 들어서자마자 바로 소설로 직행하지는 못했다.

통로 쪽에서 다른 학생들의 어깨너머로 만화 따위를 보면서 슬슬 뒷면으로 자연스럽게 돌아가는 것이었다.

승우가 J일보의 토픽난에서 수영복을 입고 긴 다리를 자랑하는 서구 미녀의 사진에 눈을 주고 있을 때였다.

「개 새끼들」

앞에서 안경을 쓴 친구가 사회면을 바짝 들여다보면서 내는 소리다.

승우가 시선을 옮겨 그가 흥분하고 이는 사회면 쪽으로 다가서자 그는 뒤돌아보면 승우에게 말했다.

「이 기사 좀 보십시오. 요새 신문들도 이 모양이니 사진 한 장 없이 이렇게 작게 낸단 말입니다.」

그가 가리키는 것은 일단으로 깔아버린 서울에서의 대학생 데모 기사였다.

「수천 명이 거리로 뛰어나오고 부상을 당하고 철야 단식을 하는데도 그게 중요한 일이 아니라는 겁니까?」

승우는 그가 너무 비분강개한 나머지 낯선 얼굴에 그만 실례를 했다는 자각이 들지 않도록 고개를 끄덕여 동의를 표했다.

「왜 신문이 안 내는 거겠소. 못 내는 거지.」

안경은 거 보라는 듯이 이번에는 K일보 쪽의 사회면을 찾고 있었다.

승우는 천천히 그를 떠나서 D일보의 뒤로 돌아갔다.

과연, 오늘은 삽화부터가 추상적이다.

저 회오리바람은 무엇을 뜻하는 것이랴. 승우는 침을 삼키며 소설 쪽으로 몸을 굽혔다. 보통 때는 어린아이가 사탕을 빨다가 남겨 놓듯이 다른 데를 다 훑어보고 천천히 심호흡을 하며 그 맛 난 먹이를 치우는 승우였다.

그러나 오늘만은 그런 능청을 떨 여유가 없었다. 그런데, 중간도 채 못 읽어서였다.

「연재소설을 읽고 계십니까?」

승우는 흠칫 몸을 바로 했다.

안경 쓴 홍분파였다.

승우는 갑자기 얼굴이 후끈거렸다. 무례한 자가 노크도 없이 화장실 문을 잡아당겨 당황했을 때 같았다.

안경은 승우의 소설 위에 있는 사설란을 노리고 있었다.

그가 시설에 바짝 다가서는 통에 무참히도 승우의 소설은 가려지고 말았다.

승우는 화가 치밀어 올랐으나 곧 그 골방에서 퇴각하기로 결정했다.

―죄송합니다. 기 중대 시국에 연애소설이나 읽어서.

밖은 눈이 부시게 햇살이 따가웠다. 잔디밭을 지나 화단 쪽으로 발을 옮기면서 승우는 피식 웃고 말았다.

―오늘은 재수가 없군.

호주머니를 뒤져 담배를 꺼내 물고는 문리대 앞 화단 둘레에 심어 놓은 바윗돌 중에서 판판한 곳을 골라 앉았다.

그곳에는 남학생들이 몇 명씩 모여 앉아 있었다. 이 화단의 돌은 간이

벤치 역할을 하는 것으로 학생들은 잔디밭보다 그곳에 앉기를 잘했다.

승우는 이곳에 앉을 때마다 시내버스 속을 생각한다.

편입을 한 뒤 어색해서 뱃지도 달지 않고 그저 직장에 있을 때의 양복에다 가방만을 들고 다닐 때 승우는 시내버스값을 5원씩 더 내기가 일쑤였다. 버스 차장들은 승우가 내미는 10원짜리를 받고는 시치미를 떼었다. 용기를 내어 5원을 거슬러 줄 것을 요구하면 으레 위아래를 한 번씩 훑어보았다. 별난 대학생도 다 있다는 표정이었다.

아홉 시쯤의 버스 속은 승우의 고독을 새삼 확인시켜 주는 곳이었다. 그들은 제 나름대로 아는 얼굴들과 서로 인사를 나누고 버스의 배기음 속에서보다 큰 목소리로 학교에서 일어난 일을 떠벌이며 웃기도 하고 어떤 교수의 말버릇이라는 「뭣이어 시방」하는 따위의 유행어를 지껄여 댔다.

어쩌다 친절한 학생이 있어 승우의 가방을 받아 줄 때는 더 불안해서 버스가 얼른 멎기를 기다렸다. 눈으로라도 인사를 보내야 하는 게 귀찮기까지 했다. 가방을 받았던 그 친절한 사람들은 대개 가방을 돌려줄 때 새삼스럽게 승우를 바라보곤 했다.

시내버스 속에서나 이 돌벤치에서나 승우는 항상 혼자였다.

승우가 담배 한 대를 채 태우기 전에 도서관 현관에서 안경이 나오더니 이쪽으로 걸어오는 게 보였다.

그는 승우를 찾고라도 있었다는 듯 승우의 곁에 와 멈춰 섰다. 그리고는 꼭 이 자리에서 누굴 만나기로 했는데 하는 표정으로 승우의 곁에 다가앉고 말았다.

「형씨 문리대 다니십니까?」

그는 이제 구면이 아니냐는 듯이 말을 걸어 왔다.

「네.」

「무슨 과시죠?」

「국문과입니다.」

승우는 그를 돌아보지 않은 채 대꾸를 했다. 그러나 그는 좀채로 승우를 포기하지 않을 결심인 것 같았다.

「저 인사나 하고 지냅시다. 법대 삼학년 김……라고 합니다.」

승우는 미처 그의 이름을 알아듣지 못했는데 끝 자가 철인가 하는 모양이었다,

「전 이승우라 합니다.」

승우 쪽도 적당히 뒤끝을 흐렸기 때문에 그도 확실히 승우의 이름을 알아듣진 못했을 것이다.

승우는 그가 내미는 손을 잠깐 잡았다가 떼었는데 그것은 대학에 들어와서 거의 잊었던 것으로 이런 악수라는 절차가 퍽 어색한 생각이 들었다.

「나이가 들어 보입니다. 군대 갔다 오셨습니까?」

「아, 네에」

몇 차례인가 그런 질문을 받은 기억이 있지만 승우는 일일이 설명해 주지 않기로 작정하고 있었다. 복학이 아니고 편입이오 하면 그다음이 길어지고 만다.

「제대를 하셨으면 교련시간은 좀 수월하죠?」

승우는 웃고 적당히 고개를 끄덕여 주었다.

제대한 학생들이 소대장이니 향도니를 하는 교련시간에 승우는 적잖이 진땀을 빼야 했다. 만일 그런 감투를 쓰게 된다면 눈 딱 감고 자퇴 원서를 써 들고 교관을 찾아가기라도 하리라 맘을 먹고 있었다. 다행히 승

우는 그런 극단에까진 가지 않아도 되었지만 다른 학생들처럼 웃기도 하고 불평도 늘어놓을 수가 없는 처지라 속으로 고통을 받는 터였다.

매점 쪽에서 화사한 색깔의 여학생 몇 명이 허리를 굽혀 키들거리며 지나갔다.

「참 문리대는 학교 다닐 맘 나겠습니다. 여학생이 많아서.」

승우는 흐흐 웃어 주었다.

「그럴 테지요. 꽃밭이니까」

「그래 형은 맘에 드는 꽃이라도 찾았습니까?」

안경은 좀 유우머가 있는지도 모른다.

「꽃이야 다 아름다운 게 아니겠소? 나비가 시원찮아서 그렇지.」

안경도 소리 내 웃었다.

—얘, 남잘 어떻게 월급액수로만 따질 수 있니?

사흘이 멀다 하고 옷을 바꿔 입고 오는, 하마터면 예쁠 뻔했던 아가씨가 좀 떨어진 승우에게까지 들으라는 듯 의기양양해서 말했다. 그녀보다는 좀 옷 갈아입기를 게을리하는 아가씨 몇이 하지만 돈이야 퍽 중요하지 않으냐는 얼굴로 그녀의 이야기에 참여하고 있었다. 졸업과 동시에 군대를 가야 하거나 이만 원 선에서 헐떡여야 하는 남학생은 쓴 표정으로 귀를 기울이고 있었다.

취직을 생각하고 비약을 꿈꿀 때마다 〈4년제 대학을 졸업한 자와 동등 이상의 학력이 있다고 인정된 자〉에 얻어맞아 온 승우에게는 결코 대학은 낭만적일 수만은 없는 곳이었다.

「이형, 대학생을 구별한다면 몇 가지 타입 프로 나눌 수 있을까요?」

안경은 갑자기 엉뚱한 질문을 했다.

「글쎄요. 아마 남학생과 여학생으로 나눠지겠죠.」

「네?」

안경은 의심스러운 눈으로 바라보았지만 승우는 남녀의 구별을 설명하지 않기로 했다.

「제가 말하는 건 그런 게 아니라.」

그래, 넌 남녀의 구별이 생물학적인 것으로 끝나는 줄 아나?

「전 현실을 보는 눈이 말입니다. 대학생들에게는 두 가지가 있다고 생각합니다. 현실을 모순점을 시정하고 보다 높은 차원을 바라보는 사람과 만족하고 타협하는 쪽으로 말입니다.」

그래 당신은 전자에 속하겠지. 도대체 그런 문제를 생각이나 하는 대학생이 얼마나 될까? 여학생 이야기나, 담배 피우기나, 선거운동에 열심히 거나, 음악회니 카니발이니 하는 일을 빼면 시험이 닥쳐와야 노우트를 외우고 아, 졸업장에 한 학기가 가까워졌구나 하는 친구들.

「이형은 어떻게 생각하십니까? 지금 이 현실을.」

현실 좋아하시는군. 승우는 신문 게시판에서의 그를 생각해 냈다. 누굴 포섭할 작정이십니까? 우국지시씨.

「도대체 글러 먹었단 말입니다. 젊은 놈들이 현실을 가만히 앉아서 바라 보기만 하면 어떻게 합니까. 적어도 대학만은 정의가 살아 있어야 할 게 아닙니까?」

「대학생의 현실 참여가 꼭 거리로 뛰쳐나가는 것만은 아니라고 생각합니다.」

「형, 그렇다면 형은 우리가 이 좁은 구내에서 불만을 털어놓는다고 합시다. 그게 무슨 가치가 있다고 생각합니까? 신문들도 저러는데 누가 콧방귀는 뀐답디까?」

 그는 이미 치유할 수 없을 만큼 열이 높은 모양이었다.

「대학생이 국민을 계몽하고 이끌어 간다는 사고방식이 좀 낡은 게 아닐까요? 국민은 누구나 의사를 표시할 수 있는 게 아닙니까?」

「그렇지만 우리가 침묵을 지켜서는 안 됩니다. 진리와 민주주의를 가르치시던 교수님들이 강단에서 침묵을 지키는 것을 보면 화가 치밀어 오릅니다. 우리가 누구를 붙잡고 이 울분을 터뜨리고 누구와 진리와 정의를 토론할 수 있단 말입니까?」

그는 마치 교수님들이 먼저 정의의 투사가 되어 학생을 선동하지 않는 것이 불만이기라도 한 듯싶었다.

「교수님들이 앞장을 서진 못하겠죠. 그분들이야말로 안정을 제일 원하는 쪽인가도 모를 일입니다.」

승우는 담배를 꺼내어 안경에게 권했다. 둘은 담배를 피워 물자 잠시 말이 없었다.

승우는 P교수를 생각하고 웃었다.

아주 젊어서 갓 장가든 형님 같은 느낌이 드는 분이었다. 남학생들은 물론 여학생들도 호감을 갖는 모양이었다. 소풍 때 술을 마시고 학생들과 「임마」를 찾기도 하고, 아주 호흡이 맞는다고 이야기하는 것을 가끔 들어왔다. 승우는 P교수를 어느 날 저녁 시내의 거리에서 만난 일이 있는데 P교수는 사모님인 듯한 젊고 아름다운 여인과 나란히 걷고 있었다.

안정, 사회적인 위치, 경제적 보장, 가정의 행복 그런 밸런스 속에서 항상 웃음을 띠고 있는 P교수. 그런 안정을 획득하기에 승우는 얼마나 더 길고 험한 코우스를 달려야 하는가? 그런 날이 언젠가 돌아오면 그때는 이미 지쳐서 모험과 욕망과 정의에의 투쟁 같은 것은 되도록 생각하지 않게 될 것 같았다. 소시민으로 남에게 피해를 안 주고 조심조심 살아가려 들 것이다.

「김형, 대학교수에는 몇 가지 타입프이 있다고 생각합니까?」

승우는 농담을 하고 싶어서 그에게 물었는 게 그는 아직 흥분에서 덜 깨어난 듯 한참을 아무 말도 못 했다. 승우는 웃음을 거두지 않은 채 말했다.

「이런 분류방법은 어떨까요? 텔레비죤이 있다. 없다.」

그제야 안경은 따라 웃었다.

「대학교수와 텔레비죤이라.」

그는 고개를 끄덕끄덕했다.

「그건 좀 잔인하고……, 술을 마시는 분과 안 마시는 분은 어떨까요?」

둘은 좀 무엄한 생각이 들었던지 그 정도에서 분류를 끝냈다.

시작 벨이 울고 학생들은 뒤를 털며 일어섰다.

「수업이 없으십니까?」

승우는 그가 문리대생이 아니라는 사실에 새삼 신경을 쓰며 물었다.

「아, 전 이곳에서 모임이 있습니다. 중요한 이야기가 있어서…」

「무슨 음모라도 하는 겁니까?」

승우는 웃으며 자리에서 일어섰다.

「자 그럼.」

다시 악수를 하고 승우가 현관 쪽으로 들어갔을 때 그는 교정의 연못께로 걸어갔다. 그곳에는 몇 명의 학생들이 모여 있었다.

아침의 버스에서 내리자 대학 입구의 길목에는 학생들이 웅성거리고 있었다.

임시휴교라고 했다.

 교문에는 여러 교수들이 기공식 테이프를 끊을 때처럼 늘어서 있었고 들어가려는 학생들을 돌아가라고 손짓을 하는 참이었다.

그러나 학생들은 하나도 돌아가는 버스에 오르지는 않고 있었다.

버스는 자꾸 학생들을 내려놓고 시간이 지남에 따라 대학 입구의 길목은 붐비기 시작했다.

잠바 차림의 낯선 사나이들이 몇 명씩 떼 지어 나타나고 교수 몇 분은 일일이 학생들 틈으로 다니면서 돌아가라고 타이르는 모양이었다.

학생 간부들이 어제 데모할 것을 결의했는데 사전에 발각되었다는 이야기 퍼져있었다. 그중 몇 명은 지금 경찰서에 있다고도 했다.

정작 학생들은 누구도 데모를 하러 학교에 나온 사람은 없는 눈치였다. 갑작스러운 일에 의아한 눈길을 서로 나누고 그렇다고 교문을 막기까지 해야 하는 눈치도 보였다.

수백 명의 경관들이 학교 주위에 대기하고 있다고도 했다.

그때 몇 명의 학생 전부가 드디어 나타난 모양이었다. 그들은 야당 의원 같은 얼굴로 길 한가운데를 걸어 왔는데 주위에는 많은 학생이 옹위하듯 따라왔다.

「여러분, 학교는 우리의 학교입니다. 주저하지 말고 교문으로 들어갑시다. 누가 학교에 가는 것을 막는단 말입니까?」

한 학생 간부가 주먹 쥔 팔을 들고 외치자 학생들은 당연하다는 듯이 교문으로 몰려가기 시작했는데 갑작스러운 일에 교문에 섰던 교수님들은 어쩔 줄 몰라 했다.

승우도 갑자기 변하는 분위기를 몸으로 느끼면서 따라 들어갔다.

일은 묘하게 진전되는 느낌이었다. 마치 학교 당국은 막아서 학생을 모아 놓고 학생 간부들은 불을 지르도록 사전에 계획한 것처럼 생각될 지경이었다.

교수님들은 대학 본부 건물 앞에 모여서 서성거리고 모든 사무직원들도 나와서 앞으로 있을 일을 기다리고 있는 것 같았다.

그러나 정작 교문을 돌파한 학생들은 모두 흩어져서 여기저기 모여서 있었는데 도서관은 굳게 닫혀 있었다.

승우는 도서관 직원들이 닫힌 현관 앞에 늘어서 있는 것을 보고 그쪽에 가서 구경을 하기로 했다.

얼마쯤의 학생들은 사전계획이 있었던 듯 잔디밭 가운데에 앉기 시작했고 몇 명은 흩어져있는 학생들에게 모여 앉자고 권유하러 돌아다녔다.

성토대회를 연다고 하였다.

교문으로는 무전기를 단 백차와 신문사 기를 단 찦차가 들어 왔다.

트럭이 두 대 멈추는 것이 먼발치로 보였고 전투복 차림의 경찰관들이 뛰어내리는 모습이 보였다.

그들은 철망으로 된 이상한 모자를 쓰고 교문 앞에 여러 겹으로 정렬하고 있었다.

그쪽에 비하면 학생들은 너무 초라했다. 백 명이 다 못될 것 같은 학생들 앞에서 어떤 학생이 열변을 토하기 시작했다. 그것은 아주 커다랗고 또 밝은 음성이어서 차라리 생소한 느낌을 주었다. 목이 쉰듯하면 어울릴 텐데.

승우는 좀 재미가 있다고 얼핏 생각이 들었다.

박수 소리가 요란하고 「옳소」 하고 다 같이 함성을 질렀다.

결국, 교정에서 서성거리던 학생들은 거의 그쪽으로 모여 앉기 시작했고 문리대 이 층 강의실에서는 여기저기 여학생들이 창문을 열고 바라보고 있었다.

「이형 여기 계시는군요.」

승우가 돌아보자 안경이 의미심장한 웃음을 띠고 있었다. 그는 아마 승우 같은 회색분자를 끌어모으는 책임이라도 담당한 모양이었다.

「같이 갑시다.」

승우는 미소를 지으며 거부의 뜻을 표했는데 안경은 뭐 그럴 거 있냐는 듯 팔을 잡아끌었다. 그것은 마치 선술집 포장 아래서 사내들끼리 서로 잡아끌듯 자연스럽고 은근한 자세였다.

「가서 앉아 있기라도 해야 할 게 아닙니까?」

승우는 팔을 놓게 하고 걸어나갔다.

아까보다는 좀 웅변소질이 없는 학생의 차례였다. 이야기는 별로 앞뒤가 안 맞아도 되는 모양이었다. 설의법의 말만 자꾸 만들어 내어 그렇지 않습니까? 하면 앉은 패들은 기다렸다는 듯이 옳소와 박수를 쳤다. 아직도 열변을 토할 투사들은 있는 모양인데 하나가 큰소리를 질렀다.

「이렇게 말로만 떠들 게 아니라 우리 모두 일어서서 행동으로 우리의 뜻을 관철합시다.」

「옳소!」

모두 기다렸다는 듯이 털고 일어났다.

행동, 승우는 좀 뒤쪽으로 빠지면서 그 낱말을 자꾸 되씹어 보았다.

「어깨동무를 하고 교문을 돌파합시다.」

얼마 안 되는 수가 어깨동무를 하고 줄을 지어 나아갔는데 압박과 설움에서 부르는 패도 있었다. 그러나 그들은 몇 걸음 못 가서 뒤가 허전한 것을 깨닫고 멈추어 섰다. 그들은 다시 돌아와서 우물쭈물하는 패들에게 마치 친일파라도 대하는 것처럼 험상스럽게 소리쳤다.

이번에는 좀 많은 수가 어깨동무를 하고 줄을 맞추어 다소 질서가 잡혀 나아갔다.

구경하는 쪽도 서서히 그들을 따라 교문 쪽으로 이동해 갔다.

승우는 P교수가 그다지 걱정되지는 않는다는 듯한 표정으로 학생들 가까이서 있는 것을 발견했다.

교문께로 몰려가던 학생들은 로마 병정처럼 꼼짝하지 않고 서 있는 경관들 앞에 와서는 제풀에 머뭇거리기 시작했다.

앞장섰던 학생들은 더 나아가진 않고 손을 들고 뭐라고 외쳤는데 그 때 상당 수의 교수님들이 달려들어 그들 앞을 떠밀기 시작했다.

교수님들은 사랑하는 제자들이 경관들 앞에서 과감하지 못한 것을 안타깝고 부끄럽게 여겨 학생들의 주춤거림을 감춰주기라도 하는 것 같았다.

학생들은 교수님들의 만류에 기가 살아나서 소리를 더 높이고 금방 달려들 듯 밀어댔으나 한동안은 교수님들의 덕분에 경관들과는 완충지대가 형성될 수 있었다.

승우는 P교수 곁에 서서 교수와 학생들 쪽을 번갈아 관찰했다.

뒤에 있던 학생들이 돌을 집어 들자 P교수는 눈살을 찌푸리며 달려가 말리기 시작했다.

승우는 혼자 따로 서서 아직도 청산되지 못한 한 봉급자 시절을 생각해 내고 있었다.

데모는 어떤 면에서 보면 봉급생활자와 비봉급생활자의 대결같이 보였다.

얼마 전 경찰서에 있는 선배가 편입을 했다니까 잘했다고 하며 술을 받아 주던 생각을 하며 승우는 어느 쪽에도 끼일 수 없는 자기의 위치를 생각했다.

결국 학생들은 밀고 들어가 경관들과 부딪쳤는데 한 동안 수라장 끝에 학생들은 뒤로 밀려 나왔다.

그들은 승우가 서 있는 곳까지 와서 다시 정돈을 하기 시작했다.

보이지 않는 손에 의해 학생들은 점점 홍분하고 있었다.

「자 다시 나아 갑시다.」

누군가 큰소리를 치고 학생들은 다시 어깨를 끼기 시작했다.

승우가 미처 행동을 결정하기도 전에 어떤 팔목 하나가 승우를 감싸 잡고 있었다.

가방을 든 채 몇 발자욱 딸려 가면서 승우는 그 낯선 팔목들에게서 전해지는 힘이 그다지 싫진 않았다. (끝)

가작

제322호 1970년 2월 9일 화요일

제14회 학예상 : 시

기원

· 전재국 (농과대학 농화과 2학년) ·

가장 속되었고
가장 죄 많았던
한해가 또 지나갑니다.

가장 무서웠고
가장 두려움에 떨어야 했던
지난 계절들

당신이 주신 계명은
하루가 지나갈수록 가슴에
새겨졌지만

하루가 다 끝나갈 때면 더욱
지키기가 어려웠습니다.

아하!
요단 강 물로 멱을 감아도
다 씻지 못할
일곱 번씩 일흔 번을 씻어 내려도
다 씻지 못할….

이달 마지막 날에는
히말라야의 눈 뭉치들은 몰아다가
속된 것 죄 된 것들을 동사시키시고

남지기 시간을 말구유에 나아가
환희를 맛보게 하시옵소서.

당선

제322호 1970년 2월 9일 화요일

제14회 학예상 : 수필

깡통

· 정복선 (문리과대학 영문학과 4학년) ·

〈1〉

자기 안에 내용물을 담고 있을 때—그것이 무엇이던—「깡」이라는 글자가 붙지 않는다. 「깡」은 일종의 접두어로서 속이 텅 비어 「깡깡」 소리라도 낼 것 같은 상태를 나타내거나, 덜 찬 공간이 있음을 의미할 것이다. 가끔 나는 골목길에서 이러한 깡통을 보는데, 바람이라도 불면 구르는 모습이 애처롭기도 하고, 때론 우울한 남자의 기침 소리를 듣는 것 같았으며, 내 가슴속에서도 비슷한 소리가 나는 듯한 착각이 일어나곤 했다. 사람에게도 「깡통」이란 어쭙잖은 칭호가 붙는 걸 보면, 이 착각이 그리 엉뚱하지 않을지도 모르겠다.

어느 날 나는 오래된 광 속에서 문득 희끄므래한 물체들을 보았다. 먼지를 듬뿍 쓴 게 얼핏 낡은 옷가지들처럼 거미줄에 얽혀 있었다. 설탕통, 우유통, 자질구레한 약병들…. 우리가 살기 전부터 그곳에 버려져 있던 것들이었다. 그 깡통들엔 어떤 추억들이 묻어 있었을까. 어느 가냘프고 볼이 창백한 여인이 늘 비감한 눈길을 보냈을지, 아기 엄마의 따스한 손길이 스쳤을지, 위장병으로 고생하시던 할머니의 힘없는 혼잣말이

담겼을지, 혹은 밤이면 어떤 커단 깡통 속에라도 들어가서 긴 잠을 자고 싶어 했을 불면증의 처녀도 있었을 것이다.

그러나 식료품점이나 약국 같은 데서 가령 똑같은 상표의 통과 병들을 본다면, 이런 생각은 결코 들지 않을 것이다. 그 번들거리는 통이 색채며 유리 진열장 안에 줄지어 있는 모양이며가, 오히려 도시의 포도 위에 연이어 달리는 자동차들이나, 아니면 번쩍이는 가구가 빈틈없이 들어찬 방을 연상케 하는 것이다.

〈2〉

지금은 그렇지도 않지만 나는 한때 그림을 좋아했다. 그때 모아둔 수십 장의 명화나 도서관에서 본 것 중에 나는 지금 한 장의 깡통 그림도 생각해낼 수가 없다. 예술이 도토리에서 백합을 끌어내려는 것이며, 아스팔트 포도에서 백합이 나길 기대하면서 물을 주는 일과 같다는 말을 읽은 적이 있다.

그렇다면 깡통을 꽃병 삼아 그릴 순 없었을까. 아니 내가 잘못 생각하고 있는지 모른다. 한 화가가 아름다운 꽃병과 꽃을 그렸을 때, 그 모델은 가난한 그의 방, 낡은 테이블 위의 깡통과 시든 꽃 한 송이었을 수도 있으니까. 그럼 「도토리에서 백합」 이야기와 가까운 게 될까. 또 한 가지, 수채화를 그릴 때 쓰던 물그릇이 무엇이었는지 당신들은 알 것이다. 웬만한 유리병은 「박스」에 들어가질 않고, 들고 다니기도 거추장스럽다.

대게 적당한 크기의 깡통을 뚜껑을 도려낸 후 끈을 떼면 간편했다. 그 깡통 속에는 처음엔 어린 꿈들이 엷게, 곱게, 그러다가 점점 성숙한 열정의 빛깔로, 나중엔 이색 저색 뒤섞여져 검은빛처럼 풀려나갔다. 그땐 잘 몰랐지만 이제 생각하니 이런 빛깔의 변화가 이미 나의 미래를 예시했던가 보다. 점점 웃음에도 그늘이 진다니.

〈3〉

그럼 불면증에 걸린 처녀의 얘기를 계속해 보자. 그녀는 밤마다 하얀 이불 위에 자기의 생명과 시간을 구기는 것이었다. 매일의 생활이 결국은 그녀가 이 무덤과도 같은 하얀 자리로 되돌아오기 위한 비치적 걸음이었다. 그녀는 이곳을 소생의 제단으로 쓰질 못하고 자꾸자꾸 생을 구기기만 할 뿐 잠을 잘 수 없었다. 물론 잠이란 걸 완전히 자아를 잊는 거라 가정한다면, 왜냐면 그녀는 언제나 꿈을 꾸며, 꿈속에서 조차 늘 자기가 등장하는 연극을 하다가 무섭고 괴로운 장면, 〈클라이막스〉에 이를 즈음에 늘 깨어나곤 했으니까. 그럴 때 그녀가 바란 것은? 내가 말한 대로 커다란 깡통 속에서 자아를 인식 못 하도록 잠속 깊숙이 자기를 가두고 싶었을까, 만일 그녀의 방을 깡통 그 자체라고 가상한다면, 이번엔 그 깡통에서 뛰쳐나오고 싶었거니, 또는 거기에 구멍을 뚫고 내다보길 원했을 수도 있지 않을까. 깊은 잠 속에 갇혀 자아를 탈피하든지, 불면증에 에워싸인 자기의 깡통을 뚫고 자유로워지든지, 두 가지는 하나의 고리 같은 선상에선 안과 밖이겠지만, 어떤 껍데기를 버리려는 점에선 서로 다르지 않을 것이다.

그 처녀의 방에 아침이 왔다. 그녀는 일어나서 커튼을 젖혔다. 뒤뜰이었다. 원래 뒤뜰을 향한 문은 사물의 이면을 바라보는 눈이다. 바람이 마구 부는가 했더니 이내 그녀는 어떤 질서를 찾아냈다. 건너집의 뜰에서 낙엽이며 꽃잎들이 이쪽으로 불려오고 있었다. 그 집 뜰에서 사람들은 쉽게 쉽게 변해가고, 꽃나무들은 스스로 무너져 내리다가, 이승에서 저승으로 혹은 저승에서 이승으로 불려 다니듯, 그곳에 쌓이고 있었다. 어떻게 무너진 것들이 다시 쌓여서 새로운 하나의 부피를, 세계를 이룰까.

그녀는 의아스러워 했을 것이다. 그러나 우리가 세상의 앞뜰에서 공허한 눈매로 돌아올 때, 한결 성실히 기다리는 뒤뜰에서 경이감을 느낀다는 건 그리 기이한 일이 아니리라.

아직 그녀가 자기의 깡통 밖을 살피고 있는 동안, 겨울이 다가왔다. 그녀는 추위에 떨면서 비로소 가슴의 불씨를 겹겹이 싸기 시작했다. 마치 겨울나무의 수피처럼. 그러니까 자신을 다 말려서 얄팍한 널빤지가 되고 싶진 않았던 것이다.

결국, 그녀는 소생의 제물을 바치기 시작했나 보다. 그래서 자기의 깡통을 벗어버릴 때까진 더 단단한 껍질 속에서 순수한 잠을 배우고 있을 것이다.

그런데 나는 어떠할까. 나는 나의 불씨를.— 아니 그것보다 내가 궁금해 하는 것은 이런 것들이다. 이 깡통 같은 나의 속을 헤엄치다가 언제쯤 육지에 다다르게 될까. 언제 그 뒤뜰로 되돌아갈까 그때 바람은 내 깡통을 또 어디로 데려갈까. 어떤 길목에서 우울한 여행자의 기침 소리를 낼까. 아니면 어느 알지 못할 광, 먼지 속에 표류하다 큰 지진이라도 일어날 때, 시멘트 바닥에 부딪혀 「깡깡깡」 그 유일한 노래라도 부르게 될까.

개교 70주년 기념 전북대신문방송사 문학상 당선작 전집 ❶

학술문학상 I
(1957~1969)

지은이 임선기, 황길현, 김성복, 박영륜, 김상숙, 허소라, 이파웅, 강일부, 김석철, 김종호, 정숙자, 홍석중, 최세형, 나제흠, 송하선, 이병재, 김세중, 유기영, 라제ㅁ, 정두일, 강실, 조매생, 권귀순, 이운연, 오미나자, 이정자, 정병렬, 윤세중, 유기영, 소병일, 이창희, 박기운, 유명혜, 송준오, 윤호자, 추원, 강동길, 이소애, 이송자, 최중자, 최일남, 김준일, 이인수, 최창호, 손풍삼, 이상열, 이건수, 양동현, 한윤이, 김광주, 박영규, 박상하, 신경자, 김일남, 정채봉, 최숙자, 서덕범, 신형준, 김정희, 서광길, 강동길, 문두근, 조영호, 박종수, 이희천, 진영금, 최대남, 유상열, 김수화, 김평식, 최양일, 김인화, 한정목, 배의천, 권선중, 신진, 형문창, 최인옥, 이민숙, 안준근, 한상배, 이병호, 서난귀, 이상렬, 전재국, 정복선

펴낸이 이남호

펴낸곳 전북대학교출판문화원

초판 1쇄 인쇄 2017. 9. 20

초판 1쇄 발행 2017. 10. 13

전북대학교출판문화원 전라북도 전주시 완산구 어진길 32 (풍남동2가)

전화 (063) 219-5321~2

FAX (063) 219-5323

출판등록 2012년 8월 20일 제465-2012-000021호

값 19,800원

ISBN 979-11-87892-54-0 04810
ISBN 979-11-87892-53-3 (세트) 04810

이 도서의 국립중앙도서관 출판예정도서목록(CIP)은 서지정보유통지원시스템 홈페이지(http://seoji.nl.go.kr)와 국가자료공동목록시스템(http://www.nl.go.kr/kolisnet)에서 이용하실 수 있습니다. (CIP제어번호 : CIP2017023861)